本书系河南省"十四五"普通高等教育规划教材立项建设重点项目结项成果，获河南省"双一流"建设资金项目"文明交流互鉴视域下的国别和区域研究"支持

河南省"十四五"普通高等教育规划教材

An Introduction to
World History Classics

世界史学名著
导读 （修订版）

主　编　陈天社

参编人员　侯　波　姜　静　王毓敏

社会科学文献出版社
SOCIAL SCIENCES ACADEMIC PRESS (CHINA)

　　史学学习与研究有两大基础：一是史料，二是前人成果。古今中外的史学前辈留下的成果不计其数，它们是史学殿堂的宝贵财富，其观点、研究方法给后人以深刻启迪，为我们今天学习和研读历史提供了重要借鉴。从某种意义上说，今天的史学学习与研究是建立在前人成果的基础之上的。

　　教材建设是专业建设的重要环节。2011 年历史学调整为三个一级学科、世界史成为独立的一级学科之后，国内高校才开始普遍设置世界史本科专业，专业建设面临诸多艰巨任务，教材建设即是其一。

　　"世界史学名著导读"是世界史、历史学两个专业的重要课程之一。国内已出版了几部《外国史学名著导读》《西方史学名著导读》教材，这些教材为我们提供了有益借鉴，但也存在一些不足，如所选择的著作几乎全部为国外学者的成果，且主要是研究欧美历史的成果等，不能充分体现史学的优秀成果，无法满足教学与学生学习的需要。因此，我们尝试编写符合"世界史"专业自身特点的名著导读教材。

　　要从浩如烟海的史学成果中选出几部著作重点讲解，其难度可想而知。我们的选择基于以下两点：一是根据世界通史各段演变的不同主题确定需要讲解的名著，使名著导读课程服务于世界通史的学习与教学。史前史的主线是人类社会由蒙昧时代演进到文明时代，我们选择了恩格斯的《家庭、私有制和国家的起源》；世界上古史着重探讨的是人类社会早期文明，我们选择了崔格尔的《理解早期文明：比较研究》；世界中古史的主线是封建社会的形成与演变，我们选择了布洛赫的《封建社会》；世界近代史的主线之一是资本主义的形成与发展，我们选择了韦伯的《新教伦理与资本主义精神》；世界近现代史时期是人类社会逐步由分散走向整体的时期，如何实现现代化也是这一时期的时代命题，我们选择了沃勒斯坦的《现代世界体系》和罗荣渠的《现代化新论》。通过对这些名著的导读可以帮助学生从宏观上加强对世界通史的理解，把握世界史演变的主线与基本特征。二是注意覆盖面。本教材所选著作既包括不同历史时期的史学代表性著作，涵盖从史前史到现代史不同历史阶段，也包括史学理论方面的著作（如卡尔的《历史是什么？》）；既包括国外学者的著作，也包括国内知名学者的优秀著作（如罗荣渠的《现代化新论》）；既包括解读欧美史的著作，也包括解读第三世界历史的著作（如斯塔夫里阿诺斯的《全球分裂：第三世界的历史进程》）。

课程思政是围绕"培养什么人，如何培养人，为谁培养人"这个教育的根本问题，深度挖掘各课程蕴含的思想政治教育元素与承载的思想政治教育功能，潜移默化地实现与专业思政教育的同向育人目标。人文类课程，要在课程教育中帮助学生掌握马克思主义世界观和方法论，进而确立"四个自信"。因此，本教材重视唯物史观的教学与学习，所选择的《家庭、私有制和国家的起源》不仅是一部指导无产阶级革命的理论著作，也是唯物史观的代表作。同时，对国内外学者的史学名著，坚持以唯物史观来分析其优劣点。简言之，本教材旨在为学生提供运用唯物史观的范例，引导学生不仅学习领会唯物史观，而且运用唯物史观来分析国内外史学优秀成果。

我们认为，讲解史学名著，不只是介绍和辩证地看待原著的基本观点，还要揭示其在方法论方面的启迪。为此，我们重视阐发名著在方法论方面的指导意义，把原著观点和方法论与世界通史的学习、研究结合起来，重视运用其方法论来学习和研究历史，做到知、用相统一。

我们认为，学习和研读史学名著，不能只是孤立地看待其观点和方法，还要了解学界的相关研究及观点。因此，本教材也扼要介绍学界的相关观点，以开拓学生的视野。

我们认为，除了选择史学大家的名著之外，也要超越史学界，选择一些其他学科、其成果对史学研究有重要影响或启迪的著作。为此，我们选择了一些拓展阅读的书目。

本教材第一版为郑州大学2018年度教材建设项目结项成果。初稿分工如下：陈天社撰写前言、第二章、第八章；侯波撰写第七章；王毓敏撰写第六章；姜静撰写第一章；谢志恒撰写第三章；刘涛撰写第五章；李书军撰写第四章。初稿完成后，陈天社负责进行修改、补充、完善与统稿，其中对第三、四、五章做了大幅度修改，重写了这三章的"主要内容与基本观点"部分。

2020年12月，本教材入选河南省"十四五"普通高等教育规划教材立项建设重点项目。根据建设要求，本教材进行了全面修订，重点修订工作如下：一是根据原著，重新校核原著观点，区分原著与其他学者的观点；二是吸收任课教师、学生与其他读者的修改意见和建议，重新设计思考题与主要参考文献，增加拓展阅读参考书目；三是增补课程思政方面的内容，阐释相关著作的课程思政映射点。

此次修订分工如下：陈天社负责前言、第二章、第八章；侯波负责第五章、第七章；姜静负责第一章、第三章；王毓敏负责第四章、第六章。陈天社负责校核、定稿。

在本教材修订版即将出版之际，我们非常感谢河南省教育厅、郑州大学教务处和历史学院为项目立项及研究所给予的大力支持。借此机会，谨向长期以来给予我们宝贵支持的郑州大学副校长、世界史学科带头人张倩红教授等领导、同事表示诚挚的谢意。最后，真诚感谢社会科学文献出版社郭白歌编辑的辛勤斧正以及为本教材出版所付出的心血。

受编者能力与水平所限，本教材定有不少不足或缺陷，敬请读者不吝批评指正。

陈天社

2022年7月10日

于郑州大学

第八章　斯塔夫里阿诺斯与《全球分裂：第三世界的历史进程》　333

第一章
卡尔与《历史是什么?》

何为历史?这恐怕是每个学习和研究历史的人首先要面对的问题。对这一问题的回答,涉及过去事实、历史学家、必然性与偶然性、因果关系等方面。古今中外,有许多学者对此进行了探讨,提出了各种各样的看法。英国学者爱德华·霍列特·卡尔的《历史是什么?》[①]就是一部享誉世界的阐发历史理论的重要著作。

① 〔英〕E. H. 卡尔:《历史是什么?》,陈恒译,商务印书馆,2007。本教材均引用此译本,下文只注作者、书名和页码。

第一节　原著简介

一　爱德华·霍列特·卡尔简介

爱德华·霍列特·卡尔（Edward Hallett Carr，1892–1982）是英国著名外交家、国际关系学家、历史学家。他出生于英国伦敦一个普通的中产阶级家庭，曾就读于伦敦泰勒商学院，1910年获得克雷文奖学金，进入剑桥大学三一学院学习古典学。1916年，卡尔毕业后直接进入英国外交部任职。1919年，他作为英国代表团成员之一参加巴黎和会，参与起草了《凡尔赛和约》中有关国际联盟的条款，并参与了德国和波兰之间的边界谈判。在英国外交部工作时，卡尔开始发表关于当代外交的书评和文章。他日益关注国际关系研究和苏联研究，并对俄罗斯文化着迷。1925年，卡尔开始学习俄语，大量阅读俄语作家的原著，于1927年第一次访问莫斯科。1917年俄国十月革命的爆发使卡尔对历史产生了兴趣，他利用空闲时间研究19世纪的俄国作家和思想家，先后撰写、出版了《陀思妥耶夫斯基》（1931）、《浪漫的流放者》（1933）、《迈克尔·巴枯宁》（1937）等著作。从20世纪30年代初期一直到去世，卡尔担任英国《泰晤士报文学增刊》的苏联专栏作家。他为该刊所写的第一篇文章就是关于历史客观性的问题。

1936年，卡尔从外交部辞职，进入阿伯里斯特威斯大学（Aberystwyth University）担任国际关系学教授。1937 年，卡尔第二次访问苏联。在阿伯里斯特威斯大学任教期间，卡尔花了很多时间从事新闻写作，发表了大量简短但有影响力的外交政策文章。1939～1940年，卡尔在英国信息部任职。1942～1945 年，卡尔担任英国皇家国际事务研究所研究小组主席，负责英国与苏联关系。1941～1946 年，卡尔担任《泰晤士报》助理编辑。1947 年，卡尔离开阿伯里斯特威斯大学。后一直到 1953 年，为维持生计，他担任过专栏作家、播音员等。

1953 年，卡尔到牛津大学贝列尔学院担任政治学教授。1955～1982 年，卡尔在剑桥大学三一学院任高级研究员。1956 年，他当选英国社会科学院院士。1982 年 11 月，卡尔去世，享年 90 岁。

除了在历史理论领域享有盛名外，卡尔还是国际关系史、苏联史领域的著名专家。1939 年，他发表了国际关系学经典论著《二十年危机（1919～1939）：国际关系研究导论》。[①] 该书引发了国际关系学的第一次学理论战，为第二次世界大战后现实主义的发展奠定了基础。卡尔也被后人称为"现实主义国际关系学之父"。1944 年，卡尔着手研究、撰写苏联史。1950～1978 年，他出版了 14 卷本《苏维埃俄国史》，再现了 1917～1933 年苏俄、苏联的历史。

二　写作背景

《历史是什么？》是 1961 年 1～3 月卡尔在剑桥大学"乔治·麦考利·特里威廉讲座（The George Macaulay Trevelyan Lecture）"所做系列演讲的集结稿。该著初稿写作于 1959 年 9 月 10 日到 10 月11 日，是卡尔在从伦敦到旧金山的航行途中草拟的，1960 年 9 月27 日起再次修改。卡尔的演讲曾在英国广播公司（BBC）的电台上重播，并在英国广播公司旗下的周刊《听众》（*The Listener*）上以

①　〔英〕爱德华·卡尔：《20 年危机（1919—1939）：国际关系研究导论》，秦亚青译，世界知识出版社，2005。

节选的形式登出。

该著的写作，是基于以下背景。

其一，批判"史料即史学"的传统历史观。

什么是历史学？19世纪专业化的历史学产生后，人们普遍认为"史料就是史学"，史料就是历史事实的来源。人类现实世界的面貌是丰富多彩的，然而现在是由过去逐渐演变而来的，现实世界的一切现象都有着历史发展的脉络。无论个人、群体还是整个社会，人类在过往历史发展中经历了很多事情，事情不断演变与积累，就形成了今天所呈现的面貌。人类过往所经历的一切都是历史，人们过去的喜怒哀乐和所言所行等会留下一些痕迹，例如文字材料和考古发现中的物质性遗存等，这些痕迹就是史料，它们揭示了人类在过往历史中是怎样生活的。起源于19世纪的传统史学观认为，史料里包含着诸多历史事实，历史学家的工作就是搜集各种史料并从中考证出历史事实，历史事实积累多了，就可以揭露出客观的历史，逐渐再现人类过往的经历。然而，历史学的客观性在20世纪初开始遭受质疑。卡尔认为，过去历史中发生了数不胜数的事情，并非所有事情都能成为历史事实留存下来，留存至今且能够被历史学家研究解读的史料带有很大的偶然性。他称历史学家并非被动地接受史料，而是主动根据自己的判断和选择来决定什么样的过往事实能够成为历史事实。这是卡尔写作《历史是什么？》的主要出发点。

其二，批判西方知识界对未来发展的悲观论调。

20世纪上半叶是人类社会经历大灾难的年代，爆发了两次死伤无数人的世界大战，冲击了西方社会在19世纪资本主义鼎盛时期所培养起来的乐观进步的信仰，西方社会弥漫着不能挽回的、衰落的悲观情绪。而卡尔生活的英国是西方知识界持悲观主义论调最为严重的国家。19世纪英国维多利亚时代的辉煌与20世纪受两次世界大战重创后的黯淡之间的对比、19世纪"日不落帝国"霸权与20世纪国际地位衰落之间的对比，使英国人普遍产生了悲观主义和怀疑主义情绪，这种情绪后来蔓延到整个西欧和北美。到 20 世纪 60 年代，西方社会对未来社会发展的悲观情绪仍在延续。卡尔认为这些悲观主义情绪是传统精英国家和精英群体的产物。他说："当今的怀疑主义浪潮、绝望浪潮——它把未来当作毁灭和堕落而不是别的什么东西，视对进步的信仰或对由人类促进的进一步发展的期待为荒谬——是精英政治的一种形式：这是精英社会群体的产物，他们的安全与保障由于危机而非常显著地逐渐消蚀；这是精英国家的产物，这些精英国家曾无可争议地统治着世界其他地区，现在遭遇土崩瓦解。"①

其三，指导人们正确理解历史学家、历史学与自身所处的社会时代之间的关系。

第二次世界大战结束后，西方社会进入经济、科技快速发展时期。20 世纪 50 年代被称为"白银时代"，60 年代被称为"黄金时代"。随着世界科技发展的日新月异，社会文化不断更新，人类历史正经历一场自进入农业社会以来最富戏剧性、最迅速、最普遍的社会革命，表现为小农经济快速瓦解、中高等教育普及和女性传统角色地位发生转变等。与之伴随的是，社会结构日益复杂，人们常常自觉不自觉地，或主动或被动地卷入各种潮流。人们逐渐认识到，无论是个人的命运，还是整个社会生活的面貌都受到了各种力量的影响，历史学家为了合理地解释历史，解释现代世界的来龙去脉，必须求助于更多超出个人的社会时代因素。因此，在 20 世纪 60 年代，历史学家如何看待历史学本身，如何处理历史中社会与个人的关系，成为重新思考历史学特性的契机。为揭示个人与所处时代之间的相互关系，为指导人们正确理解历史学家、历史学与自身所处的社会之间的关系，帮助人们形成一种超脱于两者的历史分析，卡尔结合自己多年研究思考的成果，撰写了该著。

---

① 〔英〕E.H.卡尔：《历史是什么？》，第 50 页。

其四，卡尔研究苏俄史过程中对历史学的思考。

与其说卡尔是一个历史理论家，不如说他是一个外交官和国际关系学家。卡尔对历史的最早兴趣源自1917年的俄国革命。在第二次世界大战期间，苏联与英国共同抵抗纳粹德国，卡尔也更加关注苏联并决定进行苏联历史研究。在他开始撰写《苏维埃俄国史》时，需要处理一些关键的历史理论问题，例如客观性与主观性问题、个人与社会的关系、偶然性与必然性问题等。卡尔竭力把对苏联历史的庞大研究计划建立在理论基础上，首先要阐述的问题有：客观的历史是否存在？什么是进步？什么是开明？进步与开明的标准界定又是什么呢？卡尔思想观念中的这些张力从20世纪60年代初期开始以辩论、演讲的方式表达出来，他关于历史理论的思想火花集中体现在《历史是什么？》这部著作中。

1959年，卡尔接到邀请要到剑桥大学"乔治·麦考利·特里威廉讲座"进行系列演讲，9～10月他草拟了后来命名为《历史是什么？》的演讲稿，分别是"历史学家和历史学家的事实""社会与个人""历史、科学与道德""历史中的因果关系""作为进步的历史""扩展中的视野"。1960年他再次修改完成演讲稿，1961年1～3月在剑桥大学逐周开讲。这些演讲稿于1961年结集为《历史是什么？》正式出版。

三　版本及流传

1961年，《历史是什么？》首先由剑桥大学出版社结集出版，发行量高达25万多册。该书很快就被译成各种文字，在世界各国被广泛阅读讨论，成为享誉世界的历史理论名著。

卡尔生前曾打算修订该书第一版，为此他收集了大量材料，但他在1982年11月去世之前只完成了第二版的序言。在第二版序言中，卡尔主要回顾了1959年完成手稿时西方世界面临的问题，并概括了此后20年世界演变的趋势，认为长期冷战加剧了世界的紧张局势，且失业、暴力、混乱和恐怖主义席卷全球，怀疑主义浪潮和绝望浪潮不断涌现。他指出，英国是当代最严重的知识悲观主义的中心，阐明和出版《历史是什么？》，是为了与西方知识分子中盛行的悲观主义划清界限，并提出自己对未来历史的乐观主义主张。他称："我将尽量使自己与西方知识分子中盛行的倾向拉开距离，特别是与当今的英国知识分子拉开距离，以表明我认为他们是怎样、是为什么误入迷途的，并提出一种主张，如果不是一种对未来乐观主义的看法的话，无论如何也是对未来明智的、更加和谐的看法。"[1]

1987 年，《历史是什么？》第二版由企鹅出版社出版发行，其中有鲍勃·戴维斯（Bob Davies）撰写的新导言。2001 年，帕尔格雷夫－麦克米兰公司出版了新版本，增添了剑桥大学近代史教授理查德·J. 埃文斯（Richard J.Evans）撰写的导言、R. W. 戴维斯（R. W. Davies）的"导言注释"、卡尔生前所写的"第二版序言"、R.W. 戴维斯整理的《来自卡尔的档案：〈历史是什么？〉第二版注释》等内容。

《历史是什么？》最早的中文译本由吴柱存翻译，于 1981 年由商务印书馆出版发行，在中国知识界产生了很大影响。1998 年，台湾幼狮书局也出版了王任光翻译的中译本，书名是《历史论集》。2007 年，作为"汉译世界学术名著丛书"之一，陈恒依据帕尔格雷夫－麦克米兰公司的 2001 年版本翻译的中译本由商务印书馆出版发行。该版附录收录了由陈恒整理、编写的"卡尔年谱"，为读者进一步了解卡尔的生平提供了重要参考。

第二节 主要内容与基本观点

《历史是什么？》包括理查德·J. 埃文斯撰写的导言、R. W. 戴维斯的"导言注释"、卡尔生前所写的"第二版序言"、R. W. 戴维

---

[1] 〔英〕E.H.卡尔：《历史是什么？》，第 51 页。

斯整理的《来自卡尔的档案：〈历史是什么？〉第二版注释》以及正文六章，附录有卡尔年谱。

在埃文斯写的导言中，他介绍了卡尔的个人经历、《历史是什么？》的写作背景，评论了卡尔的历史理论所遭受的批评，并推荐了进一步阅读的资料。在卡尔写的"第二版序言"中，他总结了第二次世界大战结束后的世界新形势，剖析了当时盛行的怀疑主义浪潮和绝望浪潮出现的原因，阐明了写作该书的目的。在第二版注释里，戴维斯整理了卡尔生前留下的笔记、通信等档案，补充、完善并评论了卡尔关于历史客观性、历史进步观等历史理论。

在正文中，第一章探讨了什么是历史事实以及历史学家与历史事实的关系，第二章论述了历史学家、历史事实与社会时代的关系，第三章探讨了历史学等社会科学与自然科学的异同以及历史与道德的关系，第四章专门分析了历史发展中的因果关系、历史偶然性与必然规律的关系，第五章考察了历史进步观念的产生、发展过程，第六章总结了当代世界所经历的革命性变化及其主要特征。

一　历史学家与历史事实的关系

卡尔认为，对"历史"的定义实际上反映了人们对自己所生活的时代与社会的看法。他称："当我们尝试回答'历史是什么'这类问题的时候，我们的答案在有意无意之间就反映了我们自己在时代中所处的位置，也形成了更广阔问题的一部分答案，即我们以什么样的观点来看待我们生活中的社会。"[①] 谈及"历史"的含义，首先涉及的是历史学家与历史事实的关系。在第一章，卡尔集中对这个问题进了阐释。

19世纪的欧洲学界非常重视事实。如实证主义者极力宣称历史

---

① 〔英〕E.H.卡尔：《历史是什么？》，第89页。

是一门科学，首先确定事实，然后从事实中得出结论。在 19 世纪
30 年代，兰克（Leopold von Ranke）反对把历史当作说教，认为历
史学家的任务是仅仅如实地说明历史而已。倾向经验主义者的《简
明牛津英语词典》则把事实定义为"与结论完全不同的经验资料"。①
自由主义者认为："历史事实本身就是至高无上事实的明证，这就
是亲切地、仁慈地朝向更高境界永无止境地迈进。"② 卡尔认为 19 世
纪西方的历史学家强调历史事实，他归纳道："历史就是由一大堆
已经确定的事实构成的，历史学家可以在文献、铭刻等诸如此类的
东西那里获得事实，就像在鱼贩子的案板上获得鱼一样。历史学家
收集事实，熟知这些事实，然后按照历史学家本人所喜欢的方式进
行加工，撰写历史。"③ 到 20 世纪，各国学者依然关注这个问题。意
大利学者克罗齐（Benedetto Croce）称"一切历史都是当代史"，即
历史的本质在于以当下的眼光看待过去、根据当前的问题看待过
去，历史学家的主要任务不在于记录，而在于评价。④ 牛津大学哲
学家、历史学家柯林武德（R.G. Collingword）认为："历史哲学所关
注的既不是过去本身，也不是历史学家对过去的思考这一本身，而
是这两者之间的相互关系，历史学家所研究的过去不是死气沉沉的
过去，而是在一定程度上依旧活跃于现实生活的过去。"⑤

　　关于过去事实是如何转变为历史事实的，卡尔称，关于过去的某
个具体事件首先需要有人推荐它进入经过挑选的历史事实俱乐部，然
后还需要一定的附议者与保证者才能成为历史事实。然而，假如没有
人注意到这个事件，它就会被他人忽略和遗忘，落入关于过去的非历
史事实的深渊，消失在往昔的历史中。究竟是什么力量决定了这个事
件会遭遇两种不同的命运，卡尔认为，这将取决于该事件是否可以说
明推荐人的表达主旨或证明推荐人的解释目的，而其他的附议者和保

---

① 〔英〕E.H. 卡尔：《历史是什么？》，第 89 ~ 90 页。
② 〔英〕E.H. 卡尔：《历史是什么？》，第 104 页。
③ 〔英〕E.H. 卡尔：《历史是什么？》，第 90 页。
④ 〔英〕E.H. 卡尔：《历史是什么？》，第 104 ~ 105 页。
⑤ 〔英〕E.H. 卡尔：《历史是什么？》，第 105 页。

证者也认为推荐人的引用是有意义的、有效的。这样一来，这个事件在转变为事实时就自然而然地呈现解释的性质，而历史学家从关于过去的堆积如山的事实中进行筛选，使一些过去事实最终幸存为历史事实。因此，卡尔称："作为可做事实的这一事件将呈现解释的问题，这种解释的因素渗入历史的每一个事实之中。"[1]

卡尔认为，传统史学存在很大的问题，即过于强调档案和崇信历史事实，常常不厌其烦地、无止境地积累核心事实，大有迫使历史学家从一位学者变为百科全书编纂者之势，但忘记了思考史学最根本的问题——历史是什么。他指出，历史应该被看作一把缺少许多零配件的、巨大的钢丝锯，如同历史学家伯瑞（J.B. Bury）所说的，古代史和中世纪史的文献记载到处是漏洞。但史学研究的主要麻烦并不在于文献资料的漏洞，而在于我们关于过去历史的印象都是"为我们预先选择好的，预先决定好了的，而且与其说是偶然事件决定的，还不如说是由人决定的，这些人有意无意之间受一种特定观点的影响，而且认为支持这一特定观念的事实是值得保存的"[2]。因此，读者所看到的历史著作尽管仍是基于事实，"但是严格地说，根本不是事实，只是一系列已经接受下来的判断"，而"昔日一代代历史学家、抄写员和编年史家那不可抹杀的影响已经决定了过去的模式，要想翻案，谈何容易"。[3]对19世纪过分对事实与档案的强调，卡尔认为："不论出自档案与否，在历史学家能够以任何方式使用它之前，则必须由历史学家来加工处理这些事实，历史学家使用这些事实的过程就是一种不断加工利用的过程。"[4]他进一步指出，对于历史学家而言，事实与档案是本质的东西，但不能盲目崇拜事实与档案；就其实质来说，事实与档案并不构建历史，它们本身也不为"历史是什么"这个问题提供现成的答案。[5]

---

[1]〔英〕E.H. 卡尔：《历史是什么？》，第94页。
[2]〔英〕E.H. 卡尔：《历史是什么？》，第95～96页。
[3]〔英〕E.H. 卡尔：《历史是什么？》，第96页。
[4]〔英〕E.H. 卡尔：《历史是什么？》，第99页。
[5]〔英〕E.H. 卡尔：《历史是什么？》，第102页。

卡尔认为，并不是所有关于过去的事实都是历史事实，或者过去的事实并没有全部被历史学家当作历史事实来处理。[1] 历史学家通常认为有些基本的事实对于所有的历史学家都是相同的、这些基本事实建构了历史的基本框架——比如黑斯廷战役发生于 1066 年这一事实。卡尔认为对此要从两个角度来考察：一是历史学家主要关心的并不是这一类事实，此类事实通常属于历史学家的那类原始史料，而不是历史本身；二是历史学家是根据"先验的"决定来构建这类基本事实的，而非根据这些事实本身的任何特性。[2]

在列举了诸多学者的看法后，卡尔指出，我们所接触的历史事实从来不是纯粹的历史事实，历史事实是通过记录者的头脑折射出来的，所以首先关心的应该是历史著作的作者；历史学家需要一种富于想象的理解力，以透视正在其研究视野中人物的内心世界，把握其行为之后的思想状态；只有以当下的眼光看待过去，才能理解过去。[3]

在 20 世纪中叶，卡尔倾注了大量时间和精力来搜集、研读苏俄档案，把过去事实以注释的方式适当地插入自己的历史叙述中。他根据自己研究苏俄历史的经验，认为历史学家"必须尽其所能地以各种手法把那些与他所研究的主题，与他所提出解释的全部已知事实或可知事实生动地描述出来"，"但反过来说，这并不意味着他可以排斥解释——解释是历史的生命血液"。[4]

在考察了历史学家与历史事实的关系之后，卡尔认为历史学既要警惕兰克史学那种信奉客观的编辑事实、事实应该无条件优越于解释的历史理论，也要警惕那种把历史当作历史学家头脑中的主观产物、历史学家选择历史事实并通过解释过程来控制历史事实的历史理论。关于历史学家与历史事实的关系，卡尔指出："历史学家在

① 〔英〕E.H. 卡尔：《历史是什么？》，第 91 页
② 〔英〕E.H. 卡尔：《历史是什么？》，第 91～92 页。
③ 〔英〕E.H. 卡尔：《历史是什么？》，第 106～110 页。
④ 〔英〕E.H. 卡尔：《历史是什么？》，第 113 页。

事实面前既不是卑微的奴隶，也不是专制的暴君。历史学家与历史事实之间的关系是一种平等的、互动的关系。"①对于"历史是什么"这个问题，卡尔的回答是："历史是历史学家与历史事实之间连续不断的、互为作用的过程，就是现在与过去之间永无休止的对话。"②

二　社会与个人的关系

在第二章，卡尔进一步探讨两个问题：历史学家在多大程度上是单独的个人，又在多大程度上是其所生活的社会、时代的产物？历史事实在多大程度上是关于个人的事实，又在多大程度上是关于社会事实的事实？

关于第一个问题，卡尔认为，历史学家既是独立的个人，也是一种社会现象，"他不仅是其所属社会的产物，而且也是那个社会的自觉或不自觉的代言人；他就是以这种身份来接触过去历史的事实"，"历史学家是历史的组成部分，历史学家在队伍中的时代位置决定了他看待过去所采取的视角"。③在第·章里，卡尔就提出在研究历史之前应该首先研究历史学家。他在第二章里进一步指出，在研究历史学家之前，应该首先研究历史学家的历史环境与社会环境，称"历史学家是个体，同时也是历史的产物、社会的产物；研究历史的人必须学会从这一双重的角度来看待历史学家"。④

关于第二个问题，卡尔根据经验观察做出回答。首先，历史在很大程度上是数目的问题。他称，所有富有成效的运动都是有少数领导和大量追随者参与的，但这并不意味着大量的追随者对于运动的成功不重要，历史中的数目是有重要作用的。⑤其次，

---

① 〔英〕E.H.卡尔:《历史是什么？》，第115页。
② 〔英〕E.H.卡尔:《历史是什么？》，第115页。
③ 〔英〕E.H.卡尔:《历史是什么？》，第123页。
④ 〔英〕E.H.卡尔:《历史是什么？》，第133页。
⑤ 〔英〕E.H.卡尔:《历史是什么？》，第141页。

历史事实就是关于个人的事实，不过，不是关于孤立状态下的个人行为，不是关于一些真实的或想象的个人动机，个人依据这样的动机想象自己曾经采取的行动。历史事实是关于社会中个人之间彼此关系的事实，是关于个人活动结果所产生的那些社会力量的事实，这些结果跟那些个人自身所打算的结果时常不一致，有时恰恰相反。[①] 如20世纪30年代席卷资本主义国家的经济大危机，卡尔认为是各个个人的行为导致了这一结果，尽管每一个人都在有意地追求着一些完全不同的目的。[②]

在讨论了社会与个人的相互关系后，卡尔还探讨了历史上的反叛人物和伟大人物的作用。他认为，这两类人物的作用有一些类似之处。由于历史上不存在完全同质的或同类的社会，任何一个社会都是社会冲突的场所。他指出，那些起来反抗现存权威与那些维护现存权威的人一样，都是当时社会的产物与反映，君主与反叛者一样都是他们所生活时代和国家特定条件下的产物，他们在历史上的作用要归功于那些大量的追随者。[③] 对伟人的作用，卡尔认为，伟人是个人，一个特别杰出的个人，也是一个特别重要的社会现象[④]；伟人不是现存力量的代表，就是向现存权威挑战，并协同创造那股力量的代表；伟人既是历史进程的产物，也是历史进程的推动者；他既是社会力量的代表，也是社会力量的创造者，这些社会力量改变了世界的面貌，也改变了人类的思想。[⑤]

卡尔指出，历史包含着历史学家所进行的研究行为与历史学家所研究的历史事实两个层面，这两个层面都是一种社会进程，而个人在这一进程中是作为社会人而从事研究的；历史学家与历史事实之间相互作用的进程，不是一场抽象的、孤立的个人之间的对话，而是今日社会和昨日社会之间的对话；我们只有根据现

① 〔英〕E.H.卡尔：《历史是什么？》，第142～143页。
② 〔英〕E.H.卡尔：《历史是什么？》，第142页。
③ 〔英〕E.H.卡尔：《历史是什么？》，第143页。
④ 〔英〕E.H.卡尔：《历史是什么？》，第144页。
⑤ 〔英〕E.H.卡尔：《历史是什么？》，第145、146页。

在才能理解过去，也只有借助过去才能理解现在。使人能够理解过去的社会，使人能够增加把握当今社会的力量，便是历史的双重功能。[①]

三　历史与科学、道德的关系

经过 17 世纪科学革命和 18 世纪启蒙运动的洗礼，人们开始将科学与理性用于社会生活，试图促进人类关于社会的知识。到 19 世纪，人们努力将研究自然界的科学方法用于研究人类事物，社会科学的概念尤其是历史的概念逐渐发展起来。现代地质学之父查理斯·莱尔（Charles Lyell，1797–1875）认为，研究现在的各种地质作用和其后果就可以了解过去的地质情况，影响和决定地质构造的规律在古今都是一样的，即现在是了解过去的钥匙。此后，达尔文提出了生物进化学说，把历史学也带入科学领域。1903 年，伯瑞（Bury）直接把历史称为一种科学、一种不折不扣的科学。[②] 但从 20 世纪初开始，对历史学的客观性与科学性的质疑越来越多，一些学者试图在科学与历史之间划分出一条基本的分界线。卡尔在第三章中认真考察了这些观点，逐一批驳了下述五种观点：（1）历史只研究特殊，科学则研究一般；（2）历史不传授教训；（3）历史不能够做预言；（4）历史必然是主观的，因为人在观察自身；（5）与科学不同的是，历史涉及宗教、道德的问题。

第一种观点据说起始于亚里士多德，直到 20 世纪的柯林武德等人都认为科学与历史之间存在差异。卡尔认为，历史学家像科学家一样进行概括，"历史学家并不真正对独特性感兴趣，他们真正感兴趣的是独特性中概括出来的一般性"[③]。卡尔称，历史的阅读者

① 〔英〕E.H. 卡尔：《历史是什么？》，第 146 页。

② 转引自〔英〕E.H. 卡尔《历史是什么？》，第 151 页。

③ 〔英〕E.H. 卡尔：《历史是什么？》，第 158 页。

以及撰写者都是积习成癖的概括者，总是把历史学家的观察应用到他所熟悉的其他历史现象上去——或者，也许应用到他自己的时代去。[①] 他指出，历史所涉及的是独特与普遍之间的关系，作为一名历史学家，你既不能把两者分开，也不能抬高一方压低另一方，正如你不能把事实与解释分开一样。[②]

对第二种观点，卡尔批驳道："他们关于不能从历史中学到任何东西的断言有悖于大量的、可见的事实。"[③] 他指出："概括的真正意义是，通过概括，我们试图从历史中学到什么，把从一整套事件中归纳出的教训应用到另一整套事件中去；当我们在概括的时候，我们在有意或无意之间尝试这样做。那些摒弃概括、坚持历史仅仅与特殊关联的人，在逻辑上肯定是那些否认能够从历史中学到任何东西的人。"[④] 他进一步指出，向历史学习不仅仅是一个单项过程，根据过去研究现在也意味着根据现在理解过去。[⑤]

对第三种观点，卡尔认为其涉及一整套误解。他认为，历史中预言的关键问题在于区分一般与特殊、普通与独特，历史学家肯定要进行概括，并且在这样做的同时会为未来的行动提供一般的指导，尽管这些指导不是一些特殊的预言，但却是有效的、有用的。历史学家不能预言特殊的事件，因为特殊的事件是独特的，而且因为偶然的因素会进入其中。[⑥]

对第四种观点，卡尔认为，观察者和被观察的事物之间建立了一种关系，这种关系是历史学和社会科学所特有的属性，历史学家的观念便不可避免地成为每一个观察物的组成部分，历史浑身上下都渗透着相对性。[⑦] 观察者和被观察事物之间的互动、社会科学家

世界史学名著导读（修订版）

---

① 〔英〕E.H.卡尔：《历史是什么？》，第159页。
② 〔英〕E.H.卡尔：《历史是什么？》，第160页。
③ 〔英〕E.H.卡尔：《历史是什么？》，第162页。
④ 〔英〕E.H.卡尔：《历史是什么？》，第162页。
⑤ 〔英〕E.H.卡尔：《历史是什么？》，第163页。
⑥ 〔英〕E.H.卡尔：《历史是什么？》，第164页。
⑦ 〔英〕E.H.卡尔：《历史是什么？》，第166页。

和其资料之间的互动、历史学家和其事实之间的互动是持续不断的，而且也是不断发生变化的，这似乎是历史学、社会科学的一个显著特征。[①] 他指出："社会科学家或历史学家被卷进研究客体是不同于物理学家的，而且由主体和客体之间关系而引起的各类问题也更加极其复杂。"[②] 他进一步指出："既然社会科学涉及作为主体的人和作为客体的人，涉及研究者和被研究物，因此，从整体上看，社会科学不见容于宣称主客体之间有严格界限的任何知识理论。"[③] 卡尔认为，那种宣称"历史必然是主观的，历史与科学不同"的观点站不住脚。

对第五种观点，卡尔也谈了自己的看法。关于历史与宗教的关系，卡尔认为，历史学家不应借助外在神灵来解决自己的问题。[④] 关于历史与道德的关系，卡尔认为，因为历史与道德之间关系的复杂性，当代社会已经不要求历史学家对其笔下的历史人物进行道德审判，而历史学家的立场与道德学家的立场也不必一致。[⑤] 他呼吁抛弃那种把历史学家当作绞刑官的概念，不对个人进行道德判断，而是对过去事件、制度或政策进行道德判断。[⑥]

总之，卡尔认为科学包含了很多不同的知识门类，这些知识分支使用不同的研究方法与技术，而历史学包含于科学之中，科学家、社会科学家与历史学家都在进行同一课题不同分支的研究，其研究目的是相同的。[⑦]

四　历史中的因果关系

在第三章末尾，卡尔提出历史学家的主要工作就是不断提出

---

① 〔英〕E.H.卡尔:《历史是什么？》，第167页。

② 〔英〕E.H.卡尔:《历史是什么？》，第168页。

③ 〔英〕E.H.卡尔:《历史是什么？》，第169页。

④ 〔英〕E.H.卡尔:《历史是什么？》，第171页。

⑤ 〔英〕E.H.卡尔:《历史是什么？》，第171页。

⑥ 〔英〕E.H.卡尔:《历史是什么？》，第174页。

⑦ 〔英〕E.H.卡尔:《历史是什么？》，第181～183页。

"为什么"，并不断寻求解释或答案。在第四章，卡尔进一步提出历史研究是一种因果关系的研究。

自近代历史学基础奠立以来，历史学家和历史哲学家就试图通过发现历史事件的因果关系和支配历史事件的规律来整理人类往昔的经验，历史坚持接受的原则是按照因果的先后顺序来整理过去的事件。当历史学家在回答问题时，以提出原因或解释而著称。卡尔认为，当历史学家面临他必须回答事件的原因时，其研究原因的方法有两个特点："一是通常在同一个事件中找到几个原因；二是会尽力把这些原因归类，并梳理为某种顺序，确定这些原因在这种顺序中的彼此关系，或许也会决定将哪一种原因或哪一类原因当作主要的原因或全部原因中的原因来'穷究到底'或'归根结底'。"[1]

卡尔探讨了历史必然性和偶然性。关于历史必然性，他强调因果关系或历史决定论，认为每一个事件的发生都有一个或一些原因。[2] 在卡尔看来，研究原因是历史学家的特殊作用，像普通人一样，历史学家相信人类行为有其原因，这些原因是可以确定的，但在事件发生之前，历史学家并不假定事件是必然的。他总是讨论事件参与者可以得到两者其一的道路，并假设选择的机会是开放的，尽管历史学家继续十分正确地解释为什么最终选择了这条道路而不是另外一条道路。[3]

关于历史的偶然性，卡尔强调历史中个人行动的意志自由，认为历史总体上就是一连串的意外或一系列由偶然巧合（Chance Coincidence）决定的事件，历史发展最终可以归结于那些最偶然的原因。[4] 持历史偶然性观念的历史学家通常反对历史决定论，认为历史事件在很大程度上是由偶然性决定的。德国历史学界泰斗迈纳

① 〔英〕E.H.卡尔：《历史是什么？》，第 188～189 页。
② 〔英〕E.H.卡尔：《历史是什么？》，第 192 页。
③ 〔英〕E.H.卡尔：《历史是什么？》，第 194～195 页。
④ 〔英〕E.H.卡尔：《历史是什么？》，第 197 页。

克（F. Meinecke）在第二次世界大战后也越来越强调历史中偶然因素的作用，他把 20 世纪上半叶德意志民族的灾难归咎于一系列偶然事件，如皇帝的浮夸和希特勒固执的性格等。但在卡尔看来，历史中偶然性的作用被夸大了，"在历史事件中处于衰落而不是鼎盛时期的群体或民族，那些强调历史中偶然事件或偶然性作用的理论自然会大行其道。那种认为考试结果完全是一种摸彩行为的观点总是在差生中大有市场"[1]。

卡尔指出，历史是根据历史重要性进行选择的一种过程。他引用塔尔科特·帕森斯（Talcott Parsons）的话，称历史是一个选择体系，"不仅是对现实认识的选择体系，而且是对现实原因、取向的选择体系。历史学家就像从浩瀚的事实海洋中选择那些适合其目的的重要事实一样，他也从大量的因果关系中抽绎出因果关系，也仅仅是这些因果关系才具有历史意义；历史意义的标准是：历史学家能使这些因果关系适合其合理说明与解释模式的能力，其他的因果关系则被当作偶然事件进行抛弃"[2]。卡尔称："历史上那种所谓的代表着因果关系的偶然事件妨碍着——也可以说是冲击着——历史学家主要关注研究的那种关系。"[3]

卡尔认为，对于过去事件来说，历史学家区分一些原因是合理的、有意义的，是真正的原因；而另一些原因是不合理的、偶然的原因时，其标准是这些原因是否适合某些目的的解释。"当我们把某些解释当作是合理的，而把另一些解释当作是不合理的，我们就是在区分那些适合某些目的的解释与那些不适合某些目的的解释。"[4] 他还补充道，因果关系也与历史解释分不开，而历史解释总是与价值判断分不开。[5]

---

① 〔英〕E.H. 卡尔：《历史是什么？》，第 200 页。
② 〔英〕E.H. 卡尔：《历史是什么？》，第 205 页。
③ 〔英〕E.H. 卡尔：《历史是什么？》，第 199 页。
④ 〔英〕E.H. 卡尔：《历史是什么？》，第 207 页。
⑤ 〔英〕E.H. 卡尔：《历史是什么？》，第 207 页。

五　历史中的进步观念

在古代社会，人们总体上很少关注过去和未来，因为人们没有过去的意识，也没有未来的意识，时间被认为是具有敌意或腐蚀性的，因此人们对未来持悲观观点。中世纪时，产生了历史目的论，即假设历史进程是不断向一个目标前进的。文艺复兴时期，恢复了以人为中心的、理性至上的世界观，时间被认为是友善且富有创造性的。启蒙运动时期，近代历史学开始产生，学者们把犹太－基督教的历史目的论世俗化了，从而恢复了历史过程本身的理性特征，认为人类的真正财富、幸福、知识与美德等在历史的每个时代都在不断增加，历史进步观也开始确立，人们相信历史在向着尽善尽美的目的地前进。在19世纪大英帝国辉煌时期，英国的历史学家更是热衷于信仰历史的进步。

第一次世界大战前，英国人仍然沉浸在历史是不断进步、未来会更美好的假设中。卡尔本人正是在这种乐观主义的氛围中接受教育的。然而，第一次世界大战后，历史进步观越来越受到质疑，对未来忧郁、悲观的论调开始传播，"进步的假设已遭人们废弃，西方的衰落已经成为家喻户晓之词，以致不再加上引号"[1]。到20世纪中叶，人们更加怀疑，我们究竟是生活在进步时代还是衰落时代？因此，卡尔在第五章考察了进步概念的含义及其蕴藏的前提假设。

首先，卡尔澄清了进步（progress）与进化（evolution）之间的关系。他认为，19世纪的达尔文革命强调了生物的遗传性，这是进化的源泉，而历史强调的是社会的获得性，这是社会进步的基础和历史进步的源泉。他称："在每一代人身上都可以衡量到获得性的进步。作为理性生物的人，其本质是通过积累前辈的经验来发展自己的潜在能力。历史是通过一代代获得性技巧的传授而进步的。"[2]

---

① 〔英〕E.H.卡尔：《历史是什么？》，第216页。
② 〔英〕E.H.卡尔：《历史是什么？》，第218页。

世界史学名著导读（修订版）

总之，每一代人通过学习，把自己新增的经验和历史前辈的经验智慧结合起来，自己的思维由此获得进步。

其次，不需要也不应该把进步看作有着限定的开始或结束。卡尔认为，文明的诞生也许可以作为人类进步假设的开始，但文明实际上是一个无限发展的缓慢进程，而非一种创造。因此，对于历史学家而言，进步的终结"一直是无限遥远的某种事物"，"只有当我们前进时，指向这一终结的指标才能进入我们的视野"。"只有当我们经历了历史之后，我们才能认识到历史的内容"。[①]

再次，进步并非在一条连续的直线上前进，历史既有进步的时代，也有倒退的时代。卡尔认为，进步并不意味着对所有人都是同样的进步或同时的进步，"用来促进文明前进的那股进步力量会在一个地方消失，后来又会在一个地方恢复，因此，我们在历史之中所能观察到的任何进步不管在时间还是在空间上肯定都不是连续的"。[②] 历史上的某个国家、民族或文明等群体，在特定时期中起着促进文明进步的主导作用，但进入下一个时期时，因为浸透着上一个时期的很多传统、利益或意识形态等，而不能及时适应新时期的要求与条件，会逐渐衰落并把主导作用让给别的群体。这时，另一个群体适应了新时期的发展要求，进入上升繁盛通道。在卡尔看来，20 世纪西方世界那些持悲观衰落论调，看不见历史中的意义，认为进步已经进入停滞状态的人，几乎都属于没落的社会或阶级。

最后，进步的本质内容不是空洞的概念，而是一个假设概念，历史学家在研究时把某些人的行为应用到这个假设上或把某些人的行为解释为进步的。卡尔认为，历史的先决条件是人能够（不是说一定会）从前辈经验中获得教益，和自然界进化不一样的是，历史中的进步依靠的是获得性财产的转让，这些财产既包含物质财富，也包括人的控制、改变和利用环境的能力。这两方面是紧密联系、

[①] 〔英〕E.H. 卡尔：《历史是什么？》，第 220 页。
[②] 〔英〕E.H. 卡尔：《历史是什么？》，第 220 页。

彼此作用的。^①他指出："历史进步的目的是可以限定、可以明确定义的概念，但相信进步并不意味着相信任何自动或不可避免的进程，而是相信人的潜力的进步发展；进步是一个抽象的术语，人类追求的具体目标时时源自历史进程之中，而不是源自历史进程之外的某些东西；无限进步的可能性——或者说进步不从属于那些我们要正视或必须正视的限制——只有当我们向这些目标前进时，我们才能定义这些进步的目标，我们只有在达到这些目标的进程之中才能证实这些目标的有效性。"^②

　　卡尔探讨了关于历史的客观性。他认为，"历史事实不可能是完全客观的，因为事实之所以变为历史事实，是要靠历史学家根据事实的重要性而决定；历史中的客观性——假如我们仍旧可以使用这一传统术语的话——不可能是事实的客观性，只能是事实与解释之间，只能是过去、现在和未来之间关系的客观性"^③。他指出，历史学家在从事解释工作时也需要意义的标准，这是他的客观性标准，以区分主要事件与偶然事件，不过他只能在联系当下目的时才能发现这一标准，既然对过去的解释也会进化，这是历史必然的功能，那目的的进化也是必然的。^④卡尔认为，只有未来能够为解释过去提供钥匙；也只有在这个意义上能够说历史中的根本客观性。过去阐释未来，未来说明过去，这不但是历史的辩护，也是历史的解释。^⑤在他看来，称赞一位历史学家是客观的，意味着他有能力超越其社会环境、历史环境给视野造成的局限；意味着他有能力把视野投放到未来，以这样的方法可以使他比那些把观点完全局限在自己当下环境的历史学家具有一种更深入、持久洞察过去的能力。^⑥

---

① 〔英〕E.H.卡尔：《历史是什么？》，第221页。
② 〔英〕E.H.卡尔：《历史是什么？》，第223页。
③ 〔英〕E.H.卡尔：《历史是什么？》，第224页。
④ 〔英〕E.H.卡尔：《历史是什么？》，第225页。
⑤ 〔英〕E.H.卡尔：《历史是什么？》，第226～227页。
⑥ 〔英〕E.H.卡尔：《历史是什么？》，第227页。

卡尔认为，历史学家对过去的解释和他对重要事件的选择，都会随着前进中出现的新目标而进化。[1] 他指出："旧的解释并没有被抛弃，它不仅包含在新的解释之中，而且为新的解释所代替。历史编撰在这种意义上是进步的科学，它企图为本身就是进步的事件进程提供不断扩展的、深化的洞察力。"[2] 卡尔指出，总的来看，历史学家关注的是那些取得某些成就的人，而不管这些人是胜利者还是失败者。[3]

对历史中的判断标准，卡尔认为不是某些宣称具有普遍效用的原则，而是最能够产生实际效果的东西。[4] 他指出，历史的客观性不依靠于也不能依靠于某些固定的、不可转移的当下存在的判断标准，只能依靠将来积累的、随着历史前进而进化的那种标准；只有在过去与未来之间建立起一种持续不断的连贯时，历史才获得意义与客观性。[5]

对事实与价值之间的关系，卡尔认为所得到的事实受价值体系的限制。他说："价值进入事实，而且是事实的一个重要组成部分；历史中的进步是通过事实与价值之间的相互依赖、相互作用而获得的。"[6] 卡尔强调，历史就其本质而言是变化、运动，或者是进步，因为历史在一个静止的世界里会完全失去意义。而历史学家常常是在事实和解释之间、事实和价值之间取得平衡，他无法分离两者。历史学家的历史观反映着其社会观，"可以恰当地称之为历史的只能是在历史自身中找到一种方向感并接受这种方向感的人写就的……一个已经失去相信自身有能力在未来中取得进步的社会，也会很快不再关注自身在过去中取得的进步"[7]。

---

[1] 〔英〕E.H.卡尔：《历史是什么？》，第 227 页。

[2] 〔英〕E.H.卡尔：《历史是什么？》，第 228 页。

[3] 〔英〕E.H.卡尔：《历史是什么？》，第 231 页。

[4] 〔英〕E.H.卡尔：《历史是什么？》，第 232 页。

[5] 〔英〕E.H.卡尔：《历史是什么？》，第 234 页。

[6] 〔英〕E.H.卡尔：《历史是什么？》，第 235 页。

[7] 〔英〕E.H.卡尔：《历史是什么？》，第 236 ～ 237 页。

六　当代世界的巨变

第二次世界大战结束后，伴随着第三次科技革命，科学技术日新月异，各种新发明层出不穷，世界政治、经济、社会和文化等经历了巨大的变化。在第六章，卡尔集中论述和总结了这场变化中的两个突出方面：人类理性的深度扩展与世界重心的变化。他还分析了历史和历史学家在这个新时代的地位。

其一，人类理性的深度扩展。近代以来，世界的重要变化之一是人的自我意识的发展。17世纪科学革命后，人们逐渐能够通过理性充分意识到周围世界及其法则，这些法则不再是天意的或神秘的，人们服从这些法则，但这些法则还不是人类自己制定的。工业革命带来的最深远的社会影响之一是思考理性、运用理性的人的数量在不断增加。到20世纪，"人们将更加充分地意识到自身控制周围环境、控制自己的能力，也将更加充分地意识到制定自己要在它们之下生活的那些法则的能力"。[①]在这个新时代，"理性的主要作用不再是理解在社会中支配人类行为的那些客观规律，而是重新塑造社会，重新塑造用有意识行为组成社会的个人"。[②]卡尔认为，"历史是人类运用理智来理解其周围环境并依据环境而行动的长期斗争。但是，现代世界以革命的方式拓宽了这一斗争的内涵。人类现在寻求理解、依据行事的不仅是周围环境，而且是人类自身。这就为理性增加了新的范围，也为历史增加了新的范围。现时代是所有时代之中最有历史感的时代，现代人的自我意识达到前所未有的高度，因而对历史的意识也达到前所未有的高度，过去、现在和未来被历史这条无穷无尽的锁链连接在一起了"。[③]

卡尔阐述了自笛卡尔以来人自我意识的发展。他称笛卡尔首先

---

① 〔英〕E.H.卡尔：《历史是什么？》，第242页。

② 〔英〕E.H.卡尔：《历史是什么？》，第244页。

③ 〔英〕E.H.卡尔：《历史是什么？》，第241页。

把人的地位确立为一种生命，是不仅能够思考而且能够就自己的思想进行思考，能在进行观察时观察他自己，因而人便同时是思想和观察的主体与客体。卢梭在人类的自我理解和自我意识方面挖掘出新的深度，给人类一个有关自然界、有关传统文明的崭新观点。黑格尔是第一位明了历史变化之中与自我意识发展中事实本质的哲学家。马克思也转变到受法则支配的世界这个概念，他是以实际的、具体的形式转变的，是与人的革命能动相适应、通过理性进程逐渐进化的。而弗洛伊德挖掘出了人类行为的无意识之根，并把它暴露在意识和理性探寻面前，从而扩展了我们的知识范围和理解能力，这是理性的扩展，是个革命的、进步的成就。[1]卡尔指出，现时代是一个自我意识的时代，历史学家能够也应该知道自己正在做什么，这是当代世界尚未完成的转变——向理性功能和力量新领域的扩延——的重要组成部分。[2]

卡尔探讨了新时代理性的扩展带给当代世界的转变。以经济学为例，亚当·斯密发表《国富论》以来，人们相信客观的经济规律支配着人类的经济行为，决定着贸易循环、价格波动与失业等现象，人类违反经济规律会给自身带来危害。但1929年经济大危机爆发后，人们发现特定商品的价格并非完全由客观的供求规律决定，因此不再信奉传统的经济规律。随着自由竞争经济向管理经济的过渡，特定的人在为特定的目的采取特定的措施，从而规定了经济前途。卡尔指出："从自由经济转变到计划经济，从不自觉转变到自觉，从信仰客观经济规律转变到相信人依靠自己的行为可以成为经济命运的主宰，社会政策与经济政策携手并进，经济政策已经融入社会政策之中。"[3]他认为，到了20世纪中叶，人们普遍从屈服于超越人的控制之外的经济规律转变为相信人有能力控制经济命运，这既代表着人类正在增强理解与把握自身及周围环境的能力，

---

① 〔英〕E.H.卡尔：《历史是什么？》，第 241～247 页。

② 〔英〕E.H.卡尔：《历史是什么？》，第 247 页。

③ 〔英〕E.H.卡尔：《历史是什么？》，第 248 页。

也是人类把理性运用到自身事务中的一种进步。①

当代社会，人类通过有意识的、理性的操练，能够改变周围环境和自身。理性不只是用来探索自然界，还用在社会建设方面。通过人的有意识的努力，制定出各种社会改革政策，个人与社会都在发生快速变化。卡尔认为，20世纪人类理性运用的最重要领域是现代教育领域。他称："当理性运用到社会中的人时，它的主要功能不再仅仅是研究，而是改变；人们通过理性方法的运用来提高他们对社会、经济和政治事务的管理水平，人的这种已经提高了的有意识的力量在我看来是20世纪革命的主要成就之一。"②

其二，关于世界重心的变化。15、16世纪的地理大发现和新航路开辟，使得中世纪社会最终崩溃，而新大陆的发现与世界重心从地中海沿岸向大西洋沿岸的转移，标志着近代世界的开始。在卡尔看来，20世纪革命带来的变化比近代世界的兴起影响要大得多，尤其第二次世界大战结束后，这个世界正在改变的形态比过去400年中的任何时候都要更快速、更剧烈。他指出，世界重心明显从西欧转移开了，西欧及其英语世界的外围部分已经成为北美大陆的附属物，其他地区也发生了革命性变化。③他认为，在亚洲和非洲人口中，传播近代技术和工业方法，传播启蒙教育与政治自觉，都在改变着这些大陆的面貌，这是世界历史前景中一个进步性的发展，它改变了世界面貌，从总体上看也必定会导致英国或整个英语世界在世界事务中的分量相对下降。④

卡尔认为20世纪世界的变化对历史学影响巨大。他指出："20世纪革命中理性的扩张对历史学家有特别的意义，因为它在本质上意味着迄今为止那些处于历史之外的群体和阶级、民族和大陆的历史在历史中出现了"，⑤"也只是在今天，人们才有可能第一次把整个世界想

---

① 〔英〕E.H.卡尔：《历史是什么？》，第249页。
② 〔英〕E.H.卡尔：《历史是什么？》，第250页。
③ 〔英〕E.H.卡尔：《历史是什么？》，第254页。
④ 〔英〕E.H.卡尔：《历史是什么？》，第256页。
⑤ 〔英〕E.H.卡尔：《历史是什么？》，第256页。

象为由真正意义下进入历史的民族组成，这些民族不再是殖民地长官或人类学家关注的民族，而是历史学家关注的民族"，历史概念由此发生进化，由"精英的历史"变为"整个人类共同体的历史"。[①]

此外，卡尔批评英国历史学家还未能真正重视英国与西欧历史以外的、正在扩展中的这些视野，并表达了对英语世界政治精英、知识精英丧失对理性与进步信仰的担忧。

第三节　评析与学习启迪

一　原著评析

《历史是什么？》问世后，引起学界的强烈反响，不少学者对其观点提出不同意见。剑桥大学近代史教授理查德·J.埃文斯（Richard J. Evans）在为帕尔格雷夫－麦克米兰公司 2001 年出版的《历史是什么？》所写的导言中，罗列了许多学者对其观点的质疑。如《泰晤士文学增刊》评论者艾萨克·多伊彻（Isacc Deutscher）在该刊发表的评论中对卡尔承认偶然性改变历史进程这一观点发问："假如偶然性（就像卡尔所宣称的）修正了时间的进程而没有修正历史学家的'重要原因的等级'，那么这个等级就不存在某种问题吗？"[②]理查德·J.埃文斯认为，卡尔在《历史是什么？》中的论点——仅仅能够使历史学家感兴趣的因果关系是那些能在未来制定政策中起作用的因果关系是该著中最薄弱的地方之一，他称卡尔在努力从对历史预言不信任的状态中拯救历史预言性能的概念时，混淆了历史规律与历史概括。[③]牛津大学近代史钦定讲座教授特雷弗－罗伯（H.R. Trevor-Roper）谴责卡尔的"客观性"："'客观性'意味着，不是在迄今为止可以接受的词语意义上的'客观的'——即中立的、不带

---

① 〔英〕E.H.卡尔：《历史是什么？》，第 257 页。

② 〔英〕E.H.卡尔：《历史是什么？》，第 16 页。

③ 〔英〕E.H.卡尔：《历史是什么？》，第 18、19 页。

感情的、公正的——而是恰恰相反的那些词语，要忠诚地站在将要获得胜利的一边：忠诚地站在强者一边。"① 最强烈的反对者是都铎王朝史专家 G.R. 埃尔顿（G.R. Elton）。他把反对意见收集在一起，命名为《历史的实践》，并于 1967 年出版。他猛烈抨击卡尔对欧洲以外历史的支持，攻击卡尔所持有的历史有目的和意义的论点，特别抨击了卡尔关于历史学家把自己的观点和先入为主带进历史研究的说法，将其描述为"有害的废话"，将导致一种"极端的相对主义"，从而使"历史学家成为历史的创造者"。②

尽管有不少质疑之声，《历史是什么？》仍是一部经典之作。正如理查德·J. 埃文斯所评价的："和其他许多关于历史理论和实践的著作不同，该书包含了大量有关真正历史学家和真正历史著作的事例，生动地说明较为抽象的论点。与大多数各式各样的历史初级读本和历史导论形成鲜明对照的是，该书不是用高人一等的口气对他的读者说话，而是以平等的态度向读者演讲。在处理最深奥的、最棘手的理论问题时，它也是机智、有趣和耐人寻味的。四十年以后它还保持撩拨人心的力量。它不仅处理历史的基本问题，而且处理了政治、伦理的基本问题。在处理重大问题时，手法高超。该书对历史学家、哲学家、作家和思想家都有参考作用，会给他们带来思想上的惊异。卡尔知识渊博，是位睿智之人。该书最诱人的部分就在于轻而易举地展现出知识和智慧。"③ 他进一步指出："卡尔正确地认识到，不管历史学家选择过去哪一段历史，他的任务是要在那段历史之前、之后的环境背景里研究那段历史，要着眼于研究主题与更宽泛的背景之间的相互关联。更重要的是，该著一再表明，不论我们是否喜欢，在历史著作中总存在主观的因素。"④

---

① 〔英〕E.H. 卡尔：《历史是什么？》，第 23 页。

② 〔英〕E.H. 卡尔：《历史是什么？》，第 30 页。

③ 〔英〕E.H. 卡尔：《历史是什么？》，第 36 ~ 37 页。

④ 〔英〕E.H. 卡尔：《历史是什么？》，第 37 页。

二　学习意义与启迪

《历史是什么？》深刻解读了"历史是什么"，对"历史"从各个侧面进行剖析，阐述了历史学家与历史事实、社会与个人、历史与科学、历史中的因果关系、历史进步观等核心命题，使我们对"历史是什么"有了全面、清晰的认识。该书提出了"历史就是历史学家与历史事实之间、过去与现在之间连续不断的对话"的著名论断，在历史理论发展史上具有重大意义，使我们深刻理解了史学学习和研究的局限性——只能是无限接近史实。卡尔在书中提出的一系列重要理论和观点，对我们牢固树立唯物主义历史观，深刻理解历史是什么和培养历史学的思维方式，有着十分重要的指导意义。该书对我们思维方式的形塑至少有以下三点。

第一，有助于认识马克思主义史学观的科学性。历史观是人们对社会历史的总看法或根本观点，科学的历史观是我们正确认识世界历史、理解当代世界的重要指引。唯物史观是我们学习和研究历史的根本指导理论和方法论。唯物史观认为，历史中的决定性因素，归根到底是直接生活的生产和再生产，生产分为生活资料的生产与人自身的生产；一定历史时代和一定地区内的人们生活于其下的社会制度受着劳动发展阶段与家庭发展阶段这两种生产的制约。[①] 唯物史观认为，人民群众是真正的历史创造者，对历史发展具有决定作用。唯物史观透过纷繁芜杂的历史表象，揭示了隐藏在历史人物动机背后的历史发展的真正动力。卡尔提出的"历史不是抽象的、孤立的个人之间的互动，而是今日社会与昨日社会之间的对话"等重要观点，有助于我们从人的社会性、具体性和历史性方面深刻理解马克思主义史学观的科学性。

第二，有利于培养综合分析的思维方式。20世纪以来，西方

---

① 中共中央马克思恩格斯列宁斯大林著作编译局编译《马克思恩格斯选集》(第四卷)，人民出版社，2012，第13页。

学术界通过学科界定与制度化努力，将现代社会科学分为历史学、经济学、政治学、社会学、人类学等学科门类。马克思主义诞生后，历史学家从描述孤立的、政治的事件转向对经济与社会复杂过程的研究。与政治学、经济学、社会学等其他学科相比，历史学在考察研究过去的人类社会的同时，更强调整体观察特定历史时期的复杂社会背景。历史学反对片面观察人类社会，尤为重视综合分析的思维方式，强调人类社会各个不同要素之间的相互联系，这是历史学思维方式的主要特点之一。卡尔在《历史是什么？》一书中引用大量生动的事例反复强调，只有从一系列相互作用的因素中，我们才能得出历史究竟是什么的答案，这些因素包括历史记录、历史学家与历史事实之间，过去、现在与未来之间，历史学家、社会环境与史料之间，历史进程与当下人们的理解之间，等等。

第三，有利于培养历时观察的思维方式。历史地理解当下社会现象是历史学在时间的长河中观察和思考人类社会的重要思维方式。任何现代社会现象的产生都可能存在着深远的历史因素，历史学家需要从纵向的长时段观察出发才能够更深刻地把握和理解人类社会及其历史。第二次世界大战后，历史学家越来越意识到，只有历史地考察更多超出个人的因素，才能够有效地解释历史现象和现代世界的来龙去脉。为了驳斥当时英国知识分子中盛行的对未来的悲观主义和怀疑主义思想，卡尔详细研究了从古代社会、中世纪时期、文艺复兴时期、启蒙运动时期和19世纪大英帝国辉煌时期人们对历史未来的看法，厘清了历史进步观的内涵，认为历史的本质是变化、运动或者进步。卡尔对进步观念进行历史的考察，有利于培养我们在纵向维度上尽可能地开拓视野，在大量的历史碎片中梳理出社会现象的来龙去脉。

总之，《历史是什么？》一书有助于我们树立唯物史观，有利于培养我们综合分析和历时考察的思维方式，这也是历史学学科思维方式的特点，要求我们在横向和纵向两个维度上都尽可能拓展自己的视野，在错综复杂的各种要素中梳理出历史事件的发展线索与因果关系，这对于我们分析历史现象和处理现实事物都有很大益处。

三　学界关于"历史"的争鸣

中文"历史"一词由"历"和"史"两个字构成，"历"在古代意指事件经历，后来被引申为历法或历官，"史"指史官，后来被引申为由史官所编写的文献，即史书。目前，学术界普遍认为现代汉语中的"历史"一词是近代社会借由日语而来。一些学者认为，回答"历史是什么"这个问题比编纂史学还困难。古今中外，不同历史学家对"历史"的定义各有差异，可见"历史"定义之难以把握。

近代以来，西方学术界对"历史"一词的定义繁多，归纳起来主要指两个方面：过去发生的事情和关于过去发生的事情的陈述或记忆。很多学者承认存在这两种历史，但在阐述问题时常常抹杀第一种——历史即客观历史的存在。20世纪以来，历史相对主义、怀疑主义、后现代主义和虚无主义思潮泛滥于西方，不少学者开始相继否认历史的客观实在性。例如，美国历史学家卡尔·贝克尔（Carl Becker）宣称，"对于任何历史学家而言，在他创造历史事实之前，历史事实并不存在"。[①] 意大利历史学家克罗齐说，"历史存在于我们每一个人身上，它的资料就在我们自己的胸中"，如果离开了人们的心灵这个熔炉，就无法锻造出历史的真实。[②] 德国哲学家卡尔·雅斯贝斯（Karl Jaspers）认为，"对于我们，历史乃是回忆……这种对历史的回忆便是构成我们自身的一种基本成分"。[③] 英国历史学家柯林武德则声称，"一切历史都是思想史"，"历史就是一个对这种思想的历史进行研究的历史学家，以自己的观念重新加以组织的过程"。[④] 英国政治哲学家米切尔·奥克肖特（Michael Oakeshott）

---

① 转引自〔英〕E.H.卡尔《历史是什么？》，第105页。

② 〔意〕贝奈戴托·克罗齐：《历史学的理论和实际》，傅任敢译，商务印书馆，1982，第14页。

③ 〔德〕卡尔·雅斯贝斯：《论历史的意义》，载张文杰编《历史的话语：现代西方历史哲学译文集》，广西师范大学出版社，2002，第51页。

④ 转引自〔英〕E.H.卡尔《历史是什么？》，第106页。

甚至说："历史不是别人恰恰是历史学家'制造'出来的：编撰历史是制造历史的惟一办法"①。

对于"历史是什么"这个问题，国内学者也展开了热烈讨论。如清华大学何兆武称，历史学家通常所使用的"历史"一词有着两层意思，即过去所发生过的事件和历史学家对过去事件的理解与叙述。②北京大学钱乘旦认为，"历史"并不是一个简单的过去所发生的事，它是人类的创造与"过去"的结合，"过去"通过"写"而成为历史，因此"发生过的只是'过去'，写出来的才是'历史'"。③天津师范大学庞卓恒认为，"历史"一词有三层基本含义："一是过去发生的事件与过程，即客观历史本身；一是指有关过去的记录与研究，即历史著述，即经过人脑的思考、加工而形成的主体化的历史；它还指一门学科，或一门专业。三者之间，既相互联系，又有不可逾越的鸿沟。"④他认为第二层含义又可以划分为两部分，"一是指对过去的记录，即为历史研究提供资料的历史记录；一是指对历史事件或过程阐述观点或看法的著作，即通常意义上的历史学著作"。⑤

四 从传统史学向新史学的转变

从古代西方的希罗多德与修昔底德以及东方的司马迁开始，人们就有意识地努力区分神话与历史，试图真实可信地描述过去的历史事件，但古典时代的东西方历史著作大多文辞优美，某种程度上是一种文学形式，并未要求历史学像自然科学那样严谨，这种状况一直持续到近代。

① 转引自〔英〕E.H.卡尔《历史是什么？》，第106页。
② 何兆武：《对历史学的若干反思》，《史学理论研究》1996年第2期。
③ 钱乘旦：《发生的是"过去" 写出来的是"历史"——关于"历史"是什么》，《史学月刊》2013年第7期。
④ 庞卓恒主编《史学概论》，高等教育出版社，1995，第1页。
⑤ 庞卓恒主编《史学概论》，第2页。

有学者称："近代历史科学概念源于启蒙运动，它既是依据启蒙运动关于人和现实的见解，又是对上述见解的反动。"[1] 从18世纪的德国开始，专门进行历史研究的团体组织在各个大学中发展起来，尤以1737年成立的新哥廷根大学作为研究中心。当时的历史学团体强调古文献学、古文字学和古钱币学等学科，后来又开始重视语言学与统计学，力求把历史研究建立在坚实的、涵盖政治、法律、工商业与人口等数据上。1810年，威廉·冯·洪堡领导建立了柏林大学，倡导提供具有坚实研究基础的教育。柏林大学出现了新的历史学研究方向，开始批判性地运用史料建立一种连贯性的历史叙述，但因使用资料所限，历史叙述范围从哥廷根学派的学者涵盖广泛的社会文化史缩减到注重政治事件与宗教事件上，这表明当时的政治界与知识界从根本上开始重新定向。

19世纪时，历史学才完成了专业化和制度化，由受过专业训练的历史学家进行研究，并强调科学规范。兰克把历史学视作一门严格的科学，强调要不偏不倚地观察过去的事物，力求史学研究只是表明过去确实曾经发生过的事情。兰克学派对档案和事实的强调使其培养出来的历史学者大多经过了档案研究的技术训练，他们轻视历史著作的修辞学价值，历史写作的文学性也大大弱化。兰克学派的历史研究尽管强调要批判性考察历史文献，但并未减弱历史学的意识形态功能，反而使历史学研究为民族国家与国内政治服务，史学研究日益发挥其政治效用。当时，德国史学研究所坚信的那种历史观与科学观，是和俾斯麦领导下的德国统一所形成的政治秩序紧密相连的。总之，兰克史学强调档案研究，把历史学家引向档案文献，而19世纪档案的开放也推动了历史学家对欧洲民族国家政治史的考察研究。

然而，20世纪初开始，兰克学派的理论假设越来越多地受到德国国内和欧美知识界的质疑与批评，重点关注政治家、外交

---

[1] 〔美〕伊格尔斯：《欧洲史学新方向》，赵世玲、赵世瑜译，华夏出版社，1989，第13页。

家与军事家的兰克史学在一定程度上被关注人民大众生活和社会缓慢进程的社会文化史所取代。同时，兰克学派所宣称的历史学家能够不怀偏见地研究客观历史的客观主义史学也开始遭到人们质疑。

第二次世界大战后，第三次科技革命的到来大幅提高了工业效率，大众消费社会和平民社会到来，这就需要一种符合当代世界实际状况的历史学与社会科学。20世纪50年代开始，定量历史研究在美国急速增长，政治史研究已经开始把选举行为与社会变数联系在一起。运用计算机的计量方法也越来越多地用于分析经济过程或研究文化、远景、心态与行为类型等。而随着计算机和网络的出现与普及，各种量化方法与统计方法被引进史学研究之中，也强化了历史学要求成为一种学术规范的资格。1979年，英国著名马克思主义史学家霍布斯鲍姆曾提出一个发人深省的问题：历史学有进步吗？他自答到，历史学在某种意义上很难说取得了什么进步，因为我们不能说后世的史学家一定比前辈更有学问或智慧，但历史学在另一种意义上应该说有进步。例如，20世纪后半叶的新史学颠覆了传统史学的研究观念，从传统史学的描写与叙述转向了新史学的分析与说明，从考订资料的事件研究转向了抽象概括的推论与规律。[1]

总之，传统史学研究认为大量第一手的、比较可靠的原始材料来自政府文件、军事外交档案和政治家、军事家的日记等，因此强调政治史、外交史与军事史研究。但传统史学对历史事实的崇拜和"客观直书"的原则导致其历史著作偏重于叙事和描述，而未能充分分析和概括。20世纪，历史学开始了从旧史学到新史学的转变历程，历史学家对那个"高贵的梦想"——历史的客观性的追求，引起了史学研究途径的多元分化和史学研究主题的急剧增多，这些研究主题常常涉及个人现实生活的各个方面。越来越多的史学家承

① 〔英〕埃里克·霍布斯鲍姆：《史学家：历史神话的终结者》，马俊亚译，上海人民出版社，2002，第63页。

认历史客观性的限度，修订了以兰克为代表的认为只要认真考订史料就可以还原客观历史的看法。不管怎样，尽管当代史学家也越来越多地借用语言学、符号学与文学的种种新理论，历史学家仍要受到自身所占有的史料的束缚限制，但却更为谨慎地、批判性地看待史料。

总之，"历史是什么"是个久远而常新的话题。不同学者的观点值得我们深入思考，也对我们学习和理解"历史"、延伸我们的思维具有重要启迪。卡尔的观点不符合唯物史观，但它有助于我们理解和认识唯物史观。

思考题

《历史是什么？》有哪些基本观点？如何运用唯物史观分析历史人物与历史事件？

主要参考文献

〔意〕贝奈戴托·克罗齐：《历史学的理论和实际》，傅任敢译，商务印书馆，1982。

〔英〕E.H.卡尔：《历史是什么？》，陈恒译，商务印书馆，2018。

〔英〕埃里克·霍布斯鲍姆：《史学家：历史神话的终结者》，马俊亚译，上海人民出版社，2002。

何兆武：《对历史学的若干反思》，《史学理论研究》1996年第2期。

钱乘旦：《发生的是"过去" 写出来的是"历史"——关于"历史"是什么》，载《史学月刊》2013年第7期。

拓展阅读

〔德〕格奥尔格·G.伊格尔斯：《二十世纪的历史学：从科学的客观性到后现

代的挑战》，何兆武译，商务印书馆，2020。

〔美〕伊格尔斯：《欧洲史学新方向》，赵世玲、赵世瑜译，华夏出版社，1989。

〔英〕基思·詹金斯：《论"历史是什么？"——从卡尔和艾尔顿到罗蒂和怀特》，江政宽译，商务印书馆，2007。

〔英〕杰弗里·巴勒克拉夫：《当代史学主要趋势》，杨豫译，北京大学出版社，2006。

〔英〕柯林武德：《历史的观念》（增补版），何兆武、张文杰、陈新译，北京大学出版社，2010。

第二章
恩格斯与《家庭、私有制和国家的起源》

《家庭、私有制和国家的起源》（以下简称《起源》）① 是恩格斯阐发历史唯物主义基本理论的重要著作，是马列主义经典著作之一。著中重点对家庭、氏族、私有制、阶级和国家的起源等这些人类社会发展历程中的重要问题做了探讨，对学习和研究原始社会具有重要的理论指导意义。该著还是一部指导无产阶级革命斗争的理论武器，在马克思主义发展史上具有极为重要的地位。

---

① 中共中央马克思恩格斯列宁斯大林著作编译局编译《马克思恩格斯选集》（第四卷），人民出版社，2012。本教材均引用此译本，下文只注书名和页码。

第一节　原著简介

一　恩格斯简介

《起源》的作者是马克思主义创始人之一的恩格斯。弗里德里希·冯·恩格斯（Friedrich Von Engels，1820–1895），生于普鲁士王国莱茵省巴门市，父亲是带有普鲁士贵族血统的虔诚基督徒、工厂主；母亲心地善良，喜爱文学和历史。1837 年，中学辍学的恩格斯遵父命学习经商。1842 年深秋，他来到英国曼彻斯特的"欧门—恩格斯纺织厂"当总经理，结识了一生的革命战友马克思。1844 年 2 月，他在《德法年鉴》上发表了《政治经济学批判大纲》。同年 8 月，恩格斯返回老家途中经过巴黎时和马克思见面，二人合写了《神圣家族》。1845 年 3 月，恩格斯写成《英国工人阶级状况》。1846 年 8 月，他和马克思共同完成了《德意志意识形态》。1847 年 6 月，两人一起加入正义者同盟并把它改造为共产主义者同盟。受 1847 年 11 月底召开的共产主义者同盟第二次代表大会委托，恩格斯与马克思合作拟定同盟纲领（即 1848 年 2 月问世的《共产党宣言》）。1848 年 3 月下半月至 4 月初恩格斯与马克思一起参加了德国革命。同年 6 月，他们一起创办了《新莱茵报》。1850 年前后，因遭到普鲁士政府迫害，恩格斯于 1850 年 11 月重回曼彻斯特纺织厂工作。1864 年起，恩格斯同马克思一起领导第一国际的工作。1870

年10月，恩格斯移居伦敦。1871年3月巴黎公社建立后，他同马克思一起支持巴黎公社。1878年，《反杜林论》问世。1879年，同马克思合写《通告信》，批判德国社会民主党内苏黎世三人团的改良和投降主义路线。1883年马克思逝世后，恩格斯独自肩负起指导国际工人运动的重任。1885年7月、1894年12月，《资本论》第二、三卷出版。1888年，写成《路德维希·费尔巴哈和德国古典哲学的终结》。1889年7月，第二国际成立。1893年8月，恩格斯出席了在苏黎世召开的第二国际的第三次代表大会。恩格斯晚年生活在伦敦。1895年8月5日，逝于伦敦寓所。

恩格斯是一位世界级百科全书式的思想家。在创立马克思主义哲学、政治经济学和科学社会主义理论方面做出了卓越贡献。

二　写作背景

《起源》写于1884年4～5月，同年10月在瑞士苏黎世出版。恩格斯写作此书的直接动机，《起源》在第一版序言中有明确交代："以下各章，在某种程度上是实现遗愿。"[①]马克思生前曾打算运用唯物史观的基本观点来阐述摩尔根的研究成果，以进一步发挥历史唯物主义的基本原理，但他还未实现这个计划就与世长辞了，恩格斯决定完成马克思未竟的工作。

恩格斯在马克思逝世的第二年就放下其他工作来撰写《起源》，这与当时的政治斗争形势和理论研究状况是分不开的。

1.《起源》是为进一步完善和发展历史唯物主义理论体系和马克思主义国家理论而撰写的[②]

历史唯物主义是马克思主义学说的重要内容。马克思和恩格斯从19世纪40年代起就开始关注原始社会。1877年，美国民族学和人类学家路易斯·亨利·摩尔根（Lewis Henry Morgan，1818-1881）

---

① 《马克思恩格斯选集》（第四卷），第12页。
② 《恩格斯〈家庭、私有制和国家的起源〉（节选）学习导读》，《求是》2011年第15期。

出版了《古代社会》，引起了马克思的高度重视。他于 1880～1881 年研读了该著，并做了详细的摘录和批语，计划用唯物史观阐述这一成果，但他的逝世令这一计划搁浅。恩格斯在整理马克思的手稿时，发现了马克思对摩尔根《古代社会》一书所做的摘要和批语。为了进一步发展历史唯物主义，实现马克思的遗愿，恩格斯根据马克思对《古代社会》一书所做的摘要，结合他本人多年研究的成果，写就了《起源》一书。

2.《起源》是为批判形形色色的唯心主义历史观和国家理论而撰写的[①]

资产阶级学者为了论证资本主义永世长存，提出了许多谬论。如称父权制家庭是最古老的形式，并把它同近代资产阶级的家庭相等同；称私有制自人类出现起就已经存在，在原始社会就出现了资本；还称国家是永恒存在而不可侵犯的等。这些谬论对工人运动、历史唯物主义和科学社会主义学说产生了严重的消极影响，迫切需要清除。19 世纪下半叶，随着无产阶级革命形势的深入发展，这一任务显得更为重要和迫切。因此，恩格斯撰写了《起源》，对这些资产阶级学说予以抨击。

3.《起源》是为指导无产阶级革命斗争沿着正确方向前进而撰写的[②]

19 世纪 70 年代以后，马克思主义学说得到广泛传播，国际工人运动迎来新发展，而各国资产阶级竭力以各种手段维护其统治。一方面，加紧镇压社会主义者和工人群众运动；另一方面，采取某些社会改良措施，制造"国家社会主义"骗局，以欺骗工人运动。资产阶级学者也鼓吹所谓"讲坛社会主义"，强调国家是超阶级的组织，可以调和对立阶级的利益，逐步实行"社会主义"，企图把社会主义运动纳入资产阶级的轨道。资产阶级政府还竭力拉拢社会主义运动中的机会主义者，利用他们反对无产阶级革命，抹杀国家

---

① 《恩格斯〈家庭、私有制和国家的起源〉（节选）学习导读》，《求是》2011 年第 15 期。
② 《恩格斯〈家庭、私有制和国家的起源〉（节选）学习导读》，《求是》2011 年第 15 期。

的阶级本质，鼓吹合法改良。消除各种机会主义错误思潮的影响，揭示人类社会历史发展的客观规律，系统阐述马克思主义在家庭、私有制和国家问题上的基本观点，进而阐明无产阶级和劳动人民的革命斗争性质、方式、道路、方向和目标，已成为无产阶级革命运动十分迫切的任务。这也是恩格斯写作《起源》的直接出发点。①

4.《古代社会》

《起源》系恩格斯根据马克思的《摩尔根〈古代社会〉一书摘要》手稿和摩尔根的《古代社会》写成。

路易斯·亨利·摩尔根，是美国知名的人类学家和社会理论家。他一生的大部分时光是在易洛魁部落中度过的，1877年出版的《古代社会》是其代表作。

《古代社会》分四编。第一编"各种发明和发现所体现的智力发展"，概括叙述了原始社会人类经济文化的发展。第二编"政治观念的发展"，分析了原始社会的氏族、阶级和国家等的产生与演变。第三编"家族观念的发展"，从研究各民族的亲属制度入手，探讨了家庭婚姻的历史，阐明一夫一妻制的确立。第四编"财产观念的发展"，阐明了历史上存在的两种财产所有制，即公有制和私有制，以及前者向后者的转变。

《古代社会》出版初期，在美国曾大受赞扬，后来长期受到攻击和批判。但该著得到马克思与恩格斯的高度肯定。马克思写了详细的摘要和批语，恩格斯赞扬"摩尔根在美国以他自己的方式，重新发现了40年前马克思所发现的唯物主义历史观，并且以此为指导，在把野蛮时代和文明时代加以对比的时候，在主要点上得出了与马克思相同的结果"，②"摩尔根的伟大功绩，在于他在主要特点上发现和恢复了我们成文史的这种史前的基础，并且在北美印第安人的血族团体中找到了一把揭开希腊、罗马和德意志上古史上那些极

① 《恩格斯〈家庭、私有制和国家的起源〉（节选）学习导读》，《求是》2011年第15期。
② 《马克思恩格斯选集》（第四卷），第12页。

为重要而至今尚未解决的哑谜的钥匙"。^①但该书在经济论证方面略显不足。

三 《起源》是恩格斯的独立之作

恩格斯的写作进度相当快。从 1884 年 4 月初开始，到 5 月 17 日便完成了草稿，5 月 26 日就全部完成了定稿工作。

由于《起源》的副题为《就路易斯·亨·摩尔根的研究成果而作》，以及第四版序言称该书以《古代社会》为基础，加上恩格斯曾一再说明利用了马克思的《摩尔根〈古代社会〉一书摘要》（以下简称《摘要》），一些人便对恩格斯的工作持怀疑态度，认为《起源》不是他的独立研究成果。

恩格斯高度重视《古代社会》，但也实事求是地指出了它的不足。在《起源》第一版序言里，恩格斯指出："在关于希腊和罗马历史的章节中，我没有局限于摩尔根的例证，而是补充了我所掌握的材料。关于凯尔特人和德意志人的章节，基本上是属于我的；在这里，摩尔根所掌握的差不多只是第二手的材料，而关于德意志人的章节——除了塔西佗以外——还只是弗里曼先生的不高明的自由主义的赝品。经济方面的论证，对摩尔根的目的来说已经很充分了，对我的目的来说就完全不够，所以我把它全部重新改写过了。最后，凡是没有明确引证摩尔根而做出的结论，当然都由我来负责。"^②恩格斯只是利用了摩尔根著中提供的原始材料，但以唯物史观对其进行分析和研究，与摩尔根的研究在理论上有显著不同。而"两种生产理论"、人类走向共产主义的必然性等内容，都是恩格斯新阐发的。

在财产私有制度产生以及由此引起的贫富分化、阶级对立和国家的出现等许多至关重要的问题上，恩格斯充分利用了马克思所写的《摘要》。在问题分类和篇章布局上，《起源》也和《摘要》一脉

① 《马克思恩格斯选集》（第四卷），第 13～14 页。
② 《马克思恩格斯选集》（第四卷），第 14 页。

相承。在思想内容上，恩格斯发挥了他和马克思两人的唯物主义的历史研究所得出的结论。因此，从这个意义上说，《起源》是两位革命导师共同的成果。但是，恩格斯并非简单利用马克思的《摘要》，更不是以它作为创作蓝本，而是精心、谨慎地研读了《摘要》和摩尔根的《古代社会》，并以其为基础，独立创作《起源》的。

《起源》的写作与恩格斯在原始社会方面的长期积累有关。他十分熟悉希腊、罗马的古代典籍以及有关凯尔特人和德意志人的历史材料，也研究了近代资产阶级学者所撰写的各种原始文化著作。《起源》继承和深化了恩格斯在其《反杜林论》《劳动在从猿到人转变过程中的作用》《论俄国的社会问题》《德国古代的历史和语言》《马尔克》等论著中关于人类起源、氏族组织、婚姻家庭制度、原始公社制度及其解体、私有制和阶级的产生、国家的起源及其阶级实质和发展前途等研究成果。

因此，毋庸置疑，《起源》是恩格斯的独立之作。

四 版本及流传

《起源》写成之后，由于当时德国的政治环境无法出版，是被送到瑞士苏黎世出版的。《起源》第一版于1884年10月初在霍廷根—苏黎世问世，1886年和1889年在斯图加特相继发行了第二版和第三版，此两版均按第一版重印，未做任何修改。1891年，第四版在斯图加特发行，恩格斯做了许多修改和补充。1892年，恩格斯写了《新发现的群婚实例》一文作为本书的附录。第四版发行后，未做任何修改于1892年和1894年先后发行了第五版和第六版。

在《起源》第四版修订时，恩格斯新写了第四版序言。该序言曾以《关于原始家庭的历史（巴霍芬、麦克伦南、摩尔根）》为题，提前在《新时代》杂志1890~1891年第9年卷第2册第41期上发表。

据苏联学者文尼科夫（Vinnikov）的研究，《起源》第四版对第一版的修改和补充共有 144 处。这些修改可分为五种类型：第一，文字上的修改，不改变原文本基本的意义，有 51 处；第二，明确或发挥原文本意义的修改和小的补充，有 44 处；第三，以新的史实资料进一步发挥原著，有 20 处；第四，原则性的修改和补充，有 22 处；第五，修改原文不确切的，有 7 处。按章节看，第二章修改得最多，共 75 处，占了修改总数的一半以上，其次是第七章。修改不大的是第六和第九章。几乎没有什么重大修改的是第一、三、四、五、八章。主要修改、补充之处有二：一是关于性杂交和群婚问题，二是关于家庭公社和农村公社问题。[①]

自 1884 年德文版问世后的 100 多年里，全世界已有 50 多种文字翻译出版《起源》。在恩格斯生前，《起源》最先被译为意大利文出版（1885），后被译为波兰文（1885）、罗马尼亚文（1885）、丹麦文（1888）、法文（1893）、保加利亚文（1893）、西班牙文（1894）、俄文（1894）等。其中意大利文译本、丹麦文译本经恩格斯审定，法文译本经恩格斯审阅。

《起源》在中国广为流传。最早发表《起源》一书片段中文译文的是同盟会的《天义报》。1908 年春，《天义报》第 16 卷至 19 卷合刊发表了《女子问题研究》一文，其中提到了恩格斯这部著作的中译名（时译为《家族、私有财产及国家之起源》），对相关内容做了介绍，还摘译了《起源》第二章的几段内容。蔡和森是最早全面介绍《起源》一书主要内容的人。1928 年，流亡日本的李膺扬（即杨贤江）首次将《起源》全文译成中文，书名《家族私有财产及国家之起源》，列入社会科学名著译丛（由新生命书局于 1929 年 6 月出版发行）。1941 年，学术出版社出版了张仲实的中译本。1965 年，中共中央马克思恩格斯列宁斯大林著作编译局编译的《马克思恩格斯全集》第 21 卷和 22 卷由人民出版社出版，分别辑有《起源》的全文和第一版、第四版序言，这些译文是在张仲实译本基础上校订

---

① 涂赞琥：《〈家庭、私有制和国家的起源〉写作、出版的历史条件及其重大意义》,《武汉大学学报》（人文科学版）1984 年第 5 期。

的。1972 年，人民出版社出版了中共中央马克思恩格斯列宁斯大林著作编译局编译的《马克思恩格斯选集》（四卷本），《起源》被辑入第四卷。同年 12 月，根据这个译本又出版了单行本。1995 年，人民出版社出版了中共中央马克思恩格斯列宁斯大林著作编译局编译的《马克思恩格斯选集》第三版，其中第四卷辑有《起源》，译文经过认真的校订，对注释和索引也进行了增补和修订。1999 年，人民出版社出版了列入《马克思列宁主义文库》的《起源》单行本。2012 年，人民出版社出版了中共中央马克思恩格斯列宁斯大林著作编译局编译的《马克思恩格斯选集》第三版，《起源》被辑入第四卷。《起源》也以少数民族文字翻译出版。20 世纪 70 年代，中国民族语文编译局用蒙古文、藏文、维吾尔文、哈萨克文、朝鲜文五种民族文字翻译过《起源》一书。[①]

第二节　主要内容与基本观点

《起源》包括 1884 年第一版序言、1891 年第四版序言以及正文九章。

在 1884 年第一版序言中，恩格斯介绍了该著作的写作背景，阐发了两种生产理论。

在 1891 年第四版序言中，恩格斯评述了自巴霍芬、麦克伦南到摩尔根关于家庭史的观点及其发展。

在正文中，第一章主要根据摩尔根的研究成果探讨了人类史前史发展的三个阶段及其特征，第二章专门探讨个体家庭的起源，第三、四、五、六、七、八章分别以易洛魁人、希腊人、罗马人和德意志人为个案，追溯了氏族组织的特征，以及从氏族向国家演进的历史。第九章是总结，阐述了野蛮时代及其如何进入文明时代，系统论述了一系列历史唯物主义基本原理和马克思主义国家理论。

---

① 李长林：《恩格斯的〈家庭、私有制和国家的起源〉一书在中国的传播——纪念中译本首次出版八十周年》，《湖南师范大学社会科学学报》2009 年第 6 期。

一　两种生产理论

马克思和恩格斯在《德意志意识形态》一书中已经提出两种生产论。在《起源》第一版序言中，恩格斯指出："根据唯物主义观点，历史中的决定性因素，归根结底是直接生活的生产和再生产。但是，生产本身又有两种。一方面是生活资料即食物、衣服、住房以及为此所必需的工具的生产；另一方面是人自身的生产，即种的繁衍。一定历史时代和一定地区内的人们生活于其下的社会制度，受着两种生产的制约：一方面受劳动的发展阶段的制约，另一方面受家庭的发展阶段的制约。"① 这是唯物史观的一条重要原理，也是贯穿《起源》的一条理论红线。两种生产是统一的，不可截然分开。

二　人类历史史前三阶段

在《起源》第一章，恩格斯采用摩尔根的历史分期方法，将人类历史划分为蒙昧时代、野蛮时代和文明时代，前两个时代又各分为低级、中级和高级三个阶段。

蒙昧时代的低级阶段是人类的童年，人类生活在热带或亚热带的森林里，以果实、坚果、根为食物，已产生了语言。蒙昧时代的中级阶段以采用鱼类作为食物和使用火开始。在这一阶段，人类沿着河流与海岸，已散布在地球的大部分地区；使用粗制的、未加工的石器，使用棍棒，发明了标枪，间或获得猎物。蒙昧时代的高级阶段从弓箭的发明开始，打猎成为常规的劳动部门之一。在该阶段，已有定居而成村落的某些萌芽，以及对生活资料生产的某种掌握。

野蛮时代的低级阶段是从学会制陶术开始的。野蛮时代特有的

---

① 《马克思恩格斯选集》（第四卷），第13页。

标志是动物的驯养、繁殖和植物的种植。野蛮时代的中级阶段，在东大陆是从驯养家畜开始，在西大陆是从靠灌溉之助栽培食用植物以及在建筑上使用土坯和石头开始的。这一阶段，形成了较大规模的畜群，游牧生活兴起。野蛮时代的高级阶段是从铁矿石的冶炼开始，并由于拼音文字的发明及其应用于文献记录而过渡到文明时代。英雄时代[①]属于野蛮时代的高级阶段。在这一阶段，人类开始使用铁制工具，艺术开始萌芽，城市兴起。到该阶段末期，人类开始向文明时代过渡。

恩格斯根据摩尔根的描述，对人类史前社会各阶段的特点做了如下概括："蒙昧时代是以获取现成的天然产物为主的时期，人工产品主要是用作获取天然产物的辅助工具。野蛮时代是学会畜牧和农耕的时期，是学会靠人的活动来增加天然产物生产的方法的时期。文明时代是学会对天然产物进一步加工的时期，是真正的工业和艺术的时期。"[②]

在《起源》第九章，恩格斯阐述了人类社会由野蛮时代向文明时代的过渡，揭示了文明时代的基本特征。随着第二次社会大分工，个体家庭成为社会的经济单位，民族开始形成，出现常设的公职人员和机关。获取财富使战争成了经常性的行当。掠夺战争加强了军事首长的权力，其后继者逐渐变为世袭，世袭王权和世袭贵族的基础奠定下来了，整个氏族制度转变为自己的对立物。在这一背景下，野蛮时代向文明时代过渡。

《起源》指出："文明时代是社会发展的这样一个阶段，在这个阶段上，分工、由分工而产生的个人之间的交换，以及把这两者结合起来的商品生产，得到了充分的发展，完全改变了先前的整个社

---

① 狭义的英雄时代专应用于古希腊史，即指《荷马史诗》所反映的时代；广义的英雄时代则推广应用于各个民族的历史，泛指其历史上相当于荷马时代的那个发展阶段。英雄时代属于野蛮时代高级阶段，是铁剑、铁犁和铁斧的时代，也是军事民主制时代。当时，氏族制度已出现了裂口。国家的建立，标志着英雄时代的终结和文明时代的开端。参见王敦书《古希腊"英雄时代"辨析——古代希腊史研究之一》，《世界历史》1985年第12期。

② 《马克思恩格斯选集》（第四卷），第35页。

会。"①在文明时代，商品生产成为占统治地位的形式。文明时代所由以开始的商品生产阶段，在经济上具有以下特征：（1）出现了金属货币，从而出现了货币资本、利息和高利贷；（2）出现了商人；（3）出现了土地私有制和抵押；（4）出现了作为占统治地位的生产形式的奴隶劳动。②与文明时代相适应并居统治地位的家庭形式是专偶制、男子对妇女的统治，以及作为社会经济单位的个体家庭。国家是文明社会的概括。此外，在文明时代，城乡对立作为整个社会的分工基础固定下来，实行遗嘱制度。贪欲是文明时代起推动作用的灵魂，财富是文明时代唯一且具有决定意义的目的。文明时代的基础是一个阶级对另一个阶级的剥削，其全部发展都是在经常的矛盾中进行的。③

三　个体家庭的起源

《起源》第二章根据摩尔根的方法与资料，专门探讨了个体家庭的起源。

1.亲属制

亲属关系是一切蒙昧民族和野蛮民族的社会制度中起决定作用的因素。摩尔根最先根据亲属制来考察历史上的婚姻家族形态。恩格斯指出，亲属称谓"并不是一些空洞的名称，而是实际上流行的对血缘亲属关系的亲疏和辈分的观点的表达"，④"父亲、子女、兄弟、姊妹等称谓，并不是单纯的荣誉称号，而是代表着完全确定的、异常郑重的相互义务，这些义务的总和构成这些民族的社会制度的实质部分"。⑤在远古时代，社会制度与婚姻家族制度是合一的，既是社会组织，也是一种婚姻家族实体，直到私有制产

① 《马克思恩格斯选集》（第四卷），第 190～191 页。
② 《马克思恩格斯选集》（第四卷），第 193 页。
③ 《马克思恩格斯选集》（第四卷），第 193～194 页。
④ 《马克思恩格斯选集》（第四卷），第 36 页。
⑤ 《马克思恩格斯选集》（第四卷），第 37 页。

生后两者才发生明显分裂。但是，亲属制与婚姻家族制却并非同步，亲属制总是落后于婚姻家族制，当家族继续发展的时候，亲属制度却僵化起来；当后者以习惯的方式继续存在的时候，家族却已经超过它了。[①] 人们可以根据亲属制来研究并断定历史上曾经存在过的婚姻家族模样。

2. 婚姻家庭是有历史的

资产阶级及其御用学者认为他们现在的婚姻家庭是古来就有的。恩格斯在摩尔根的研究基础上，以丰富确凿的史料为根据，认为婚姻家庭并非自有人类就有，也不是永恒不变的，它也有自己的发展历史。恩格斯指出，在蒙昧时代低级阶段的人类，不可能存在雄性的忌妒，两性结合不存在什么社会规范，处于一种杂乱的性交状态。杂乱的性交状态还构不成家庭，也就是说人类最早是没有家庭的。[②]

3. 人类婚姻家庭发展的四个形态

《起源》依据摩尔根的看法，把人类家庭形式发展分为以下四种：

其一，血缘家庭，这是人类家庭的第一个阶段，大概产生于蒙昧时代低级阶段的直立猿人，现在已经绝迹。在这个阶段，是按照辈分划分婚姻集团。人群被划分为祖、父、己和子四个范畴，每一个范畴都是年龄相近的男女，《起源》称他们是同胞兄弟和姊妹，属于一个通婚圈子。这种通婚关系排除了祖辈和孙辈、双亲和子女之间的通婚，是实行同胞兄弟姊妹通婚的一种婚姻家庭制度。[③]

其二，普那路亚家庭。"普那路亚"是夏威夷人语，即伙伴之意。《起源》根据夏威夷人资料研究此家庭形态。随着生产力的发展以及人们发现近亲通婚的诸多弊端，开始在家族内部禁止通婚，

① 《马克思恩格斯选集》（第四卷），第 38 页。
② 《马克思恩格斯选集》（第四卷），第 43 ~ 44 页。
③ 《马克思恩格斯选集》（第四卷），第 44 ~ 45 页。

即逐渐禁止兄弟姐妹之间结婚（禁婚范围由同胞兄弟姊妹逐渐扩大到旁系兄弟姊妹），形成外婚集团。这种外婚集团的组成，一列或者数列姊妹成为一个公社的核心，而她们的同胞兄弟则成为另一个公社的核心。此类家庭依然是群婚制，依然是共夫、共妻，但排除了妻子的兄弟和丈夫的姊妹。在这个阶段，产生了氏族。在这一阶段，孩子的母亲确定，而父亲不确定，属于母权制社会。这一阶段存在的抢劫妇女现象，已表现出向个体婚制过渡的迹象。[①]

其三，对偶制家庭。对偶制家庭产生于蒙昧时代和野蛮时代交替的时期，大部分是在蒙昧时代高级阶段。这是野蛮时代所特有的家庭形式。对偶制家庭的婚姻是群婚后期向单偶婚过渡的一种家庭形态，是个体家庭的萌芽。起初，是一个男子在许多妻子中有一个主妻，而他对这个女子来说是她许多丈夫中最主要的丈夫。后随着婚姻禁规，对偶婚普遍取代了群婚。在这一阶段，一个男子和一个女子共同生活；男子仍有多妻和偶尔通奸的权利，但要求女子严守贞操，对其通奸严厉处罚；婚姻关系很容易解除，子女仍属于母亲。为把自己从旧时的共夫制之下赎出来，而获得委身于一个男子的权利，妇女采用了赎身的办法。在对偶婚阶段，抢劫和购买妇女成为普遍现象。[②]

其四，专偶制家庭。专偶制家庭是在野蛮时代的中级阶段和高级阶段交替的时期从对偶制家庭中产生的，它的最终确立是文明时代开始的标志之一。随着生产力的发展，男子成为主要劳动者，妇女开始转入家务劳动，男子成为生产资料的所有者，财富增加。男子为了把属于自己的财产传给自己的子女，就要求保证自己的子女是亲生的，专偶制家庭得以确立。这一婚制是双方不能任意解除的婚姻关系，只有丈夫可解除婚姻关系。专偶制家庭是建立在丈夫的统治基础之上的，仅是对妇女的专偶制要求；它不是个人性爱的结果，而以经济条件为基础、丈夫具主导地位的。专偶制家庭是作为

① 《马克思恩格斯选集》（第四卷），第46～54页。
② 《马克思恩格斯选集》（第四卷），第54～56页。

女性被男性奴役、作为整个史前时代所未有的两性冲突的宣告而出现的。与个体婚并存的是淫游制，它直接起源于群婚制，起源于妇女为赎买贞操权利而做的献身。[1]

专偶制家庭经历了以下三个阶段：第一阶段是古典专偶制家庭（家长制家庭）。家长制家庭是对偶婚向专偶婚的过渡，它不是多妻制，而是若干数量的自由人和非自由人在家长的父权之下组成一个家庭，其特点有：一是把非自由人包括在内，二是父权。罗马人的家庭是这一类型家庭的典型。家长制家庭的经济基础是私有制。家长制家庭公社是由群婚中产生的母权制家庭和现代世界的个体家庭之间的过渡阶段，它包括一个父亲所生的数代子孙及其妻子，共同生活、共同耕种、共同占有剩余产品，由一个选举产生的家长管理并代表公社，妇女及其工作受主妇领导，最高权力集中在由全体成年男女组成的家庭会议。

第二阶段是现代专偶制家庭。《起源》指出，在资产阶级中，"婚姻都是由当事人的阶级地位来决定的，因此总是权衡利害的婚姻。这种权衡利害的婚姻，在两种场合都往往变为最粗鄙的卖淫——有时是双方的，而更常见的是妻子"。[2]无产阶级无财产可以继承，在家庭中男子没有统治妻子的经济基础，妻子通常也参加社会生产，和丈夫一样有收入供养自己，能与丈夫享有平等地位。只有在无产阶级中间，"性爱才成为并且也才可能成为对妇女的关系的常规，不管这种关系是否为官方所认可"。[3]但由于无产阶级的贫困地位，生计没有保障，卖淫和通奸现象也时有发生。

第三阶段是真正的专偶制家庭。历史上的专偶制家庭，妇女处于被压迫地位，其根源是经济上的受压迫地位。享受到结婚的充分自由，实现真正的专偶制家庭，就要必须彻底废除不平等的经济基础，妇女必须像男子一样参加社会生产和社会活动，在法律上必须

---

[1] 《马克思恩格斯选集》（第四卷），第71～78页。

[2] 《马克思恩格斯选集》（第四卷），第82页。

[3] 《马克思恩格斯选集》（第四卷），第82页。

确保男女享有一切平等权利。

从人类婚姻家庭制度的演变进程来看，妇女逐渐被剥夺了群婚的性自由，而男性却没有被剥夺这一权利。

专偶制家庭存在的基础是大量财富集中于一人（即男子之手）。随着生产资料转归社会公有，专偶制家庭也将消亡。

以上就是《起源》阐明的人类婚姻家庭发展的全过程。在蒙昧时代，流行的是群婚制。在野蛮时代，以对偶婚为主体。到了文明时代，以专偶制为主体。

四 氏族制度

1. 氏族及其起源

氏族制度是摩尔根的一个重要发现。氏族制度是一切野蛮人所共有的制度，是原始时代——国家产生以前社会制度的基本特征。氏族在蒙昧时代中级阶段发生，在高级阶段继续发展，在野蛮时代低级阶段达到了全盛。《起源》以很大篇幅论述了氏族制度的产生、发展与解体的过程，其中第三章分析了易洛魁人的氏族制度，第四章分析了希腊人的氏族制度，第六章分析了罗马的氏族制度，第七章分析了凯尔特人和德意志人的氏族制度，第九章总结了氏族制度的演变及特征。

氏族是这样一个血缘团体，有共同的世系，并且借某种社会的和宗教的制度而组成的特殊公社。《起源》指出："氏族制度，在绝大多数情况下，都是从普那路亚家庭中直接发生的。"[1]一切兄弟和姐妹，甚至母方最远的旁系亲属间的性关系的禁规一经确立，普那路亚家庭所组成的集团就转化为氏族，即组成一个确定的、彼此不能结婚的女系血缘亲属集团。[2]氏族在禁止血缘亲属结婚方面起了重要推动作用。

---

① 《马克思恩格斯选集》（第四卷），第49页。
② 《马克思恩格斯选集》（第四卷），第50页。

2. 印第安人的氏族制度

美洲的形式是氏族制度的原始形式。《起源》第三章以易洛魁人，特别是塞讷卡部落的氏族为例，说明原始的氏族制度的基本状况。《起源》指出，原始的氏族制度有十个习俗：选举酋长和酋帅；可任意罢免酋长和酋帅；禁止内部通婚；死者财产转归同氏族其余成员所有；同氏族人相互援助、保护、复仇；有固定的人名或几套人名；可接纳外人入族；宗教仪式多和氏族联系；有共同的墓地；有议事会。[①]

《起源》指出，印第安人经历了氏族、胞族、部落、部落联盟几个阶段。胞族是由三四个或更多的氏族联合成的特殊集团，几个胞族组成一个部落，几个部落组成部落联盟。印第安人的胞族有互相竞赛球技等七项职能，[②] 其部落有七个特征：有自己的地区和名称；有独特的、仅为本部落使用的方言；有隆重委任氏族所选出的酋长和军事领袖的权利；有罢免酋长和军事领袖的权利；有共同的宗教观念（神话）和崇拜仪式；有管理公共事务的部落议事会；有些部落有权力很小的最高首领。[③] 部落联盟是朝古代民族形成跨出的第一步，印第安人的部落联盟基本特点如下：有血缘关系、完全平等、永世联盟，但在部落内部事务独立；联盟议事会为联盟最高权力机关；参加联盟议事会的酋长担任联盟公职，酋长出缺时由相关氏族选举，但委任权属联盟议事会；联盟的酋长仍为各自部落的酋长，享有参加部落议事会和表决的权利；联盟议事会的一切决议须经全体一致通过；表决按部落进行；任何一个部落都可以召集联盟议事会，但联盟议事会不得自行召集；联盟议事会公开举行，所有成员有发言权，但只有议事会有决定权；联盟没有一长制首长，有两个平等职能和权力的最高军事首长。[④]

① 《马克思恩格斯选集》（第四卷），第 97～100 页。

② 《马克思恩格斯选集》（第四卷），第 101～102 页。

③ 《马克思恩格斯选集》（第四卷），第 102～105 页。

④ 《马克思恩格斯选集》（第四卷），第 106～107 页。

纯粹的氏族制度是种美妙的制度。全体成员都是自由人，有相互保卫自由的义务，在个人权利方面平等，没有压迫，成员自由、平等，主要依习惯法解决问题。《起源》指出："没有士兵、宪兵和警察，没有贵族、国王、总督、地方官和法官，没有监狱，没有诉讼，而一切都是有条有理的。一切争端和纠纷，都由当事人的全体即氏族或部落来解决，或者由各个氏族相互解决"，"大多数情况下，历来的习俗就把一切问题调整好了"，"不会有穷人"，"大家都是平等、自由的，包括妇女在内。不曾有奴隶，奴役异族部落的事情，照例也是没有的"，[①] 但氏族制度注定要灭亡。

3. 希腊－罗马人的氏族制度

希腊－罗马人的氏族制度是晚出的、派生的形式。英雄时代的希腊人已超过易洛魁人的阶段，氏族制度已被打开了缺口。在这一时期，群婚的痕迹开始消失，父权制形成，正在产生的私有制在氏族制度上打开了第一个缺口。

据《起源》，雅典人的氏族制度建立在以下基础与特征之上：共同的宗教祭祀和祭司为祀奉一定的神所拥有的特权；共同的墓地；相互继承权；在受到侵害时提供帮助、保护和支援的相互义务；在一定特殊情况下，特别是在事关孤女或女继承人的时候，在氏族内部通婚的相互权利和义务；至少在某些情况下拥有共同财产，有自己的一位酋长和司库；按照父权制计算世系；禁止氏族内部通婚，但女继承人例外；接纳外人入族的权利，但要有公开的仪式，且仅限于例外情形；选举和罢免酋长的权利。[②]

希腊人也经历了氏族、胞族、部落、部落联盟阶段，形成了小民族。其中胞族是真正的兄弟氏族，有共同的神殿和节日，有一个胞族长。希腊人的部落与小民族有以下三个组织：常设的权力机关为议事会、人民大会（最高权力机关）、军事首长（巴赛勒斯）。

英雄时代希腊人的社会制度中，氏族制度仍很有活力，但已开

---

① 《马克思恩格斯选集》（第四卷），第 108、109 页。
② 《马克思恩格斯选集》（第四卷），第 112 ~ 113 页。

始瓦解：由子女继承财产的父权制，促进了财产积累于家庭，使家庭变成一种与氏族对立的力量；世袭贵族和王权最初萌芽，奴隶制开始出现，部落之间为财富、奴隶征战成为常态。一句话，希腊人已处于国家产生的前夕。

罗马人的氏族制度与希腊人相同。罗马人已经完成了向父权制的过渡。《起源》称，在罗马城早期，它的氏族有以下制度：氏族成员相互继承财产，财产留在氏族以内；拥有共同的墓地；共同的宗教节日；氏族内部不得通婚；共同的地产；同氏族人有相互保护和援助的义务；使用氏族名称的权利；接纳外人入族的权利；选举和罢免酋长的权利。①

恩格斯指出，罗马人经历了氏族、库里亚（胞族）、部落、罗马人民几个发展历程。罗马人库里亚的社会职能比希腊人的胞族更重要，它由10个氏族组成，每个库里亚都有自己的宗教仪式、圣物和祭司；全体祭司构成罗马祭司团之一。10个库里亚构成一个部落，三个部落合在一起构成罗马人民。罗马人民最初的制度是：元老院处理公共事务，由300个氏族的酋长组成；总是从同一家庭选出氏族酋长的习俗，使这些家庭成为最初的部落显贵，他们也企求进入元老院和独占一切官职；人民大会（最后叫库里亚大会）通过或否决一切法律，选举公职人员、宣战、决定涉及死刑事务等；勒克斯由库里亚大会选举，同时也是军事首长、最高祭司和某些法庭的审判长，但没有民政方面的权力，非世袭，可罢免。②

在王政时代，罗马人仍然生活在以氏族、胞族和部落为基础的社会，并从中发展起来军事民主制。这一时期，大量外来人口加入，形成了平民阶层，他们有人身自由，必须纳税和服兵役，但被排除在罗马人的制度之外，被剥夺一切公民权。平民不断与旧的罗马人体制斗争，最终导致塞尔维乌斯·土利乌斯改革，罗马氏族制度被摧毁。

---

① 《马克思恩格斯选集》（第四卷），第135～136页。
② 《马克思恩格斯选集》（第四卷），第141～143页。

4. 凯尔特人和德意志人的氏族制度

《起源》指出，凯尔特人与德意志人在历史上也存在过氏族制度。凯尔特人保存到 19 世纪 80 年代的最古老的法律，体现出氏族制度的活力。在爱尔兰，氏族制度不仅被古代法典，而且被 17 世纪派到那里去的英国法学家证实并被记述。在苏格兰，在 18 世纪中叶，氏族制度还处于全盛时期，其氏族制度是随着 1745 年起义被镇压而灭亡的，后由于英国人的武器、立法和法庭才被消灭。在威尔士，至少在公元 11 世纪，仍处于氏族制度之下，对偶婚也在根本上没有被专偶婚所取代。

德意志人在民族大迁徙以前，曾组织成为氏族。在塔西佗^①时代，德意志人已有百年之久的定居生活，是刚从野蛮时代中级阶段进到高级阶段的民族，其制度与野蛮时代高级阶段相适应。这一时期，德意志人中的父权制已取代母权制，具体表现是父亲的遗产由子女继承，如果没有子女，就由兄弟及叔伯和舅父继承。但母权制仍有残余，对女性的尊敬就是例证。

在塔西佗时代，德意志人的婚姻形式是逐渐接近专偶制的对偶制，婚姻关系牢不可破，但还不是严格意义上的专偶制，仍允许显要人物实行多妻制。

在罗马时代，德意志人的居住区不是由村组成，而是由大家庭公社组成。

在塔西佗时代，德意志人处于所氏族制度能达到的最发达的制度，有酋长议事会、人民大会和正在图谋获得真正王权的军事首长，是野蛮时代高级阶段的典型制度。

5. 氏族制度的解体

《起源》阐释了氏族制度解体的情形：随着第二次社会大分工，个体家庭成为社会的经济单位，民族开始形成，出现常设的公职人员和机关。为获取财富，战争成了经常性的行当。掠夺战争加强了

---

① 塔西佗（Publius Corne Lius Tacitus，约 55～120 年），罗马帝国执政官、雄辩家，著名历史学家和演说家，主要著作有《历史》《编年史》。

军事首长的权力，其后继者逐渐变为世袭，世袭王权和世袭贵族的基础奠定下来了。整个氏族制度转变为自己的对立物。随着第三次社会大分工，商人阶级形成。随着商人阶级形成，出现了金属货币（即铸币）。随着金属货币就出现了非生产者统治生产者及其生产的新手段。在使用货币购买商品之后，出现了货币借贷，随着货币借贷出现了利息和高利贷。随着贸易的扩大、货币和高利贷、土地所有权和抵押的产生，财富迅速积聚和集中到一个人数很少的阶级手中，大众日益贫困化。随着按照财富把自由民分成各阶级的划分，奴隶大量增加，奴隶的强制性劳动构成了整个社会的上层建筑所赖以建立的基础。[①]

在上述背景下，氏族制度软弱无力，已经过时，其解体、被新的机关——国家所代替成为历史发展的必然。氏族制度解体的过程，也就是国家的形成过程。

五　私有制的起源和阶级的产生

私有制是剥削阶级统治的根基，古今中外的剥削阶级思想家总是不遗余力地为私有制辩护。《起源》在揭示氏族制度演变的过程中，从三次社会大分工的发生和发展中解析了私有制和阶级产生的原因及其过程。恩格斯强调，劳动分工是私有制产生的社会前提，剩余产品的增加是私有制产生的物质前提，劳动个体化的趋势是决定性因素，交换的发展促进了私有制的普遍化。私有制的发展使得社会分裂为阶级。私有制和阶级不是从来就有的，而是社会生产发展到一定阶段的产物，是一种历史范畴，因此，它们的灭亡也是历史的必然。[②]

《起源》第九章论述了私有制的起源和阶级的产生。在氏族制度初期，由于生产力低下，没有多少剩余产品，全体成员集体劳

---

① 《马克思恩格斯选集》（第四卷），第 181～186 页。
② 《恩格斯〈家庭、私有制和国家的起源〉（节选）学习导读》，《求是》2011 年第 15 期。

动，共同享有劳动成果，财产归氏族所有。但此时已有私有观念，生活资料为私有。据《起源》，从公有到私有、阶级的形成经历了以下四个阶段。

（1）生活资料的私有。人类远古时代即存在财产所有的公、私两制。自从有了人类便有生活资料的生产，并属于制造者和使用者所有。《起源》指出："男女分别是自己制造的和使用的工具的所有者：男子是武器、渔猎用具的所有者，妇女是家内用具的所有者。"[①] 随着生产力的发展进步，公有制逐渐减少，私有制开始兴起。

（2）动物驯养业的产生。随着人们发现可以驯服并且驯服后可以繁殖的动物，动物驯养业产生，游牧部落逐渐从其余的野蛮人中分离出来，这即是第一次社会大分工。动物驯养业的发展使人类有了剩余产品，使交换成为可能，牲畜逐渐变为家庭的私产。为补充劳动力，遂以俘虏为奴。《起源》指出："第一次社会大分工，在使劳动生产率提高，从而使财富增加并且使生产领域扩大的同时，在既定的总的历史条件下，必然地带来了奴隶制。从第一次社会大分工中，也就产生了第一次社会大分裂，分裂为两个阶级：主人和奴隶、剥削者和被剥削者。"[②]

（3）耕地私有。与动物饲养业产生的同时，亚洲亚热带地区的一些部落，开始在住所附近种些可食植物，进而种植谷类，种植业兴起，向农业部落发展。种植所获属种植人所得，园圃也属自家所有，只有大面积可耕地仍是公有。《起源》指出："耕地仍然是部落的财产，最初是交给氏族使用，后来由氏族交给家庭公社使用，最后交给个人使用；他们对耕地或许有一定的占有权，但是没有更多的权利。"[③] 当时个人还没有耕地所有权，只有取消耕地定期重新分配以后，耕地才由氏族公有变成各个家庭的私有财产。随着第二次社会大分工，出现了商品生产、贸易，社会上除了自由民和奴隶，

---

① 《马克思恩格斯选集》（第四卷），第175页。

② 《马克思恩格斯选集》（第四卷），第178页。

③ 《马克思恩格斯选集》（第四卷），第177页。

又出现了富人和穷人的差别。因各家庭家长财产的差别，炸毁了旧的共产制家庭公社和土地共同耕作。后土地被分配至各家庭使用，向完全私有的财产过渡。

（4）交换。第一次社会大分工开始了游牧部落的牲畜、畜产品与非游牧部落产品之间的物品交换，它促进了人们占有私有财产的发展。第二次社会大分工，促进了手工业的发展，这进一步促进了物品的交换。第三次社会大分工产生后，商人形成，交换成为一种职业，这导致财富迅速集中于少数人手中。当人也变成私有财产的时候，便开始了阶级对立的历史。

随着生产力的发展，被视为财产的东西渐次增多，由使用权开始递升为所有权，向私人所有制全面发展。继承制在财产私有制形成中起了关键作用，经历了氏族继承、大家族（宗族）继承、家庭的子女继承三个阶段。拥有更多财产的男子，不愿意其死后的财产为他人所有。为确保其财产由自己的子女继承，要求妇女严守贞操，生下属于自己血统的子女，确立男系计算世系，实行父系继承法。实行父系继承法是人类所经历过的最深刻的革命之一，依靠它，私有制得到全面巩固和延续。可见，私有制和阶级是一定历史阶段的产物，是要消亡的。

六　国家的起源和实质

不同哲学家有不同的国家观。古希腊时期，柏拉图认为理想国要由统治者、军人和人民三个阶层组成，必须由哲学家作为国王，理想国才能实现。古希腊哲学的集大成者亚里士多德认为国家是合目的地自然合并形成的，而不是出于某种外力或强制，国家是原始家庭的自然扩展。启蒙运动时期，英国哲学家霍布斯（Thomas Hobbes）认为国家产生于人们之间订立的契约，法国启蒙思想家卢梭（Jean-Jacques Rousseau）在《社会契约论》中提出了民主共和国的理想，而伏尔泰（Voltaire）认为国家是由暴力产生的。另外，黑格尔（Georg Wilhelm Friedrich Hegel）在《法哲学原理》中指出："国家是立足公众理性意志基础之上的宪法组织，是以个别人的'专横、意见和随口而出的允诺'为基础的联盟。"①

马克思与恩格斯的国家观也有一个演变过程。在《莱茵报》时期，马克思受黑格尔国家观的影响，认为国家的支柱应该是理性，判断一个国家优劣的标准是它能否充分实现自由理性，但这时的马克思已经开始关注经济和社会等方面的问题。在《黑格尔法哲学批判》中，马克思对黑格尔的国家观提出了批判，并且重新确定了国家与市民社会之间的关系，认为是市民社会决定了国家，而黑格尔颠倒了二者之间的关系。此时的马克思还没有将国家与市民社会的关系涉及社会的经济基础。《统治年鉴》时期，马克思意识到只有消灭私有制，才能从根本上消除国家和市民社会之间的对立。马克思开始从经济角度来研究国家。《1844年经济学哲学手稿》中，马克思认为私有财产是异化劳动产生的根源，要消灭异化，必须消灭私有财产，认为市民社会是国家产生的基础。《德意志意识形态》中，马克思恩格斯从经济视角分析国家，认为国家是社会经济发展到一定程度的表现，国家在本质上是统治者维护其统治阶级利益的工具。②

在《起源》第九章，恩格斯系统地阐述了马克思主义的国家观，其基本内容和核心思想如下：国家是在社会分工发展、家庭关系发展、私有制和阶级产生、氏族制度瓦解的基础上产生的，国家不是从外部强加于社会的一种力量，而是社会在一定发展阶段上的产物，是社会分工和私有制演进、阶级和阶级斗争发展的结果；国家本质上是经济上占统治地位的阶级用来镇压和剥削被压迫阶级的工具；国家作为一种历史现象，将随着私有制和阶级的消灭而消亡。③

---

① 孙兰欣、刘钊：《〈家庭、私有制和国家的起源〉中的国家观初探》，《湖北经济学院学报》（人文社会科学版）2008年第8期。

② 孙兰欣、刘钊：《〈家庭、私有制和国家的起源〉中的国家观初探》，《湖北经济学院学报》（人文社会科学版）2008年第8期。

③ 《马克思恩格斯选集》（第四卷），第186～190页。

1. 国家的起源

国家的起源亦是古代氏族的起源。《起源》第五、六、八章专门论述了这个主题，阐明由氏族发展成古代民族、国家的全过程。

氏族是史前社会的基本特征，但随着生产力的发展及三次社会大分工，私有制和阶级产生，古老的氏族制度开始解体，发展成为父系氏族。

父系氏族产生于早期阶级社会的前夜，是它促进了阶级社会的产生。父系氏族时期，氏族制度已处于解体时期。按父系计算世系和继承财产，实行私有制，部落战争频繁，开始把俘虏当作奴隶，氏族和部落内部混杂有外族人，军事首领职权已开始与议事会和人民大会的职权相对立，这些都显示出氏族制度的崩溃。《起源》指出，历史发展到了这个阶段，"所缺少的只是一件东西，即这样一个机关，它不仅可以保障单个人新获得的财富不受氏族制度的共产制传统的侵犯，不仅使以前被轻视的私有财产神圣化，并宣布这种神圣化是整个人类社会的最高目的，而且还给要相继发展起来的获得财产从而不断加速财富积累的新的形式，盖上社会普遍承认的印章；所缺少的只是这样一个机关，它不仅使正在开始的社会分裂为阶级的现象永久化，而且使有产者阶级剥削无产者阶级的权利以及前者对后者的统治永久化。而这样的机关也就出现了。国家被发明出来了"。[①]

《起源》指出："国家决不是从外部强加于社会的一种力量。国家也不像黑格尔所断言的是'伦理观念的现实'，'理性的形象和现实'。确切地说，国家是社会在一定发展阶段上的产物；国家是承认：这个社会陷入了不可解决的自我矛盾，分裂为不可调和的对立面而又无力摆脱这些对立面。而为了使这些对立面，这些经济利益互相冲突的阶级，不致在无谓的斗争中把自己和社会消灭，就需要一种

---

① 《马克思恩格斯选集》(第四卷)，第 122 ~ 123 页。

表面上凌驾于社会之上的力量，这些力量应当缓和冲突，把冲突保持在'秩序'的范围以内：这种从社会中产生但又自居于社会之上并且日益同社会相异化的力量，就是国家。"[1]

2. 国家形成的类型

恩格斯认为国家的形成有雅典、罗马和德意志三种类型，并详细分析了三种类型国家的形成过程。《起源》指出："雅典是最纯粹、最典型的形式：在这里，国家是直接地和主要地从氏族社会本身内部发展起来的阶级对立中产生的。在罗马，氏族社会变成了封闭的贵族制，它的四周则是人数众多的、站在这一贵族制之外的、没有权利只有义务的平民；平民的胜利炸毁了旧的血族制度，并在它的废墟上面建立了国家，而氏族贵族和平民不久便完全溶化在国家中了。最后，在战胜了罗马帝国的德意志人中间，国家是直接从征服广大外国领土中产生的。"[2]

《起源》第五章分析了雅典国家的形成。在英雄时代，希腊人的氏族制度依然有活力，但瓦解已经开始。从有成文历史的时候起，雅典氏族制度即开始解体，具体表现在多个方面：如土地私有；土地买卖、农业和手工业、商业和航海业分工的发展，导致居民的杂居、移民；每一个胞族和部落在和平时期自己管理自己的事务，也不向雅典的人民议事会或巴赛勒斯请示，但居住在胞族或部落地区内而不属于这个胞族或部落的"外人"不参与管理事务。在此背景下，提修斯进行改革，设立中央管理机关、发布雅典普遍使用的民族法；把全体公民分为贵族、农民、手工业者三个阶级。这些制度打破了氏族部落的血缘关系，使部落融合为单一的民族，宣告了氏族社会和国家之间的不可调和的对立，破坏了氏族的联系。随着商品经济的发展、社会分工、奴隶与贸易，雅典的氏族制度走到了尽头，国家不知不觉地发展起来，如新集团兴起，并建立新机关保护自己的利益；设置各种公职；建立军事力量。

---

[1] 《马克思恩格斯选集》(第四卷)，第 186 ~ 187 页。
[2] 《马克思恩格斯选集》(第四卷)，第 186 页。

雅典国家的最终建立，是通过梭伦（Solon）改革、克利斯提尼（Kleisthenes）改革完成的。在梭伦改革中，按照财产（主要是按地产）把公民分为四个阶级，公民的权利和义务，血缘亲属团体日益遭到排斥。在克利斯提尼改革中，撇开了以氏族和胞族为基础的四个旧部落，建立了按照地区划分、分别实行自治的德莫（demes），10个德莫再组成地区部落。这两次改革，打破了旧的以血缘关系为基础的氏族制度，建立了以地区为划分依据的国家制度。

《起源》第六章分析了罗马国家的形成。罗马国家是从罗马人父系氏族基础上发展来的，是罗马人内部阶级斗争的结果。

罗马国家的建立，是由塞尔维乌斯·土利乌斯（Servius Tullius）改革实现的。在这场改革中，设立了新的人民大会——百人团大会，依据是否服兵役来决定是否有权参加；以财产把服兵役者分为六个等级。这样，以血缘关系为基础的旧制度被摧毁，代之而起的是以地区划分和财产差别为基础的真正的国家制度。

《起源》第八章分析了德意志人国家的产生。民族大迁徙时代，德意志人还未发展成国家。德意志人入侵前夕，罗马帝国摧毁了古代的血族团体，但并没有形成民族；罗马变成了专门用来榨取臣民膏血的庞大复杂机器；罗马社会一片衰败；奴隶制过时，隶农、自由民增多。在征服了罗马帝国之后，德意志人对罗马人进行了改造，如重新分配土地；德意志人和罗马人逐渐融合，地区性质的联系取代了亲属性质的联系；马尔克公社①逐渐变为地区制度。

恩格斯还以法兰克王国为例说明了德意志人在征服地是如何建立新的国家：把人民财产变为王室的财产，把人民财产赠送或赏赐给他的扈从队，扈从队进而构成宫廷，形成新贵族的基础。在管理上，国王的固定亲信代替氏族酋长议事会，下级军事首长和新贵的会议代替旧的人民大会，占有土地的自由农民衰败，由国王直接招募的自由农民的卫国军已由新贵的仆从组成的军队所代替；农民等

① 马尔克公社是古代日耳曼人按地域关系，由若干大小不等的村落组成的土地公有利用的农村公社，是从氏族公社向土地私有制过渡的一种社会经济组织形式。

级完全破产，自由农民逐渐转变为农奴。①

3.国家的特征与本质

《起源》指出，国家与氏族组织有着根本区别。第一，国家按地区来划分国民，氏族组织则以血缘关系来确定成员。第二，公共权力的设立。这种公共权力不再服务于全体氏族成员，而是服务于统治阶级。构成这种公共权力的，不仅有武装的人，而且还有物质的附属物。第三，为了维持这种公共权力，需要公民缴纳费用——捐税，甚至发行公债。官吏因掌握公共权力和征税权而凌驾于社会之上。这一切是氏族组织所没有的。国家的本质特征，是和人民大众分离的公共权力。警察和国家一样古老。②

《起源》指出，在本质上，国家是经济上占统治地位的阶级用来镇压和剥削被压迫阶级的工具。国家不是从来就有的，因此也就必然会灭亡，阶级的消失是国家消亡的前提。《起源》指出："阶级不可避免地要消失，正如它们从前不可避免地产生一样。随着阶级的消失，国家也不可避免地要消失。在生产者自由平等的联合体的基础上按新方式来组织生产的社会，将把全部国家机器放到它应该去的地方，即放到古物陈列馆去，同纺车和青铜斧陈列在一起。"③

七　妇女解放

除了家庭、私有制、阶级和国家观，《起源》的妇女观也非常重要。

在人类发展进程中，曾有一个母权制时代，妇女起着主导作用。随着第一次社会大分工和私有财产的出现，发生了家庭革命，妇女主要从事家务劳动，而男子承担了谋取生活资料、管理畜群、农业生产，掌握了全部剩余产品。家庭内的分工决定了男女之间的

① 《马克思恩格斯选集》（第四卷）第 169～170 页。

② 《马克思恩格斯选集》（第四卷），第 187～188 页。

③ 《马克思恩格斯选集》（第四卷），第 190 页。

财产分配，最终使男子在家中占统治地位。父权制的确立，使妇女成为男子的附庸。可见，妇女家庭地位不断衰落、成为男子附庸的背后是经济因素，妇女的解放需要她们参加社会的生产劳动。《起源》指出："只要妇女仍然被排除于社会的生产劳动之外而只限于从事家庭的私人劳动，那么妇女的解放，妇女同男子的平等，现在和将来都是不可能的。妇女的解放，只有在妇女可以大量地、社会规模地参加生产，而家务劳动只占她们极少的工夫的时候，才有可能。而这只有依靠现代大工业才能办到。"[①]

第三节　学习意义与启迪

一　古代国家形成争鸣

《起源》提出了国家形成的两个标志[②]：一是按地区划分其人民，二是设立了凌驾于社会之上的公共权力。也有其他学者阐发了自己的国家观。1918 年，德国社会学家马克斯·韦伯（Max Weber）提出国家是在一个给定范围领土内合法垄断了武力（暴力）使用权的组织。1955 年，美国人类学家卡莱尔沃·奥博格（Kalervo Oberg）在论及南美洲印第安人的部落社会时，使用了"政治上组织起来的酋邦（chiefdom）"，率先提出"酋邦"这一概念。20 世纪 60 年代，埃尔曼·塞维斯（Elman R. Service）提出"游团（band）—部落—酋邦—国家"这一演进模式。美国考古人类学家蒂莫西·厄尔（T.K. Earle）等人将酋邦划分为简单酋邦和复杂酋邦，认为只有后者才能演变为国家。对这些观点，国内学者展开了热烈讨论。一些学者认为，恩格斯关于国家形成的两个标志是依据古希腊、罗马、日耳曼

---

① 《马克思恩格斯选集》（第四卷），第 178 ~ 179 页。

② 关于古代国家形成争鸣，参见周学军《古代国家形成标志讨论争鸣录》，《中国社会科学报》2014 年 4 月 28 日；沈长云《古代国家形成的两个标志不宜否定》，《中国社会科学报》2014 年 4 月 28 日；王震中《应重新认识古代国家形成标志》，《中国社会科学报》2014 年 4 月 28 日。

国家产生的历史而得出的，而对包括古代中国在内的东方文明古国是不适用的。

中国社会科学院历史研究所王震中认为，只有具备四级聚落等级形态才能表示国家形成这一理论是有局限性的，他主张将古代国家定义为："拥有一定领土范围和独立主权、存在阶级、阶层和等级之类的社会分层，具有合法的、带有垄断特征的凌驾于全社会之上的强制性权力的政权组织与社会体系。"他还认为都城是国家的物化形式。

河北师范大学历史文化学院沈长云认为，埃尔曼·塞维斯提出的"游团—部落—酋邦—国家"的人类早期社会的进化理论，较之过去笼统地称国家是由无阶级的氏族社会进化而来的说法更加符合中国古代社会发展的实际，但他认为应坚持"按地区来划分国民"和"公共权力的设立"作为判断我国古代国家形成的标志。沈长云指出，中国早期国家曾长期保存着各种性质的血缘组织，也同时将这些不同姓氏的族邦当作国家下属行政单位，夏商周王室已经实现将权力凌驾于不同血缘关系的族邦之上，是中国早期国家。

虽然欧美学界广泛认同马克斯·韦伯关于国家的定义，但中国社会科学院世界历史研究所易建平认为，这一定义只是标准形态的国家定义，并不完全适用于中国古代社会。他主张将国家划分为早期国家、成熟国家和标准国家三个阶段。他认为，将"阶级或阶层、等级的存在"作为国家形成的标志之一，虽然具有一定的进步性，但也存在明显缺陷。至于将"公共权力的设立"作为国家形成的第二个标志这一观点，仍有待进一步明确。

二 学习意义

《起源》以两种生产理论为总论，系统阐述了婚姻家庭、氏族、私有制、阶级和国家这些社会关系发生、发展的历史规律，揭示了人类社会特别是原始社会的发展规律，在马克思主义发展史上具有重大意义。①

第一,《起源》从理论上完整概括了包括原始社会在内的人类社会发展的一般规律。研究包括原始社会在内的人类社会发展的一般规律,是历史唯物主义的一项基本任务。摩尔根《古代社会》的出版,为理解原始社会提供了基础性材料。恩格斯运用唯物史观研究了摩尔根的这些成果之后,对早在《德意志意识形态》中就已提出的关于物质资料生产和人类自身生产在社会历史中的作用的思想做了科学的概括,形成两种生产理论,更加完善了以往主要强调物质生产对历史起决定作用的表述,又分析了物质生产水平越低,人类自身生产作用越大的这种历史现象,揭示了原始社会不同于阶级社会的发展特点,填补了以往著作中的空白。

第二,《起源》系统揭示了婚姻家庭的起源及其发展规律。婚姻家庭是资产阶级学者维护其统治的工具,也是历史唯物主义的重要范畴和研究对象。《起源》第一次系统地研究了婚姻家庭的本质及其发展规律,揭露了资产阶级一夫一妻制的虚伪,揭示了只有无产阶级才能实现真正爱情、一夫一妻制才能完全实现的必然性。

第三,《起源》深刻揭示了氏族的起源及其发展规律。氏族是解读原始社会的一把钥匙。《起源》根据摩尔根提供的资料,广泛吸收当时研究成果,它探讨了氏族的起源及其发展,分析了氏族的本质及其特征,阐明了氏族制度灭亡的必然性。恩格斯的深入研究,抓住了原始社会的关键。

第四,《起源》系统阐明了私有制、阶级和国家这三种社会关系发生、发展和消亡的规律。在已有研究的基础上,《起源》第一次从三次社会大分工中系统阐明了私有制、阶级和国家这三者产

---

① 《起源》"学习意义"和"方法论启迪"部分主要参阅涂赞琥《〈家庭、私有制和国家的起源〉写作、出版的历史条件及其重大意义》,《武汉大学学报》(人文科学版) 1984 年第 5 期;《恩格斯〈家庭、私有制和国家的起源〉(节选) 学习导读》,《求是》2011 年第 15 期。下文不再做注释,特此说明。

生的历史根源及其发展规律。《起源》第一次对马克思主义的国家观做了系统阐述，分析了国家的基本特征及其阶级实质。恩格斯的研究，揭示了资产阶级维护其统治的真面目。

《起源》的一系列重要理论和观点，对我们学习和掌握马克思主义基本原理、学习历史和认识社会，有着十分重要的指导意义。

其一，有助于我们深入理解和掌握马克思主义基本原理，特别是掌握历史唯物主义基本原理。《起源》是阐发马克思主义原理的代表作之一，其中系统阐述了两种生产理论、私有制、阶级、国家、妇女解放等诸多马克思主义学说的基本观点。通过对《起源》等马克思主义经典著作的深入学习，有助于真正理解和掌握马克思主义的精髓。

其二，有助于指导我们深入学习和研究历史，特别是学习和研究原始社会。原始社会是人类发展的第一个阶段，对其学习和研究需要正确的理论和方法，《起源》不仅给我们提供了正确的学习和研究理论，也给我们提供了良好的研究典范。

其三，《起源》对于我们清醒认识和把握国家、民主等政治现象的本质，划清不同国家和不同民主政治的界限具有重要指导意义。《起源》对家庭、私有制、阶级和国家等一系列重大理论问题进行了科学分析和系统论述，为我们把握人类社会政治现象及其发展规律提供了科学依据，为我们运用历史唯物主义的立场、观点与方法认识国家、民主、自由、人权等社会政治现象提供了科学依据。

其四，《起源》有助于我们深刻认识资本主义制度的本质，坚定社会主义信念。《起源》深刻阐明了国家本质上是阶级统治，任何国家都是统治阶级政治秩序的维护者。这表明，资本主义国家维护和实现资产阶级利益的核心功能不会发生根本变化，其本质也不会发生根本变化。我国的社会主义制度建立在公有制基础上，坚持工人阶级领导的、以工农联盟为基础的人民民主专政的国家制度，在本质上必然要代表中国最广大人民的根本利益，必然要把维护和实现工人阶级和广大劳动人民的利益要求作为国家工作的根本出发点。

其五，两种生产的理论对于我国的社会主义建设事业有着非常重要的现实意义。我们必须集中力量发展生产力，搞好经济建设，但人口生产对社会的发展仍起着一定的制约作用，要妥善处理好两种生产的关系。

三　方法论启迪

《起源》在科学研究方面给予我们许多方法论上的启示。

其一，材料和观点统一。《起源》以大量历史资料为依据，以社会经济发展状况为基本线索，经过严密的分析论证后得出科学结论，是把历史材料和科学结论有机结起来的典范，是从具体到抽象的科学分析法的典范。如第一章从原始社会生产技术的发展过程的分析中，划分出不同的历史时代和不同的历史阶段，揭示出原始社会从低级到高级的发展规律。第二章从对四种婚姻家庭形式发展过程的分析中，揭示了人类婚姻家庭的本质及其发展规律。第九章以三次社会大分工为主线，深刻分析了氏族制度解体，以及私有制、阶级和国家产生的社会根源及其历史必然性，阐述了国家的阶级实质及其历史作用。

其二，历史和逻辑统一。《起源》是从家庭、私有制和国家这些社会关系的起源和发展方面来考察它们的社会本质及其发展规律，达到了历史和逻辑的有机统一。如在研究国家的本质及其发展规律时，就是从国家如何产生、如何发展的历史联系中开始的。而为了透彻地说明国家是如何产生的，又进一步研究了国家产生前的氏族制度。为了剖析氏族制度的发生和发展，又进一步研究了同氏族制度息息相关的婚姻家庭制度的发生和发展。从第一章至第九章的结构，鲜明地体现了这些社会组织顺序相承的发展史，达到了历史和逻辑的高度统一。

其三，吸收和创新统一。《起源》广泛利用了摩尔根《古代社会》一书的成果，但不是全盘接受，而是批判地继承，汲取精华，去其糟粕。对于摩尔根以及巴霍芬（Johann Jakob Bachofen）、格罗特（George Grote）等人的功绩和成就，恩格斯给予充分肯定，对于他们的错误则进行严肃的分析批判。恩格斯在吸取摩尔根成果的基础上，进一步运用马克思主义观点予以阐发，从而丰富并发展了马克思主义基本原理。可见，《起源》是正确对待他人成果，继承与创新的典范。

其四，科学性和阶级性统一。《起源》还是一部指导工人运动的革命性极强的著作。从一开始，恩格斯考虑的就是"对我们的工人有什么帮助"，他不仅无情地批判了资产阶级关于婚姻、家庭、私有制和国家的唯心论和形而上学观点，批判机会主义者歪曲国家起源和实质的错误观点，而且还直接论述了社会主义、共产主义胜利的必然性，极大地鼓舞了无产阶级的解放斗争。《起源》是革命性与科学性完美结合的光辉典范。

简言之，《起源》是一部内容丰富、观点清晰、立场鲜明、科学严谨的马克思主义史学巨著，是系统阐发和运用唯物史观的典范，对我们确立唯物史观、学习和研究历史，特别是研究原始社会具有重要的指导意义。同时，《起源》又是一部具有鲜明无产阶级党性的理论巨著，对批判资产阶级谬论，坚持科学社会主义，具有重要的理论指导意义。

思考题

《起源》有哪些基本观点？这些观点对学习和研究世界史有哪些价值？

结合恩格斯对原始社会的研究，谈谈如何运用唯物史观来研究世界史。

主要参考文献

《恩格斯〈家庭、私有制和国家的起源〉（节选）学习导读》，《求是》2011 年第 15 期。

李长林：《恩格斯的〈家庭、私有制和国家的起源〉一书在中国的传播——纪念中译本首次出版八十周年》，《湖南师范大学社会科学学报》2009 年第 6 期。

中共中央马克思恩格斯列宁斯大林著作编译局编译《马克思恩格斯选集》（第四卷），人民出版社，2012。

周学军：《古代国家形成标志讨论争鸣录》，《中国社会科学报》2014 年 4 月 28 日。

拓展阅读

〔美〕路易斯·亨利·摩尔根：《古代社会》，杨东莼等译，商务印书馆，1995。

〔英〕I.E.S. 爱德华兹、C.J. 嘉德、N.G.L. 哈蒙德主编《剑桥古代史》（第一卷第一分册 导论与史前史），汪连兴等译，中国社会科学出版社，2020。

刘澄：《〈家庭、私有制和国家的起源〉导读》，天津人民出版社，2009。

荣鑫等：《〈家庭、私有制和国家的起源〉导读》，中国民主法制出版社，2017。

第三章
崔格尔与《理解早期文明：比较研究》

人类历史可以说就是一部文明史。文明是人类历史发展到一定阶段的产物。在世界古代史时期，形成了各具特色的早期文明。如何认识早期文明，是世界古代史学习和研究的关键内容。加拿大学者布鲁斯·G. 崔格尔的《理解早期文明：比较研究》(以下简称《理解早期文明》)[①] 就是一部关于理解和认识世界早期文明的重要著作。

[①] 〔加〕布鲁斯·G. 崔格尔：《理解早期文明：比较研究》，徐坚译，北京大学出版社，2016。本教材均引用此译本，下文只注作者、书名和页码。

第一节　原著简介

一　布鲁斯·G.崔格尔简介

布鲁斯·G.崔格尔（Bruce Graham Trigger，1937-2006），加拿大麦吉尔大学（McGill University）考古学教授，是考古学与早期文明研究的国际知名学者。1937年6月，崔格尔出生于加拿大安大略省的普雷斯顿，外祖母是德国人，外祖父是苏格兰和德国混血儿，父亲为英国人后裔，崔格尔幼时多由祖父母照看，孩童时代即对古埃及文明、加拿大印第安人历史感兴趣。1955年，他进入多伦多大学人类学专业学习。大学期间，除了系统学习历史学、人类学和考古学课程，他还广泛涉猎艺术史、经济史、社会学、生物人类学、人文地理学等课程，对早期文明的比较研究产生了兴趣，也开始对社会科学理论、特别是对马克思主义产生了兴趣。

1959年秋，崔格尔前往美国耶鲁大学攻读博士学位。其间，他掌握了人类学各个领域的基本知识，尤对乔治·彼得·默多克（George P. Murdock）的人类学理论进展、克莱伦·福特（Clellan Ford）的跨文化研究、利奥·波斯皮希尔（Leo Pospisil）的法律人类学、爱德华·布鲁纳（Edward M. Bruner）的文化变迁、西德尼·明茨（Sidney Mintz）的经济人类学、莫里斯·弗里德曼（Maurice Freedman）和拉比·齐格蒙德（Rabbi Zigmond）有关中东的研究兴趣浓厚。读博期间，崔格尔作为成员参与了宾夕法尼亚大学和耶鲁大学开展的努比亚联合考察团，对阿斯旺大坝即将淹没的地区进行考古救援挖掘。1962 年初，崔格尔负责发掘阿敏纳－韦斯特（Arminna West）大型聚落的一部分——麦罗埃时代的早期基督徒遗址，于 1963 年夏完成发掘，并撰写调查报告。在此基础上，崔格尔将下努比亚的聚落和历史作为博士学位论文题目。1964 年，崔格尔博士毕业，在美国西北大学和芝加哥大学东方研究所短暂从事与非洲考古有关的工作。同年 12 月，他返回加拿大，任教于麦吉尔大学，后在此校任教 40 年之久。2001 年，他被擢升为詹姆斯·麦吉尔讲座教授。2006 年 12 月，崔格尔因病辞世，享年 69 岁。

崔格尔是享有国际声誉的知名学者，曾在伦敦大学、剑桥大学、爱丁堡大学、开罗美国大学、布莱福德大学等大学发表学术演讲。为褒扬他在考古学领域的杰出贡献，美国考古学会于 2004 年在蒙特利尔召开特别年会，对其成就和影响进行全面研讨。本次特别年会的论文在他去世后结成纪念文集，以《布鲁斯·崔格尔考古学：理论实证主义》（*The Archaeology of Bruce Trigger: Theoretical Empiricism*）为名出版。崔格尔个性温和低调，屡获殊荣。1979 年，获"康普兰特尔勋章"（Cornplanter Medal）；1985 年，获"英尼斯－热兰"奖章（Innis-Gérin Medal）；2001 年，获"魁北克政府勋章"（l'Ordre national du Québec）；2005 年，获加拿大勋章。

崔格尔是研究古埃及和北美东北原住民文化最著名的历史和考古学者之一，也是独具慧眼的社会分析家、社会变迁理论的缔造者和权威的考古史学家。他发表了大量学术成果，主要集中在考古学、种族史学、考古学思想与理论三个领域。除了《理解早期文明》，其他主要成果还有：《下努比亚的聚落与历史》（*History and Settlement in Lower Nubia*）、《卡地亚的霍奇拉加和道森遗址》（*Cartier's Hochelaga and the Dawson Site*）、《爱塔恩斯克的儿女：迄今至 1660 年的休伦人历史》（*The Children of Aataentsic: A History of the Huron People to 1660*）、《休伦人：北方的农民》（*The Huron: Farmers* of the North)、《超越史前：史前史方法论》(*Beyond Prehistory: The Methods of Prehistory*)、《戈登·柴尔德：考古学革命》(*Gordon Childe: Revolutions in Archaeology*)、《考古学思想史》(*A History of Archaeological Thought*)、《社会文化变迁》(*Sociocultural Evolution*)等。

二　写作缘起与出版

《理解早期文明》对世界不同地区发展起来的、资料记载最丰富的七种早期文明进行了详尽的比较研究。它们是：古王国和中王国时期的埃及（公元前2700~前1780年）、第三王朝早期至古巴比伦时代的美索不达米亚南部（公元前2500~前1600年）、商代晚期和西周早期的华北（公元前1200~前950年）、15世纪晚期和16世纪早期的墨西哥谷地、古典玛雅文化、16世纪早期的印加王国以及从18世纪中期到19世纪晚期、殖民时代开始之际居于西非的约鲁巴人和贝宁人。该著酝酿时间较长，从1989年起，崔格尔就利用业余时间整理资料。正式写作始于1997年11月，2001年6月完成初稿。

《理解早期文明》的创作，得益于崔格尔对社会文化与人类行为演进复杂性的充分认知和对比较研究的兴趣。从小生活在一个多代大家庭和多族裔传统交织的环境中，崔格尔适应了年长亲戚们在培养孩子行为方面非常不同的期望，并懂得宽容和尊重个人差异。对人类行为复杂性的早期认识使他明白不能匆忙得出结论，他广泛涉足各种理论并在批判性理解中形成了自己的立场。通过大学时期波特文（George Potvin）的人文地理学课程学习，崔格尔已确信生态决定论是站不住脚的，而博厄斯（Boas）人类学和英国社会人类学，以及北美和非洲土著人的不同文化模式，也使他丧失了对单线进化论的兴趣。通过研读戈登·柴尔德（Gordon Childe）的《欧洲社会史前史》(1958)，他接受了"考古学的理论重点不应放在文化上，而应放在史前社会和政治组织的比较研究上"的观点。通过研读戈登·R.威利（Gordon R. Willey）的《聚落与历史重建——秘鲁维鲁河谷的史前聚落形态》（1953），他掌握了研究史前社会和政治组织的知识。特别是通过对柴尔德著作的研读，崔格尔学会了辨别形形色色的社会思潮，弄清了在社会变革过程中新旧思想的转换机制：所有人都是由他们出生的文化传统塑造的，但作为一个物种，在环境允许的情况下，他们倾向于通过促进更符合自身利益的新的社会选择来改变现状。受其启发，崔格尔认为人类有能力逐步创造一种超越狭隘自我利益的道德秩序。20世纪六七十年代，崔格尔对努比亚、易洛魁和休伦人的聚落进行了一系列个案研究，积累了不同地区早期文明发展的总体知识，这为他后来的比较研究奠定了基础。

崔格尔最开始尝试比较研究始于大学四年级。当时年轻的助理教授罗纳德·科恩（Ronald Cohen）在多伦多大学开设了一门旨在介绍生态学和新进化主义分析领域最新进展的课程，崔格尔为该课程写了一篇名为《城市化的定义》的论文，比较了特诺奇提特兰（Tenochititlan）、埃赫塔顿（Akhetaton）、罗马、一个古代美索不达米亚城市和一个中世纪西欧城市五个城市的生态、人口、经济、社会、政治和文化特征，得出结论：与吉迪恩·斯约伯格（Gideon Sjoberg）认为前工业时代城市具有通则性建构的观点不同，早期城市应该按照多线方式，而非单线方式发展。[①]后崔格尔又相继跟随耶鲁大学的乔治·彼得·默多克、克莱伦·福特以及西北大学的劳尔·纳罗尔（Raoul Naroll）学习跨文化比较的理论和方法。1970年开始，他在麦吉尔大学开设了"早期文明的社会机制"课程（后改名为"早期文明的比较研究"），发表了多篇相关论文。

崔格尔写作《理解早期文明》的直接起因，是想避免理论教条主义对文化研究的负面影响。他在该著前言中写道："当完成《考古学思想史》（1989）的写作后，我开始尝试寻找评估文化生态主义者

---

① 〔加〕布鲁斯·G.崔格尔：《理解早期文明：比较研究》，前言，第1页。

和后现代主义、文化相对主义者之间相互冲突的主张的方法。"① 当时，社会科学界争论的核心问题是：相对于特定文化的特有因素，跨文化因素在何种程度上改变人类行为？在生物相似性和多样性的前提下，人类行为的异同将到达怎样的程度？对这一问题的讨论使社会研究者形成了相对主义和理性主义两个阵营。前者鼓励对特定文化习惯、宗教信仰、艺术、价值观和自我认知的兴趣，贬低寻找人类行为跨文化规律的做法，而后者则相反。二者争论的焦点是影响人类行为的因素在何种程度上由文化传承的信仰或泛人类驱动力和刺激所决定，以及个人经历在何种程度上可以揭示传统信仰的局限和不足。② 崔格尔认为，文化决定论预先排除了对跨文化规律的考量，而生态决定论则无视文化特质性，这两者都是有害的。为解决这一困境，他"想通过考察分布在世界各地的七种早期文明，实证性地判断人类行为和信仰的哪些方面受到所有人类共享的因素的影响，而哪些受到文化系统的特质性特征的影响，这七种文明中，除了两个以外，都展现出独特的发展轨迹。通过这种办法，希望提供更好理解人类行为的本体论基础"。③ 他进一步指出："与绝大多数人类学分析不同，本书的研究并非着眼于七个早期文明如何进化，而是考察它们之间的异同可以告诉我们影响人类行为的因素是什么。"④

受默多克的影响，崔格尔认为要理解早期文明的重要性，应该要把它们放在更具情景的框架中考量。他有个愿望，即发表一部既包括对早期文明的综合描述，又包括对其异同如何形成及为何形成的详细分析的著述。《理解早期文明》的写作与问世，是崔格尔夙愿的实现。

《理解早期文明》的英文精装版由剑桥大学出版社于 2003 年在美国纽约首次出版，2007 年平装本首次印刷。2014 年，北京大学

---

① 〔加〕布鲁斯·G. 崔格尔：《理解早期文明：比较研究》，前言，第 1 页。

② 〔加〕布鲁斯·G. 崔格尔：《理解早期文明：比较研究》，第 10 页。

③ 〔加〕布鲁斯·G. 崔格尔：《理解早期文明：比较研究》，前言，第 1～2 页。

④ 〔加〕布鲁斯·G. 崔格尔：《理解早期文明：比较研究》，第 14 页。

出版社出版了中山大学徐坚教授翻译的中文译本，该译本于 2016 年第 2 次印刷。

第二节　主要内容与基本观点

《理解早期文明》系统比较研究了七种世界早期文明。除了前言和参考书目、索引，该著由绪论、社会政治组织、经济、认知和象征层面、讨论五部分构成，共 29 章。在绪论部分，崔格尔从理性主义与相对主义出发，阐释了早期文明的含义，该书研究方法与证据；在第二部分，作者探讨了早期文明的社会政治组织形式及其规律性；在第三部分，作者研究了早期文明的经济活动及其统一性与多样性；在第四部分，作者阐释了早期文明的认知和象征层面及其在文化层面的统一性与多样性；最后一部分是讨论和总结。

一　"早期文明"的定义

"早期文明"是进化主义观念的产物，它假定一些复杂程度较低的社会将进化到早期文明以及更复杂的形态，更复杂的社会可能由早期文明衍化而来，或者与早期文明平行发展并最终取代它们。[1]

针对不同的定义，崔格尔认为早期文明的定义只能从社会人类学中寻找答案，他将"阶级"视为早期文明中等级区分的主要跨文化标签，称"'早期文明'可以被总结式定义为以阶级为基础的社会最早和最简单的形式"。[2]

为了进一步阐释"早期文明"，崔格尔将"早期国家"和"前工业时代晚期文明"与"早期文明"进行了比较。他指出，最早的阶级社会并非早期文明，而是早期国家，这类国家是以血亲关系为基础构成的小规模复杂社会，虽然出现了阶级的雏形，统治者经常

---

① 〔加〕布鲁斯·G.崔格尔：《理解早期文明：比较研究》，第 31 页。
② 〔加〕布鲁斯·G.崔格尔：《理解早期文明：比较研究》，第 35～36 页。

使用武力维系权威和获取贡赋，但血缘关系仍是社会政治组织的基础，政治控制建立在"恩庇—侍从"的关系之上。而在早期文明中，阶级取代亲属和族属关系成为社会的主要组织原则，权力主要建立在通过不同方式对农业剩余产品的控制上，社会管理通过制度化的等级官僚体制来实现。早期文明拥有明确的领土边界并派重兵把守，中央政府拥有最高的司法和军事权力，生产力发展能使上层阶级获取足够的剩余产品从而过上明显高于其他等级和早期国家的优渥生活。早期文明的社会上层常声称自己与超自然力量之间存在特殊联系，统治者把自己描述成神或半人半神，宗教观念取代亲属关系成为社会政治活动的媒介。上层阶级还通过建造大型纪念性艺术品或建筑物来展示自己的权力和地位，并由此带来科学、技艺和管理知识的发展。[①]

崔格尔认为，前工业时代晚期文明（又称为"高级中阶"社会）[②]与早期文明相比有着显著的不同。在经济上，晚期文明阶段的国家广泛使用金属货币，使交换和积蓄财富成为可能，这导致劳动者更深地整合到市场和雇佣经济，经济多样化的程度加深，以金钱为尺度的抽象财富观念取代土地和剩余产品成为衡量地位和等级的标准。在军事上，早期文明很少有职业士兵，常由君主和官僚统御，但随着军事技术和战术的发展，晚期文明的军队更加强大和职业化，军事将领甚至角逐国家权力，控制好军队在军事权和民事权分离的社会是政府官员面临的首要挑战。在世界观方面，超自然力量在早期文明时代被认为蕴含于自然之中，而在晚期文明阶段，超自然领域与自然界被明确区分开来，自然界不再拥有超自然能力的驱动。普世宗教的信仰系统远超早期文明的族属、政治和宗教所能关联的区域，促进了远距离贸易和文化交流，也推动了生产和交换网络的发展。在政治层面，早期文明的神王体制被各种各样的政府形式取代，

081

---

① 〔加〕布鲁斯·G. 崔格尔：《理解早期文明：比较研究》，第 36～37 页。

② "高级中阶"社会（Advanced Intermediate Societies）由美国社会学家塔尔科特·帕森斯（Talcott Parsons）提出，相较早期或古风社会（Archaic Society）而言。

政治体制多种多样，国家权力不断增大，统治者更加依赖军事力量来维持权力的行使，阶级剥削达到前所未有的程度。总之，前工业时代晚期文明在规模、经济、政治和意识形态上都比早期文明更强盛，除了后古典时代的玛雅（900~1530），撒哈拉以南非洲和美洲地区的土著社会在与欧洲接触之前没有超越早期文明的阶段。[①]

二　早期文明中的社会政治组织

第5~12章，崔格尔探讨了王权、国家、城市、阶级、家庭、管理、法律和军队等社会政治组织的各个维度，并另辟专章（第13章）对其规律性进行了探讨。

1. 王权

崔格尔所研究的早期文明都存在君主，但不同文明中指代君主的术语有不同的意义和关联，只在语义范畴上存在部分重合。他指出，早期文明可能都有君主，即便王权以不同的方式定义，统治者拥有的实际政治权力在不同文明中存在显著差异。君主的普遍存在表明，政治权力在早期文明中是以个人行为方式进行表达的，君主是至高无上的国家主权的象征。虽然君主在不同文明中的职责权力有所不同，但王权是协调和管理公共事务如案件终审、国策制定、社会稳定、经济生产和国家安全等方面至关重要的核心。[②]

在担任君主的资格上，崔格尔称，所有早期文明都倾向于由男性掌管，偶尔出现的女性统治者常被视作异常现象。王位继承都采用世袭制，常见方式是父死子继，兼有兄终弟及，继承人的挑选方式在不同文明中有不同的选择程序，君主都需要举行各种仪式，以向世人表明新统治者有能力治理社会并得到臣民的支持；统治权体现在个人身上，单一家庭连续继承王位保障和象征了王权稳定，君

---

① 〔加〕布鲁斯·G.崔格尔：《理解早期文明：比较研究》，第37~39页。
② 〔加〕布鲁斯·G.崔格尔：《理解早期文明：比较研究》，第55页。

主必须有效控制和亲自指挥军队。①

崔格尔称，早期文明中，常人与庇护神联系途径甚少，处于社会顶端的君主是联系人类与万物赖以存在的超自然力量之间最重要的桥梁，二者之间的关系也只有通过君主及其属僚才能主持的宗教礼仪得以协调。②他指出，由于与超自然力量关系密切，君主常常被描绘为天赋异禀；早期文明的统治者或多或少都宣称得到神祇的帮助，都自认为是主要宇宙神祇的后裔。③

崔格尔认为，早期文明中的君主需要权力的证明，如都通过奢侈的生活方式宣示自己的世俗和超自然力量，他们也需要在与其他人的关系中保护自身权威，要遵循各种各样的禁忌和修行，必须有能力有效处理王国的政治事务等。④

2. 国家形态

崔格尔认为，国家是拥有主权或政治独立，拥有能掌控其社会、政治、法律、经济和文化活动的领袖的政治性组织的社会。早期文明有两种国家形态，即城邦国家和广幅国家。两种国家形态不仅存在地域大小的差异，而且存在城市中心和经济及政治组织方面的本质不同。⑤崔格尔详细分析了两种国家形态。他指出，早期城邦文明是由相邻的、独立管理的城邦国家网络构成，但城邦国家很少处于孤立的地理环境之中，其聚落形态各不相同。每个城邦都有位于中心的都城，当战争席卷整个地区时，大部分农业人口便迁居到主要城市中心，耕种尽可能靠近社区的土地。不同社群的成员都被视为统一的城邦居民，相邻城邦国家之间存在定期交往。城邦之间存在文化相似性，甚至同一城邦国家的居民不一定持同一种语言。城邦国家一般规模较小，君主的权力相差悬殊。⑥

---

① 〔加〕布鲁斯·G. 崔格尔：《理解早期文明：比较研究》，第 55～58 页。

② 〔加〕布鲁斯·G. 崔格尔：《理解早期文明：比较研究》，第 58 页。

③ 〔加〕布鲁斯·G. 崔格尔：《理解早期文明：比较研究》，第 59、63 页。

④ 〔加〕布鲁斯·G. 崔格尔：《理解早期文明：比较研究》，第 66 页。

⑤ 〔加〕布鲁斯·G. 崔格尔：《理解早期文明：比较研究》，第 69 页。

⑥ 〔加〕布鲁斯·G. 崔格尔：《理解早期文明：比较研究》，第 70～77 页。

对广幅国家而言，崔格尔称其以显著的政治与经济机制和等级森严的上层阶级生活方式成为文明发展的核心，建立了集权式控制的复杂管理等级体系。[1]他总结出广幅国家不同于城邦国家的五大特征：（1）控制的领地面积大于城邦国家；（2）人口密度远低于城邦国家；（3）其统治者比城邦国家的统治者拥有更多的可任意处置的剩余产品，能在更大规模上创造艺术和建筑；（4）行使王权依赖于对经济的一定程度的集权控制；（5）农业生活的连续性更强。[2]

3. 城市生活

城市是所有早期文明的特征，但城市的本质千差万别。崔格尔认为，作为早期文明中城邦的首都和广幅国家的首都或行省中心，城市是社会上层阶级和大部分不生产粮食的人们的居住地，其决定性特征是对广阔的乡村腹地发挥了特别功能。城市是高级政治和管理活动、专业手工生产、商品交换、远距离贸易、高等教育、艺术和文化成就、炫耀性展示、宫廷生活和宗教仪式展示的主要地点，重要的神庙、宫殿和公共建筑基本上都在城市中心。[3]他指出，城市的这些功能特征强调了普通人的低微和统治者的权威和法统，以及超自然力量的汇聚，因而其发展得到上层阶级的极大推动，并成为他们追求个人和集体目标的工具。他也看到了城市发展中面临的问题，称所有城市都面临着粮食供给和垃圾排放问题，但处理这些问题的手法和成败情况各不相同。[4]

崔格尔探讨了城邦国家与广幅国家的城市生活。他指出，城邦国家一般只有一个独立的中心（即首都），大部分人口居住在主要城市中心，这是为了在战时得到更好的保护，城市中不少人属于全职农民，城市中心常常出现没有任何建筑的空地，大部分全职手工业者生活在城市中心，不同城邦的城市布局显示出规划和非规则性

---

① 〔加〕布鲁斯·G. 崔格尔：《理解早期文明：比较研究》，第78页。

② 〔加〕布鲁斯·G. 崔格尔：《理解早期文明：比较研究》，第82～83页。

③ 〔加〕布鲁斯·G. 崔格尔：《理解早期文明：比较研究》，第89～90页。

④ 〔加〕布鲁斯·G. 崔格尔：《理解早期文明：比较研究》，第90页。

成长的灵活结合以及跨文化共性和文化特性的混合；多数城邦城市拥有防护系统，城市中心的公共建筑象征了城市及其控制的周边地区的统一。[1]

崔格尔认为，广幅国家形成了由乡土、地区、行省和国家等级别的管理中心构成的等级制度，但各级中心的人口规模都较小；统治阶层、管理阶层、手工业者和其他服务业人员占据着城市中心，而农民则更多居住在靠近耕地的分散村落。主要的城市中心都采用分散居住的形式，统治者、上层阶级和社会精英居住在高墙中；大型广幅国家有时存在多个首都，国家管理中心在不同时期会出现迁移；广幅国家的首都在布局上没有城邦国家密集，广幅国家的主要城市缺乏明确的中心和边界，君主和朝廷而非城市建筑特征构成了广幅国家的核心。[2]

崔格尔称，早期文明的城市进化中呈现的多样性主要与城邦和广幅国家的区分有关，广幅国家主要城市中心的分散特征表明统治者对私密感的关注，不同城市是否建造城墙是防御策略和资源利用的方式不同造成的。在所有早期文明中，城市中心都是人们向往的居住之所，是政治权力和人类成就的具体体现，是人类近距离接触作为宇宙功能之源的超自然能量的地点。[3]

4. 阶级系统与社会流动

崔格尔认为，在早期文明和其他复杂的前工业社会中，不平等是一种常态，而不公正则被视作个人不幸，甚至是应得的报应，而非社会罪恶；基于不平等权力的社会结构广泛见于早期文明。[4]

至于阶级，崔格尔指出，一般而言，社会分为上层阶级、自由民和奴隶，但奴隶数量较少，社会人口总体上被分成上层阶级和平民两个主要群体，这种区分构成了更复杂的权威和服从关系的基本

---

[1] 〔加〕布鲁斯·G. 崔格尔：《理解早期文明：比较研究》，第91~97页。

[2] 〔加〕布鲁斯·G. 崔格尔：《理解早期文明：比较研究》，第97~103页。

[3] 〔加〕布鲁斯·G. 崔格尔：《理解早期文明：比较研究》，第104页。

[4] 〔加〕布鲁斯·G. 崔格尔：《理解早期文明：比较研究》，第105页。

框架，这种二元区分强化了少数精英相对多数社会普通大众的优越感。[①]他称，虽然所有的早期文明都存有等级制度的观念，但阶级区分标准和清晰度却各不相同；上层阶级或者至少最高社会等级将其来源追溯至前任统治者，并常常宣称拥有独特的超自然起源。与城邦国家相比，广幅国家在区分上层阶级和普通人时更公开、更复杂，且更具有象征意味。[②]

崔格尔对各阶级进行了具体分析。他认为，君主是上层阶级的首领，上层阶级总体上规模较小，人口仅占社会的百分之几，但他们控制了社会的绝大部分剩余财富，在政策制定和管理决策上发挥了关键作用；统治阶级通常世袭，常常由君主和其他王室成员以及既往统治者后裔、行省统治家族、因服务国家而受到褒奖授予爵位的官吏和战士构成。统治阶级的奢侈生活依靠家族或个人拥有的土地、偶尔采用赐封土地而不是实际支付的国家薪俸、受贿、收费、军事征伐、经济控制的获益来支持。国家最高等级官员属于统治阶级，也掌控军队，管理主要宗教机构。[③]崔格尔总结了上层阶级的共同特征：他们控制了不成比例的社会财富，可以逃避体力劳动，丰衣足食，耽于享乐；在管理、军事和宗教领域居于高位，组成决策和管理的最高层，与君主分享权力或者强烈影响君主；为防止自己失去财富和权力，上层阶级与王室或其他主要家庭联姻。[④]

崔格尔指出，平民是早期文明中人口的绝大部分，政治权力严重受限，很少或没有私人土地，依靠出售产品、为国家或其他恩主服务、或组成集体土地所有集团来维持生计；平民中等级最低、数量最多的是农业居民，顶层是全职专业人员；众多平民依靠国家或者上层阶级获得职业或收入；全职专业人士中最显贵的群体是小官吏，其次为全职士兵和警察，接下来是全职手工工匠，最后是仆从。[⑤]

---

① 〔加〕布鲁斯·G. 崔格尔：《理解早期文明：比较研究》，第 107 页。
② 〔加〕布鲁斯·G. 崔格尔：《理解早期文明：比较研究》，第 107～108 页。
③ 〔加〕布鲁斯·G. 崔格尔：《理解早期文明：比较研究》，第 108～109 页。
④ 〔加〕布鲁斯·G. 崔格尔：《理解早期文明：比较研究》，第 113 页。
⑤ 〔加〕布鲁斯·G. 崔格尔：《理解早期文明：比较研究》，第 113～114 页。

崔格尔认为，各早期文明在奴隶概念和实践上都存在明显差异，不应与古典时代希腊罗马的奴隶相提并论；他们被剥夺了血亲集团的身份，他们及其后代可以任由主人买卖或再分配，其行为与社会责任由奴隶主承担，其被控制被剥夺的权力受习惯法保护，无偿从事仆从、家内仆役、工匠、矿工、建筑和农业生产等职业；奴隶的来源包括战俘、罪犯和被出售抵债的个人，有时也从不发达地区输入；买卖奴隶在若干早期文明中成为一项重要活动，奴隶的待遇也不尽相同。[①]

崔格尔指出，早期文明中的社会流动性受限于技术和社会的缓慢发展，以及知识传播在不同社会群体之间的横向阻隔，下层社会向上层社会流动或被国家规范，或需得到上层阶级的认同；跨阶层擢升提拔和政治联姻是社会垂直流动的常见渠道，而晋升条件和阶级内婚也是限制社会升迁的重要手段。[②] 他总结道："早期文明中的阶级系统以受到限制的垂直流动为特征，阶级所属关系主要由出身决定，社会等级的上升最终并非取决于个人成就，而由统治阶级和上层阶级的认可决定，但这一标准在早期文明中各不相同。"[③]

5. 家庭组织和性别角色

崔格尔认为，早期文明中存在众多不同的亲属关系，这些关系不仅与家庭生活、居住模式、婚姻实践和哺育儿童密切相关，也和更广阔的社会文化活动（如土地拥有、农业生产、技术组织、财产继承、政治和经济活动、价值体系和宗教信仰）有关。所有早期文明中的下层阶级的妇女都要从事烹饪、打扫房间、照看儿童等家务劳动，男女之间的劳动分工及权威关系在不同文明和阶级中显著不同。[④]

崔格尔把七种早期文明的家庭生活分为父系继嗣群、族内婚继

---

① 〔加〕布鲁斯·G. 崔格尔：《理解早期文明：比较研究》，第 115～117 页。

② 〔加〕布鲁斯·G. 崔格尔：《理解早期文明：比较研究》，第 118～120 页。

③ 〔加〕布鲁斯·G. 崔格尔：《理解早期文明：比较研究》，第 121 页。

④ 〔加〕布鲁斯·G. 崔格尔：《理解早期文明：比较研究》，第 123 页。

嗣群和非血缘家庭继嗣群（non-corporate descent）三种亲属系统，①
并进行了细致分析。

关于早期文明中的性别角色，崔格尔认为，尽管亲属系统长期以来被认为带有父系色彩，但以男性为主导的家庭组织不一定都是父系传承制度，且亲属组织的不同形式和广幅国家或城邦国家形式之间也不存在对应关系。②他指出，父系倾向及其精确表达的程度在不同早期文明中各不相同，这多少取决于当地文明发展之前已经存在的社会组织形态。③崔格尔称，性别被认为是早期文明社会身份中普遍存在的基础成分，他把女性分为受尊重和不被尊重两个阶级，认为尽管妇女们被迫臣服于男性，但对这种臣服的抵制随处可见，妇女在不同文明中的地位差异很大，妇女的地位呈下降趋势。④

对于同性关系，崔格尔认为各文明都重视生殖繁衍，不同社会对于同性恋的容忍程度虽不相同，但总体上都持否定态度。⑤

崔格尔总结了早期文明在家庭形态方面的差异性与相似性。他称，各早期文明在亲属组织、家居安排、财产继承、女性地位以及对同性行为态度上表现出显著的差异，但在亲属组织模式上也存在若干地区相似性。所有早期文明都呈现出男性偏向，妇女地位低于男子，在不同文明和不同阶级中妇女的地位显著不同。⑥

6. 管理

在崔格尔看来，国家可被视作从社会中提取资源，必要时动用武力，以维系自身，防御他国侵袭，维护领土完整的管理机制；国家具有双重任务：既要保护上层阶级的特权，又要保证下层阶级不至于因被盘剥、压榨和排斥而揭竿起义，动摇社会秩序。为此，国

---

① 〔加〕布鲁斯·G. 崔格尔：《理解早期文明：比较研究》，第 123 页。
② 〔加〕布鲁斯·G. 崔格尔：《理解早期文明：比较研究》，第 136 页。
③ 〔加〕布鲁斯·G. 崔格尔：《理解早期文明：比较研究》，第 137 页。
④ 〔加〕布鲁斯·G. 崔格尔：《理解早期文明：比较研究》，第 137～138 页。
⑤ 〔加〕布鲁斯·G. 崔格尔：《理解早期文明：比较研究》，第 141 页。
⑥ 〔加〕布鲁斯·G. 崔格尔：《理解早期文明：比较研究》，第 141～142 页。

家必须能够征收税赋、管理所属产业，并为军队、警察和公共事务提供经费，以及抑制官员和豪强的欺诈。①他称，早期文明的生产力都相对低下，统治阶级不愿将太多资源用于管理；为降低成本，统治者在从高到低的等级管理制度中采取委托管理方式，允许甚至鼓励家庭、聚落和小型社区自主管理。②

崔格尔分别研究了城邦国家与广幅国家的管理。他认为，早期文明中并不存在后来见于古典希腊时期，民主城邦国家中群众定期参与管理的情形，众多群体的成员可能分享政治权力，但政治权力仍然是首都极少数上层人物的特权；在城邦国家中，城市和农村之间的管理关系取决于城市的人口数量优势。③他指出，广幅国家由于幅员广阔、人口聚居分散，政府必然要求建立更为完善的管理系统，以确保地方臣服于中央，其政府必须采用层级式结构，有的采用委任制，有的采用官僚管理体制。④崔格尔分析了这两种管理体制。他称，在委任体系中，首都之外某个地区的所有事务都被委托给一个高级官员及其僚属，每个层面的官员不仅为自己的行为，而且为所有下属地区官员的行为向君主负责；委任制的好处在于经济节约，劣处是中央政府面临国家分裂的挑战；在官僚管理体制中，中央、行省和地方政府都由各司其职的官员构成，官员常常在行省或各管理机构之间定期流动，这一体制能够增强君主对地方的有效控制，密切地方官员与中央政府的关系，但运作成本高，且在地方上效率更低下。⑤

崔格尔指出，早期文明的政治管理体制较为灵活，兼用官僚制和委任制管理结构；城邦国家以王室权力和非中央集权的政治控制形式之间的持续争斗为特征，广幅国家则发展出复杂而多层次的行

---

① 〔加〕布鲁斯·G. 崔格尔：《理解早期文明：比较研究》，第143页。
② 〔加〕布鲁斯·G. 崔格尔：《理解早期文明：比较研究》，第144页。
③ 〔加〕布鲁斯·G. 崔格尔：《理解早期文明：比较研究》，第144页。
④ 〔加〕布鲁斯·G. 崔格尔：《理解早期文明：比较研究》，第151页。
⑤ 〔加〕布鲁斯·G. 崔格尔：《理解早期文明：比较研究》，第151～152页。

政等级制度。①

7. *法律*

崔格尔认为，在早期文明中，维护公共秩序是国家的重要功能，其主要的实现方式是通过法律行动；上层阶级为保护他们所拥有财富和特权，就是依靠法律来实现这一目的。②

对法律系统，崔格尔指出所有早期文明都有一系列不同等级的聆讯法律诉讼和裁决纠纷的法庭，有的由全职或兼职法官构成，有些则由行政组织或政府官员承担司法职责。法庭包括扩展家庭、村庄、城郊的基层法庭，城邦中的片区城市的法庭以及最高等级的宫廷法庭。基层法官多由平民出任，较高等级法庭的法官均由官员和上层阶级成员充任。③

崔格尔研究了早期文明中的法律程序，称法律审讯由法官主持，法官听取证词、权衡证据、做出判决、提出解决或惩处方案。在较高的层次中，案件可能由单一司法权威判决，但往往由多个法官组成的群体裁定，判决是由国家而不是公众意见强制执行的。审讯过程常有书吏记录在案，证人和诉讼人常需在法庭向神灵起誓，诬告和作伪证会受到严厉惩罚。如果证据不充分，法官可能会求助于酷刑、神判或占卜，所有社会都有处置诸如通敌叛国、谋杀、伤害、偷盗、不当性行为等犯罪的规定，但对特定罪行的性质认定和处罚的严重程度，各文明的表现各不相同。④

崔格尔指出，各早期文明在明文规定法律并公开推行的程度上各不相同。⑤法律条款最早出现于美索不达米亚，保存最好的就是《汉谟拉比法典》。他认为，早期文明的法律体系中尚无法律面前人人平等的概念，相反，法律总是以各种方式表达并保护社会的不平等，具有明显保护上层阶级利益的色彩。这表现为，法律对冒

① 〔加〕布鲁斯·G. 崔格尔：《理解早期文明：比较研究》，第 159 页。
② 〔加〕布鲁斯·G. 崔格尔：《理解早期文明：比较研究》，第 161 页。
③ 〔加〕布鲁斯·G. 崔格尔：《理解早期文明：比较研究》，第 163 页。
④ 〔加〕布鲁斯·G. 崔格尔：《理解早期文明：比较研究》，第 166 ~ 167 页。
⑤ 〔加〕布鲁斯·G. 崔格尔：《理解早期文明：比较研究》，第 168 页。

犯国王、政府、神祇和神庙的犯罪惩罚要远比对其他个人犯罪的处罚严厉得多，针对上层阶级的犯罪一般比针对平民的犯罪处罚要更为严厉。在法律实践中，除基层法庭外，中上层法律系统常被上层阶级所把控，当上层阶级成员与平民发生冲突时，上层阶级的法官常会偏袒自己的成员。同时，发起诉讼需要支付法庭费用，上层阶级拥有更多的财富和更广的人际关系，更容易争得对自己有利的判决，下层民众则更容易成为酷刑和神判的对象。崔格尔明确指出了法律的实质：法律绝不是弱者实现正义的方式，而是上层阶级压迫恫吓弱势个体，以维护自身特权和利益的工具，法律系统的一项重要功能就是强化国家和上层阶级的权力和特权。[①]

8. 军事组织

军事力量被赋予了崇高的政治与宗教意义，是早期文明中国家机器的重要组成部分。崔格尔认为它有三项重要职能：一是镇守国家边境；二是通过保障开发自然资源丰富的周边地区，控制获利丰厚的贸易路径，强迫被征服的人民纳贡，使强势的君主们越来越富有；三是维持内部秩序——镇压叛乱、确保税收、维持社会和平、保护上层阶级的权力和特权。[②]他指出，君主一般亲率军队，或者委托给近亲或高官，君主常常以炫耀军事实力开始统治，军队主要由征募的农民和手工工匠组成，战时由属于上层阶级和官僚的军官组成，休战时军官则负责各种民事管理，军事征伐一般在主要粮食作物收获后、通常是旱季进行，士兵会接受不同程度的训练。[③]

崔格尔认为，早期文明中的军队并没有像罗马帝国和某些前工业时代晚期国家中的军队那样发展成独立的机制，军事力量的最高指挥权掌控在权力结构的上层手中，全职士兵是所有早期文明中大规模军队的内核，也是每个国家维护统治权威的关键力量。在多数情况下，国家拥有对军队和警察力量至高无上的控制权，职业士兵

---

① 〔加〕布鲁斯·G. 崔格尔：《理解早期文明：比较研究》，第 172、173 页。

② 〔加〕布鲁斯·G. 崔格尔：《理解早期文明：比较研究》，第 175 页。

③ 〔加〕布鲁斯·G. 崔格尔：《理解早期文明：比较研究》，第 176～177 页。

通过各种途径招募而来，经济利益是职业士兵效忠领主的诱因。他比较了广幅国家与城邦国家中的军队，称广幅国家的职业军队的规模比城邦国家大，但职业军人人数较少，大多数国家依靠临时征召的士卒构成军队的主体；而在城邦国家，职业士兵在维护君主和统治集团施加给竞争对手和下层阶级的权力上至关重要。①

9. 社会政治的统一性与多样性

第 13 章，崔格尔总结了早期文明在社会政治方面的统一性与多样性。他指出，早期文明的发展都不可避免地产生君主，国家被比拟为完整的人体，王权在亲属集团中传承，君主的权力、功能和王权被概念化的方式在不同文明中各不相同。君主普遍存在并非因为其必需，而是因为王权作为主导概念，它的确立是其他政治关系得以理解和沟通的前提。国家的统一既是政治性的，也是象征性的。②

崔格尔认为，所有早期文明都基于社会和经济不平等的理念，这一理念不仅表明社会的整体认知，也广泛见于家庭，由此，每个人自年幼开始就被灌输不平等和服从权威的观念。他指出，在每个早期文明中，少数特权者是由大多数缴纳赋税的农民供养，上层阶级管理着社会，并控制着大部分财富和剩余生产力。其下是各种专业集团，如官吏、职业士兵、专业手工工匠、家内奴仆、农民，最底层是奴隶、政府机构或上层阶级私人的附庸者。③

崔格尔认为，早期文明都有垂直流动性，但不同文明程度不一。富裕的、有权力的阶级通过和同一阶级成员缔结姻亲关系强化社会地位，上层阶级的特权都得到武装力量和法律系统的保护。④

在国家形态方面，崔格尔认为早期文明只有城邦国家和广幅国家

① 〔加〕布鲁斯·G. 崔格尔：《理解早期文明：比较研究》，第 190 页。
② 〔加〕布鲁斯·G. 崔格尔：《理解早期文明：比较研究》，第 191 页。
③ 〔加〕布鲁斯·G. 崔格尔：《理解早期文明：比较研究》，第 191 页。
④ 〔加〕布鲁斯·G. 崔格尔：《理解早期文明：比较研究》，第 192 页。

两种政治组织形式。城邦国家地域狭小，常常有一个被农业村庄包围的城市中心；城市居住着大量农民，他们主要耕种城市周围的田地；城市是货物生产和交易的中心。广幅国家一般有一个或多个都城以及众多地区管理中心，城市或管理中心居住的主要是官吏、工匠和其他政府职员。农民主要居住在农村，进行农业种植的同时附带从事手工业和商业活动；全职工匠主要是从事服务于统治者的官方手工业。[①]

崔格尔称，城邦国家没有衍化成广幅国家，而广幅国家也没有分裂为城邦国家。[②] 他认为世袭贵族不是所有广幅国家政府的本质特征，它不能影响早期文明发展为城邦国家还是广幅国家，也没有证据表明世袭上层社会的存在能够加速城邦国家向区域性王国的转变。[③] 他指出，早期文明或许只能按照有限的方式组织，而城邦国家和广幅国家是两种经时间检验能有效发挥功能的政治组织形式，它们最终都能转变为区域性王国。[④] 在管理体制上，早期文明的中央政府都鼓励扩展家庭、集体土地所有制组织、手工业行会等小型组织自治管理，以降低管理成本。在广幅国家和霸主城邦，管理表现为委任制和官僚制两种体系，两种管理各有其利弊，委任制难以维持国家长期统一，而官僚制下的国家管理效率相对低下。[⑤]

在家庭形态方面，崔格尔认为，早期文明的家庭组织一般以男性为基础，但也存在多种变化，家庭组织的不同形式和城邦国家与广幅国家之分没有对应关系。他称，在所有早期文明中，女性明显处于比男性不利的地位，这至少部分反映了家庭关系以国家特征为蓝本的普遍倾向。在日常生活中，不同早期文明中的妇女在日常生活中的地位相差甚远。[⑥]

---

① 〔加〕布鲁斯·G.崔格尔：《理解早期文明：比较研究》，第 192 页。
② 〔加〕布鲁斯·G.崔格尔：《理解早期文明：比较研究》，第 193 页。
③ 〔加〕布鲁斯·G.崔格尔：《理解早期文明：比较研究》，第 194 页。
④ 〔加〕布鲁斯·G.崔格尔：《理解早期文明：比较研究》，第 194 页。
⑤ 〔加〕布鲁斯·G.崔格尔：《理解早期文明：比较研究》，第 194 ~ 195 页。
⑥ 〔加〕布鲁斯·G.崔格尔：《理解早期文明：比较研究》，第 195 ~ 196 页。

通过对不同早期文明之间社会政治组织的研究，崔格尔得出结论：早期文明的社会政治机制中存在显著的跨文化统一性。[1]

三　早期文明中的经济

对早期文明中的经济活动，崔格尔分四章（第 14～17 章）来阐述食物生产、土地制度、贸易和手工业、财富分配等早期文明经济活动的具体方面，并用一专章（第 18 章）探讨经济的统一性与多样性。

1. 食物生产

崔格尔批判了影响早期文明发展的传统观点——环境决定论和生产技术决定论。他认为，将文明的出现归功于单一环境类型或气候突变的理论没有依据，将早期文明的崛起和农业工具的进步联系在一起也没有根据。尽管存在诸多限制，食物生产的集约化和人口密度增加之间似乎确实存在密切关系。[2]

崔格尔认为，早期文明产生于不同的地理环境，有些环境并不理所当然或轻而易举地支持高密度人口。早期文明生计模式的主要共同需求是满足相对稠密的定居农业人口的需要，生产剩余产品支持有效的政府管理和上层阶级；不同类型的环境之中存在各不相同的生计模式，而粮食生产的发达程度与作物种类数目无关。[3]

崔格尔指出，由于更密集人口能促进集约农业的发展，这使得所有颇具发展潜力的土地的地主更倾向于接受政治权威。中央集权的首要基础就是统治者有能力以没收土地的方式惩罚不合作的地主。[4]

崔格尔称，所有早期文明在食物生产方面至少拥有两个关键的共同特征：一是剩余产品的生产在绝大程度上被上层社会占有

① 〔加〕布鲁斯·G. 崔格尔：《理解早期文明：比较研究》，第 196 页。

② 〔加〕布鲁斯·G. 崔格尔：《理解早期文明：比较研究》，第 201、203、204 页。

③ 〔加〕布鲁斯·G. 崔格尔：《理解早期文明：比较研究》，第 221 页。

④ 〔加〕布鲁斯·G. 崔格尔：《理解早期文明：比较研究》，第 223 页。

和利用；二是农业依赖于人力，仅在某些个案中得到有限的畜力补充。因此，所有的早期文明都是农业社会，上层社会所能得到的剩余产品总量不大，必须谨慎使用，增加财政收入的策略必然是政治性的：增加农民数量，创造统治集团根据自身等级占有更多资源的环境，在不增加社会控制成本的情况下，说服农民缴纳更多剩余产品。①

2. 土地制度

崔格尔认为，在早期文明中，剩余产品甚至包括家畜都是财富的重要来源，对这些资源的控制是政治权力的关键。他将早期文明中土地所有制分为三类：（1）亲属集团和社区的集体土地所有权；（2）神庙或国家等机构的土地所有权；（3）私人土地所有权。②

崔格尔对这三类土地所有制进行了研究。他指出，土地集体所有制的主要特征表现在它可以采用集体或者个人的形式，相对抵制不生产粮食的人施加的经济剥削。③他进一步指出，在大部分早期文明中，集体拥有的土地不可买卖，它是一个亲属集团或内婚社群共有的不可让渡的财产，集体土地所有制群体在规模上的差异影响了他们对土地和剩余产品的态度。④

崔格尔分析道，在早期文明中，机构所有权下的土地并不属于公共财产，不服务于社会整体利益，而是国家、宗教仪式、官员和社会特权者的额外获利，其处置无须像集体土地所有制那样考虑耕种者的意愿。机构土地不属于个人，不可买卖，可以世袭，但机构继承者必须同时继承相应的义务或职责，机构土地使用权也可以授予个人，但必须以服务作为回报。⑤

崔格尔称，私有土地由个人或多个人以自由结合的方式拥有，可以自由买卖，常常需要向政府交纳赋税，可按所有者意愿和社会

---

① 〔加〕布鲁斯·G. 崔格尔：《理解早期文明：比较研究》，第225页。
② 〔加〕布鲁斯·G. 崔格尔：《理解早期文明：比较研究》，第227页。
③ 〔加〕布鲁斯·G. 崔格尔：《理解早期文明：比较研究》，第228页。
④ 〔加〕布鲁斯·G. 崔格尔：《理解早期文明：比较研究》，第230、231页。
⑤ 〔加〕布鲁斯·G. 崔格尔：《理解早期文明：比较研究》，第231页。

规范予以处置、继承、赠送。他认为早期文明应该存在私有土地，但大多数早期文明都没有私有土地的证据。[1]

崔格尔指出，在所有的早期文明中，集体土地所有制与机构所有制都长期存在，除了一种早期文明外，私人土地所有制都发展缓慢。这三种土地所有制都能为上层阶级和服务于上层阶级特定需求的专业工匠提供粮食，土地所有制的特定组合都能满足早期文明中多种一般性政治和经济变体。他称土地所有制是一个深受历史特定影响的社会组织的侧面，上层社会在提高并确保占有粮食剩余上的策略有限。[2]

3. 贸易和手工业

在对七个早期文明中的金属加工手工业的发展情况进行比较后，崔格尔认为早期文明和广泛的切割器技术联系在一起，而这些技术形式的复杂程度与人口密度、劳动分工等社会复杂程度之间不存在明确的对应关系，冶金术的发展不是早期文明发展的关键要素，而真正刺激早期文明中经济和政治逐步整合的应该是贸易和工艺专门化。这在政治上受到渴求威望物的上层社会的驱使，在经济上受到因人口密度提高而不断扩大的、对大规模生产的优质产品需求的鼓励。[3]

关于贸易，崔格尔指出，在早期文明中，人们日常生活中使用的绝大部分物品都是由本地生产和销售的，本地贸易和远距离贸易在规模和组织上明显不同，远距离贸易在城邦国家和广幅国家中的际遇不同。在大多数城邦国家中，政治权力的分散性质鼓励城邦之间的贸易作为独立产业而发展；而在广幅国家，政府控制了远距离贸易和作为统治权力重要来源物的异域物资。[4]崔格尔特意对远距离贸易予以分析。他称，远距离贸易深受利益驱使，商人之间竞争激烈，商人一般集体行动并配备武器以防身，以收取佣金的方式为国

---

① 〔加〕布鲁斯·G. 崔格尔：《理解早期文明：比较研究》，第 238 页。

② 〔加〕布鲁斯·G. 崔格尔：《理解早期文明：比较研究》，第 241、242 页。

③ 〔加〕布鲁斯·G. 崔格尔：《理解早期文明：比较研究》，第 245～246 页。

④ 〔加〕布鲁斯·G. 崔格尔：《理解早期文明：比较研究》，第 246 页。

王和贵族从事海外贸易，也在大范围内与本地商人交换货物，商人们组成商队通过危险地区，市场由当地的商人联合会规范管理等。[1]他还指出，早期文明中个人间的贸易都采取以货易货的形式；为简化交换，货币被用来支付物品；远距离贸易在不同程度上也蕴含于政治进程之中。[2]

关于交通网络，崔格尔认为，城际贸易需要交通，但货物运输依赖相对简单而劳动力密集的方式。他认为大多数早期文明都无意于修缮马路或者步道，称虽然某些城邦国家系统中的城际贸易可能很重要，但出于担心外敌入侵的安全担忧，并不鼓励发展复杂的交通和联络系统，只有试图统一某地区的霸主才会建造更有效的道路系统。[3]

对手工生产，崔格尔指出，早期文明中众多日常用品是农民在业余时间制作的，质量较好的商品主要由全职专业手工工匠生产，处于手工工匠等级顶端的是工艺大师，他们主要为王室和上层阶级制作极其精美且价值不菲的物品。在前工业社会，特定的手工业常常由男性或女性承担，但基本没有男女共同承担的例子；随着技术的复杂化，手工业逐步由男性主导；工艺知识一般以家族世代传承的方式延续下来。他认为，纺织是早期文明中的一项主要活动，也是妇女发挥主要作用的家庭内部生产活动。大量的普通布匹主要用于着装和其他家内用途，品质卓越的锦帛成为身份的象征，同时布匹还具有宗教和礼制意义。手工业按照居住区分工。[4]

崔格尔还分析了广幅国家与城邦国家系统在专门化生产方面的不同。[5]

4. 财富分配

崔格尔指出，所有早期文明的一个标志性特征是少数统治集团制度性分配由被统治阶级生产的大部分财富，而剩余农产品是早期

---

① 〔加〕布鲁斯·G. 崔格尔：《理解早期文明：比较研究》，第247～250页。
② 〔加〕布鲁斯·G. 崔格尔：《理解早期文明：比较研究》，第254、255页。
③ 〔加〕布鲁斯·G. 崔格尔：《理解早期文明：比较研究》，第255、257页。
④ 〔加〕布鲁斯·G. 崔格尔：《理解早期文明：比较研究》，第257～259、262页。
⑤ 〔加〕布鲁斯·G. 崔格尔：《理解早期文明：比较研究》，第268页。

文明中最常见且最具经济重要性的财富形式。[①]他称，虽然农民和工匠生产了几乎所有的社会财富，但却无法积累大量的财富，只能依靠力气维持基本生计；一些商人有时会积累大量财富，但缺乏持久保有这些财富的政治权力；大部分财富被少数有权势的个人、家庭和机构掌控。[②]他指出，上层阶级在控制剩余产品时相互竞争，导致出现众多财富分配方案和转移方式，包括税收、劳役、租金和纳贡等，其中税收是主要形式。[③]崔格尔指出，在早期文明中，上层阶级对平民生产的大部分剩余财富的占有手段中必然包括劳役，这些转移方式对社会组织的影响程度取决于财富在多大程度上直接受控于君主或者更大范围内的上层阶级。[④]

5. 经济的统一性与多样性

在第 18 章中，崔格尔总结了早期文明在经济领域的统一性和多样性。他指出，早期文明发展一般建立在上层阶级确保农民生产足够的农业剩余，以及大多数剩余被一小群统治阶级处置的先决条件基础之上；由于农业剩余是早期文明财富的主要形式，这种控制最终造成显著的经济不平等。[⑤]他认为，所有的早期文明都是低能量社会，人力是农业生产中主要的，常常也是唯一的能量来源，决定粮食生产集约化程度的关键因素是使用的农业技术和粮食生产中投入的劳动力数量。[⑥]

崔格尔认为，早期文明在环境状况、人口密度、农业密集化和人群地理流动上存在着未可预料的多样性，大多数文明出现在终年温和或温暖地区，早期文明赖以发展的不同环境对生计模式施加了特定的要求和限制，使得早期文明栽培的作物、驯化的动物以及所从事的农业活动，既有相似之处，也有鲜明特色。他指

---

① 〔加〕布鲁斯·G.崔格尔：《理解早期文明：比较研究》，第 269 页。
② 〔加〕布鲁斯·G.崔格尔：《理解早期文明：比较研究》，第 269 页。
③ 〔加〕布鲁斯·G.崔格尔：《理解早期文明：比较研究》，第 270 页。
④ 〔加〕布鲁斯·G.崔格尔：《理解早期文明：比较研究》，第 281 页。
⑤ 〔加〕布鲁斯·G.崔格尔：《理解早期文明：比较研究》，第 283 页。
⑥ 〔加〕布鲁斯·G.崔格尔：《理解早期文明：比较研究》，第 283 页。

出，各文明中自成一体的生计模式是对本地区早期社会阶段形成的知识、能力和文化的继承与延续，是对特定生产环境的适应的结果，而生计模式上的跨文化平行发展反映了适合栽培的作物或者适合驯养的动物在种类和培养方式上的生物相似性，地区特有的农业知识是早期文明从小规模社会继承而来的文化能力中最有价值的形式之一。[1]

在生产集约化方面，崔格尔指出，没有任何证据显示特定类型的环境可以单独决定早期文明中的人口密度或者农业生产的密集化。[2]他认为，除了集体所有土地，早期文明还有属于国王、国家或神庙的机构所有土地，集体所有制逐渐被机构所有制代替，进而被私人所有制替代的单线式进化序列并不存在。土地所有制类型与广幅国家或城邦国家之间没有明显的对应关系，也与人口密度没有关联性；税收不是从农民手中榨取农业剩余产品的唯一方式和最有效的方式，租金和收成分成可以显著提高地主或者国家从无地农民手中获取的粮食剩余总量。国家的另一个获利来源是对手工品生产、流通和销售征税，在广幅国家中大部分税收保留在行省辖区，而在城邦国家中，国家从税收中的获利属于君主。[3]

对生产，崔格尔认为，早期文明的发展扩大了产品的市场，而市场的扩大反过来使手工业生产专门化和生产质量更好的商品变得可能。早期文明中存在手工工匠的等级制度，土地无法自由买卖。他比较分析了城邦国家与广幅国家的生产，称在城邦国家中，手工工匠在城市中心和周边乡村生产产品，从远距离贸易商手中购买优质稀缺材料，在城市市场出售产品。大多全职工匠并非国王的雇工或奴仆，他们生活在城市的各个角落。城市中心密集的人口与需求，造就了数量庞大的全职手工工匠，他们生产的优质产品满足了社会各个阶层的需求；而在广幅国家，政府控制了远距离贸易和作为权

---

① 〔加〕布鲁斯·G.崔格尔：《理解早期文明：比较研究》，第284页。

② 〔加〕布鲁斯·G.崔格尔：《理解早期文明：比较研究》，第285页。

③ 〔加〕布鲁斯·G.崔格尔：《理解早期文明：比较研究》，第286～287页。

力重要来源的异域物资，农民在业余时间用本地原材料生产物品，在村庄和本地市场上交换。①

崔格尔总结道，农业生产系统、土地所有制和上层阶级占有剩余产品以及下层阶级劳动的方式在不同早期文明中各不相同。②

四　早期文明中的认知和象征层面

第19～26章，崔格尔用了大量篇幅，从宗教，宇宙论和宇宙起源论，祭仪，超自然的祭司、节日和政治，个人和宇宙，精英艺术和建筑，读写和专业知识，价值和个人志向等八个方面阐述了早期文明的认知和象征层面，并设专章（第27章）探讨了早期文明在文化方面的统一性和多样性。

1. 宗教

宗教与早期文明紧密关联。崔格尔认为，早期文明中的众多意识形态在本质上是宗教性的，因为政治思想也具有宗教性。③他指出，在早期文明中，人们认为人类身处的自然世界中既充斥着超自然力量，又被超自然力量所驱使，诸神拥有理性、意愿、所有的人类情绪、彼此沟通及与人类沟通的能力和人类所不具有的强大力量。神祇，至少最高级的神祇，拥有创造和维持宇宙的能量。早期文明中的人们相信，他们的生活空间是神祇赋予生命的自然世界的一部分，可以采用与其他人类，特别是与权势者沟通的方式，与自然或超自然领域沟通，以取悦或避免触怒超自然力量。④

关于神祇，崔格尔认为，它不是超自然力量的全部，不同早期文明对其描述、分类、神话和人格化程度存在显著不同，但各文明也存在着跨文化特征，即人们将神祇视为自然力量的表现形式，不

---

① 〔加〕布鲁斯·G. 崔格尔：《理解早期文明：比较研究》，第287～289页。

② 〔加〕布鲁斯·G. 崔格尔：《理解早期文明：比较研究》，第289页。

③ 〔加〕布鲁斯·G. 崔格尔：《理解早期文明：比较研究》，第294页。

④ 〔加〕布鲁斯·G. 崔格尔：《理解早期文明：比较研究》，第295页。

论其是否呈现为人的形态，都意识到人类的存在。^① 他指出，所有早期文明都认为神祇参与控制自然过程，改造社会生活。神祇赋予万物以生命，而且控制了非生命现象的生成，都可被视为人类行为特征投射到宇宙上的程度的指标。神祇之间在法力和其控制的自然领域方面各有不同，尽管神祇规范了宇宙的某些方面，他们也是王国、城市、家庭、手工业行会和个人的庇护神。^② 他进一步指出，在所有的早期文明中，人们认为神祇或者人格化自然／超自然力量在自然和社会领域的运作中发挥了主导作用，庇护神常常以各种方式被确认为人类祖先；人类宿命在很大程度上由神祇力量决定，这些神祇力量以自然形式表达，或者就是自然本身，在塑造社会秩序上发挥重要作用。^③

对神祇的具现，崔格尔认为，神祇和强势的人物一样也有个性，但他们并不采用一成不变的人格形式。^④ 他指出，早期文明中的神祇在特殊情况下虽然可以在任何时间地点向任何人显灵，特别是在梦境和幻觉中，但主要在特定的神庙、神龛和祭祀场所与祭祀和官员沟通。最重要的神是驱动万物的主要宇宙神，他们被供奉在主要的祭祀中心，也是国家、大型城市和统治者的庇护神。在早期文明中，宇宙被视为超自然力量的表现，超自然力量为宇宙增添了生命和活力，但所有早期文明均认为具有人类心智的神祇驱动了世界，并以各种方式控制人类存在。^⑤

崔格尔认为，早期文明的神祇被视为唯一超自然力量的不同表现，众神可以相互吸收，相互转换。^⑥ 他称，绝大多数早期文明都不认为宇宙存在统一的道德秩序，神祇之间常常相互争斗，也会强奸、引诱或者通奸，也会尔虞我诈、抢劫和背叛，在与人类相处时

① ﹝加﹞布鲁斯·G.崔格尔：《理解早期文明：比较研究》，第297页。

② ﹝加﹞布鲁斯·G.崔格尔：《理解早期文明：比较研究》，第299页。

③ ﹝加﹞布鲁斯·G.崔格尔：《理解早期文明：比较研究》，第304、305页。

④ ﹝加﹞布鲁斯·G.崔格尔：《理解早期文明：比较研究》，第305页。

⑤ ﹝加﹞布鲁斯·G.崔格尔：《理解早期文明：比较研究》，第309页。

⑥ ﹝加﹞布鲁斯·G.崔格尔：《理解早期文明：比较研究》，第311页。

既易被激怒又很严酷；尽管早期文明的神祇拥有凡人的个性，但他们对待人类常常采用自然世界而非社会领域的方式，万能至上的神一般不会成为国家的庇护神。①

关于神祇的力量，崔格尔认为，早期文明的神祇可能比人类更长寿、更有能力，能改变人类的生活，但他既不是无所不知，也不是无所不能，甚至一成不变或者永恒的，他们被纳入生老病死的周期，往往无法永生，人类也可以影响他们。②

崔格尔指出，早期文明的神祇是驱动自然、对人类施加了强大法力的超自然存在；神和人一样，既有心智，也有性别特征，但他们可以变化，在人间与其他世界之间来回穿行。③他进而指出，随着社会的扩展，当亲属关系不再是凝聚社会生活的重要因素时，宗教取代亲属关系成为分析和讨论社会秩序的概念来源。④

2. 宇宙论和宇宙起源论

早期文明以神话或神圣叙事的形式表达关于宇宙的结构与源起的观念，这种取向是宇宙由超自然力量驱动和控制的观念的产物，因此，古代宇宙论的观察和宗教信仰密切相关。

崔格尔认为早期文明中人类的空间有三界构成：大地一般被构想为一块平坦的地面，或方或圆，跨度不过数千公里；地面四周环绕着海洋，海洋的尽头是超自然领域；地面之上是天界，住着掌控生命和宇宙秩序的神祇，天界是由世界四角的神、树或者神山托起来的；地面之下是另一处超自然力量领域，有水和生命，但更常见的是死亡。上、中、下三界沟通的主要节点在共同的中心和四角，以高山、神树、洞穴、坟墓和神庙为载体。在这样一个基本的宇宙观框架下，不同早期文明阐发出不同的宇宙观念。⑤他称，宇宙中充满了驱动自然世界，并为世界提供秩序、光线、水分、肥力和福

① 〔加〕布鲁斯·G.崔格尔：《理解早期文明：比较研究》，第311～314页。
② 〔加〕布鲁斯·G.崔格尔：《理解早期文明：比较研究》，第315页。
③ 〔加〕布鲁斯·G.崔格尔：《理解早期文明：比较研究》，第315页。
④ 〔加〕布鲁斯·G.崔格尔：《理解早期文明：比较研究》，第316页。
⑤ 〔加〕布鲁斯·G.崔格尔：《理解早期文明：比较研究》，第319页。

祉的神祇，这个观念符合各个早期文明共享的关于超自然力量的本质观念。神灵和超自然力量可以在宇宙的不同层级移动的信仰促进了象征意义的阐发。①

关于宇宙起源论，崔格尔认为，由于早期文明的人们自认为遵循创世神在创造世界时就已经定下的集体行为规范，天体玄想因此不仅和自然世界，也和社会密切相关。②他指出，早期文明对宇宙存在的年代、宇宙如何被创造出来和如何结束的猜测远多于对宇宙结构的猜测，每个文明都形成了关于创世纪的独特表述方式，城邦国家与广幅国家的创世故事存在显著变异，但创世故事的多样性都和上层阶级的政治分化有关。早期文明普遍将创世纪视作至高力量和权威的时代，神祇在创世时建立了供后世人类君主竭力效仿的宇宙和社会秩序模式。③他进一步分析，城邦国家和宇宙不稳定性观念、广幅国家和宇宙稳定性观念之间都无关联；尽管悲观或乐观程度各异，所有早期文明都乐于质疑神祇控制宇宙的能力和全心全意帮助人类的意愿，都意识到生态或政治灾难的毁灭性影响。④

关于宇宙图景，崔格尔认为，早期文明为了维持政治秩序而求诸神域，将公共建筑和陵墓与日月、星辰的升落点对应起来的方式可以进一步强化人世和天界的联系，有的建筑就是宇宙的缩微模型。⑤

崔格尔指出，所有早期文明展现的地球和宇宙都比它们现在认为的要小，宇宙也被认为由两个甚至更多的垂直分布、交互关联的层面构成。⑥

3. 祭仪

祭仪和礼仪是所有早期文明维系与超自然力量关系的主导献祭

---

① 〔加〕布鲁斯·G. 崔格尔：《理解早期文明：比较研究》，第 324 页。

② 〔加〕布鲁斯·G. 崔格尔：《理解早期文明：比较研究》，第 325 页。

③ 〔加〕布鲁斯·G. 崔格尔：《理解早期文明：比较研究》，第 329 页。

④ 〔加〕布鲁斯·G. 崔格尔：《理解早期文明：比较研究》，第 331 ~ 332 页。

⑤ 〔加〕布鲁斯·G. 崔格尔：《理解早期文明：比较研究》，第 332 页。

⑥ 〔加〕布鲁斯·G. 崔格尔：《理解早期文明：比较研究》，第 334 页。

形式。祭仪的核心是祭祀，它和祈祷是两种基本的崇拜行为，两者密切关联。[1]崔格尔称，早期文明中祭祀最主要的功能是将能量和生命回馈给神祇，从而使驱动万物和帮助人类的力量来源得以更新。[2]他认为，所有早期文明都认为神祇创造宇宙并维持其运转，提供宇宙存在并延续的能量，不论神祇是否自愿以自身献祭，它们的生死和复活周期维持了宇宙运转，最终为人类所依赖。[3]

崔格尔称，在所有的早期文明中，人类都以献祭的方式供奉神祇。献祭由个人或集体完成，包括屠宰动物或人类，供奉肉食、果蔬和酒精饮料，陈列可以获取超自然法力的非食用物质等。[4]他指出，在所有的早期文明中，献祭使能量流回到超自然领域，维持、驱动和抚慰诸神，确保他们保持掌控自然和社会领域的法力。个人和社会都依赖于诸神的力量和善意，诸神同样依赖于人类的物质支持，而下层阶级的劳动不仅保障了上层阶级的福祉，也保障了神祇和宇宙的福祉。[5]

崔格尔认为，早期文明在献祭神祇上最重要的区分之一在于人是否被视为最主要或最尊贵的祭物，除埃及和美索不达米亚早期偶尔供奉人牲外，其他五种文明供奉人牲是一种常态，但数目和频率不等。[6]他称对人牲并无简单的功能性解释，使用人牲的变迁基本是文化性的。[7]

崔格尔指出，在所有早期文明中，君主和上层阶级成员都自命为俗世和诸神之间的中介，通过他们的沟通，诸神、宇宙和人类赖以生存的能量从俗世流回超自然领域，其中维持与神祇沟通的能力是政治权威的最重要来源。[8]他称，直接或间接通过已羽化为神

① 〔加〕布鲁斯·G. 崔格尔：《理解早期文明：比较研究》，第335页。
② 〔加〕布鲁斯·G. 崔格尔：《理解早期文明：比较研究》，第336页。
③ 〔加〕布鲁斯·G. 崔格尔：《理解早期文明：比较研究》，第336、337页。
④ 〔加〕布鲁斯·G. 崔格尔：《理解早期文明：比较研究》，第337页。
⑤ 〔加〕布鲁斯·G. 崔格尔：《理解早期文明：比较研究》，第343页。
⑥ 〔加〕布鲁斯·G. 崔格尔：《理解早期文明：比较研究》，第343页。
⑦ 〔加〕布鲁斯·G. 崔格尔：《理解早期文明：比较研究》，第344页。
⑧ 〔加〕布鲁斯·G. 崔格尔：《理解早期文明：比较研究》，第344页。

的王室祖先实现人神沟通是君主的主要宗教职能，确保能量在人类和神祇间的双向流动；神祇和在上层阶级辅弼下的君主分别在宇宙和社会中承担了管理角色，而君主在权力上不及主神，但他们在维持宇宙秩序上起到了关键作用。他进一步指出，统治者、神祇与农民和体力劳动者在现实中形成相互依存关系：统治者和神祇的生存和福利都依赖于农民的劳动，农民也依赖于上层阶级和神祇提供有序、宜居和肥沃的宇宙。①

崔格尔认为，在理论上，早期文明都是绝对君主制，其宗教信仰的共同特征回应了所有社会都会面临的近似的政治和经济问题。他指出，随着君主、政府官吏和上层阶级的剥削，保护臣民的地方或者个人权力的斗争主要借助宗教形式开展，宗教观念构成了早期文明中人们能够理解的基本法则。这个观念不能公然控制或者限制君主或上层阶级的权力，但出于促进共同利益，确保集体生存的目的，规定了劳力者、上层阶级和神祇的相互责任。他进而指出，早期文明完全不属于神权政治，而是存在控制和平衡，平民拥有实际权力的社会。②

4. 超自然的祭司、节日和政治

在早期文明中，宗教活动涉及大量神秘和专门的知识，包括祭仪、祈祷、圣歌、咒语和贞卜程式，祭司掌控了人类与超自然力量关系的具体技术细节。通过对各早期文明中祭司的分析，崔格尔认为，早期文明中似乎并不存在祭司与君主之间的竞争，也不存在与政治秩序相平行、更遑论超越的宗教等级制度。③

崔格尔称，早期文明中的祭神活动常常由祭司或官员主持，在大多数人不得入内的场地进行，这增加了仪式的神秘感和重要性，但为了祈求超自然力量带来丰产、法力和创造力，也常举行公共祭仪，而

---

① 〔加〕布鲁斯·G.崔格尔：《理解早期文明：比较研究》，第346～347页。

② 〔加〕布鲁斯·G.崔格尔：《理解早期文明：比较研究》，第348～349页。

③ 〔加〕布鲁斯·G.崔格尔：《理解早期文明：比较研究》，第359页。

公共祭仪的完备程度反映了不同城邦国家的相对实力。[①]他指出，在所有早期文明中，公共宗教节日的主要功能是建立普通人和神祇之间的礼制联系，通过限制参与祭仪的资格和规模，使下层阶级认识到不平等关系网络，强调下层阶级对权势者和富贵者的顺从。[②]

对于巫术，崔格尔称所有早期文明中的人们都畏惧它。上层阶级成员往往在职业人士的帮助下相互实施巫术，而富裕者和权势者对巫术最迫切的关注是担心下层阶级成员可能转而以巫术伤害统治者。这种恐惧有助于制约富裕者的掠夺，但也导致君主畏惧臣民，并严惩针对他们的巫术和巫师，并将惩处巫术的权力转变成恐吓和控制下层阶级的工具。[③]

崔格尔指出，早期文明虽然花费巨额财富用于神庙、牺牲、宗教节日和祭司，但它们并非神权国家，祭司分属不同的社会阶级，也一直是相应阶级的成员，由于政治与宗教职能没有明确分离，祭司和世俗统治者之间不可能形成严重的政治竞争。他进一步指出，公共祭仪强化了社会的集体认同，也强化了早期文明的等级组织；虽然巫术成为上层阶级恫吓和压制下层阶级的方式，但它也不失为下层阶级抵制上层阶级欲求的隐蔽而颇为有效的办法。[④]

5. 个人和宇宙

不同早期文明中的人们关于人类的创造、人类存在的目的和个人死后的命运等与宇宙的关系有着不同的观念。对此进行了具体分析后，崔格尔指出，创造人类的神话表明，早期文明中的人们相信，最早的人类是神创造的，且至少部分是用诸神的材质做成的，这种观念符合整个自然世界都是由超自然力量驱动的信仰，且与更早期且更简单的社会中的信仰相关。各早期文明也强调，人类是按照有别于诸神的形式制造的，能力也稍逊。上层阶级常

① 〔加〕布鲁斯·G. 崔格尔：《理解早期文明：比较研究》，第360页。

② 〔加〕布鲁斯·G. 崔格尔：《理解早期文明：比较研究》，第364页。

③ 〔加〕布鲁斯·G. 崔格尔：《理解早期文明：比较研究》，第365～366页。

④ 〔加〕布鲁斯·G. 崔格尔：《理解早期文明：比较研究》，第368页。

常认为自身的起源不同于平民。[1] 崔格尔称，在早期文明中，人体被视为由多种超自然力量而不是唯一灵魂所驱动的；人死后，众多生命力得以保存，轮回至下一代人，或者成为造福后世或者世界宇宙能量的一部分。他指出，早期文明对灵魂和生命力的信仰应该基于在文明发展之前就广为传播的观念，但吸纳这些观念，满足等级社会的需求使没有历史关联的社会之间出现了众多始料未及的平行现象。[2]

6. 精英艺术和建筑

崔格尔认为，在早期文明中，艺术和建筑不仅是社会规范的宣言，也是照管神祇力量、协调与超自然力量关系的载体，被视为文化传统的精华，而与上层社会相关的高度风格化的艺术和建筑源于早期文明的前身——等级制度不甚发达的文化，但艺术和建筑都会受到日益加剧的社会复杂化的影响，其发展出反映不断增强的阶级等级制度的形式。[3]

崔格尔称，正式、高度复杂的艺术是由技术精湛的手工工匠为上层阶级制作的。在广幅国家，技艺最上乘的工匠服务于政府或国王，为整个社会界定艺术的标准。制作早期文明中主要艺术品的工匠采用集体协作的方式劳作，他们大多数没有留下名字，似更可能是现代概念中的技工或技师，而非艺术家。早期文明中不存在独立的艺术，艺术作品表明其拥有者或赞助人的社会地位，也承担宗教和实用功能，每个早期文明都创造了风格独特的精英艺术，精英和平民艺术的差别在城邦国家中不及广幅国家显著。不同文化中，用于生产高质量艺术品的材质差距显著，但在艺术表现偏好的材质上不存在任何跨文化统一性。不同早期文明中精英艺术的风格差异显著，艺术表达的媒介和主题内容的倾向也有

---

① 〔加〕布鲁斯·G. 崔格尔：《理解早期文明：比较研究》，第 379 页。

② 〔加〕布鲁斯·G. 崔格尔：《理解早期文明：比较研究》，第 381 页。

③ 〔加〕布鲁斯·G. 崔格尔：《理解早期文明：比较研究》，第 384 页。

显著差异。[①]

崔格尔指出，在早期文明中，纪念性建筑与精英艺术并驾齐驱，特别是超大规模建筑在定义上层阶级时发挥了特殊作用，它公开证明政府、机构和个人调用劳力和资源的能力。[②]纪念性建筑的类型，神庙、王宫、豪宅、精致墓葬在所有早期文明中都很常见，部分文明还建有城墙、要塞和边防烽燧。在早期文明中，纪念性建筑的用料各不相同，至少部分受到了实用考量的影响，不同原材料的使用成本也不一样，建筑风格大相径庭。建造大型建筑需要更高的工程和管理技巧，工程技术仍然非常受限。此外，不同早期文明中，人们所确认的最重要的纪念性建筑的类型也各不相同。城邦国家的纪念性建筑的象征性功能在于歌颂和表达社区的权力和统一，以及统治者的能力；而广幅国家的纪念性建筑标志着君主和中央政府的权力。所有早期文明都在纪念性建筑上投入巨大，但不同文明之间差异明显，广幅国家的投入在总体上超过城邦国家，这表明促成纪念性建筑出现的主要因素是政府的权力和资源。[③]

崔格尔总结道：每个早期文明的精英艺术和建筑都独具特色，艺术和建筑的风格变化缓慢，常常是本地传统的革新所致。艺术和建筑的功能侧面表现出更多的跨文化统一性，尽管风格化的艺术和建筑在不同的早期文明中各具特色，但在结构和主题上显示出一定程度的跨文化规则性。[④]

7. 读写和专业知识

在早期文明中，上层阶级和平民在生活方式和文化上存在显著不同。上层阶级或持有更优雅的国语，或者说与大多数属民完全不同的语言。崔格尔指出，掌握专门化的知识是上层阶级身份认同、

① 〔加〕布鲁斯·G. 崔格尔：《理解早期文明：比较研究》，第 384～399 页。

② 〔加〕布鲁斯·G. 崔格尔：《理解早期文明：比较研究》，第 399 页。

③ 〔加〕布鲁斯·G. 崔格尔：《理解早期文明：比较研究》，第 399～411 页。

④ 〔加〕布鲁斯·G. 崔格尔：《理解早期文明：比较研究》，第 411～412 页。

自尊和权力的一个主要来源。①

关于记录系统，崔格尔称其发展和使用程度在不同文明中有显著不同，最早、最广为接受的"书写"定义是以固定符号记录词序的系统，没有任何书写系统记录实际言语的所有特征。他指出，会意符号采用象形和指事符号表达意义。②崔格尔认为，早期记录系统至少有纪念君主及其事迹、管理和宗教等三种不同的作用。③他称文学、宗教和职业性写作晚于管理、王室和仪式性写作。④他指出，早期文明的文字系统在发展模式和基本机构上表现出惊人的相似性，尽管没有文字在结构上完全一致，但这些文字都按照同样的基本法则构建，都是形音符号的变体，使用了数百至数千不等的符号；没有任何完全成熟的文字系统可以在不用编码的情况下，用不同的符号表示每个词或者语素，早期文明的书写系统在读音的表示方法上差别甚大。⑤

对口头文学，崔格尔认为它在早期文明中与书写的使用并驾齐驱。在缺乏文字的早期文明和不识字的下层阶级那里，口头传承是保存知识的唯一方法，即便是在拥有书写系统的文明中，上层阶级也将自己的尊贵归因于口头沟通和知识的表达，那些需要被刻意记住的东西常常被编写成韵文或诗歌的形式。⑥他进而指出，在早期文明中，不论是否有完全成熟的书写系统，口传文学在改变和传递上层阶级的价值观上具有重要作用。⑦

对精英教育，崔格尔认为不同的早期文明中专门化知识和技术在上层社会和管理阶层中的传播方式有很大差异。在广幅国家，宫廷是正规教育的中心；在城邦国家，专门教育更加多元。在文字或

---

① 〔加〕布鲁斯·G. 崔格尔：《理解早期文明：比较研究》，第 414 页。
② 〔加〕布鲁斯·G. 崔格尔：《理解早期文明：比较研究》，第 414 页。
③ 〔加〕布鲁斯·G. 崔格尔：《理解早期文明：比较研究》，第 415 页。
④ 〔加〕布鲁斯·G. 崔格尔：《理解早期文明：比较研究》，第 417 页。
⑤ 〔加〕布鲁斯·G. 崔格尔：《理解早期文明：比较研究》，第 422 ~ 423 页。
⑥ 〔加〕布鲁斯·G. 崔格尔：《理解早期文明：比较研究》，第 426 页。
⑦ 〔加〕布鲁斯·G. 崔格尔：《理解早期文明：比较研究》，第 428 页。

者复杂的会意符号成为官僚管理和私人商务的基础的国家，正式学校最发达，也最具多样性。[1]

崔格尔指出，在早期文明中，上层阶级最重要的知识活动是改善和驱使宇宙的超自然力量之间的关系，这些活动以占问神祇的意愿、抚慰神祇的怨怒、维护宇宙秩序、规避疾病、照看人们的死后生活、避免社会灾难为中心（下层阶级也有类似关怀），其主要目的是规范超自然与自然秩序的关系。[2]

8. 价值和个人志向

崔格尔认为，各早期文明对于理想人生的本质和成功人士特征有着不同的认知和看法。他称，女性参与社会的政治和经济活动机会在各个早期文明中都不一样，妇女必须利用社会中不同的社会意识形态在家庭和社会中构建独特的文化职责。女性和男性一样，不同程度地参与了一系列社会价值和志向，但这些价值和志向在上层阶级男性的生活中得到更全面的实现，记录更为完善；她们必须利用这些理念追逐自身的目标。[3]

崔格尔指出，早期文明也不乏对立理想，也表现出广泛的行为理想。[4] 他称，各个早期文明中文化特质价值对生活影响很大，在物质因素之外，文化构建能力独立地改变了人类行为的某些侧面[5]。他指出，赋予特定类型的个人行为以特别价值的特质性文化传统，拥有使某类行为以牺牲其他为代价的特权，在许多论据不足的领域，文化选择提供了社会正常运作所必需的认知和心理结构，但文化反应并不是一成不变的。[6]

9. 文化的统一性与多样性

第 27 章，崔格尔归纳了早期文明在文化方面的统一性与多样

① 〔加〕布鲁斯·G. 崔格尔：《理解早期文明：比较研究》，第 428、430 页。
② 〔加〕布鲁斯·G. 崔格尔：《理解早期文明：比较研究》，第 439～440 页。
③ 〔加〕布鲁斯·G. 崔格尔：《理解早期文明：比较研究》，第 443 页。
④ 〔加〕布鲁斯·G. 崔格尔：《理解早期文明：比较研究》，第 445、446 页。
⑤ 〔加〕布鲁斯·G. 崔格尔：《理解早期文明：比较研究》，第 448、449 页。
⑥ 〔加〕布鲁斯·G. 崔格尔：《理解早期文明：比较研究》，第 450 页。

性。他称，每个早期文明的集体认知都是通过显著而繁缛的上层社会文化表达出来的，上层社会文化在形式上象征了文明的统一和与相邻社会的区别。对精英传统的赞助使上层和下层阶级区分开来；每个早期文明都拥有自己的宗教信仰、神话、节日和独特的艺术、建筑、音乐与舞蹈风格。早期文明中最强烈的奢侈性消费是由君主和上层阶级支持的纪念性建筑和高质量艺术品的生产，在建筑中使用大量底层劳力成为上层阶级主宰权的显著标志，也进而成为上层阶级权力的证据。①

崔格尔具体分析了早期文明在宗教、宇宙和人类、专业知识、宗教信仰和理性实践方面的统一性与多样性。他指出，宗教信仰在所有人类社会的出现都与泛人类的认知能力有关，特定早期文明的信仰都可以通过特定文化的居民回答宇宙的本质，以及他们与宇宙关系的问题表达出来。每个早期文明中的宗教信仰和实践的整体都是原创而独特的创造，神祇通常不止一种形态，他们在形态上的人格化程度则千差万别。②他称虽然不同早期文明中人们供奉的祭品和举行的祭仪各不相同，但祭祀的基本观念却是同样的。③他指出，早期文明中宗教信仰的跨文化统一性源于各个早期文明基本一致的税收系统，祭司的概念成为早期文明政治构成的替代品，早期文明宗教信仰的主要特征是由前所未见的经济和政治机制的考量决定的。④

在宇宙观方面，崔格尔认为，尽管细节不同，每个早期文明都有丰富的关于宇宙结构及其创造、人类起源、人类灵魂本体和人类死后命运的记录。宇宙论表现出众多相似性；在创世和宇宙转型的神话上的跨文化多样性超过宇宙论。对于人类起源的解释，不同文明甚至同一文明都存在着巨大差异，但人们广泛相信人类都有某些

---

① 〔加〕布鲁斯·G. 崔格尔：《理解早期文明：比较研究》，第451页。
② 〔加〕布鲁斯·G. 崔格尔：《理解早期文明：比较研究》，第452页。
③ 〔加〕布鲁斯·G. 崔格尔：《理解早期文明：比较研究》，第453页。
④ 〔加〕布鲁斯·G. 崔格尔：《理解早期文明：比较研究》，第454、455页。

神圣的因素。①

对专业知识，崔格尔认为在上层阶级选择赞助的专业知识类型中，早期文明存在相当程度的跨文化统一性，由上层阶级精心呵护的知识形式与寻找应对不受自然方式控制的自然或超自然领域的手段有关，这种特殊知识是上层阶级、训练有素的祭司和管理人员的特权。②他指出，早期文明是第一个出于功能性目的记录言语，而不是特定主题想法的社会，但书写并不见于每个早期文明；书写系统的发展证明，特定文化领域的显著平行发展和趋同发展都无需先声。③

对宗教信仰和理性实践，崔格尔指出，早期文明的精英文化引以为特色的大多数知识来自更早期的宗教、宇宙论和治疗学，他们被修改或阐发，以期符合更大、更复杂的阶级社会的需要。早期文明在信仰上的跨文化相似性应该是相似的早期信仰适应新环境的结果，阶级社会宣告上层阶级对平民控制的同时也成为社会统一的标志；阶级社会最显著、影响最深远的智力创新是宗教信仰，宗教在早期文明中不仅是象征性生产的核心，也是政治事务上的关键对话和论争的主要媒介。④

五　讨论与结论

第 28、29 章，崔格尔探讨了早期文化的特质性与同质性产生的要素，并得出自己的结论。他认为，艺术风格在不同的早期文明中各不相同，但各个文明人共享一些重要特征，上层社会的慷慨支持催生了更复杂和统一的风格。特征的艺术形式体现了特定的广幅国家的政治统一、城邦国家系统成员之间广泛的文化联系以

① 〔加〕布鲁斯·G.崔格尔：《理解早期文明：比较研究》，第 455～457 页。

② 〔加〕布鲁斯·G.崔格尔：《理解早期文明：比较研究》，第 457 页。

③ 〔加〕布鲁斯·G.崔格尔：《理解早期文明：比较研究》，第 458 页。

④ 〔加〕布鲁斯·G.崔格尔：《理解早期文明：比较研究》，第 458～459 页。

及每个城邦国家的特质，然而各种精英技术体现的艺术风格在不同早期文明中各不相同。界定特定文化传统的原则和最强烈的跨文化规则一样都是人类行为的显著表达，风格统一的持续压力主要来自社会领域，上层社会都鼓励内部和谐，维持独特的文化传统；而个人对目标的表述也存在跨文化差异，它们界定了诸多标准，每个人为了获取公众认可不得不顺从。①

崔格尔指出，早期文明有诸多跨文化规则（即相似性）。如农民都生产有限的农业剩余产品，其中大部分被上层社会占有；统治者都运用各种手段诱使农民生产农业剩余产品，并把其中大部分上交给国家和上层阶级；都要求大量肥沃、易于耕种的土地和相对密集的定居人口；都存在集体所有、机构所有和个人所有三种土地所有形式；都强制平民服劳役；亲属组织形式均表现出更强的男性倾向；均以一定程度的劳动分工和手工专门化为特征；拥有众多类似的政治机制（最重要的是王权）；均有类似的基于统治者和被统治者的二分法则的阶级等级制度；均有城邦国家和广幅国家两种主要政治组织类型；在管理形式上变化都有限；军队都依赖农村劳役构成士兵的主体；司法程序的基本因素在小规模社会中广泛可见；上层阶级都认为有必要强迫下层阶级臣服，以确保自身的特权和财富；宗教基于超自然力量驱动自然世界的信仰，不能区分自然和超自然，宗教信仰严格限制上层阶级对农民的盘剥；共享众多关于宇宙结构的一般信念；受上层阶级赞助的最重要的学习形式包括占卜和医术；书写系统的发展为理解早期文明的智力成就背后的概念性统一和差异提供了细节上的洞见等。②

崔格尔分析了早期文明发展的因素。他指出，早期文明并非出自单一类型的环境，也不是特定的农业活动的产物，人口压力也非早期文明生成的主要原因，而促进早期文明发展的因素看起来不是

① 〔加〕布鲁斯·G. 崔格尔：《理解早期文明：比较研究》，第465页。
② 〔加〕布鲁斯·G. 崔格尔：《理解早期文明：比较研究》，第468～476页。

生态性的，而是经济性或政治性的。①

崔格尔用大量篇幅，详尽阐述了七种早期文明的不同侧面，并通过比较，揭示其多样性与统一性。他得出的基本结论是：早期文明的每个侧面都展现出文化特质和跨文化规则的显著组合。②

第三节　评析与学习启迪

一　学术贡献与局限性

《理解早期文明》问世后，获学界好评。麦吉尔大学马里奥·邦基（Mario Bunge）在《社会科学哲学》上撰写的评论称："本书是对社会文化演进科学研究的里程碑……我从未见过其他对于早期文明比较研究具有可与之相提并论的视野、深度和独创性。"③ 美国加州大学圣迭戈分校的罗伯特·亚当斯（Robert McC. Adams）在《国际历史评论》上发表的书评中称该书"论题广泛，乐于挑战深奥困难、有时难以解答的问题，并且令人钦佩地掌握了广泛的资料，反映出作者出众的思考和不懈的努力……是一项重大的人类考古学成果"。④ 美国加州大学圣塔芭芭拉分校的布莱恩·费根（Brian Fagan）称它是崔格尔卓越的考古学生涯的顶峰，是一部权威之作。⑤

该著最突出的特点有二。

一是理论视野广阔，资料翔实。崔格尔综合运用了人类学、社会学、语言学、考古学、历史学等众多学科的理论和方法，如文化进化论、文化传播论、功能主义、结构主义、新进化论、马克思主义、象征论、语言符号学、解释人类学、生态人类学等，其理论视野之开阔、阐述比较内容之广博非常罕见。

在资料上，该著的参考书目就达 43 页之多。作者精读了上百种专著和大量论文，收集整理了七个早期文明在环境、人口密度和分布、家庭和社会组成、政府、司法系统、技术、土地占有制度、生计模式、贸易、物品的生产和分配、艺术、建筑、宗教信仰和实践、道德规范、专门知识、宇宙的信仰、人的本质和行为规范等社会维度的资料，为比较研究奠定了深厚的资料基础。

二是善于破旧立新。著中的每一章节，包括绪论，崔格尔都会穿插学术回顾，辨析挑战前人观点，提出反驳或支持的论据，在更全面的比较中得出自己新颖且更具说服力的看法。如在绪论中，他抨击了魏特夫（K.A. Wittflogel）关于早期文明起源的水利社会说和柴尔德（Gordon Childe）对文明特征的定义。再如在第 28 章，他批驳了生态决定论和文化决定论等观点。

《理解早期文明》具有重要的学术价值。

其一，它反映了崔格尔追求多元主义和中间主义的不懈努力。传统上，考古学家和人类学家经常用其他古代民族的物质遗存去构建或填补处于同一文化发展阶段的早期文明人类行为的缺失片段。但到了 20 世纪 70 年代，不少学者意识到这种不够学科化、缺少系统研究方法的考古学必须予以改进。崔格尔竭力抛弃单一原因决定论，主张运用多元复合理论去理解人类行为，哪怕多元论会造成理论混乱。[①] 崔格尔的著作常常回避使用当下时髦的理论，也因此藐视考古学中人们耳熟能详的理论——过程主义、后过程主义、进化主义等在进行研究时出现的简单化倾向。他始终致力于探寻一种最能有效认知历史的中间主义理论。他所提倡的中间立

---

① Ronald F. Williamson, Michael S. Bisson, eds., *The Archaeology of Bruce Trigger: Theoretical Empiricism*, Montreal: McGill-Queen's University Press, 2006，p.255.

场（middle ground），不是随意妥协（random eclecticism）或僵化刻板地制造妥协，而是基于理论上有明确依据并重视运用多元理论更全面理解人类行为复杂性的多元主义。[①]崔格尔认为，早期文明需要在支撑其社会文化复杂性的社会、经济、政治体系以及知识与信仰中去阐释。[②]他坚定倡导多元论，如当新考古学强调人类学导向、否定其历史学功用时，他发表论著重申考古学从根本上说是一门历史学科；当后过程考古学放弃社会规律总结而强调历史特殊论时，他又撰写巨著《理解早期文明》，对世界各大古代文明进行比较，分析这些不同文明进程中的统一性，探讨跨文化的规律性。[③]

他的著作平衡考虑各派观点，提倡理论方法多元兼容，不仅是对教条主义的回击，也是试图证明即使是那些被认为是已经过时的方法，在研究某些历史细节方面仍然可以发挥作用。[④]崔格尔的好友、中国考古学家张光直对崔格尔做出了这样的评价："在美国考古学理论界一直占有一席非常令人重视的地位，他为人所重视的一个主要原因，便是他不仅有精深的见解，而且持论公平，不属于哪门哪派，对当代各种新旧说法都能客观地做正面、反面的检讨和批评、整理。"[⑤]

其二，该著反映了马克思主义在西方考古学与早期文明研究中的传承与发展。崔格尔是少数几个来自英语国家，同时又明确运用马克思主义去认识世界、批判世界和改造世界的考古学家之一。他的马克思主义来自柴尔德。他深入探究了柴尔德的思想，并通过对

① Ronald F. Williamson, Michael S. Bisson, eds., *The Archaeology of Bruce Trigger: Theoretical Empiricism*, p.7.

② 〔加〕布鲁斯·G. 崔格尔：《理解早期文明：比较研究》，第34页。

③ 〔加〕布鲁斯·特里格（崔格尔）：《考古学思想史》，陈淳译，中国人民大学出版社，2011，译后记。

④ Ronald F. Williamson, Michael S. Bisson, eds., *The Archaeology of Bruce Trigger: Theoretical Empiricism*, p.7.

⑤ 〔加〕布鲁斯·炊格尔（崔格尔）：《时间与传统》，蒋祖棣、刘英译，生活·读书·新知三联书店，1991，第8页。

柴尔德马克思主义的思考，发现了马克思主义的现实意义，这反过来深刻地影响了他，使他认识到柴尔德的马克思主义承认社会的变化是多方面因素引起的，对立是矛盾的产物。在《理解早期文明》中，崔格尔对早期文明统一性与多样性、对阶级的研究，就明显体现出马克思主义观点和方法论的运用。当然，他也借鉴了众多理论与方法，以至于他被贴上了马克思主义者、进化论者、文化历史学家、相对主义者、实证主义者等各种标签。

此外，《理解早期文明》是跨文化比较研究的巅峰之作。崔格尔在考古学和人类学领域的贡献众所周知，但他在跨文化比较学领域的贡献却鲜为人知。实际上，崔格尔一生写了大量比较早期文明的论文与著作。他的这部巨著对历史学、人类学等理论的阐释产生了深远而持久的影响。

当然，该著也有一些局限性。一是关于"早期文明"等核心概念的界定。崔格尔用阶级作为早期文明的重要标志，认为早期文明是以阶级为基础最早、最简单的社会，但却又说早期文明并非最早的阶级社会，在此之前的阶级社会是早期国家。作者区分了前工业时代的早期文明与晚期文明，其标准无非是社会的复杂程度，同样含糊不清，难以判断。书中除涉及早期国家和早期文明中的城邦国家、广幅国家外，还提到了区域性王国和帝国、小规模社会和早期复杂社会等，但同样没有对这些概念给出清晰的内涵与外延。

二是关于比较方法的运用和比较对象的选择。崔格尔批评前人的比较研究样本选择少、资料过时或者不够丰富多样，比较研究的效果不佳。尽管崔格尔自诩自己选择的七个早期文明代表了几乎所有独立发展的文明及其类型，但他本人选取的七种早期文明也未必具有十足的代表性，加上他本人只是对尼罗河流域文明和美洲印第安文明有深厚研究，对其他文明并无深入研究，也不懂研究对象的语言文字，使用的并非都是一手材料，更说不上是全面的，这在一定程度上影响了其研究结论的客观性。

二 学界关于"文明"的研究

1. 关于"早期文明"的研究

除了崔格尔，学界有大批学者都关注世界史上的早期文明。[①]考古学家戈登·柴尔德和东方学家亨利·法兰克福（Henri Frankfort）对古埃及和美索不达米亚南部文明进行了比较研究，认为二者按照完全不同的方式衍化，相互之间存在根本性差异：美索不达米亚南部出现了共享特定文化的城邦国家，而古埃及很早就统一为君主制国家，并在宫廷中发展了上层社会文化。柴尔德将这种区别归因于两个文明的统治阶级如何从设法农民手中获取食物剩余的偶然差异；法兰克福则将其归因于各自文明的独特内核原则。[②]生态人类学家朱利安·斯图尔德（Julian Steward）比较了古埃及、两河流域南部、华北、墨西哥高地和秘鲁的文明后，将文化视作适应性系统，认为它们在类似的环境下将按照类似的轨迹发展。他认为最早的文明都是在干旱环境下发展起来的，灌溉是这种文明维持高密度人口的必要条件；都是由祭司控制，跨文化变体是有限的。[③]

还有不少学者关注早期文明。如新进化主义者亨利·克莱森（Henri Claessen）和彼特·斯卡尔尼克（Peter Skalnik）编写的《早期国家》比较了21个早期国家的社会政治特征，将早期国家分为初期、标准和转型三类，并构成进化序列。[④]罗伯特·亚当斯在《城市社会的进化》一书中比较了美索不达米亚文明和阿兹特克文明。他认为两种文明在结构上完全相似，把其相似性归因于社会或政治组织中的功能性制约。[⑤]黛博拉·尼克斯（Deborah Nichols）和托马斯·查尔顿（Thomas Charlton）编写的《城邦国家考古学》中绝大

---

① 〔加〕布鲁斯·G. 崔格尔：《理解早期文明：比较研究》，第19～22页。
② 〔加〕布鲁斯·G. 崔格尔：《理解早期文明：比较研究》，第19页。
③ 〔加〕布鲁斯·G. 崔格尔：《理解早期文明：比较研究》，第19～20页。
④ 〔加〕布鲁斯·G. 崔格尔：《理解早期文明：比较研究》，第21页。
⑤ 〔加〕布鲁斯·G. 崔格尔：《理解早期文明：比较研究》，第21页。

多数案例分析集中于早期文明，论证了城邦国家是世界范围内社会进化轨迹的普遍产物，而早期广幅国家相当罕见。[①]盖瑞·费曼（Gary Feinman）和乔伊斯·马库斯（Joyce Marcus）编辑的《古典国家》收录了多篇文章，提出早期文明以对国家权力的抵制为特征，因此也以不稳定性和周期性衰败为特征，并以此来探索早期文明在长时期意义上本质变化的可能性。[②]

2. 学界对"文明"的研究

"早期文明"是"文明"范畴的一部分。文明研究一直是国内外学界关注的重点和热点之一，并形成了各种各样的文明理论。[③]

马克思、恩格斯对文明的研究集中体现在对人类历史发展的文明时代的考察和阐释上。恩格斯根据摩尔根的描述把人类历史分为蒙昧时代、野蛮时代和文明时代，称文明时代是学会对天然物进一步加工的时期，是真正的工业和艺术的时期。[④]他在《家庭、私有制和国家的起源》中深入阐述了文明时代的特征：商品生产成为占统治地位的形式；与文明时代相适应并居统治地位的家庭形式是专偶制、男子对妇女的统治，以及作为社会经济单位的个体家庭；国家是文明社会的概括；城乡对立作为整个社会的分工基础固定下来，实行遗嘱制度；贪欲是文明时代起推动作用的灵魂，财富是文明时代唯一、具有决定意义的目的；文明时代的基础是一个阶级对另一个阶级的剥削，其全部发展都是在经常的矛盾中进行的。[⑤]

德国历史哲学家奥斯瓦尔德·斯宾格勒（Oswald Spengler）是西方著名的比较文明研究者，《西方的没落》集中展现了他的文明理论。他认为世界历史是由古典文化（希腊文化）、印度文化、巴比伦文化、埃及文化、中国文化、阿拉伯文化、墨西哥文化和西方文化八种文化构成。他指出，人类历史就是文化史，不同文化彼

① 〔加〕布鲁斯·G.崔格尔：《理解早期文明：比较研究》，第22页。
② 〔加〕布鲁斯·G.崔格尔：《理解早期文明：比较研究》，第22页。
③ 详见许启贤主编《世界文明论研究》，山东人民出版社，2001。
④ 《马克思恩格斯选集》（第四卷），第35页。
⑤ 《马克思恩格斯选集》（第四卷），第193～194页。

此独立，每种文化都有着灵魂和形式、深层心灵和表层象征的有机体，经历诞生、生长、成熟、衰落四个阶段。文明是文化的归宿，是文化的僵化和没落阶段。①

英国著名历史学家阿诺德·J. 汤因比（Arnold J. Toynbee）是20世纪文明理论的集大成者，他在12卷的《历史研究》中创立了用文明观察历史的文明形态史观。汤因比认为，文明是若干个同类民族国家构成的社会整体，由政治、经济和文化三种因素构成，其中文化是核心，文化中的宗教是基础，文明就是一种以文化为基础的历史形态。他从人类历史中确认了26个文明形态，并认为其中的21个得到了发展。他指出，文明产生的动力是社会内部无产者脱离已失去创造能力的少数统治者的行为和活动；每个文明都经历了起源、生长、衰落和解体四个阶段，往复循环，周而复始。②

美国教育家威尔·杜兰特（Will Durant）是著名的世界文明史学家，耗时41年写成的11卷38册巨著《世界文明史》是其文明研究的代表作。杜兰特认为："文明是增进文化创造的社会秩序，它包含了四大因素：经济的供应、政治的组织、伦理的传统以及智识与艺术的追求。"③他称文明是从原始社会公共意识、家庭和婚姻意识、伦理意识发展到一定阶段的产物；文明产生于特定的地理环境，种族是文明创造的主体，经济生产是文明生存的物质基础，社会政治制度是文明发展的组织条件，道德和宗教是文明发展的精神动力；文明的演进是一个成长与衰退共存但又不断进步的过程。④

日本启蒙思想家和教育家福泽谕吉（Fukuzawa Yukichi）认为，文明不单是指人类劳动带来的物质或衣食住等人的外在东西的增加，而是包括物质和精神两个方面，是人身体的安乐和精神的进步；

---

① 许启贤主编《世界文明论研究》，第 57～70 页。
② 许启贤主编《世界文明论研究》，第 76～98 页。
③ 转引自许启贤主编《世界文明论研究》，第 108 页。
④ 许启贤主编《世界文明论研究》，第 108～132 页。

文明是发展的、相对的和无止境的，技术在文明发展中发挥重大作用，但智德处于更加重要和优先的地位。[①]

奥地利心理学家弗洛伊德（Sigmud Freud）在《文明及其缺憾》中首次系统地提出文明发展与人性本能的对抗问题并将之理论化，形成了自己独特的文明观。他认为，文明就是社会生活本身，是对人的本能的抑制与否定。[②]美国学者塞缪尔·P. 亨廷顿（Samuel P. Huntington）在《文明冲突与世界秩序的重建》中将文明与国际政治研究相联系，提出了文明冲突论，认为文明的差异和冲突是未来国际冲突的主要根源。[③]

三　学习启迪

《理解早期文明》虽非传统意义上的历史学著作，但其研究的内容却是世界古代史的核心内容，其研究观点与方法，对我们学习和研究世界古代史、世界文明史具有重要的启迪和意义。

首先，《理解早期文明》提供了关于七个早期文明历史发展过程中所能展现的最完整的知识架构和社会图景，奉献了许多新颖独到又颇具说服力的观点和见解，为我们学习古代文明提供了一个包含社会各个维度且相互关联的完整系统，这有助于我们将特定的历史现象置于一个有机的历史框架中进行有效理解。作者特别重视阶级、经济、文化的作用，这也是我们学习和研究早期文明的重要着力点。

其次，应尽可能多占有资料，了解每一个社会的细节和全貌，并将社会机制的每一部分放在功能系统整体中去考察。早期文明大多离我们时代久远，文献记录和文献资料的保存程度参差不齐，要想弄清其全貌几无可能，即使是弄清其中的一些事实和因果联系都

121

---

① 许启贤主编《世界文明论研究》，第 33 ~ 50 页。

② 许启贤主编《世界文明论研究》，第 136 ~ 145 页。

③ 许启贤主编《世界文明论研究》，第 393 ~ 401 页。

殊为不易。因此，要想得出关于早期文明精准的信息和中肯的判断必须最大程度搜集、占有和阅读相关的资料。同时，在方法上必须将每个早期文明都视作一个功能性系统，细致研究所掌握的考古资料和文献记录，并将其所反映的现象、特征置于功能性系统中进行情景化考察。

再次，应掌握跨学科的基本理论和方法。许多早期文明的文献记载都十分有限，研究资料表现为形形色色的考古学证据，甚至涉及心理学和神经科学的作用机理。因此，仅仅利用传统的历史学方法去学习理解早期文明远远不够。我们必须坚持唯物史观，同时要也借鉴国外学者的成果与研究方法。

最后，应扎实地做好文明个案的学习研究，同时探寻规律性。《理解早期文明》建立在大量个案研究基础之上，是崔格尔在对埃及、努比亚、北美印第安等文明进行了长期的个案研究后才动笔写作的。在大量个案研究的基础上，作者着力探讨早期文明的多样性与统一性。因此，我们对文明乃至历史学的研究，必须以个案研究为基础，要通过大量的个案研究与比较研究，探寻文明、历史学演进的统一性与规律性。

总体而言，《理解早期文明》是一部深入研究世界七种早期文明的学术著作，有助于我们学习和深入理解这七种文明，其比较研究的方法也对我们学习和研究世界其他文明史提供了重要参考。该著对早期文明统一性与多样性的阐释，表明文明之间可以包容互鉴，这对我们客观认识、借鉴其他文明优秀成果，进而增强中华文明自信有重要启迪。对文明史的研究，我们必须坚持马克思主义文明观，对各类观点进行辨析，进而形成中国的文明观。中华文明探源工程冲破"冶金术、文字和城市"这三大文明要素的桎梏，提出进入文明社会的标准，即以生产发展、人口增加、出现城市；社会分工和社会分化不断加剧，出现阶级；权力不断强化，出现王权和国家，以国家的形成作为进入文明社会的标志。这是中国文明观的一大探索。

思考题

如何理解早期文明的统一性与多样性？如何认识文明之间的包容与互鉴？

主要参考文献

〔加〕布鲁斯·G. 崔格尔：《理解早期文明：比较研究》，徐坚译，北京大学出版社，2016。

许启贤主编《世界文明论研究》，山东人民出版社，2001。

Williamson, Ronald F., Michael S. Bisson, eds., *The Archaeology of Bruce Trigger: Theoretical Empiricism*, Montreal: McGill–Queen's University Press, 2006.

拓展阅读

〔德〕奥斯瓦尔德·斯宾格勒：《西方的没落》，齐世荣、田农译，商务印书馆，2001。

〔美〕埃尔曼·塞维斯：《国家与文明的起源：文化演进的过程》，龚辛、郭璐莎、陈力子译，上海古籍出版社，2019。

〔美〕萨缪尔·亨廷顿：《文明的冲突与世界秩序的重建》（修订版），周琪译，新华出版社，2018。

〔英〕阿诺德·汤因比：《历史研究》，郭小凌、王皖强译，上海人民出版社，2016。

彭树智：《我的文明观》，西北大学出版社，2013。

第四章
布洛赫与《封建社会》

中世纪是世界史演变的重要阶段。尽管"封建社会"或"封建主义"这个词出现得很晚，但中世纪主要的制度就是封建制度，封建社会是理解中世纪的一把钥匙。国内外学界对封建社会有诸多研究，观点不一，其中法国学者马克·布洛赫的《封建社会》①是国外学界的代表性成果之一，对国内外学界在封建社会的研究领域产生了深远影响。

---

① 〔法〕马克·布洛赫：《封建社会》（上卷），张绪山译，商务印书馆，2017；〔法〕马克·布洛赫：《封建社会》（下卷），李增洪、侯树栋、张绪山译，商务印书馆，2017。本教材引用这两个译本，以下只注作者、书名和页码。

第一节 原著简介

一 马克·布洛赫其人

马克·布洛赫（Marc Bloch，1886-1944），法国历史学家，法国年鉴学派创始人之一。布洛赫出生于知识分子家庭，早年接受犹太教育，父亲为大学教授。他先后求学于巴黎高等师范学院、莱比锡大学和柏林大学。1920 年，布洛赫以论文《国王与农奴》获得博士学位，后相继任教于斯特拉斯堡大学和巴黎大学。布洛赫对史学兴趣浓厚。1929 年，他与年轻时在巴黎高等师范学校结识，彼时同在斯特拉斯堡大学任教的吕西安·费弗尔（Lucien Febvre）合作创办了《经济和社会史年鉴》（*Annales d'Histoire Economique et Sociale*）。1934 年，布洛赫被提名为法兰西学院"欧洲社会比较史"讲座候选人，但由于比较史学治学方法的反传统色彩以及他的犹太人身份，他最终未能当选。第二次世界大战期间，布洛赫在法国投降后参与组织里昂地区的抵抗运动。1944 年，化名纳博纳（Narbonne）的布洛赫被盖世太保逮捕，同年 6 月 16 日被纳粹杀害。

布洛赫先后参加过两次世界大战，为法兰西民族独立而斗争，这种经历是和平时代的一般研究者不具备，甚至无法想象的。虽然倒在纳粹枪口下的布洛赫没能享受到其身后的巨大声誉，但《封建社会》一书最终得到国际学界的普遍认可。

布洛赫的主要研究领域是欧洲中世纪史。除了《封建社会》外，他的主要成果还有《国王神迹》《法国农村史》《奇怪的战败：写在 1940 年的证词》《历史学家的技巧》等。

二 创作动机、出版与传播

1. 创作动机

《封建社会》的创作可以追溯到 1911 年，那时布洛赫已勃发兴趣，开始研究法兰西岛的农民、巴黎主教堂即罗斯尼（Rosny）的农奴；研究人身奴役与采地依附，获释农（colliberti）与王室领地，早期中世纪与蛮族入侵，著述目录中约十项的研究，标志着作者近 25 年的研究活动。[①] 可见，该著是布洛赫封建社会研究宏伟计划的一部分，是其系列研究的第一部。后来由于投入反纳粹运动及被杀害，布洛赫的研究计划没有完成。

《封建社会》的创作，是布洛赫对当时学界封建社会和历史学研究的反思。当时西方学界研究封建社会的历史一直是以法律、政治为主要着眼点的，对"封建社会"多持狭义的定义，[②] 未被视为广泛的社会制度，而布洛赫将其视为主要由封建关系纽带联结起来的独特的社会形态。当时的历史学者已经知道历史学以人为素材，知道历史学首先是关于过去的、静止的社会学问，但把"历史学作为人类思想分析的理性化事业"还处于童年时期。对布洛赫而言，历史学家不是发掘废墟的人，他应该是感觉敏锐的诗人和体察入微的心理学家；他应该让那些存在重新活跃起来，借助现实之光去理解它们，追问自己如何激活它们；只有付出这些代价才能消除真实与可能之间的壁垒。所以，《封建社会》不是一部通俗著作，其研究旨在从整体上把握人，追求一种"总

---

① 〔法〕马克·布洛赫：《封建社会》（上卷），1989 年法文版序言，第 xvi 页。
② 如英国经济史学家迈克尔·波斯坦（Michael Postan）认为主要是采邑，比利时史学家弗朗索瓦·冈绍夫（F.L. Ganshof）认为主要是军役。

体史":在漫长而多变的时段上将灵与物、身与心联系起来加以探索。① 对他来说，精神活力看起来是历史研究的一个极点，他摒弃了枯燥的法理分析，甚至也不诉诸政治的原因，而不断诉诸人类的精神。②

《封建社会》建立在布洛赫对自己早期研究成果反思的基础之上。他早年著有法国乡村的专题著作，以及对诸如古代奴隶制的衰落、卡佩王朝诸王创造奇迹的能力等各种问题的广泛研究。③ 这些早期成果思路开阔，使他闻名遐迩，但集中在中世纪生活的物质基础上：土壤、地形、耕作技术、定居形式；或集中在清楚显示这种物质基础的那些社会关系上。这些早期成果几乎全部讨论农业和农业社会，避开了中世纪史的其他课题，是布洛赫整体规划的一部分，没有阐明中世纪文化和社会的全貌。④ 这不是布洛赫完整的中世纪观念，他渴望使自己脱离实证主义的产物观念。他计划由《法国农村史》及类似的研究转向被视为一种人类关系体系的封建主义的研究。⑤ 他决定循着早期的研究，进一步分析中世纪社会，撰写社会关系史，这些社会关系表现在附庸制、效忠关系、人身依附、私人对臣仆的权力，以及被封建制同化或取代的旧的家族和部落制纽带关系上。⑥

自 20 世纪初期以来，法国地理学取得了一系列进展，法国以及法国之外的学者都忽视了这一维度，而布洛赫对地理学方面的进展十分赞赏，他把它们十分完美地融入自己的讲稿，称一种现象只有通过它对其他相同或相反现象的作用才能被理解。《封建社会》是布洛赫上述探索的延续。

《封建社会》还受到雅克·弗拉克（Jacques Flach）的影响。尽

---

① 〔法〕马克·布洛赫：《封建社会》（上卷），1989 年法文版序言，第 xviii 页。
② 〔法〕马克·布洛赫：《封建社会》（上卷），1989 年法文版序言，第 xxiii 页。
③ 〔法〕马克·布洛赫：《封建社会》（上卷），英译本 1989 年版前言，第 xi 页。
④ 〔法〕马克·布洛赫：《封建社会》（上卷），英译本 1961 年版前言，第 20～21 页。
⑤ 〔法〕马克·布洛赫：《封建社会》（上卷），英译本 1961 年版前言，第 21 页。
⑥ 〔法〕马克·布洛赫：《封建社会》（上卷），英译本 1961 年版前言，第 21 页。

管布洛赫的传记记者们热衷于发掘他的潜意识，但他公开奉为楷模的唯一导师是雅克·弗拉克。弗拉克著有《古代法国的起源》，布洛赫对此著予以赞扬，称他在该著中看到了对中世纪社会所做的某种社会学解释的范例，采纳了"封建的"这个词语，但并未落入其中暗藏的陷阱，而是在那些有关"封建法"的"奠基性"论著和杰作丛中披荆斩棘。[1]

对《封建社会》的研究范围，布洛赫称，除了研究有关封建主义起源及其后来的发展诸问题，他把研究范围大致限定在9世纪中叶到13世纪最初的几十年，且限于西欧和中欧。[2]他对《封建社会》的定位是：一是力图回答书名所提出的一个问题：这个需要加以独立研究的历史阶段的显要特征是什么？换言之，是尝试对一种社会组织结构以及把它联为一体的各项原则进行剖析并做出解释。二是类似的研究方法——如果被经验证明行之有效——也许可以在不同的限定条件下，用于其他研究领域。[3]

2. 出版与传播

《封建社会》两卷的法文版分别于1939、1940年出版。英译本首次于1961年出版，由著名经济史学家M. M. 波斯坦撰写前言。1989年，法文版再度出版，由法国历史学家罗贝尔·福谢埃（Robert Fossier）作序。同年，英文版第九次重印，爱丁堡大学学者T. S. 布朗（T.S. Brown）撰写了前言。该著中译本由清华大学张绪山等学者根据卢德利奇和基根·保罗出版公司1989年的英文版译出，北京大学学者马克垚作序，于2003年由商务印书馆出版。在2017年，中译本第二版出版。

出版伊始，《封建社会》并未获得学术界的重视，主要有两方面的原因：一是布洛赫的犹太人背景使评论者陷入沉默，二是著作本身打乱了既有看法，动摇了传统的格局。它只是在大西洋彼岸引

① 〔法〕马克·布洛赫：《封建社会》（上卷），1989年法文版序言，第 xviii 页。

② 〔法〕马克·布洛赫：《封建社会》（上卷），导论，第30页。

③ 〔法〕马克·布洛赫：《封建社会》（上卷），导论，第33页。

起十分平淡的反响，德国、西班牙和意大利不愿意出版一部未来遭禁的著作，英国对此也保持了缄默。吕西安·费弗尔在《经济和社会史年鉴》上写了一篇暗中背弃的简评。到第二次世界大战结束后，布洛赫的经历使人们重拾对这位殉难者的尊敬，《封建社会》被收入其作品集，才引起广泛关注。

自 1961 年出版英译本后，《封建社会》与布洛赫的影响由法语世界扩大到英语世界，学界对该著予以高度重视，评论如潮，多次再版，被奉为研究封建社会的奠基之作。

第二节　主要内容与基本观点

中译本的《封建社会》包括北京大学学者马克垚写的中文版序言、法国学者罗贝尔·福谢埃写的 1989 年法文版序言、英国学者 T. S. 布朗写的英译本 1989 年版前言、英国学者 M. M. 波斯坦写的英译本 1961 年版前言、作者本人写的导论、正文、索引及参考书目。在中文版序言中，马克垚概述了国内学者对封建社会的研究状况。在 1989 年法文版序言中，福谢埃深度评析了《封建社会》的优缺点。在英译本 1989 年版前言中，布朗评析了各学者对《封建社会》的评价。在英译本 1961 年版前言中，波斯坦介绍了《封建社会》的写作缘由。在布洛赫写的导论中，阐释了"封建主义"的由来与该著研究总体范围。正文由 8 编、33 章组成。全著聚焦于 9 世纪中叶到 13 世纪最初几十年的西欧和中欧。全著分为上、下两卷，上卷概括性叙述欧洲封建社会的社会背景，并研究人与人之间相互依存、赋予封建社会结构独特性的各种契约关系的成长，下卷讨论社会等级和政府组织的发展。[①]换言之，上卷讨论欧洲封建社会的产生，下卷讨论封建社会的发展壮大和衰落。[②]

---

① 〔法〕马克·布洛赫:《封建社会》(上卷)，导论，第 33 页。
② 〔法〕马克·布洛赫:《封建社会》(上卷)，导论，第 34 页。

一 "封建社会"的由来

据布洛赫考证，"封建社会"一词是最近两个多世纪才开始使用的，但"封建的"这个词却早已有之，其拉丁文形式"feodalis"在中世纪就已存在。法文名词"封建主义"（féodalité）至少可以追溯到 17 世纪。[①] 不过，这两个词长期只是在狭隘的法律意义上使用。"封建的"（féodal）被理解为"与采邑相关的"，"封建主义"（féodalité）既含有"采邑独有的特质"的意义，又表示随采邑占有而来的义务。[②] "封建政府"（Gouvernment féodal）和"封建主义"最早出现于 1727 年出版的德·布兰维利耶所著的《议会历史文书》（*Letters Historiques sur les Parlemens*），以标称一种社会形态。[③] 使这一概念以及表达这一概念的词语获得广泛传播的是孟德斯鸠。正是孟德斯鸠使他那个时代受过教育的人相信，"封建法律"（lois féodales）是一个特殊历史阶段的显著特征，这些词汇与这种观念从法语传播到欧洲的其他语言中。法国大革命在反对新近被布兰维利耶以完全相反的情感所赋予名称的那些制度的残余时，最终将封建主义这一概念传播到民众中。[④]

布洛赫称"封建主义"和"封建社会"涵盖了一整套复杂的观念，而采邑在其中不再占有最突出的地位。[⑤] 他毫不怀疑自己研究的是一个主要由封建关系纽带联结起来的独特社会形态。[⑥] 关于"封建主义"的定义，布洛赫称："依附农民；附有役务的佃领地（即采邑）而不是薪俸的广泛使用——薪俸是不可能实行的；专职武士等级的优越地位；将人与人联系起来的服从－保护关系（这种关系

① 〔法〕马克·布洛赫：《封建社会》（上卷），导论，第 27 页。
② 〔法〕马克·布洛赫：《封建社会》（上卷），导论，第 27 页。
③ 〔法〕马克·布洛赫：《封建社会》（上卷），导论，第 27 页。
④ 〔法〕马克·布洛赫：《封建社会》（上卷），导论，第 28～29 页。
⑤ 〔法〕马克·布洛赫：《封建社会》（上卷），导论，第 30 页。
⑥ 〔法〕马克·布洛赫：《封建社会》（上卷），英译本 1989 年版前言，第 5 页。

在武士等级内部采用被称作附庸关系的特定形式）；必然导致混乱状态的权力分割；在所有这些关系中其他的组织形式即家族和政府的存留（在封建社会第二阶段，国家将获得复兴的力量）——这些似乎就是欧洲封建主义的基本特征。"①

需要指出的是，布洛赫并没有发明"封建社会"这个概念，他本人一直极力申明这一点。他对这个词也是有所保留的，承认该词有"情感意义"，词意有时相互矛盾；他不情愿地承认，该词语是18世纪政治理论家们创造出来用以表示一种特定社会状态的抽象词语，并姑且承认，它是一个不恰当的选择。②布洛赫认为，在布兰利维耶和孟德斯鸠生活的时代，封建主义所表示的是中世纪最显著的特征——众多小诸侯甚或仅仅拥有几个村落的小领主瓜分统治权。③布洛赫不是语源学家，也不是纯粹追求语义精确性的语言哲学家，他只是把这样的词语用作帮助分析问题的"符号"，并不追求把封建主义确立为一个普遍适用的词语。④他使用"封建"一词，是把它当作一种方便的标签，而不是韦伯所阐发的一种理想类型，一种各历史过程与之相适应的抽象。⑤

二 欧洲封建社会的产生

在第32章，布洛赫概括阐释了欧洲封建主义的产生与基本特征。他指出，严格意义上的封建关系纽带正是在血族关系不能发挥有效作用的时候才发展起来的。⑥此外，尽管凌驾于众多小权力之上的公共权力的观念仍持续存在，但封建主义是与国家的极度衰

① 〔法〕马克·布洛赫：《封建社会》（下卷），第704～705页。
② 〔法〕马克·布洛赫：《封建社会》（上卷），英译本1989年版前言，第6页。
③ 〔法〕马克·布洛赫：《封建社会》（上卷），导论，第29页。
④ 〔法〕马克·布洛赫：《封建社会》（上卷），英译本1989年版前言，第7页。
⑤ 〔法〕马克·布洛赫：《封建社会》（上卷），英译本1989年版前言，第10页。
⑥ 〔法〕马克·布洛赫：《封建社会》（下卷），第700页。

弱、特别是与国家保护能力的衰弱同时发生的。[①] 封建社会既不同于建立在血族关系基础之上的社会，也不同于受国家权力支配的社会，但它是这些社会的继承者，并留有它们的印记。[②] 所以，欧洲封建主义应被视为旧社会剧烈解体的结果。事实上，如果没有日耳曼人入侵的大变动，欧洲的封建主义将是不可思议的。封建主义在最后蛮族入侵的氛围中最终发展起来，它对社会交流的限制影响极其深远，它使货币流通过于迟滞，不可能采取薪俸官僚制度，使人们的心态胶着于有形的局部事物。当这些条件开始改变时，封建主义便开始衰落。[③]

1. 欧洲封建社会产生的背景

在第一编（第 1～3 章），布洛赫分析了欧洲封建社会产生的背景。他称 9～10 世纪的欧洲是一个灾难深重的时代，天下大乱、暴力充斥、令人憎恶，封建主义就产生于这个时代，并且在一定程度上就是这些灾难的产物。[④] 此时的西欧，似乎成了一个受到围攻的城堡——半数以上的地区已遭到包围，三面同时受到攻击：南面是穆斯林（即阿拉伯人或他们阿拉伯化的属民）；东面是匈牙利人（即马扎尔人）；北面则是斯堪的纳维亚人。[⑤]

布洛赫认为，在欧洲遭到入侵的三股力量中，穆斯林的威胁是最小的，二者的冲突主要在意大利南部、西班牙两个战场展开，有时阿拉伯人也深入欧洲腹地劫掠。[⑥]10 世纪初起，匈牙利人唯一的目的是劫掠，然后满载战利品返回其定居地；他们通常更喜欢迅疾地越过旷野，精于从侧翼发动进攻，猛烈追击，并善于机敏地脱离困境。[⑦]955 年，东法兰克国王奥托一世在莱希河两岸袭击了匈牙

---

① 〔法〕马克·布洛赫：《封建社会》（下卷），第 700 页。
② 〔法〕马克·布洛赫：《封建社会》（下卷），第 700 页。
③ 〔法〕马克·布洛赫：《封建社会》（下卷），第 700 页。
④ 〔法〕马克·布洛赫：《封建社会》（上卷），第 37 页。
⑤ 〔法〕马克·布洛赫：《封建社会》（上卷），第 37～38 页。
⑥ 〔法〕马克·布洛赫：《封建社会》（上卷），第 38～44 页。
⑦ 〔法〕马克·布洛赫：《封建社会》（上卷），第 46、47 页。

利人，建立了边防辖区，此后匈牙利人逐渐放弃了其狂暴的劫掠活动。布洛赫指出，匈牙利人在小道用马车运输财物的方式比西欧的河流运输效率低很多，既难以获取足够的饲料，也容易造成不少伤亡，①而劫掠这种生活方式获得的好处越来越少，付出的生命代价却越来越大，②马扎尔的王公们最终接受了洗礼，在范围固定的耕地和牧场中生活。③

对西欧影响最大的是诺曼人入侵。入侵西欧的诺曼人大致分为三支，丹麦人主要影响不列颠岛和爱尔兰岛，瑞典人主要南下影响斯拉夫人乃至拜占庭，而挪威人主要影响西法兰克。这些北方日耳曼人同起源于斯堪的纳维亚语支，即便他们的语言和习惯传统已经有了一定的内部差异，在西欧使用法兰克语的人眼中，这些来自北方的蛮族被统称为"诺曼"（Nordman）人，即北方人。而英国人则统称其为丹麦人，因为他们与丹麦人打交道最多。④

布洛赫称，诺曼人的首领喜欢将船只埋葬在土丘下作为坟墓。船只特殊，没有甲板，线条巧妙均匀，长度一般为65英尺稍多，既可以用船桨划动，也可扬帆远驶。船只吃水浅，不超过3英尺，在河流上行驶有很大优势。诺曼人也积累了水陆联运的长期经验；他们逐渐学会使用马匹，越来越多地不依赖水路，对建筑工事防御颇为谙熟，劫掠获利丰厚，常允许被征服者用钱购买豁免权；诺曼武士骁勇彪悍，且残忍暴虐、嗜血成性，破坏成癖。⑤他指出，自诺曼人在诺森伯里亚海滨劫掠第一座修道院（793年）并迫使查理大帝在英吉利海峡法兰克王国沿海建立防务以后（800年），他们的侵袭逐渐发生重大变化，由季节性活动、局限于北海海岸扩大到大西洋沿岸并继续向南方，海盗抢劫也逐渐深入到欧洲大陆内部，并

① 〔法〕马克·布洛赫：《封建社会》（上卷），第50页。
② 〔法〕马克·布洛赫：《封建社会》（上卷），第51页。
③ 〔法〕马克·布洛赫：《封建社会》（上卷），第54页。
④ 〔法〕马克·布洛赫：《封建社会》（上卷），第57页。
⑤ 〔法〕马克·布洛赫：《封建社会》（上卷），第58～61页。

深入大不列颠；由从前十足的匪帮向定居方向发展。[①]诺曼人逐渐在英格兰、法兰西定居。11世纪初，诺曼人海外征服的时代结束。同时，他们也逐渐皈依了基督教。

布洛赫分析了诺曼人皈依基督教的原因：一是他们没有相应的团体对抗基督教民族组织强大的教士团体；基督教的传教士团体有更强的组织能力；二是旧的宗教不仅缺乏教会组织，而且自皈依基督教时似乎已显露出自然解体的许多征兆；三是多神崇拜本身使人们容易接受新的宗教；四是由于休战和谈判而时断时续的掠夺性远征也起了一定作用；五是诺曼人入侵前就已存在、未因军事冒险活动而中断的商业往来促进了北欧人向基督教的转变；六是国王和主要首领们的态度是决定性因素。[②]

布洛赫否认了诺曼人放弃劫掠和长途迁徙的习惯是皈依基督教的缘故，也不相信当时防务松弛的西欧成为比过去更容易攫取的猎物，称法国历史学家杜恩的观点值得考虑。布洛赫指出，诺曼人最初在西欧的远征，目的不在于获得永久居住权，而是为了掠夺财物并将其运回家乡，这样做本身是弥补土地稀缺的一种手段。[③]

布洛赫分析了各族入侵对西欧的影响。一是混乱和破坏。西欧已是遍体鳞伤，尤其是耕地遭到严重破坏，通常变为不毛之地，农民被逼到绝望的边缘，城镇、封建主和教会庄园也大受影响；在精神上，抢劫成了寻常之事，处事谨慎之人在签订法律条约时都把抢劫事件的发生考虑进去；那些目的相异、情感相同的颤颤瑟瑟的祈祷者发出的呼号声回荡在欧洲上空。二是西欧内部组织发生了某些变化，如高卢发生了人口迁移，英国的政治和文化面貌则发生了非常明显的变化，诺森伯里亚修道院文化的统治

① 〔法〕马克·布洛赫：《封建社会》（上卷），第62～65页。
② 〔法〕马克·布洛赫：《封建社会》（上卷），第81～85页。
③ 〔法〕马克·布洛赫：《封建社会》（上卷），第90页。

地位被终结，讲两种语言的苏格兰王国形成等。^①三是在人种、语言、人名和地名、法律、社会结构等方面提供了新成分。^②

对抵抗诺曼人的入侵，布洛赫指出，在整个西欧最为成功的抵抗来自地方政权，地方政权比国家政权更为强大，因为它们更便于组织人力，更少陷入小贵族纷争中慢慢出现的狂妄野心。^③他称，到入侵结束时，外部游牧民族造成的灾难以及各民族的大迁徙运动，在西欧如同世界其他部分一样，已经塑造了历史的主要框架。^④

2. 欧洲封建社会两个阶段

在第二编，布洛赫主要论述了欧洲封建社会的产生及发展。布洛赫认为，欧洲封建社会存在着两个连续发展、性质不同的阶段：一个是加洛林时代末期，即临近公元900年的封建第一阶段，另一个是11世纪下半叶开始的封建社会第二阶段。^⑤他称，按年代顺序把封建文明当作一个完整的阶段是个严重的错误，但存在两个连续发展、性质不同的"封建"阶段。^⑥

布洛赫具体分析了封建社会两个阶段的基本状况。对第一阶段，布洛赫认为，在人口密度上，尽管无法推算出第一阶段西欧国家的人口，但人数无疑存在明显的地区差异。这种差异由于间歇性的社会动荡而不断加剧。人口分布的严重不均匀使得人口更加稀薄，而物质状况、社会习俗使得乡村地区的定居方式保持着巨大差异。中世纪早期的动荡不安促使人们集中，但又为渺无人烟的空旷地隔离开来；耕地没有得到充分耕耘，当时最先进的耕种制度是土地轮耕制。^⑦在这一阶段，所有道路恶劣不堪，人群彼此之间的交流存在许多障碍，旅行速度非常缓慢，海上旅行比

---

① 〔法〕马克·布洛赫：《封建社会》（上卷），第93～98页。

② 〔法〕马克·布洛赫：《封建社会》（上卷），第98～110页。

③ 〔法〕马克·布洛赫：《封建社会》（上卷），第118页。

④ 〔法〕马克·布洛赫：《封建社会》（上卷），第118页。

⑤ 〔法〕马克·布洛赫：《封建社会》（上卷），1989年法文版序言，第xxi页。

⑥ 〔法〕马克·布洛赫：《封建社会》（上卷），第122页。

⑦ 〔法〕马克·布洛赫：《封建社会》（上卷），第123～124页。

陆路旅行要快得多，骑马或坐马车是迅捷而舒适的旅行方式。由于缺乏饲料，交通通常会出现季节性的中断。没有任何方法能够取代人与人之间的直接交往，国王们控制国土的办法就是经常骑马巡游全国。每个商人都是商贩，是翻山越岭、跋山涉水的行商。教士生活的各种方面都有利于游方修士的漫游风习。平民百姓也都沿西欧各大路行走。地域、传统、市场、教堂，乃至偶然性事件都会对交通路线产生影响，交通运输并没有被引向少数几条干线，而经常反复分流于众多小路线。道路上的障碍和危险使每次旅行都成为远征和冒险。由于交通不便，人们几乎很难及时获得对事物的了解，这样一种残缺不全的知识状况，就是任何重大政治决策的薄弱基础。⑧

对第一阶段的贸易和通货，布洛赫称，欧洲与近邻之间的交流不止一个渠道，最活跃的渠道大概当推欧洲与穆斯林西班牙之间的交流。这一时期的贸易仅限于非常有限的几条路线，且规模极小，欧洲对外贸易一直明显地呈现为逆差，从东方国家得到的东西几乎只是少数奢侈品，西欧用来交换这些奢侈品的几乎只有奴隶。尽管从来没有完全不使用货币，但通常以农产品作为支付手段，通常以镑、先令和便士来计算规定的价格，布洛赫称之为"通货缺乏"。这一状况由于铸币的无政府状态而更加恶化，不得不铸造地方性货币。他指出，除了以物易物，这一阶段的商业还有两种形式：一是为报答领主的保护或表示对其权力的承认，大量产品作为支付领主的租税从一处运到另一处；二是在人的劳动力方面，劳动者更多地提供劳役而非地租。布洛赫指出由于交换是件稀有的事，财富和幸福似乎就与权力密不可分。他称，贸易和货物流通薄弱带来一个至关重要的影响，即薪俸的社会作用处于微不足道的地位。⑨

布洛赫认为，与西欧封建社会的第一阶段相比，11世纪中叶开

⑧ 〔法〕马克·布洛赫：《封建社会》(上卷)，第124～130页。
⑨ 〔法〕马克·布洛赫：《封建社会》(上卷)，第130～134页。

始的第二阶段发生了经济革命。在这一阶段，发生了人口再聚集，人类群体的联系更加紧密，除了某些特别冷僻的地区，各定居点之间的大片空旷地消失。国王、诸侯、城市中产阶级对商业的发展繁荣感兴趣。道路的安全性似乎已经加强，但交通状况并未明显改善。原来一直进口的西欧成为重要的制造品供给方，呢绒在中世纪欧洲经济扩张中起到至关重要的作用。北欧也像东方一样被征服。货币的作用加强，国王、大贵族以及庄园主积聚大量的财富，薪俸日渐取代其他方式成为役务报酬的主要支付方式。手工业者，特别是商人，日益成为公共生活不可缺少的成员，他们在城市环境中越来越显示出勃勃生机，他们注定要赋予法律体制以新的精神。因此，当人类关系的网络已被拉得更紧密、商品和货币流通得到加强时，欧洲封建主义便发生了根本性的变化。①

布洛赫分析了封建社会第二阶段在文化上的变化。他称第二阶段的思想复兴为"12 世纪文艺复兴"。这一文化运动在 1100 年之前的二三十年已初露端倪，在 12 世纪中叶全面展开，11 世纪法国伟大史诗的出现是其预兆之一。12 世纪文艺复兴具有如下新特点：在经济地图上，各地区的交流与文化方面的交流发展同样显著；出现了与第一阶段精神风尚大不相同的异教道德思想，这种新人文主义多半是基督教人文主义，这种新的精神风尚开始渗透到世俗社会；为适应新的需要，几乎欧洲各地都产生了方言文学，从而开启了一个完整的传统之门，尤其是开辟了一条通向真实历史的途径；一些用方言写就的证书文件开始出现，使得行动与语言表述之间的隔阂正在逐渐缩小；出现了新诗体——浪漫传奇和短篇抒情诗，不再仅仅满足于描述人们的行为，已试图严肃剖析人们的情感了。②布洛赫指出，整个新文学的发展趋势是恢复个人的地位，它鼓励思想习惯向更为内省的方向发展，在这个方向上强化秘密忏悔这一宗教活动的作用；1200 年前后上流社会人们的许多特点很类似几代前的祖

① 〔法〕马克·布洛赫：《封建社会》(上卷)，第 135～139 页。
② 〔法〕马克·布洛赫：《封建社会》(上卷)，第 187～191 页。

辈：同样崇尚暴力，同样情绪无常，同样痴迷超自然力量，但这时人们在两个方面与其先辈大相径庭：他们所受的教育更为优良，自我意识也更强。① 对人们自我意识的成长，布洛赫认为，它已从独立的个人扩展到了社会本身，而 11 世纪下半叶促使人类意识向这个方向发展的动力，一是通常被称为格利高里改革的宗教觉醒运动，二是法学的复兴，它使人们认识到社会现实生活是可以有条不紊地加以描述，并可以有意识地加以设计的。② 布洛赫总结道：就整体而言，封建时代两个阶段上的差别非常明显。在封建社会第二阶段，人们的表达方式与想要表达的思想之间的脱离已不复存在。到 12 世纪末，活动家们已经掌握了比其前辈们更为有效的思想分析方法，在思想和行为的关系（这仍是一个模糊不清的题目）的历史上，这是一个具有重要意义的事实。③

布洛赫还分析了第二阶段法律的变化。9 世纪之前，法律来源有罗马法、日耳曼各族的习惯法和蛮族各王国统治者颁布的大量法规敕令。随着封建主义的兴起，与成文法比肩并存的，是产生了纯粹口传的习惯法。在封建制度真正建立起来的时候，习惯法支配的领域越来越大，在某些国家它已侵入整个法律领域。④ 布洛赫称，欧洲大陆所有古老的法律文件均用拉丁语写成，而拉丁语知识实际上已为教士垄断，当时的教士团体已有自己的法律，这种法律越来越具有排他性。然而这一时期的诉讼程序并不需要辩护律师，领主就是法官，这实际上就意味着绝大多数法官均无阅读能力，这种态势很不利于成文法的继续存在。⑤ 他认为，在所有地区，都是由习惯法最终决定了前一时代法律遗产的命运，习惯法成为法律唯一有活力的源泉。⑥ 从 10 世纪开始，在欧洲，前一阶段的文

---

① 〔法〕马克·布洛赫：《封建社会》（上卷），第 191 页。
② 〔法〕马克·布洛赫：《封建社会》（上卷），第 193 页。
③ 〔法〕马克·布洛赫：《封建社会》（上卷），第 194 页。
④ 〔法〕马克·布洛赫：《封建社会》（上卷），第 195 页。
⑤ 〔法〕马克·布洛赫：《封建社会》（上卷），第 196 ~ 197 页。
⑥ 〔法〕马克·布洛赫：《封建社会》（上卷），第 198 页。

献已湮没无闻，它使一个全新法律体系的出现成为可能。这个全新的体系有时被称作区域习惯法体系，但称为群体习惯法体系则更为准确。①

对于习惯法的特点，布洛赫认为，从根本上讲，这个时期的全部文明是因循传统的，所以封建社会第一阶段的法律制度是以这样的观念为基础的：从来之事物事实上都是天然合理的——虽然确实受到更高道义的影响，但并非毫无保留地接受。②布洛赫称，无论问题是涉及特殊事务还是涉及习惯法的一般规则，记忆差不多都是习惯法唯一的维护者；裁判规程不是知识的表现，而是各种需要的反映。③他指出，在整个封建时代，任何人都很少提及所有权问题，包括地产或某一职位的所有权。④

封建社会第二阶段，成文法开始复兴。布洛赫将原因归结为以下几点：欧洲的大贵族希望得到职业法学家指点的愿望日益强烈；罗马法关注的世俗问题有利于解决这一时期的社会矛盾；教会规定教士退出神裁审判，把诉讼交给更加理性的程序；崛起的商人阶层对规范的诉讼程序有新的要求；更大规模的社会稳定体的出现，有利于立法活动的复兴，并将统一的法律制度推广到广阔的领土上。⑤他指出，由于习惯法当时已在教授并以文字加以记载，而且部分地由立法固定下来，所以它不可避免地失去了其多样化和灵活性的许多因素，当然，任何事物都不能阻挡习惯法的发展。他总结说，12世纪下半叶以后，社会的发展趋势是使人际关系变得更为严格，等级划分更为鲜明，地区差别大为减少，最后，使社会变化限于更低程度。法律思想的变化并不是唯一的原因，但无疑是非常重要的促进因素。⑥

---

① 〔法〕马克·布洛赫：《封建社会》（上卷），第199页。
② 〔法〕马克·布洛赫：《封建社会》（上卷），第200页。
③ 〔法〕马克·布洛赫：《封建社会》（上卷），第202～203页。
④ 〔法〕马克·布洛赫：《封建社会》（上卷），第204页。
⑤ 〔法〕马克·布洛赫：《封建社会》（上卷），第207～209页。
⑥ 〔法〕马克·布洛赫：《封建社会》（上卷），第211页。

3. 情感和思想方式

在第二编，布洛赫还研究了封建社会的情感和思想方式（第 5 章）以及民间记忆（第 6 章）。他认为，封建社会的人更加贴近自然，整个社会生活背后呈现出的景象是荒蛮原始的，这是一种对桀骜不驯力量的屈从，以及与之相对的无变化的自然状态。[①] 这一时期，婴儿死亡率非常高，成年人的寿命通常也很短，流行病和饥馑是主要原因，人们的生活处于永远的不安全状态中，卫生条件差，人们对超自然现象具有惊人的敏感，它使人们的思想不断地、近乎病态地关注各式各样的征兆、梦境或幻觉。当时人们在物质和精神上均为众多无法驾驭的力量所支配，不能掌握时间，也不能计算时间，整个计数系统都是一片混乱。

在表达方式方面，布洛赫认为，西欧文明所特有的是语言二元制：受过教育者差不多一律使用拉丁语，而日常生活中又使用各种语言。[②] 这形成了不同的两个人类群体：一方是大多数未受教育的民众，他们只懂得自己的方言，书面文化仅限于少数差不多全部由口头传诵的世俗诗；另一方是少数受过教育者，他们经常交替使用地方性惯用语和普遍使用的文学语言，神学著作、历史著作、礼拜仪式，甚至商业公文皆由拉丁文完成。[③] 他指出，语言上层次区别最直接的结果是封建社会第一阶段留下来的图景变得极其模糊，每件拉丁文契约或公证记录都是翻译品，法律专用语本身在词语上遇到障碍，这些词语古老但词义又不确定，难以贴近现实，而平民语言则既缺乏精确性又具有纯粹口语和大众化词汇的不稳定性。当去考察社会制度时，词汇的混乱必然造成对实际事物的混乱认识；由于拉丁语极其脱离人们的思维语言，导致缺乏思想精确性。[④]

在文化和社会阶层方面，布洛赫认为，在教会中，受过教育者

---

① 〔法〕马克·布洛赫：《封建社会》（上卷），第 140 页。
② 〔法〕马克·布洛赫：《封建社会》（上卷），第 144 页。
③ 〔法〕马克·布洛赫：《封建社会》（上卷），第 147 页。
④ 〔法〕马克·布洛赫：《封建社会》（上卷），第 148～150 页。

便用拉丁语，与贵族一致，[①]而世俗社会对教育的忽视，使教士既成为伟大人物思想的诠释者，又是政治传统的保持者，诸侯不得不依靠附庸中的教会人员为其服务。[②]他称，由于在相当长的时期内，伴有价值判断的历史写作掌握在教士手中，差不多整个封建时代的文献都披着一层虚伪的外衣，在众多伪托为纯粹的赠礼，实际上却是用金钱购买的自治特许契约的前言中，或在装作虔诚而颁布的众多王室特许状中，尤其可以看到这种虚伪性。但非教职人士在许多方面仍然是俗世社会的活跃因素。[③]

关于封建时代的宗教心态，布洛赫赞成用人们常用的"信仰时代"一词，称其意为：任何排除超自然的世界观念都与那个时代人们的思想格格不入，那个时代的思想所形成的关于人类和宇宙命运的图景，实际上几乎完全是西欧化的基督教神学和末世学所构织的图案的投影。[④]他称，这一时期天主教尚没有完全确立教条体系，也没能完全渗透到普通民众中；从整体上看，教区的教士在知识和道德上均不能胜任其职守。[⑤]布洛赫称，在所有那些沉思者看来，物质世界只不过是一具伪装，真正重要的事情发生在背后；在他们看来，物质世界有一种语言，它以符号表达一种更深刻的存在。[⑥]他认为，人们对自然界认识不足，令人疑惑的自然界似乎不能提供自身方面的解释，因为在自然界千变万化的种种幻象中，人们首先认为它们是隐秘意志的产物，遂产生一种心态：人们恰恰不是依靠弃绝世俗，而是更加依赖被认为比人的努力更灵验的行为手段。[⑦]他称这个万象纷呈的世界又是短暂的，如果说人类整体似乎是在迅速地走向其终点，那么"正在途中"的感觉则更适合于每一个人。[⑧]

---

① 〔法〕马克·布洛赫：《封建社会》（上卷），第150页。
② 〔法〕马克·布洛赫：《封建社会》（上卷），第152页。
③ 〔法〕马克·布洛赫：《封建社会》（上卷），第153页。
④ 〔法〕马克·布洛赫：《封建社会》（上卷），第154页。
⑤ 〔法〕马克·布洛赫：《封建社会》（上卷），第155页。
⑥ 〔法〕马克·布洛赫：《封建社会》（上卷），第156页。
⑦ 〔法〕马克·布洛赫：《封建社会》（上卷），第157页。
⑧ 〔法〕马克·布洛赫：《封建社会》（上卷），第161页。

布洛赫指出，大的教堂教士会和修道院在慈善、文化和经济方面也许起到了相当大的作用，但在当时人们的眼中，这些作用却仅是附带性的，完全渗透了超自然意义的现世观念与对来世的执着结合在一起；一个强大而富庶的教会可以制造新的法律制度，也因而负有将宗教之"城"与尘世之"城"联系起来的敏感责任而引起了许多问题。这些问题已引起了人们的激烈争论，注定要深刻影响西欧的总体发展趋势，这些特征是封建世界所做的任何准确描述中的本质组成部分。[①]

4. 民间记忆

布洛赫从历史编纂和史诗两个方面论述了封建时代的民间记忆（第6章）。他认为在封建社会里，许多力量结合在一起促进了人们探究过去的兴趣，在普通的知识材料中，历史几乎占据着支配地位；许多作者，甚至那些主要关注最近发生的事件的人，都强烈渴求揭示超越现时段的时间长河中奔涌的激流，认为以序言的方式简要地评述一下世界历史很有好处，这些序言清楚地显示了封建欧洲所构织的欧洲历史的面貌，也明显地说明了编年史和年代记的编者并不是有意限制其视野范围，但通常会产生奇特的反差：叙述史在内容上比较详细，在地理范围上就比较狭窄。[②]布洛赫指出，在封建社会全神贯注的事务中，历史学的兴衰变化在相当程度上展示了文化的总体状况，但人们普遍欠缺精确的概念，大多数历史著作充斥着奇闻轶事的糟粕，且偏好修辞学和英雄诗；[③]由于历史观方面对各差别缺乏完整的理解，对历史的描述也被歪曲。[④]布洛赫认为，封建社会时期，伪造文件和制造神话格外猖獗，其根源很大程度上在于以判例为基础的法律状况以及这个时代的混乱秩序。[⑤]

封建社会时期的历史作品众多，大多是用拉丁文写成的，但只

① 〔法〕马克·布洛赫：《封建社会》（上卷），第162页。
② 〔法〕马克·布洛赫：《封建社会》（上卷），第164～165页。
③ 〔法〕马克·布洛赫：《封建社会》（上卷），第166页。
④ 〔法〕马克·布洛赫：《封建社会》（上卷），第167页。
⑤ 〔法〕马克·布洛赫：《封建社会》（上卷），第169页。

有少数优秀人物才能读懂，而方言史诗故事是那些不能阅读但却喜欢听故事之人的历史书。

对于史诗，布洛赫称其充满了日益侵夺真实性内容的传说，其主题不得不借助于虚构，但其情节的核心部分，总会发现某个历史主题和某个惊人的准确细节，所以史诗的材料一部分是真实可靠的，一部分是凭空臆造的。[①]他称史诗故事并不是供人阅读的，而是让人们朗诵的、吟唱的，是由被称为行吟诗人的职业吟诵者将它们从一个城堡传播到另一个城堡，或从一个公共广场带到另一个广场；史诗所包含的每一点事实真相都会在编年史或特许状中以不同的形式重现。[②]布洛赫指出，史诗的主要特点之一是只愿追述往事。[③]封建时代对历史故事和传奇故事的迷恋是欧洲共有的现象，但其表现方式不同。布洛赫指出，史诗在其能够成长的地方，对人们的想象力产生了重大影响，它有人类发音语调所产生的各种亲热感，反复吟唱同一主题甚至同样的两行诗会对人们的心神产生影响。[④]英雄史诗所表达的生活观念，在许多方面仅仅是公众生活观念的反映：在每一部文学作品中，一个社会都在考虑着自己的形象，而且伴随着对陈旧经历的记忆——虽然这些记忆已被歪曲且极不完整——真正来自往昔历史的传说已经积淀下来。[⑤]

三 家族关系

在第三编，布洛赫用两章（第 9、10 章）分析了封建社会的家族关系。

1. 家族群体的连带关系

以血缘关系为基础的人际关系纽带，早在封建主义特有的人际

---

① 〔法〕马克·布洛赫：《封建社会》（上卷），第 172 页。
② 〔法〕马克·布洛赫：《封建社会》（上卷），第 173 页。
③ 〔法〕马克·布洛赫：《封建社会》（上卷），第 180 页。
④ 〔法〕马克·布洛赫：《封建社会》（上卷），第 184 页。
⑤ 〔法〕马克·布洛赫：《封建社会》（上卷），第 185 页。

关系形成之前即已存在，但在封建社会仍继续发挥着重要影响。[1]
布洛赫称，在整个封建欧洲，当时存在着以血缘关系为基础的群
体；得到最好服侍的英雄是这样一些人：他的武士全部通过新建立
的附庸制关系或古老的亲属关系而依附于他，因为附庸制关系和亲
属关系似乎比其他任何关系都重要，[2] 当这两种关系交结在一起时，
忠诚感就变成了炽烈的激情。[3] 他称最能体现血缘纽带的是族间复
仇（faide）。[4] 在大多数情况下，伤人致死是必须复仇的。在此情况
下，家族群体行动起来，族间复仇就产生了。[5] 布洛赫认为，任何
道德义务似乎都比不上族间复仇更为神圣，家族全体成员通常听从
"族长"的指挥，拿起武器来惩罚杀害或仅仅虐待其家族成员之一
的行为，但复仇并不仅仅针对作恶者本人，因为与进攻者家族的连
带关系并立的是防御者家族的连带关系，二者同样坚韧有力。[6] 他
称，"血海深仇"这一短语在过去差不多具有专门的意义，亲属关
系产生的仇恨无疑是造成普遍混乱的主要原因之一。尽管许多和平
条约承认家族复仇合法，但大部分地区的权力机关力图保护无辜的
平民免遭家族连带关系所产生的、最为恶名昭著的弊端的危害，规
定了宽限期，还力图在合法报复和凭借正当报复借口实施的十足的
强盗行为之间划清界限。有时还试图限定可以用血债偿还的犯罪行
为的数量和性质；权力机关越来越以破坏和平的罪名镇压那些臭名
昭著的犯法或犯罪行为，以阻止私人复仇。[7] 布洛赫指出，过去蛮
族法详细规定的赔偿金固定价格表，特别是对赎杀金细致的等级划
分，只在少数地区保留下来，形式也有较大变化，而固定赔偿金等
级的消失并没有影响赔偿习惯本身。如家族复仇本身一样，了断复

---

① 〔法〕马克·布洛赫：《封建社会》（上卷），第 215 页。
② 〔法〕马克·布洛赫：《封建社会》（上卷），第 216 页。
③ 〔法〕马克·布洛赫：《封建社会》（上卷），第 217 页。
④ 〔法〕马克·布洛赫：《封建社会》（上卷），第 219 页。
⑤ 〔法〕马克·布洛赫：《封建社会》（上卷），第 219 页。
⑥ 〔法〕马克·布洛赫：《封建社会》（上卷），第 220 页。
⑦ 〔法〕马克·布洛赫：《封建社会》（上卷），第 223 页。

仇的赔偿也涉及整个家族群体的利益；但支付赔偿金通常还不足以达成和解，另外还要有向受害者或其家族正式表示道歉或毋宁说表示屈服的行动。①

对经济上的连带关系，布洛赫称，封建西欧普遍承认个人所有权的合法性，但在实际上家族连带关系时常扩延到共有的财物，在整个乡村地区到处都是为数众多的"兄弟会"。②他称，即使在个人财产明显居于主导地位的时候，也不意味着个人对财物的所有权能够完全摆脱家族的羁绊，亲属的同意似乎极为必要；但从12世纪起，通常模糊不定却为一些宽松的集体原则支配的习惯，逐渐被更准确更清晰的法律制度取代，与此同时，经济上的变化也使有关买卖的限制变得越来越令人厌烦。③大约从13世纪开始，家族对土地买卖的控制被简化为对亲属权利的简单承认：一旦土地出售，在规定的范围内按照约定的顺序，亲属在偿还已付地价基础上，可以取代买主的地位。④

2. 家族关系纽带的特性和变迁

布洛赫认为，尽管家族势力给予家族成员以支持或限制，但若把家族内部生活描绘得始终具有田园牧歌色彩，将是严重的错误，家族存在极为凶残的内部倾轧。⑤王室家族内部争斗、中小贵族为了继承城堡而发生的流血冲突也不绝于耳。他称，在绝大多数正常情况下，强烈的群体意识和对个体成员的相当冷漠的态度，非常协调地交汇在一起。⑥

布洛赫称，至于婚姻，通常是非常明显的利益联合，对女人来说则是一项保护性的制度。⑦尽管没有明确反对，教会不喜欢再婚

---

① 〔法〕马克·布洛赫：《封建社会》（上卷），第224～226页。

② 〔法〕马克·布洛赫：《封建社会》（上卷），第227页。

③ 〔法〕马克·布洛赫：《封建社会》（上卷），第228～229页。

④ 〔法〕马克·布洛赫：《封建社会》（上卷），第230页。

⑤ 〔法〕马克·布洛赫：《封建社会》（上卷），第232页。

⑥ 〔法〕马克·布洛赫：《封建社会》（上卷），第234页。

⑦ 〔法〕马克·布洛赫：《封建社会》（上卷），第234页。

或三婚，但在从上到下各社会等级中，再婚几乎是非常普遍的。这在一定程度上是由于渴望为肉欲的满足披上神圣的外衣，另一个原因是丈夫先死后，妻子独自生活十分危险。此外，封建主发现，当每一块地产落到女人一方时，行使严格的劳役地租就面临着威胁。尽管教会宣称夫妻关系是不可废弃的，但这并不能阻止通常由最世俗的利益引起的、经常发生的休妻事件，特别是在各上层等级中。①

布洛赫指出，封建时代的欧洲没有类似罗马时期的父系传承制，亲属关系具有非常明显的双重性，母系纽带几乎与父系纽带有同样作用，各种命名习惯即为明证。②这一双重性使家族不能作为整个社会结构的基础，甚至可能出现同一个人处于冲突中的两个家族、一个附庸处于两个领主的情况。③布洛赫称，13世纪以后，家族义务圈在缩小，不久前庞大的亲属群体正在慢慢地被非常类似今天的小家族的群体取代。④他指出，政府机构通过它们作为和平卫士的活动，有助于削弱亲属联盟，但亲属群体作为经济单位和族间复仇工具，其瓦解和衰落似乎主要是深刻的社会变化的结果：贸易的发展使家族对财产买卖的阻碍受限；互相交往的进步导致过分庞大的群体的瓦解，蛮族入侵给古老的氏族制度以致命打击。⑤

布洛赫称，在封建主义时期，社会环境所独有的人身保护和依从关系开始膨胀的同时，亲属纽带关系也真正绷紧起来，因为这个时代多灾多难，公共机构软弱，个人更强烈意识到自己与地方群体的联系；而随着真正的封建主义逐渐崩溃或发生蜕变，随着大的亲属群体的瓦解，出现了家族连带关系逐渐衰落的早期特征，但即使在封建社会第一阶段，亲属群体似乎也不能提供适当的保护。⑥他

---

① 〔法〕马克·布洛赫：《封建社会》（上卷），第235页。
② 〔法〕马克·布洛赫：《封建社会》（上卷），第237页。
③ 〔法〕马克·布洛赫：《封建社会》（上卷），第239页。
④ 〔法〕马克·布洛赫：《封建社会》（上卷），第240页。
⑤ 〔法〕马克·布洛赫：《封建社会》（上卷），第241页。
⑥ 〔法〕马克·布洛赫：《封建社会》（上卷），第244页。

总结到，父系群体关系强大的地区，封建社会的因素就很少存在，亲属关系是封建社会的基本因素之一，它的相对弱小很能说明封建主义存在的原因。[①]

四　附庸制和采邑

欧洲封建社会的特征是《封建社会》一书的重点。从第四编到第七编，布洛赫用大量篇幅详细论述了这个问题。在第四编，重点分析了附庸制与采邑。

1. 附庸制

在关于封建主义的词汇中，任何词汇都不会比从属于他人之"人"这个词的使用范围更广大，意义更广泛。社会等级之间虽存在一条鸿沟，但它所强调的根本的共同因素是一个人对另一个人的从属。[②]封建时代的社会生活都渗透着这种人际关系，但它的表现形式却是各种各样的，附庸制是最重要的一种依附关系。

在第 11 章，布洛赫分析了附庸制。布洛赫称，臣服礼（德文为 Mannschaft）有助于强化封建时代人所共知的一种最强大的社会关系，地位较高的一方被称为"领主"，从属者通常被简称为领主的"人"（有时被称为领主的"爪牙之徒""附庸"，12 世纪初被称为"委身之人"）。臣服礼最简单的形式就是两个人对面而立，愿意委身之人伸出双手，合起手掌放在领主手中，或者以跪拜姿势面对领主，说几句简短的宣言，承认对方是自己的"主人"，然后主仆以唇相吻，表示双方的和谐与友谊。[③]臣服礼不带有基督教的痕迹，但从加洛林时代开始，礼仪加入了宗教意味，附庸需将手放置于《圣经》或圣物上，宣誓忠于主人。效忠礼和臣服礼有区别，臣服理论上涵盖一个人的终生，不能重复进行；而效忠几乎是最平凡

---

① 〔法〕马克·布洛赫：《封建社会》（上卷），第 245 页。
② 〔法〕马克·布洛赫：《封建社会》（上卷），第 249 页。
③ 〔法〕马克·布洛赫：《封建社会》（上卷），第 250 页。

的事情，可以对同一人数度重复进行。^①当两种仪式结合起来时，臣服礼总是首先举行，而正是臣服礼中的行为才使附庸关系中的依附和保护的双重关系真正建立起来。附庸关系实际上在绝大多数情况下很快变为世袭，随着当事人的每一次变化，臣服礼必须重新进行，臣服礼不能由代理人接受，附庸必须承担的援助和服从的普遍职责，是任何附属于他人的"人"所履行的义务。^②布洛赫指出，附庸制度是各上层等级特有的依附形式，这些上层等级的特点首先表现为专事武装并行使指挥权。^③

对附庸制的起源，布洛赫以罗马帝国崩溃后的高卢为例进行了说明。^④在墨洛温王朝，国家和家族均不能提供有效的保护，乡村共同体仅能勉强维护内部的秩序，城镇共同体几乎不存在，孱弱的人到处寻找势力更强大者保护自己，相对有势力的人也需要其他依附者的支持，否则不能保住自己的威望或财产。在很多情况下，同一个人身兼二任：他既是更强大之人的依附者，同时又是更弱小之人的保护者，于是，一种脉络纵横交错地贯穿于社会各阶层的庞大的人际关系体系开始形成。^⑤布洛赫称，8世纪下半叶起文献中提及的握手仪式的象征性十分明显，这种臣服姿势有助于缔结各种保护性契约，但并非任何情况下都必不可少。在墨洛温王朝，人身依附关系仍停留在习惯性礼仪行为的水平上。^⑥

对私家武士的起源，布洛赫认为源于墨洛温王朝军事制度的缺陷，是步兵制衰落的产物，马镫和马掌的使用使骑兵兴起。豢养私人武装侍从的习惯由来已久，在蛮族占领西欧后保留了这一习俗，这些个人侍卫是雇佣兵而不是"亲兵"，人数众多，对首领竭尽忠

① 〔法〕马克·布洛赫：《封建社会》（上卷），第251页。
② 〔法〕马克·布洛赫：《封建社会》（上卷），第252页。
③ 〔法〕马克·布洛赫：《封建社会》（上卷），第253页。
④ 〔法〕马克·布洛赫：《封建社会》（上卷），第253页。
⑤ 〔法〕马克·布洛赫：《封建社会》（上卷），第253页。
⑥ 〔法〕马克·布洛赫：《封建社会》（上卷），第258页。

诚，自由人构成了侍从队伍的最大部分。①

布洛赫详细考证了"附庸"（vassus，vassallus）一词的意义变化，通过这一过程体现附庸制度的兴起。"附庸"从起源上看是凯尔特词语，首次以文字形式出现在《萨利克法典》。该词进入拉丁语口语时，意为"年轻男仆"，后演变为"家奴"之意，在6～8世纪时被继续赋予"家奴"的含义，后有些家奴被接纳为侍卫，向主人以不同方式宣誓效劳，具有武装侍从的特殊含义，最终专门用来指武装侍从中的自由人。他指出，联系武装亲兵及其首领的纽带所代表的是自由缔结的忠诚契约关系之一，这种关系是与最受人尊敬的社会地位一致的。②

附庸制在加洛林王朝加速发展。布洛赫对此进行了深入分析。他称，在加洛林王朝时期，中央政府面临的主要困难是如何与个体臣民保持联系，以便征索役务，实施必要的惩罚，所以每位首领必须约束其属民，使其更自愿地听从君主的命令和训示，使附庸制成为王权的坚固堡垒。除非领主犯罪及双方同意脱离关系，领主和附庸的纽带关系终生有效。领主还要承担法定责任人，敦促附庸出席法庭，履行必要的军事役务。加洛林王朝把附庸制原则最大限度地推向所有社会关系，形成了强大的"钦命附庸"等级，附庸制也被推广到官员身上。简言之，自发成长起来的附庸关系倾向于突破领主家庭小圈子，形成各级附庸关系，组成了一个由社会地位相当低的成分组成的斑驳陆离的社会。③

布洛赫指出，由于农奴是领主的"人"，常常处于"臣服"状态，也有臣服礼，但与附庸臣服礼有极大不同，农奴的臣服是世袭的，依附者没有选择权，与"自由"是相对立的；而在附庸制中，附庸关系在一方死亡之后便告终结，这与战争有关。附庸制的这一特点，使其颇适合于武士这一荣耀行当，法文也把附庸译为"骑士"。附庸

---

① 〔法〕马克·布洛赫：《封建社会》（上卷），第 263 页。

② 〔法〕马克·布洛赫：《封建社会》（上卷），第 265 页。

③ 〔法〕马克·布洛赫：《封建社会》（上卷），第 267～270 页。

的首要使命是披坚执锐、跃马冲锋来为领主效命。由此，民众语言中的"附庸"获得广泛用途，用来表示一个终身从事战争的群体最为人称道的品德，即勇敢。[①]

2. 采邑

在第12章，布洛赫分析了采邑。布洛赫认为各种保护关系从一开始就涉及经济方面，对附庸役务的酬劳有两类：一是将附庸豢养在家中，为其提供衣食并出资为其提供装备；二是给予附庸一份地产或提供一份固定的地产收入，供其维持生计。领主定期分配给附庸的这份地产在性质上是报酬而不是赏赐，当附庸关系中止时应该归还领主。[②]

最初缺乏任何土地授予的授权证明，后此类契约作为个人协议大量存在，涉及主人对被保护人的豢养，与保护—被保护关系相联系，契约中使用的术语一个是"恳求地"（precarium），一个是"恩地"（beneficium）。后以一个意为"暂时交付、借给"的常用动词派生出来的代名词来描述转让地——采邑（lehn）。布洛赫认为，"恩地"、"采邑"和"借用地"这些同义词所要表达的概念总体上是非常清楚的，基本上是个经济概念。采邑指的是一种转让的财产，它所换取的不是支付某件东西的义务，而是做某事的义务，更确切地说，一块采邑不仅包含一种承担役务的义务，而且涉及一种非常明确的专门职业和个人行为的因素。[③]14世纪的《萨克森法鉴》中的注释称，采邑即是赋予骑士的报酬。[④]

布洛赫指出，对附庸酬劳的两种方法并不是绝对不相容的，除某些例外情况外，"私家"附庸与接受封地的附庸实际上代表着特色鲜明的不同类型，服务于不同目的，前者主要为服侍义务或更高级的家务，而后者主要是军务。[⑤]早在加洛林时期，这两

---

① 〔法〕马克·布洛赫：《封建社会》（上卷），第270～273页。
② 〔法〕马克·布洛赫：《封建社会》（上卷），第275页。
③ 〔法〕马克·布洛赫：《封建社会》（上卷），第280页。
④ 〔法〕马克·布洛赫：《封建社会》（上卷），第282页。
⑤ 〔法〕马克·布洛赫：《封建社会》（上卷），第283页。

种附庸的数量就已经显著不同，但采邑持有者居多。正是在加洛林时期，伴随着"恩地"的广泛分布，附庸关系在数量和高度上都获得发展。

布洛赫指出，采邑并不都是领主授予附庸的，许多是附庸先赠予领主以寻求保护，后又被领主赠回的。委身者要献出财产、土地和人身权利，这是寻求保护所付出的代价。这种大规模的献地运动在封建社会第一阶段就已经在社会各阶层展开。农民献地返还之后，农民被课以货币或实物地租以及农业劳役。此外，封建社会还存在一种完全独立的"自主地"。[①]但附庸的采邑，无论出自领主属地的地产还是重新收回来的采邑，在形式上都是领主授予的地产，在不动产交接时通常会采用封地仪式，领主将一件象征性的物件交给附庸。在一份采邑授予一位新的附庸时，臣服礼和效忠礼之后，接下来要举行封地仪式，封地仪式永远不能在臣服礼和效忠礼之前举行，造就效忠纽带的效忠礼是授予封地的必要条件。[②]附庸的采邑大部分是规模不等的庄园，另一些是收入（包括什一税、教堂不定期收入、市场税和渡口税）。后来，交换经济给国王和贵族积累了大量的货币，他们开始使用"金钱采邑"。从君主的角度看，金钱采邑有许多优越性。土地采邑逐渐会变成世袭财产，而金钱采邑受影响不大，使附庸更严格地从属于领主。[③]由于采邑的授予是委身者的报酬，所以它的有效期即是这种人身依附关系的有效期，9世纪以后，以附庸或领主的死亡为限，领主的继承人将采邑重新授予附庸的继承人或附庸本人，需要重新举行授予仪式。

在第13章，布洛赫探讨了欧洲附庸制的多样性。在法国，其特点为西南部地区的自主地直到最终仍为数众多，而北方，尤其是诺曼底以及英格兰北部和东北部（即所谓的丹麦法区），陪臣佃领地实际上半是采邑，半是农奴佃领地。意大利北部的附庸制和采

---

① 〔法〕马克·布洛赫：《封建社会》（上卷），第286页。

② 〔法〕马克·布洛赫：《封建社会》（上卷），第289页。

③ 〔法〕马克·布洛赫：《封建社会》（上卷），第290页。

邑最近似于法国本土的附庸制和采邑，罗马教廷在公元999年之前几乎没有分封过采邑，在学者教皇西尔维斯特二世（Sylvester Ⅱ，999–1003在位）以后，采邑和臣服礼逐渐在教廷内部推开。德国的采邑遍及各个地区，但是军事役务和农耕义务的差别并不十分明显。萨克森边境上的护城者本身是亲手耕种土地的农民，即农兵。直到中世纪末，德国社会的封建化不太发达。英格兰在11世纪之前基本遵循着一条独立发展的道路。国王和贵族身边很早便有私家武士。诺曼底公爵定居英国，将法国的封建风俗传入英国，作为被征服的一方，英国的封建体系比自然发展的国家要更加系统和彻底。①

3. 采邑变成世袭财产

在第14章，布洛赫分析了采邑的世袭化。布洛赫称，采邑的占有从未由于先前持有者的死亡而实现自动传递，②但除了某些严格规定的情况，假如自然继承人实行臣服礼，那么领主无权拒绝为他举行封地仪式。对于领主和附庸来说，中断关系是不合适的。附庸失掉采邑就失去了父亲的大部分遗产；领主也需要附庸支持，没有比附庸的后代更适合当附庸的人选了。如果领主剥夺了附庸后代的继承权，对领主来说也是不安全的事。③布洛赫指出，采邑向继承性发展是出乎对土地控制权的自然需求。④

布洛赫认为，采邑继承法反映了采邑变化。他称，承认旁系继承法可以极为简易地提供一个真正的继承范围，在这个范围内旧的"恩地"正在转化为世袭财产。⑤布洛赫认为，妇女可以继承采邑；承认尚未成年者的继承权，但在其有能力履行附庸义务前，暂时的管理人代行其职，持有采邑；由于采邑在理论上是不可分割的，所以佃领地变成世袭财产后，无论如何应该传给唯一的继承人，继承

① 〔法〕马克·布洛赫：《封建社会》（上卷），第293～312页。
② 〔法〕马克·布洛赫：《封建社会》（上卷），第313页。
③ 〔法〕马克·布洛赫：《封建社会》（上卷），第313～314页。
④ 〔法〕马克·布洛赫：《封建社会》（上卷），第318页。
⑤ 〔法〕马克·布洛赫：《封建社会》（上卷），第327页。

原则天然倾向于长子继承。即便如此，长子继承制仍然花费了很长时间才得以贯彻。在很多地方，领主会把采邑留给他认为最合适的儿子。在某些共同继承制盛行的地方，则留给后代解决。一般的采邑更多地依照实际情况处置。①

加洛林时代初期，不允许附庸自由转让采邑，但出于金钱的需要或慷慨行为，附庸越来越趋向于自由处理他们逐渐认定属于自己财产的东西，此得到教会的鼓励。②采邑的转让分部分转让和全部转让两种，转让须经领主的同意，但至少在 12 世纪以后，采邑的出卖或者转让几乎失去了任何限制。效忠行为已变成一种交易品，其结果并没使之更为强大。在 13 世纪，领主可以绝对地禁止将采邑转让给教会。③

4. 一仆数主

在第 15 章，布洛赫分析了一仆数主现象。布洛赫称，"多重臣服"、一仆数主注定成为瓦解附庸制的主要因素之一。他认为，一仆数主现象早在 9 世纪就已经司空见惯，附庸契约原本意味着附庸要全身心服务于契约中的主人，而附庸誓约的多重性完全否定了这一点。④为解决一仆数主造成的困境，人们建立了一种超级臣服关系——绝对臣服（homme liege），即不管一个人有多少领主，绝对附庸的主要义务要归于绝对领主，尽管必须对所有领主效忠，最牢固的效忠要归于他的绝对领主。⑤经布洛赫考证，绝对臣服大致出现于 11 世纪中期，经过半个世纪的发展已相当普遍，但绝对臣服也只是原始臣服的复兴，也会因为同样的原因衰落。因为绝对臣服的特殊之处，仅仅是一个脆弱的口头或书面协定，它重复了一个普通的臣服仪式，却没有任何改变。布洛赫指出，一仆数主是附庸制的真正灾难。⑥

① 〔法〕马克·布洛赫：《封建社会》（上卷），第 327～334 页。
② 〔法〕马克·布洛赫：《封建社会》（上卷），第 339 页。
③ 〔法〕马克·布洛赫：《封建社会》（上卷），第 341 页。
④ 〔法〕马克·布洛赫：《封建社会》（上卷），第 343 页。
⑤ 〔法〕马克·布洛赫：《封建社会》（上卷），第 350 页。
⑥ 〔法〕马克·布洛赫：《封建社会》（上卷），第 349、351 页。

5. 附庸和领主

对附庸和领主之间的关系，布洛赫在第16章进行了探讨。他指出，两者之间的义务是相互的，"效劳或援助、保护"就是对这两者相互义务的概括。军役是附庸的首要义务，但附庸既是封臣又是领主，他只有义务携带部分而非全部依附者参加领主的军队。领主的等级越高，附庸携带的依附者越少。[①] 早期的附庸制没有为附庸服役设定期限，而古日耳曼习惯法里的服役期是40天，后这个时限在11世纪末成为通用标准。服役期满，附庸就可以回家。如果领主想要附庸继续留在军中，就必须支付费用。和平时期，领主通常在重大宗教节日或定期召集群臣大会，大会本身也是法庭，领主明确要求附庸出席集会。[②] 附庸的效忠誓言要求附庸必须在所有事务上为领主提供援助，除了为领主冲锋陷阵和出谋划策外，也需要财政援助，包括日常的人头税和特别援助。[③] 特别援助后来固定为三种情况：领主被俘、领主长子册封骑士以及领主长女出嫁。如果附庸不能履行军役，应主动缴纳"役务金"或被罚款。[④] 13世纪以后的军役义务变得越来越不严格，也没有任何税款取而代之，采邑已不能产生好的附庸，而且也不是长期的丰饶收入之源。[⑤]

布洛赫称，领主的义务没有准确界定。领主保护附庸免于"所有人"的侵害，首先是保护附庸的人身安全，也要保护他的财产，特别是其采邑的安全以及作为法官做出公正而迅速的裁判。[⑥] 他认为，附庸关系作为家族纽带的替代品，附庸长期处于一种补充亲属的地位，其权利及义务与血缘亲属相同，附庸关系这种准家属特性是封建社会的习惯和法律规则中几个永久性特点形成的

---

① 〔法〕马克·布洛赫：《封建社会》（上卷），第354～356页。
② 〔法〕马克·布洛赫：《封建社会》（上卷），第357～358页。
③ 〔法〕马克·布洛赫：《封建社会》（上卷），第359页。
④ 〔法〕马克·布洛赫：《封建社会》（上卷），第360页。
⑤ 〔法〕马克·布洛赫：《封建社会》（上卷），第361页。
⑥ 〔法〕马克·布洛赫：《封建社会》（上卷），第361页。

原因。^①他指出，与亲属一样，臣服者或领主担负的首要义务是复仇；骑士的儿子在年幼时就托付给领主来抚养，充当侍童，学习狩猎、战争技艺和礼仪，由此产生的敬重和感激的纽带关系被认为是坚实有力的。丧父者是附庸之子时，领主可以干预附庸的婚姻，而领主的婚姻出现争议时，附庸也可以发表意见。^②

布洛赫称，附庸关系将不同社会等级的两个人联系起来，不管双方存在的义务是否对等，这些义务是相互依存的：附庸服从的条件是领主认真履行契约规定的义务，这种不平等义务的相互依存关系，是欧洲附庸制的显著特征。^③但在绝大多数情况下，人身纽带与不动产关系纽带是对应的，一旦附庸关系破裂，且问题出在附庸这边，采邑便归还领主，即没收采邑；而如果问题出在领主一边，则较为复杂。一个无辜的附庸被剥夺财产是不公平的，效忠制的等级结构可以使人摆脱这一窘境。^④从理论上讲，领主法庭、更高等级的领主法庭可以审理此类案件。布洛赫指出，封建主义的主要弱点，恰恰是它不能建立一个真正前后连贯、行之有效的司法制度。^⑤

6. 附庸制的悖论

布洛赫认为，文献资料中与现实生活中的附庸关系有很大的不同，第 17 章对此进行了分析。在文献中，附庸制被誉为人类最可珍视的关系纽带，它要求一种坚定不移的献身精神，要求附庸忍受赴汤蹈火之苦，蔑视这一关系是极可怕的罪愆，附庸观念支配了所有其他人际关系，附庸关系渗透到家族关系，附庸义务与其他义务冲突时，总能够战胜其他义务。但事实并非如此。布洛赫称，大封建主对国王的斗争、大封建主手下附庸的反叛，对封建义务的漠视，从很早的时候起就无力抵御侵略者的附庸军队的软弱无能，在

---

① 〔法〕马克·布洛赫：《封建社会》（上卷），第 362 页。

② 〔法〕马克·布洛赫：《封建社会》（上卷），第 362～365 页。

③ 〔法〕马克·布洛赫：《封建社会》（上卷），第 367 页。

④ 〔法〕马克·布洛赫：《封建社会》（上卷），第 368 页。

⑤ 〔法〕马克·布洛赫：《封建社会》（上卷），第 369 页。

封建主义的历史上俯拾即是，随处可见。① 他分析道，早期附庸制是以聚集在首领周围的武装扈从群体为基础的，具有一种温情脉脉的家庭氛围，但随着时间的推移，准家庭的忠诚难以为继，人们渴求的效忠最终变得完全没有意义，一个人对另一个人的依附关系，不久就成为一块地产依附于另一块地产的随从物。继承权本身并没有加强两个家族的团结，而只是使这种关系变得松弛；自由选择意识的丧失，附庸将附庸义务和采邑一并转让，而领主将附庸的忠诚连同土地、森林和城堡一并转让或出卖已司空见惯。武装扈从的忠诚是以领主不断赠送礼物和个人接触来维持的，附庸从武装扈从的身份堕落到有点类似佃租人的地位，对支付劳役和服从义务均不甚热心。在自我利益和激情的驱使下，对附庸的誓言也很快被丢弃。总之，附庸制已失去了原来的性质。② 布洛赫称，当旧的仪式最终成为过时之物时，附庸效忠被其他形式的个人依附所取代。欧洲的附庸制原来以家中和战场上感情笃厚的伙伴关系为基础，在退出家庭范围之后，其人性价值的某些成分只保留在人际交往最密切的地方，这就是欧洲附庸制的最终归宿。③

五　下层社会的依附关系

在第五编，布洛赫阐述了欧洲下层社会的依附关系。

1. 庄园

在第 18 和 20 章，布洛赫分析了庄园及其发展变化。布洛赫称，庄园（seigneurie）比附庸制更古老，在附庸制消亡后仍然存在了很长时间，下层社会的依附关系就存在其中。④ 在庄园里，经济因素具有头等重要性，从一开始，首领就是通过获得土地上产出的一

---

① 〔法〕马克·布洛赫：《封建社会》（上卷），第 371～377 页。
② 〔法〕马克·布洛赫：《封建社会》（上卷），第 379～381 页。
③ 〔法〕马克·布洛赫：《封建社会》（上卷），第 383 页。
④ 〔法〕马克·布洛赫：《封建社会》（上卷），第 387 页。

部分物产而为其提供收入。庄园首先是一种地产，是由领主的属臣所居住的地产，通常分为密切相互依存的两部分：一是"领主自领地"（"保留地"），即出产的产品全部直接归领主所有；二是佃领地（tenures），即中小规模的农民佃领地，所有权属于领主，数量不等，分布于领主的"庭院"周围。[①] 在 12 世纪，庄园和村落已很少有共同的边界，大多数农民同时属于两个步调经常不协调的群体：一个群体是同一领主的臣民，另一个群体是同一村落集体的人，这种两重性导致领主权力的严重衰落。

布洛赫称，在封建社会第一阶段，法兰克帝国两部分的变化过程都遵循着同样的路线，都有愈益庄园化的相同趋势。在庄园胜利发展过程中，滥用暴力到处都是举足轻重的因素。[②] 契约方式是庄园扩展的另一种方法。这两种方式显示出同一个根本原因，即独立的农民力量的软弱所造成的影响。[③] 中世纪还存在着一个广泛庄园化但并非封建化的社会，但无庄园同时不是无附庸制的国家是没有的。[④] 布洛赫指出，庄园是比封建社会第一阶段真正特有的一些制度更为古老的事物，但在第一阶段，它的发展与它的局部退步一样，可以由促使或阻碍附庸制及采邑获得成功的同样的原因加以解释。[⑤]

对领主和租佃者的关系，布洛赫认为，除契约外，二者关系以"庄园习俗"加以规定。如在法国，地租经常被简单地称作"习俗"。在封建社会第一阶段，不同地区的庄园间差异之大、花样之多莫过于租佃负担。农民耕地对一个共同领主的依附性，表现在农民支付的地租上；封建时代，继承权在乡村佃领地历史上几乎不存在。在所有强加在租佃人身上的新的"勒索权"中，最典型的是领主以牺牲租佃人利益而霸占的许多不同种类的垄断权；差

① 〔法〕马克·布洛赫：《封建社会》（上卷），第 387 页。
② 〔法〕马克·布洛赫：《封建社会》（上卷），第 391 页。
③ 〔法〕马克·布洛赫：《封建社会》（上卷），第 394 页。
④ 〔法〕马克·布洛赫：《封建社会》（上卷），第 395 页。
⑤ 〔法〕马克·布洛赫：《封建社会》（上卷），第 397 页。

不多各个地方的教区教堂都依附于地方领主；要求乡村租佃人提供的金钱援助即贡税（taille），像附庸贡税一样，大约同时源于每一个臣民所承担的援助主人的普遍义务。① 布洛赫指出，从10、11世纪开始，欧洲大部分地区的领主分配其大片自领地，自领地规模的衰减不可避免地意味着强制劳役的废除或减少，如同采邑的历史一样，农民佃领地的历史，最终是以劳役为基础的社会结构向地租制过渡的历史。②

12世纪后，欧洲社会生活发生深刻变化，如大规模的土地拓荒运动、风俗特许契约的普遍（德国为"权利声明"），这促进了各种义务的稳定与减轻，领主和属臣关系日益稳定，欧洲庄园制进入了一个新阶段。布洛赫称，随着义务的稳定，庄园内部组织结构发生急剧变化：强迫劳役普遍减少，有时为货币地租所代替，货币地租偶尔也代替实物地租，义务制度中那些不稳定的、偶然性的部分逐渐被淘汰。同时，人与人的从属关系得以最完全表现的依附形式或消失或者改变了其特性，农奴制越来越不被认为是一种人身关系纽带，而越来越多地被视为等级地位的低下，这种低下的等级地位可以由土地染及人身。③ 布洛赫认为，庄园本身并不属于封建制度，大约9世纪以后演变为极具封建色彩的社会单元。当封建主义关系衰落时，庄园依然存在，只不过更具有地域性，更具有纯粹的经济性。④

2. 农奴制

在第19章，布洛赫以法兰克、德国和英国为例阐释农奴制。他称，在9世纪的法兰克，自由人和奴隶的个人地位发生变化。如租佃奴（定居的奴隶）有自己的住处，靠自己的劳动产品维生，已不再直接依附于主人生活，其主人也很少干预他的生活，很类似自

---

① 〔法〕马克·布洛赫：《封建社会》（上卷），第397～403页。
② 〔法〕马克·布洛赫：《封建社会》（上卷），第404页。
③ 〔法〕马克·布洛赫：《封建社会》（上卷），第437页。
④ 〔法〕马克·布洛赫：《封建社会》（上卷），第438页。

由租佃人，经常与自由租佃人家庭通婚，在法律上逐渐接近自由租佃人。一些奴隶在大人物的武装扈从队伍中赫赫有名；巨大的财富差别使自由人在法律上有所区别。庄园中的租佃人不再是奴隶时，官方文件里以隶农（coloni）相称，出现人身地位与土地地位不一致的状况；隶农在法律上是自由人，但他在社会中的地位越来越多地由他对另一个人的从属关系来规定，禁止他与庄园以外的人通婚。在加洛林时代，隶农就开始融入千篇一律的庄园依附者群体。① 布洛赫认为，委身习惯并不限于上层各等级，许多自由民将土地献给保护者，自己再将土地作为佃领地收回，从而形成新的依附形式——"负有服从义务"的获释奴身份。② 在罗马帝国晚期的法兰克国家，无数次发生释放奴隶行动，而大多获释奴隶仍然以新的身份对从前的主人承担某些义务，创造出一种名副其实的继承性保护关系，继承税和人头税是表示服从关系的两个标志。这种人身依附关系的共同特点是：属臣保持严格的服从，保护者享有实际上不受羁束、可以获得丰厚收入的权力。③

在对法国农奴制分析时，布洛赫认为，曾被认为十分荣耀的人头税义务逐渐和卑贱地位联系起来，并最终被法庭认为是农奴制的典型特征。④ 农奴制与奴隶制截然相反，农奴承担义务的前提是其拥有名副其实的世袭遗产，农奴作为租佃人，与其他人一样，承担同样的义务，拥有同样的权利，他对财产的拥有不再朝不保夕，而且一旦交付地租、履行各种义务，他的劳动果实就属于自己。⑤ 农奴的突出特征是，并非依附于土地，而是依附于另一个人，他无论走到何处，依附关系都与之相随并固着他的后代身上。⑥ 布洛赫指出，并不是所有农民都已陷于奴役之中，庄园租佃者中还有自由人

① 〔法〕马克·布洛赫：《封建社会》（上卷），第 406～409 页。
② 〔法〕马克·布洛赫：《封建社会》（上卷），第 410 页。
③ 〔法〕马克·布洛赫：《封建社会》（上卷），第 411～412 页。
④ 〔法〕马克·布洛赫：《封建社会》（上卷），第 414 页。
⑤ 〔法〕马克·布洛赫：《封建社会》（上卷），第 416 页。
⑥ 〔法〕马克·布洛赫：《封建社会》（上卷），第 418 页。

各群体与农奴并存。^①他称，在一个完备的封建体制中，正如所有土地都会以采邑制或维兰制形式为人所持有一样，每个人都会成为附庸或农奴。^②

关于德国的农奴制，布洛赫认为，德国与法国类似，也经历了一个世袭从属关系广泛传播的过程，但德国的独特条件妨碍了这一发展进程，如在德国北部，在整个封建时代，早期类型的公共法庭仍正常存在，与庄园法庭并驾齐驱；经济上，奴隶制在德国整个封建时代仍发挥作用。^③布洛赫指出，德国社会中没有可以与法国农奴制的相对简单性相比拟的事物，实际上每个庄园中的世袭依附者几乎从来没有形成一个负担统一义务的单独等级，庄园里每个群体的界限划分及其名称迥然殊异，人头税并非传统上压在农奴租佃人身上的义务。^④从长远看，德国庄园发展的最独特特征，也许是它没有与其他地方庄园的发展同时进行；拟古特性在整个封建时代似是德国社会特有的标志。^⑤

关于英国的农奴制，布洛赫认为，11世纪中叶，英国的地方庄园组织并不牢固，人身依附关系相当复杂，而诺曼征服引起了庄园所有权的彻底改变，打乱并简化了庄园的布局。^⑥与法国相比，英国农奴制的差异是英国的领主成功地将农奴乃至普通的租佃人留在自己的地产上。^⑦布洛赫称，诺曼征服大大加强了庄园组织，也有助于建立一个异常强大的君主政体，英国社会中划出了一条对所有人都显然具有现实重要性的新分界线：一方面是国王的属臣，国王法庭的保护无时不泽被其身；另一方面则是广大农民群众，他们大部分被抛在庄园主管辖权之下。^⑧从13世纪起，如同在法国一样，

① 〔法〕马克·布洛赫：《封建社会》（上卷），第419页。
② 〔法〕马克·布洛赫：《封建社会》（上卷），第420页。
③ 〔法〕马克·布洛赫：《封建社会》（上卷），第423页。
④ 〔法〕马克·布洛赫：《封建社会》（上卷），第424页。
⑤ 〔法〕马克·布洛赫：《封建社会》（上卷），第425～426页。
⑥ 〔法〕马克·布洛赫：《封建社会》（上卷），第426页。
⑦ 〔法〕马克·布洛赫：《封建社会》（上卷），第427页。
⑧ 〔法〕马克·布洛赫：《封建社会》（上卷），第429页。

原来意义几乎相反的"维兰"和"农奴"两个词通常被视为同义语，在庄园法庭无所不包的权力的推动下，维兰都要承受从前只有契约奴才负担的义务及其屈辱的社会标志。[①]

六 社会等级

第六编，布洛赫研究了贵族、骑士、教士与市民等封建社会的社会等级。

1. 贵族的出现与含义

在第21、22章，布洛赫分析了贵族（gentil homme）。布洛赫认为，在封建时代各社会中是没有平等可言的，并不是每一个占支配地位的社会等级都是贵族。配得上贵族称号的等级必须兼备两点：一是拥有自己的法律地位，这一法律地位能够肯定其所要求的优越性，并使这一优越性实际有效；二是这一地位必须是世袭的，根据正式确立的规则，只有数量有限的新家族才可以加入。[②]他称，真正的贵族在西欧出现的时间比较晚，直到12世纪才开始初步出现，13世纪随着采邑制和附庸制的衰落才得以成形，在整个封建社会第一阶段以及此前的一个时期，它是不为人所知的。[③]

日耳曼诸民族曾存在一些被称为"贵族"的家族，但没有存留下来。在封建社会第一阶段，主要家族历史最显著的特点是其血统门第的短暂性。布洛赫称，在封建社会的第一阶段，"贵族"一词没有精确的法定含义，差不多总是涉及某种显赫的门第概念，也表示财富的数量。[④]他认为，在第一阶段，"贵族"一词逐渐不再被用来指比较低微的人，而是越来越倾向于专指豪强群体，并没有确切的身份或等级的含义，但并非没有极为强烈的所谓社会

---

① 〔法〕马克·布洛赫：《封建社会》（上卷），第429页。
② 〔法〕马克·布洛赫：《封建社会》（下卷），第471页。
③ 〔法〕马克·布洛赫：《封建社会》（下卷），第472页。
④ 〔法〕马克·布洛赫：《封建社会》（下卷），第475页。

至尊级别的含义。^①布洛赫归纳了领主等级的贵族等级的典型特点：依靠他人的劳动为生。换言之，贵族首先是一个庄园主，或者是首领家中豢养的附庸，或者是过惯了冒险军人游荡生活的领主幼子。^②他认为，"贵族"意味着他拥有巨大财富，意味着对其他人所具有的权威，其天职使其不能直接从事任何经济活动，全身心承担其特殊的职责，即武士的事业；各附庸群体构成贵族的基本成分。^③早期封建时代的贵族与临时性士兵相比，其不同寻常的特点是，他是一名装备更精良的武士、一位职业武士。贵族骑马作战，作战时全副武装，使用长矛和剑，偶尔使用狼牙棒。^④

2. 贵族的生活

关于贵族的生活，布洛赫认为，封建时代"贵族"的自豪感首先是作为武士的自豪感，战斗是其生活的全部目的。^⑤他称，对贵族来说，除了灵活强健的身体，还需要勇气，无所畏惧和蔑视死亡，在一定意义上是职业资本，表现出无可争议的英雄气概。^⑥骑士对危险习以为常，战争为其提供了一种克服无聊生活的方法。^⑦打仗有时是一种法定义务，也经常是一种乐趣，可能也是一名骑士维护荣誉所需要的，是一种利润来源，是贵族的主要产业。^⑧出于对其声望和利益的考虑，贵族在礼物上当然不能吝啬，首领送给骑士最好的礼物是授予其分配战利品的权利，这也是骑士期望获得的主要收益。^⑨布洛赫指出，正是认为战争是荣誉之源和谋生手段因而必不可少的观念，使少数"高贵"群体与社会其他成员分隔开来。^⑩

---

① 〔法〕马克·布洛赫：《封建社会》（下卷），第478页。
② 〔法〕马克·布洛赫：《封建社会》（下卷），第479页。
③ 〔法〕马克·布洛赫：《封建社会》（下卷），第480页。
④ 〔法〕马克·布洛赫：《封建社会》（下卷），第482页。
⑤ 〔法〕马克·布洛赫：《封建社会》（下卷），第484页。
⑥ 〔法〕马克·布洛赫：《封建社会》（下卷），第487页。
⑦ 〔法〕马克·布洛赫：《封建社会》（下卷），第488页。
⑧ 〔法〕马克·布洛赫：《封建社会》（下卷），第490页。
⑨ 〔法〕马克·布洛赫：《封建社会》（下卷），第491页。
⑩ 〔法〕马克·布洛赫：《封建社会》（下卷），第494页。

在打仗之余，贵族也有自己的生活方式。布洛赫认为，不应认为贵族生活方式一定有一种乡村背景，但采邑酬劳附庸习惯的盛行、封建义务的弱化、对户外新鲜空气的爱好、喜欢运动的天性等往往促使贵族生活在乡村。[①]庄园主的住宅最普通的样式是木制塔楼，塔楼脚下挖有沟堑，有时不远处有栅栏或城墙，外面还有另一道沟堑；塔楼和栅栏常建在土丘上。布洛赫称，骑士永远处在一种戒备状态，贵族身边日夜都有扈从护卫。[②]

对贵族的职业与娱乐，布洛赫认为，他们虽然通常家居乡村，但并非农事行家，一般不直接参与农田管理，也很少亲自行使司法审判权，这些都是由管家代行的。贵族热衷的娱乐活动都带有好战情绪的烙印，主要是狩猎和马上比武。[③]

贵族的行为准则形成于封建社会的第二阶段。布洛赫认为，从12世纪起，"优雅""高洁之人"是贵族独有的行为规则。[④]他称，这些新规则出自法国宫廷和默兹河地区的各个宫廷，其语言和行为完全是法国式的。[⑤]布洛赫指出，贵族等级中的妇女有重要影响力，举办沙龙的、风度优雅的妇女出现于12世纪；贵族并非完全目不识丁，在12～13世纪他们钟情的文学体裁是抒情诗；对于肉欲之乐似乎很坦诚、现实，贵族的婚姻常常是一宗平凡交易，其家庭中私生子成群结队；贵族形成独特的爱情观——"优雅"之爱，它与婚姻无关，与合法婚姻状态是直接对立的，被爱的人通常是已婚女子，爱她的人永远不会成为她的丈夫。[⑥]贵族一般迅速而慷慨地花掉其获利。布洛赫称，贵族在挥霍财富时，所想到的是证明自己比其他人更优越，而对未来要么无太大信心，要么未雨绸缪。他指出，贵族这个等级以其拥有的权力、财富的性质和生活方式及其独

① 〔法〕马克·布洛赫：《封建社会》（下卷），第495页。
② 〔法〕马克·布洛赫：《封建社会》（下卷），第498～499页。
③ 〔法〕马克·布洛赫：《封建社会》（下卷），第500～503页。
④ 〔法〕马克·布洛赫：《封建社会》（下卷），第504页。
⑤ 〔法〕马克·布洛赫：《封建社会》（下卷），第505页。
⑥ 〔法〕马克·布洛赫：《封建社会》（下卷），第506～509页。

特的道德伦理而被分离出来，到 12 世纪中叶，贵族业已凝固成一个法定的世袭等级，越来越注重门第出身。随着"骑士授予礼"即骑士正式佩带武器仪式的广泛采用，贵族这个法定等级便明确地形成了。[①]

3. 骑士制度

在第 23 章，布洛赫探讨了骑士制度。在 11 世纪下半叶，出现了骑士授封仪式。具体是：骑士候选人通常是一位小伙子，一名年纪较长的骑士首先交给他象征未来身份的武器，他特别地佩带上佩剑；主持人在年轻人的颈上或面颊上重击一拳，后者只能接受而不能回击；仪式常常以一场体育演练宣告结束。新授封的骑士飞身上马，冲向标杆上擎着的一幅盔甲，以长枪将它刺穿或击倒，这就是人像靶刺练。布洛赫认为，骑士授封式显然与古代社会的那些入会式有关，它的普遍采用反映了骑士观念的深刻变化。在封建社会第一阶段，"骑士"的主要含义是指一种既由实际情况又由法定关系所决定的身份，其标准纯粹是个人性质的，而无论是采邑占有还是一定的生活方式标准都不足以赢得骑士称号，这时就需要一种授封仪式，这一转变在 12 世纪中叶完成。一个骑士不仅是"造就出来的"，还是"任命的"；全体授封骑士组成一个等级。[②]起初，授封仪式是世俗的，后由于对佩剑的祈福式，授封仪式由教皇或主教主持，宗教仪式渗透整个授封仪式，这一过程完成于 11 世纪，教会试图把这一武器交接仪式转变为一项圣礼。由于教会强调授职仪式的重要性，它的努力激发了一种情感，即认为骑士等级是一个新入教的社会群体。[③]

布洛赫称，宗教因素引入骑士授封仪式，不仅加强了骑士社会的团体精神，对其道德法规也产生了有力影响。未来的骑士从祭坛上取回佩剑之前，通常得按要求在誓言中明确陈述自己承担

---

① 〔法〕马克·布洛赫：《封建社会》（下卷），第 512～513 页。

② 〔法〕马克·布洛赫：《封建社会》（下卷），第 517 页。

③ 〔法〕马克·布洛赫：《封建社会》（下卷），第 521 页。

的义务，即使没有亲自宣誓的骑士也默认接受誓言的约束，这形成了一种准契约。[1]这对原有为了战争，而战争或为了获取财富而进行的战争观予以了修正，授封骑士应仗剑捍卫神圣的教会，特别是反对异教徒，他应该保护寡妇、孤儿和穷人，追击恶徒。[2]布洛赫指出，教会赋予骑士等级以理想的使命，最终正式承认了武士这一等级的存在，这个等级被认为是一个井然有序社会的必要部分，日渐等同于全体授封骑士。教会也为骑士等级的社会优越性提供了宗教上的合理证据，非常有利于严格意义上的贵族等级的发展。[3]

4. 贵族向合法等级的转变

1130～1250年前后，欧洲出现重大变化：成为一个骑士的权利已转变为一种世袭特权。在第24章，布洛赫对此进行了分析。在立法传统从未消失或一度中辍但又得以复兴的国家，这一新法律是由各种敕令加以规定的。[4]12世纪，欧洲产生了新的社会力量——城市贵族等级，他们中的许多人渴望取得"骑士饰带"。为控制这一新力量，法国宫廷颁布"贵族证书"（德国君主也颁发证书），授予其骑士称号，可以代代相传，这不仅意味着造就一个新骑士，也将造就一个全新的骑士家族。[5]当然，获得授予的人要付费，而原有的骑士集团不允许各种特权剧增，认为特许权的剧增是对其贵族门第的侮辱。[6]布洛赫称，在长期的、自发的发展过程中，从事实继承权向合法继承权的转变，只有通过王室或王公权威的加强才有可能实现，只有王室或王公的权威才能对社会实行更严格的控制，才能使各等级间的过渡合法化，对不可避免的有益转变加以管理。[7]他

---

[1] 〔法〕马克·布洛赫：《封建社会》（下卷），第521页。

[2] 〔法〕马克·布洛赫：《封建社会》（下卷），第523页。

[3] 〔法〕马克·布洛赫：《封建社会》（下卷），第525页。

[4] 〔法〕马克·布洛赫：《封建社会》（下卷），第527页。

[5] 〔法〕马克·布洛赫：《封建社会》（下卷），第531页。

[6] 〔法〕马克·布洛赫：《封建社会》（下卷），第533页。

[7] 〔法〕马克·布洛赫：《封建社会》（下卷），第532页。

指出，13 世纪后，造就贵族的不再是旧的仪式，它已变为一种外表文雅的礼节，因为仪式花费巨大，已为大多数人所不理睬；获得骑士称号成为一种世袭的权利，不管这种权利是否得到真正的行使。1284 年后不久，由法国诸王的大法官法庭最早授予非贵族出身者以骑士称号这一特权，在完全不附加任何条件的情况下，使接受骑士称号者的全部后代地位陡升，可以享受贵族习惯于凭借其父母双方的血缘关系可以享受的各种特权、权利和豁免权。[1]

关于贵族的法律，布洛赫认为，贵族阶层从军事采邑的持有者中产生，与从前行使某一功能有关的习惯法往往转变成为家族团体的习惯法。贵族从属于特殊的刑法，罚金通常比一般人的罚金更重；私人报复被认为与武器佩带密不可分，使用个人复仇权成为贵族的特权；禁止挥霍的法律使他们处于一个与众不同的地位。作为特权本源，对血统的重视表现在，印在骑士盾牌或镂刻在印玺上的古老的个人识别徽章变为纹章图案，这些纹章图案有时随采邑传下来，更常见的是在没有财产的情况下世代继承。[2]布洛赫指出，军事义务是贵族典型的义务，农业劳动是与军事等级的荣誉感相对立的，贵族不再以某一种职能——武装扈从的职能定义，不再是一个新成员组成的等级，但它仍是一个生活方式与众不同的等级。[3]

布洛赫认为，英国贵族的发展过程最初与欧洲大陆差不多，但从 13 世纪开始，其发展道路与欧洲其他国家不同。1181 年，亨利二世在英国强迫其臣民依所属社会等级配备武装，特别规定骑士采邑持有者要装备的武装。1224 和 1234 年，亨利三世断定，明智的做法是迫使每一位骑士采邑持有者及时履行骑士授封式，至少在骑士直接向国王行臣服礼时是如此。从 1254 年开始，所有的一定数量自由土地的持有者都已正式取得骑士称号。这样，骑士制度变成了

---

① 〔法〕马克·布洛赫：《封建社会》（下卷），第 536 页。

② 〔法〕马克·布洛赫：《封建社会》（下卷），第 539 页。

③ 〔法〕马克·布洛赫：《封建社会》（下卷），第 540 页。

财政制度，与欧洲大陆有显著不同。①英国的贵族是一个庄园领主、武士或武士首领、王室官员和"郡选骑士"组成的等级，其生活方式区别于普通自由人，最上层是伯爵和男爵群体。在 13 世纪，英国贵族开始被赋予非常有限的特权，这些特权几乎全部是政治性和荣誉性的，并附着于职位采邑，只能传给长子。布洛赫指出，英国的贵族等级总体上与其说是一个"法定的"等级，不如说是一个"社会的"等级。②

5. 贵族内部的等级

对贵族内部的等级，在第 25 章予以探讨。布洛赫认为，贵族群体不是一个平等的群体，他们在财富、权力、声望等方面存在巨大差异，因此形成一个等级体系，并起初为人们默认，后来通过习俗或法规得到肯定。③较低层次的是陪臣，即附庸的附庸，他们本身不是任何其他武士的领主，不行使权力或只对庄稼汉行使权力，通常只有极少数财产，过着乡村小贵族的贫穷生活，乐于冒险。一旦附庸拥有了自己的附庸，就成为方旗骑士，意指他可以率领一支扈从队伍。如果他直接臣服于国王或王公，就被称为总佃客、统领或男爵（baron）。男爵特指大首领属下的主要附庸。④贵族与男爵差不多是同义词。在欧洲大陆，尽管是由农民行使，管家却是名副其实的职位，有固定的报酬，由领主单独任命的人充任。领主身边的工匠、家仆、信使、地产管理者、管家，都被归于侍臣（ministeriales）。这些服役务者，通常有两种酬劳办法：居住在主人家中由主人豢养，或被授予一块承担专职义务、被称作采邑的佃领地。⑤布洛赫指出，领主的管家从一开始就是富裕农民，他在自己的势力范围内便是领主，他还是法官。⑥他称，继承因素与通婚习

---

① 〔法〕马克·布洛赫：《封建社会》（下卷），第 542 页。
② 〔法〕马克·布洛赫：《封建社会》（下卷），第 543 页。
③ 〔法〕马克·布洛赫：《封建社会》（下卷），第 545 页。
④ 〔法〕马克·布洛赫：《封建社会》（下卷），第 545～546 页。
⑤ 〔法〕马克·布洛赫：《封建社会》（下卷），第 553 页。
⑥ 〔法〕马克·布洛赫：《封建社会》（下卷），第 555 页。

惯使最高级的管家变成一个界限分明的社会群体，但其却为奇怪的内部矛盾所困扰，他们在法律上的地位与其实际地位形成鲜明对比：他们在权力、社会习惯、财富类型、军事职责方面与附庸"贵族等级"很相似，但在大多数情况下仍是农奴。[①]英国、法国和德国对这一矛盾的补救措施各不相同，其发展状况也不同。

6. 教士与市民

教会团体和市民群体是封建社会中两个特殊的群体，在第26章对此予以分析。布洛赫认为，封建时代教士与俗人之间界限并不是清楚和固定的，但教士在很大程度上构成了一个合法等级，其特点是拥有特殊法律和司法权力。教士在任何意义上都不是一个社会等级，在它的各阶层内部同时存在着生活方式、权力和声望迥然有异的各类人员：首先是修士，其次是乡村郊区的祭司，接下来是城镇祭司、附属于大教堂的教士团成员、主教法庭的文书或显要人物，最高层相当于最大军事贵族的修道院长、主教和大主教等高级教士。[②]布洛赫称，修士和祭司们必须依靠别人的辛苦劳作过活，大教堂的教产在本质上具有领主财产性质，是由信徒的施舍累积而成，教士团体首领们已经支配了各阶层的大批世俗依附者，农奴和低等级的委身者大量涌到教会地产上。在封建时代特有的个人依附关系网的形成过程中，教堂成为最具吸引力的强大中心之一，教会成为封建时代一支强大的世俗力量，但其自身也面临危险，太容易忘记自己的正当职能。[③]布洛赫指出，在宗教社会的核心部分，附庸制的各种习惯会孕育一种更为古老而本质又非常不同的主从关系；[④]为了国王而"指定"主教的思想最终成为一项公认的原则。[⑤]国王、诸侯习惯于要求他们提名的主教或修道院长向自己行臣服礼，通过臣服礼，精神权威的代表对世俗

---

① 〔法〕马克·布洛赫：《封建社会》（下卷），第558页。
② 〔法〕马克·布洛赫：《封建社会》（下卷），第564～565页。
③ 〔法〕马克·布洛赫：《封建社会》（下卷），第566～567页。
④ 〔法〕马克·布洛赫：《封建社会》（下卷），第568页。
⑤ 〔法〕马克·布洛赫：《封建社会》（下卷），第570页。

权威的从属关系不仅被展现出来，还得到强化，造成高级教士职位同化于附庸采邑的危险性。^①面对教会被世俗力量控制，格利高里进行了改革，教会高级职位向世俗权力表示臣服的形式被废除，后主教由红衣主教团任命，但其改革证明自己完全无力从强大的世俗权力中争得控制权。在封建社会第二阶段，主教或修道院长被赠予大量的庄园地产，承担每一个贵族对国王或诸侯应尽的义务，甚至还包括非同一般的役务，教会高级教士仍然因忠诚义务而受制于国王。^②

　　市民是城市中的特殊类型居民，最典型的是商人与工匠。布洛赫认为，早期阶段城市生活中的市民同骑士一样具有尚武精神，有佩带武器的习惯，也有的从事田间耕作，但对市民来说，这些活动是次要的；从本质上来看，市民是以经营商业为主。^③他指出，几乎所有封建社会建立起的制度都让市民厌烦，他们处在社会的微末位置，他们渴望建立的城镇是封建社会的异物，他们热切盼望实现集体独立的理想目标，但这种集体独立最终并未超出各种程度有限的行政自治；为摆脱地方暴政的束缚，市民自投于强大的王室政府或诸侯政府的保护之下。市民力量的不断增长更加决定了瓦解封建制度的最突出特征之一——权力的分割，其中具有突出意义的一个行动是建立新的城市共同体——市民的共同誓约（在法国被称为"公社"）。公社誓约的显著特点是，它将平等之人联合起来。^④布洛赫指出，这些誓约虽然只是服务于商业活动，但他们是市民联合体形成的最早明证，他们为欧洲社会贡献了一种新的因素，相互援助誓约取代了以保护换取的服从誓约，这与严格意义上的封建精神格格不入，是真正革命的因素。^⑤

---

① 〔法〕马克·布洛赫：《封建社会》（下卷），第571页。
② 〔法〕马克·布洛赫：《封建社会》（下卷），第574页。
③ 〔法〕马克·布洛赫：《封建社会》（下卷），第576页。
④ 〔法〕马克·布洛赫：《封建社会》（下卷），第577～578页。
⑤ 〔法〕马克·布洛赫：《封建社会》（下卷），第578～579页。

七 政治体制

在第七编的前三章（第 27～29 章），布洛赫探讨了封建社会的政治体制。

1. 司法制度

布洛赫认为，在 1000 年左右的欧洲，司法制度混乱，呈现以下特点：司法权呈现出极大的分割状态、各种司法权错综交织、功能低下、判决难以执行。[①]他称，每个首领都渴望做一名法官，行使审判权并不是一件非常复杂的事情，是一件依靠记忆和习惯完成的事，没有任何思想障碍阻挡任何拥有足够权力之人自立为法官或确立其代理人为法官；教会法庭与普通法庭并立，它说明世俗权力的衰微，也证明这一种趋势：教会世界日益拓宽横亘在上帝的仆人这个小团体和世俗众生之间的鸿沟。教会司法制度和教会法在封建主义特有的各种制度中可谓是国中之国。[②]

布洛赫指出，蛮族时代的欧洲司法制度是以自由人与奴隶之间的传统对立为主的，理论上，自由人接受其他自由人组成的法庭的审判，由于国王的代表主持审判，而主人对奴隶有裁决权和惩治权，但随着向封建社会的过渡，两个法律范畴之间的鸿沟日趋缩小，领主常常将其惩治权一律扩大到地位卑微的混杂群体，还亲自担任法官审理他们之间的诉讼案件。他称，豁免权意味着两种特权的结合：免除某些财政负担；不管何种理由，领地均不受王室官员的巡查，这几乎必然地委以领主某些司法权以统治其百姓。[③]查理曼进行了司法改革，设立层次不同的两个法庭，每一个法庭都在其权限内享有充分的权力。其中伯爵定期巡访百户区并主持伯爵法庭，全体居民都有义务出席，处理死刑或罚没奴隶的"大案"；

---

① 〔法〕马克·布洛赫：《封建社会》（下卷），第 583 页。
② 〔法〕马克·布洛赫：《封建社会》（下卷），第 584～586 页。
③ 〔法〕马克·布洛赫：《封建社会》（下卷），第 586～587 页。

而"小案"留给经常举行且权力更为有限的庭次审理，只有陪审员有义务到庭，由伯爵在该行政区的代理人"百户长"主持。① 布洛赫称，在封建社会第一阶段，加洛林王朝在一定程度上消除了在高低司法权之间建立的屏障，众多小首领被赋予了生杀予夺之权，所有重要的教会权力机关都行使凶杀审判权，亲自审理或通过代理人审理杀人案件。② 在封建时代，各类问题上的大量纠纷都通过一对一的决斗来解决，这种血腥的解决办法只能在拥有司法权的法庭面前方可实行。③ 在封建时代，行使高级司法权的任何人，都可在其直接控制的领地上行使低级司法权，反之则不然；司法权再分割普遍存在，正像百户长和豁免权享有继承人从伯爵手中取得对重大案件的垄断权而逐渐行使高级司法一样，他们也失去次要案件的垄断权，大批庄园主获得了这些司法权。④

布洛赫认为，自由人由自由人大会审判、奴隶由其主人惩罚这一区分很难延续，在封建时代许多人都接受奴役的情况下，演变为如果不是由同等地位者进行审判那至少是由同一领主属下的臣民团体进行审判。⑤ 但国王或大贵族几乎从不亲自断案，甚至许多庄园主或管家也几乎从不断案，法庭通常由主持法庭的领主召集，"公布"或"发现"法律的正是领主的法庭，即使最专横的暴君也不可能废除集体审判。⑥ 在欧洲封建社会第二阶段，决定其他自由佃农命运的是自由佃耕农组成的"法庭贵族"，而"习惯法法庭"则接受领主管家的判决。⑦

布洛赫分析了欧洲各国司法权演变的不同。在英国，百户区法庭和其上的郡法庭的权限划分没有加洛林帝国那样清楚，英国

---

① 〔法〕马克·布洛赫：《封建社会》（下卷），第589页。
② 〔法〕马克·布洛赫：《封建社会》（下卷），第591页。
③ 〔法〕马克·布洛赫：《封建社会》（下卷），第593页。
④ 〔法〕马克·布洛赫：《封建社会》（下卷），第593页。
⑤ 〔法〕马克·布洛赫：《封建社会》（下卷），第596页。
⑥ 〔法〕马克·布洛赫：《封建社会》（下卷），第597页。
⑦ 〔法〕马克·布洛赫：《封建社会》（下卷），第598页。

司法制度没有区分高低两级司法权。国王颁授的"诉讼与判决"的司法权的适用范围从一开始就大于加洛林王朝的豁免权在理论上的适用范围，但并未完全取代实行公法的旧公共法庭。[①] 在德国，封建法庭与古代法庭并肩发展，而没有将后者吞并；古老的伯爵法庭和百户区法庭有非常广泛的诉讼范围；对自由人应由自由人法庭审判这一原则的高度尊重，使德国法庭的组成比其他国家更具寡头性。[②] 法国是司法以最纯粹的形式封建化的国家，有高低两级司法权，但百户区法庭即基层法庭消失得非常迅速且彻底，行使高级司法权的领主的司法辖区通常有"城堡领地"之称。[③] 布洛赫指出，整个欧洲有两股重要力量限制或削弱司法权分裂的力量：首先是诸王权的存在，其次是按加洛林王朝的模式设计的德国国王的法庭仍然吸引了大量重大案件。[④]

2. 政权

在封建时代的欧洲，存在着各种各样的政权，最高层是王国和帝国，其下是较晚发展起来的政权，如领地大公国、普通贵族领地或城堡领地。西罗马帝国灭亡后，西欧分裂为由日耳曼各政权统治的诸王国。[⑤] 布洛赫称，在封建时代，出现了欧洲政治版图的最初轮廓，总体来看，各王国地理上最突出的特点也许是：虽然它们的领土界线变化不定，但国家的数量变动很小。[⑥]

关于王权的传统与性质，布洛赫指出，封建时代王权的神圣性来自古日耳曼尼亚国王们与罗马皇帝自称的神性双重遗产，基督教进一步确认了王权的神圣性，同时从《圣经》中引入一种古希伯来或古叙利亚的就职礼，如佩戴王冠、涂油礼。王权继承时要移交王权象征物，如指环、剑、旗标以及王冠本身的宗教仪式

---

① 〔法〕马克·布洛赫：《封建社会》（下卷），第 599～600 页。
② 〔法〕马克·布洛赫：《封建社会》（下卷），第 601 页。
③ 〔法〕马克·布洛赫：《封建社会》（下卷），第 602 页。
④ 〔法〕马克·布洛赫：《封建社会》（下卷），第 602 页。
⑤ 〔法〕马克·布洛赫：《封建社会》（下卷），第 605 页。
⑥ 〔法〕马克·布洛赫：《封建社会》（下卷），第 611 页。

也被效仿，但除教士外，只有国王才能接受"主的涂油"。[①]他称，一种名副其实的具有祭司性质的国王，与盛行于整个西欧的宗教发生矛盾：未被授予圣职的国王不能举行圣餐礼，不是严格意义上的教士，但他分享了教士的性质。在国王努力控制教会的过程中，国王和其他人都认为，国王是作为教会成员行事的，但这一观点从未在教会团体内部得到普遍承认。[②]在民众心目中，王权的神圣性质不仅表现在拥有控制教会权的抽象概念上，而且还表现在有关一般意义上的王权和各种个别君主政权的整套传说和迷信上。王权的起源可追溯到欧洲封建社会第一阶段，大约在12、13世纪得到充分发展。[③]布洛赫指出，关于王权的宗教或巫术的观念，在超自然现象层面，只是表达了人们认为国王们所特有的政治使命：国王是"民众首脑"。[④]他称，君主不仅仅是全体人民的统治者，而且通过一系列上行的梯级成为众多附庸的最高领主，通过这些附庸又成为数量更多的卑微依附者的最高领主，王权的封建化有助于维护阶梯的连续性。[⑤]

关于王位的传承，布洛赫称，世袭和选举这两种方式在中世纪并非水火不容，纯粹的选举得到教士的拥护，人们相信的不是个人的世袭天职，而是一个统治家族的世袭使命，认为只有这个统治家族才能产生能干的领导者。[⑥]由已故国王的所有儿子共同执掌权力或由他们瓜分国土，实际上只是体现了所有后代分享同一王朝统治特权的原则，这种集体继承制几乎不可避免地倾向于导致直系个人继承制。[⑦]法国基本上从一开始就认可长子继承制；而德国更加忠诚于古老的日耳曼习俗，从未毫无保留地承认长子继承。

---

① 〔法〕马克·布洛赫：《封建社会》（下卷），第612～613页。

② 〔法〕马克·布洛赫：《封建社会》（下卷），第613页。

③ 〔法〕马克·布洛赫：《封建社会》（下卷），第614页。

④ 〔法〕马克·布洛赫：《封建社会》（下卷），第615页。

⑤ 〔法〕马克·布洛赫：《封建社会》（下卷），第617页。

⑥ 〔法〕马克·布洛赫：《封建社会》（下卷），第618页。

⑦ 〔法〕马克·布洛赫：《封建社会》（下卷），第619页。

布洛赫认为，国王（king）和皇帝（emperor）这两个头衔并不曾被混淆。⑧要自称皇帝，在罗马接受教皇亲手所为的第二次涂油这一圣礼，以及授予帝国象征物的授职礼是绝对必需的，而帝号体现了对普通国王，即12世纪他们在帝国宫廷里喜欢讲的"小国国王"的优越感。⑨

领地大公国是在若干伯爵领积聚的基础上建立的。在加洛林王朝，伯爵是名副其实的官职，是超级行政长官，除了行使军事指挥权，还履行几个行政部门的职责。同时，伯爵还是其辖区修道院的保护人或院长，有自己的财产、采邑，聚合起大批扈从，安排或接受一些人为副伯爵（子爵）代他控制各种领地。领地大公国的控制者，有"大伯爵""主伯爵""边侯""公爵"等称谓。领地大公国的建立，有地理、民众之间共同生活方式、部族等因素。布洛赫称，公爵被视为一个部族的首领而不只是某个省份的行政长官，以致公国的贵族经常要求拥有选举公爵的权利，国王在很长时期内也拒绝承认公爵拥有世袭继承权。公爵权力中保存的一种公共职位的性质与牢固的部族地方性结合起来，使得10世纪德意志公国与法国的大公国迥然不同。大公国面临双重威胁：其上有来自国王的威胁，其下有来自各种分裂力量的威胁。⑩

布洛赫指出，早期的伯爵领地并未全被大公国吞并，一些伯爵领地长期保持独立。由于权利被瓜分和许多豁免权的建立，伯爵的权利解体。在形形色色的头衔和权限不同的领主权的建立和巩固过程中，城堡发挥了关键作用。这些城堡与骑士设防居所不同，只是一些用来居住的建有防御工事的房屋。第一批城堡是在诺曼人和匈牙利人入侵时期由国王或重要军事辖区的首领建造的，未经国王或诸侯允许建造城堡被视作非法。布洛赫称，城堡不仅是城堡主的安全庇护所，有时也是其臣民的安全庇护所，是附近整个地区的行

⑧〔法〕马克·布洛赫：《封建社会》（下卷），第627页。
⑨〔法〕马克·布洛赫：《封建社会》（下卷），第627页。
⑩〔法〕马克·布洛赫：《封建社会》（下卷），第638～639页。

政首府和附属地组织的中心，也是司法中心，是所有有形权力的源泉。虽然城堡主不属伯爵等级，但它最终促成了一个实际的领地大公国。①

加洛林王朝时期，按照墨洛温王朝与罗马的传统，总是把主教参与其主教区的世俗事务管理视为正常的，但只是将主教作为国王的代理人即伯爵的同僚，或者偶尔作为伯爵的监督者。在欧洲封建社会第一阶段，有时让主教充当伯爵。后把整个伯爵领授予主教。促使国王这样做的动机是他们希望在天国与尘世这两个世界获取最佳结果，②但各国发展的方向不同。布洛赫分析道，在法兰克王国，早在10世纪时很多主教已经落入领地诸侯甚至普通伯爵的控制之下，获得伯爵权力的主教为数很少，从11世纪起，主教无法与伯爵抗衡，只能越来越紧密地依附于王权。在德国，到10世纪末，国王为扶持主教而常常将整个伯爵领，甚至一批伯爵领赠予主教，结果很快建立了属于教会的、相当庞大的领地领主权。在意大利伦巴底和托斯坎尼，与德国如出一辙，但把几个伯爵领集中在同一教会手中的现象十分少见，而城市公社力量迅速成长起来。加洛林王朝的代理人虽然服务于主教或修道院，但仍在有关事务中扮演着某种国王代表的角色。③布洛赫称，由于教会的领主权在理论上是不可分割的，它们的独特性使教会的领主权保留下来，免遭分割继承这一永恒的危险，所以它从一开始就是一个不稳定世界中重要的稳定因素。④

此外，在第30章，布洛赫还分析了西欧的混乱及克服混乱的努力。他认为，封建国家的观念与现代国家的观念不同，国王和大贵族实际上只有三项基本职责：他必须通过宗教机构和虔诚信仰的保护来保证臣民获得灵魂拯救；保护他们免受外敌侵犯；维护

---

① 〔法〕马克·布洛赫：《封建社会》（下卷），第641～643页。

② 〔法〕马克·布洛赫：《封建社会》（下卷），第644页。

③ 〔法〕马克·布洛赫：《封建社会》（下卷），第644～647页。

④ 〔法〕马克·布洛赫：《封建社会》（下卷），第651页。

公正和内部和平。由于其使命要求他首先击败入侵者或惩处作恶者，因此他忙于作战，惩处犯人，而不是管理国家。封建政府的共同特点之一就是，它们在事实上总是断断续续地发挥作用。[①] 他指出，不要把封建政府描绘成一种法律上或实际上的个人绝对专制体制，没有经过事先协商，不能做出任何重大决定；国王或诸侯向其主要臣属和自己的附庸征求意见。[②]

布洛赫指出，在封建社会，特别是其第一阶段，人们生活在经常性的痛苦不安状态中，暴力不只渗透到经济、法律领域，还是一种习惯，人们呼唤和平。但由于世俗政府软弱无能，人们才在常规权力机构之外，在教会的提倡之下，自发行动起来，致力于迫切希望的和平与秩序的组织。和平源自主教会议。和平运动在起源上特别具有法国特性，尤其是具有阿基坦特性。随后，欧洲建立了一些致力于和平的组织。如"上帝的和平"（对某些阶层的人或物实行特殊保护）、和平兄弟会（1182 年，由勒皮的木匠建立）、法国的勒芒公社运动、英国的"和平互助会"等。

八　封建社会的衰落与延续

布洛赫认为，13 世纪中叶以后，欧洲社会开始脱离封建制度，走向国家重建。在第 31 章，布洛赫对此进行了探讨。他认为，在欧洲封建社会的第二阶段，出现了权力再集中的诸多因素，如入侵活动的终止使国王和诸侯政权从一个耗尽力量的任务中解脱出来，使人口迅猛增加；人口的增加不仅有助于维护秩序，而且促进了城镇、手工业者阶层和贸易的复兴；货币流通日趋活跃，规模不断扩大，税收和领取薪俸的官员再次出现，军队付酬制开始代替世袭契约役务这种效能低下的制度；国王或诸侯又通过权力优势向教会和城市征税。总之，国家从这个时期开始获得其至尊权威的根本因

---

① 〔法〕马克·布洛赫：《封建社会》（下卷），第 653 页。
② 〔法〕马克·布洛赫：《封建社会》（下卷），第 655 页。

素——任何个人或团体不能比拟的巨大财源。[①] 此外，人们的心态相应发生了变化，更容易理解个人对政府的服从所蕴含的这种社会关系纽带的意义，唤醒了人们对昔日伟大君主国的记忆；教育已经进入世俗社会；建立了档案等。文字记录预示着一种新的权力，即官僚体制正在崛起。[②] 但法国、德意志和英国的路线却不同。布洛赫指出，法兰西王权即使在国家复兴以后似乎还永久地带有那种聚合体——伯爵领、堡领和对教会权利的聚合体的痕迹，以非常"封建的"方式使这种聚合体成为其权力的基础。[③] 他称，从政治上说，德意志不复存在，但又像法国人所说的那样，存在着若干个德意志。一方面，德意志社会发展迟缓；另一方面，德意志也出现了差不多整个欧洲普遍存在的有利于公共权威集中化的条件。这两个因果关系链条的结合意味着，在德意志，实现社会力量的再集中，只能以这个旧式国家的长期分裂为代价。[④] 在英国，盎格鲁－诺曼国家是罗洛征服西纽斯特里亚和威廉征服英国的产物，英国王权从一开始就拥有一个由受过教育的职员构成的官僚机器；英国井然有序的封建组织体系与更古老的传统连在一起，是复合型王权，但也存在离心因素。[⑤]

布洛赫分析了欧洲诸民族共同体的形成。他认为，1100 年前后，法兰西和德意志的民族意识已经高度发展。[⑥] 他指出："民族性是由更复杂的因素孕育而成的，这些因素就是多少可为人们理解的语言的、传统的和历史记忆的共同性；形成这种民族性的还有一种政治边界造成的共同命运意识，虽说每条边界大致上都是偶然固定下来的，但它们整体上对应于建立已久、影响广泛的亲缘性。所有这一切并非由爱国主义创造出来。封建社会第二阶段

---

① 〔法〕马克·布洛赫：《封建社会》（下卷），第 671 ~ 672 页。

② 〔法〕马克·布洛赫：《封建社会》（下卷），第 672 ~ 673 页。

③ 〔法〕马克·布洛赫：《封建社会》（下卷），第 678 页。

④ 〔法〕马克·布洛赫：《封建社会》（下卷），第 682 ~ 683 页。

⑤ 〔法〕马克·布洛赫：《封建社会》（下卷），第 683 ~ 686 页。

⑥ 〔法〕马克·布洛赫：《封建社会》（下卷），第 693 页。

的特点是，人们需要把自己置于更大的共同体内，社会对自己已经获得了更明确的总体意识，在这个阶段，爱国主义仿佛变成了这些潜在事实的外在表现物，因而又变成了新的社会现实的创造者。"① 封建社会第二阶段不仅见证了国家的形成过程，而且也经历了真正的民族国家得到承认或确立的过程——虽然这些国家必定还要经受诸多变迁。

13 世纪中叶后，欧洲各社会决定性地脱离了封建方式，但封建主义有其延续阶段，如庄园制在封建主义灭亡后存在了很长时间。

九 封建社会的普遍性

第八编是全书的结语部分，探讨了西欧封建主义作为一个社会类型的特征，以及其历史遗产对后世的影响。在第 32 章，布洛赫阐述了封建主义的普遍性与欧洲封建主义的特征。对封建主义的多样性，布洛赫援引了伏尔泰的观点："封建主义不是一个事件；它是一种有着不同运动形式的古老的社会形态，存在于我们所在半球的四分之三的地区。"② 他称，财富——当时主要由土地构成——与权力的一致性确实是中世纪封建主义的突出特征之一，但是，这与其说是因为这个社会具有严格的封建特征，倒不如说是因为它同时以庄园为基础。庄园是封建社会的基本因素，但它本身却是更古老的制度，它首先是在使用"附庸"一词时产生，注定要持续更长时间。③

对欧洲封建主义，布洛赫认为，它应被视为旧社会剧烈解体的结果，是在最后的蛮族入侵的氛围中最终发展起来的；与其说它是一个等级社会，不如说是一个不平等的社会：一个有首领而没有贵

① 〔法〕马克·布洛赫：《封建社会》（下卷），第 694 页。
② 〔法〕马克·布洛赫：《封建社会》（下卷），第 697 页。
③ 〔法〕马克·布洛赫：《封建社会》（下卷），第 699 页。

族、有农奴而没有奴隶的社会，封建制度意味着一大群卑微的人对少数豪强严格的经济从属，最显著的特点之一是首领等级与职业武士等级事实上的一致性；封建社会独特的人际关系纽带是从属者与附近首领的联系，它设计出一种不动产形式，这种形式既适于酬劳役务，又与人身关系纽带本身的时限相一致。①

布洛赫总结道："依附农民；附有役务的佃领地（即采邑）而不是薪俸的广泛使用——薪俸是不可能实行的；专职武士等级的优越地位；将人与人联系起来的服从—保护关系（这种关系在武士等级内部采用被称作附庸关系的特定形式）；必然导致混乱状态的权力分割；在所有这些关系中其他的组织形式即家族和国家的存留（在封建社会第二阶段，国家将获得复兴的力量）——这些似乎就是欧洲封建主义的基本特征。"②

在第 33 章，布洛赫研究了西欧封建主义诸要点，如庄园制、农奴制、源于附庸制和采邑的义务等在中世纪晚期和近代早期的残存和重活，以及一些武士观念和契约观念的影响。

第三节　评析与学习启迪

一　原著评析

许多学者对《封建社会》不吝赞美之词。如英国经济史学家 M. M. 波斯坦称赞它是论述封建主义的国际水准的著作。③法国历史学家罗贝尔·福谢埃称其居于封建社会研究领域的核心，是初出茅庐的研究者所需要的第一本读物，是已经登堂入室的研究者需要一再研读的著作。④爱丁堡大学学者 T. S. 布朗称该著对中世纪研究专家、

① 〔法〕马克·布洛赫：《封建社会》（下卷），第 700 ~ 703 页。
② 〔法〕马克·布洛赫：《封建社会》（上卷），第 704 ~ 705 页。
③ 〔法〕马克·布洛赫：《封建社会》（上卷），英译本 1961 年版前言，第 19 页。
④ 〔法〕马克·布洛赫：《封建社会》（上卷），1989 年法文版序言，第 xv 页。

非历史专业的研究者、大学生和一般读者所产生的影响，远非任何其他中世纪史著作所能比拟。[1]他还称该著可与英国理查德·W.萨瑟恩（R.W.Southern）爵士的《中世纪的形成》相媲美，共同成为中世纪社会和文化研究的最优秀的入门之作，仍然是比绝大多数教科书更出色的"教科书"。[2]我国学者马克垚也称其无疑是"研究封建社会的一部综合性巨著，它包括了西欧封建社会的经济、政治、文化心态等诸多结构"，[3]"像这样对西欧封建社会全面、系统的综合之作，我所知道的也就只有年鉴派第三代学者勒高夫所写的《中古文明》"。[4]

在许多具体问题上，《封建社会》提出了许多具有启发性的观点。如在农奴问题上，罗贝尔·福谢埃评析道："他对农奴制的描述长期以来具有信条般的重要性，他确定了农奴身份的'特别负担'表，认为乡村采邑的世袭权是采邑转让的标志，并提出一种看法：与自由地的消失相对应的是一股潮流，即一种奴役制'关系网的加速形成'，概言之，乡村世界是由'极大多数农奴'所构成的。如果再三阅读该书，这些论断远不像人们所说的那么明确——这不是它的风格，但它们几乎马上引起了长期的争论，有时像喜剧般可笑。今天，无论是在时间上还是空间上，对于农奴阶级规模和所受强制的刻画已被大大修正了。在这个问题上，布洛赫或许是弄错了。"[5]

在封臣问题上，罗贝尔·福谢埃认为，布洛赫讨论封臣身份以及随之相伴的"家中的面包味道"，确实难能可贵。他首先排除了效忠关系与土地转移之间的联系，这种联系此前一直都被认为是固有的和不可避免的。他认为，在当时的主人们中，有一小

---

① 〔法〕马克·布洛赫：《封建社会》（上卷），英译本1989年版前言，第1页。
② 〔法〕马克·布洛赫：《封建社会》（上卷），英译本1989年版前言，第18页。
③ 〔法〕马克·布洛赫：《封建社会》（上卷），中文版序言，第iii页。
④ 〔法〕马克·布洛赫：《封建社会》（上卷），中文版序言，第iv页。
⑤ 〔法〕马克·布洛赫：《封建社会》（上卷），1989年法文版序言，第xxiv页。

撮世俗和教会的人，为一种巨大的善意所激发，但一无所有。①
关于贵族，罗贝尔·福谢埃认为，布洛赫曾以富有洞察力、活泼、
动人的笔触描述贵族阶级的生活方式，描写他们对武力的爱好，
对炫耀体力、狩猎或比武的兴致；他写的那些篇章始终是完美无
缺的。②

　　此外，罗贝尔·福谢埃认为布洛赫对血缘关系问题、10 世纪的
入侵在心态和政治方面的影响以及对人体的探索等方面的研究在当
时都具有前瞻性。③

　　当然，学界也有不少质疑之声。如罗贝尔·福谢埃就列举了《封
建社会》中的诸多不足。④B. D. 勒扬（B. D. Lyon）甚至称："研究
中世纪史的人不会从《封建社会》中获得很多新东西。"⑤

　　罗贝尔·福谢埃认为，该书的研究有一些明显的，甚至严重的
空白，如货币、城市面目不清，技术问题勉强涉及一点；对于经济
这一社会基础，推测多于写实；他对 900～1200 年世俗贵族的描述，
多于对总体的"封建社会"，尤其是"封建主义"的描述。⑥布洛赫
的某些观点和主张有争议，如他认为蛮族或元老院血统的旧贵族
已经完全消失、他主张贵族的高贵性具有整齐划一特征；还存在
因缺乏"地中海地区例证"而招致的批评。⑦我国学者马克垚也称：
"《封建社会》大量论述的是西欧的封建君臣关系、封土制、封建贵
族等级等政治内容，而对经济结构论述较少。"⑧

　　即便如此，《封建社会》的学术地位仍是不可动摇的。正如罗
贝尔·福谢埃所言："即使仅具有'一次未竟探索所具有的魅力'，
它在我们的知识领域中仍占有重要地位，它是众多研究活动的源

---

① 〔法〕马克·布洛赫：《封建社会》（上卷），1989 年法文版序言，第 xxiv 页。
② 〔法〕马克·布洛赫：《封建社会》（上卷），1989 年法文版序言，第 xxv 页。
③ 〔法〕马克·布洛赫：《封建社会》（上卷），1989 年法文版序言，第 xxv～xxvi 页。
④ 〔法〕马克·布洛赫：《封建社会》（上卷），1989 年法文版序言，第 xx～xxvi 页。
⑤ 〔法〕马克·布洛赫：《封建社会》（上卷），英译本 1989 年版前言，第 18 页。
⑥ 〔法〕马克·布洛赫：《封建社会》（上卷），1989 年法文版序言，第 xxvi 页。
⑦ 〔法〕马克·布洛赫：《封建社会》（上卷），1989 年法文版序言，第 xxiv 页。
⑧ 〔法〕马克·布洛赫：《封建社会》（上卷），中文版序言，第 iv 页。

头，这些研究都扎根于此，而且通常也承认这一点。视角高妙、措辞精当、文笔优雅、形象鲜明，使它历经波澜而色彩不减。这部杰作引人瞩目之处正在于此。"①

二　国内外学界关于"封建社会"的研究

关于"封建社会"，许多国内外学者进行了探讨，也产生了一批有代表性的成果。②

马克思、恩格斯从西欧中世纪的社会存在中概括出封建主义的五个特征：人身依附、土地不可让渡、超经济剥夺、政权分割和等级制。马克思、恩格斯并未将封建主义视为西欧的专有物，对于与西欧中世纪社会形态类似的中古日本，他们也不止一次地以"feudalismus"相称。但遍稽马克思、恩格斯所有关于东方国家中古形态的论述，却无一处以"feudalismus"指称印度、中国等其他东方国家。③

著有《中古文明》的年鉴学派第三代代表人物雅克·勒高夫（J. Le Goff）认为，封建制度当然不能等同于庄园制度，但它根植于到处基本上都一样的一种经济管理方法，即由教俗领主享用农民群众农业生产的全部剩余。④英国史学界享有声誉的理查德·萨瑟恩爵士所著《中世纪的形成》并没有使用"封建主义"一词，但它肯定了970～1204年西欧历史的成就，但内容太偏重于思想和教会，不是一部封建主义的综合之作。⑤

苏珊·雷诺兹（Susan Reynolds）的《封土与封臣》对封建主义是否可以成立提出了挑战，其结论是：以封君、封臣为代表的那种封建主义，在西欧主要是在12世纪以后才出现的，它的出现并不

① 〔法〕马克·布洛赫：《封建社会》（上卷），1989年法文版序言，第 xxvii 页。
② 本部分主要参见马克垚为《封建社会》撰写的中文版序言。
③ 冯天瑜、谢远笋：《广义、狭义和泛化的封建论》，《中华读书报》2017年3月15日。
④ 〔法〕马克·布洛赫：《封建社会》（上卷），中文版序言，第 iv 页。
⑤ 〔法〕马克·布洛赫：《封建社会》（上卷），中文版序言，第 v 页。

是王权衰弱、无政府状态的结果，相反它是国家机构加强、法律制度发展的产物。①

自布洛赫以来，对封建主义的研究著作层出不穷，大部分仍是以讨论其政治、法律形态为主，也涉及社会经济等诸方面。西方的一些马克思主义史学家才明确视封建主义为一种社会形态，一种社会生产方式，并从这方面进行了研究。如佩里·安德森（P. Anderson）对封建生产方式在西欧和东欧各地区的特点都进行了论述，认为封建生产方式的特征是自然经济的统治，即劳动力和劳动产品都不是商品；直接生产者——农民被束缚在土地上，法律上被认为是农奴，受超经济强制的剥削；封建主控制着土地，并对农民享有司法审判权，他们的土地以服军役为条件领自上级封君，形成等级连锁；结果是政治主权不能集中在一个中心。主权的分割是封建生产方式的要素。②另一个著名的马克思主义史学界罗德尼·希尔顿（Rodney Hilton），也多次讨论封建主义、封建社会的内容，他认为对于社会形态、生产方式，必须要从其特殊性上加以掌握，而西欧封建生产方式的特殊性是它政权的分散，一般把这种政权分散归之于上层建筑，但希尔顿以为西欧封建时期的政权分散意味着领主对佃户的法律审判权，所以可以把它作为生产关系看待。这方面他和安德森的意见是一致的。安德森也认为，超经济强制是封建生产方式的有机组成部分，因此不通过这些政治、法律上层建筑就无法了解西欧封建主义。他们都太强调西欧封建社会的特殊性，从而把封建社会和西欧的封君－封臣制紧密地结合起来。③苏珊·雷诺兹正确地指出，封君－封臣制这样的狭义封建主义远不如马克思主义的广义封建主义重要，因为马克思主义的封建主义不但研究贵族和农民的关系，还研究整个封建社会的经济结构和经济、社会变化的原因。可是现在的情况是当研究广义的封建主义时，却

---

① 〔法〕马克·布洛赫：《封建社会》（上卷），中文版序言，第 vi 页。

② 〔法〕马克·布洛赫：《封建社会》（上卷），中文版序言，第 vii 页。

③ 〔法〕马克·布洛赫：《封建社会》（上卷），中文版序言，第 vii 页。

被从狭义封建主义所继承的封君－封臣关系等认识所妨碍。特别是在进行比较研究时，往往还是要用封君－封臣关系来讨论非欧洲的封建社会。[1]

苏联历史学家进一步确定了封建生产方式、封建社会的概念。他们认为封建生产方式是一种大土地所有制和农民小生产者相结合的生产方式，不太强调封君－封臣关系，但仍然留有这方面的遗痕。如鲍里斯·波尔什涅夫的封建主义政治经济学，是以全世界的封建社会为研究对象的，可是他在谈到封建土地所有制时，仍然说"等级所有制是封建土地所有制固有的特征……有条件也是封建土地所有制的特征"，"封建主不完全占有生产工作者即农奴，马克思主义政治经济学把这种所有制形式也包括在封建主义生产关系的基础之中"。[2]

20世纪90年代，俄国科学院主编了八卷本的欧洲通史，其第二、三卷为中世纪部分（第二卷为5～15世纪，第三卷为16～17世纪中期）。在第二卷的序言中，对封建生产方式的描述能照顾到各地区的特点，例如在谈到封建土地所有制时，说在中欧和北欧、俄国和拜占庭，土地财产长期在国家手中，国家成为农民的主要剥削者，因此农民在土地上依附于国家但人身是自由的，虽然没有全权。对于封土制和封臣制，也认为主要是在西欧存在，欧洲的其他地方有的较弱，有的就根本没有。[3]

在美国，学者拉什顿·柯尔本（R. Coulborn）1956年编有《历史上的封建主义》一书。他认为，封建主义不是一种社会经济制度，而是一种统治方法，其中最重要的内容是封建君臣关系。作为一个高度抽象的概念，封建主义正如官僚、专制这些概念一样，并不单单为西欧所独有，而在不同地区、不同时间都可以出现。[4]

---

① 〔法〕马克·布洛赫：《封建社会》（上卷），中文版序言，第 vii ～ viii 页。
② 〔法〕马克·布洛赫：《封建社会》（上卷），中文版序言，第 viii ～ ix 页。
③ 〔法〕马克·布洛赫：《封建社会》（上卷），中文版序言，第 ix 页。
④ 〔法〕马克·布洛赫：《封建社会》（上卷），中文版序言，第 ix 页。

有一些马克思主义史学家却不能认同封建社会在全世界的存在，如安德森就说，把封建社会只概括为大土地所有制和小农生产的结合并不能说明问题，因为前资本主义社会形态通过超经济强制而运行，有关的政治、法律等上层建筑是其生产方式的本质结构，是剥削剩余价值的中介，因此不可能不通过如主权分割、封君封臣关系等来理解封建社会。他只承认日本还存在类似西欧的封建生产方式，至于广大的亚非拉国家，他认为都没有产生过封建社会。他还承认这些社会本身有其发展规律，不是停滞的亚细亚生产方式。①马克思认为，封建制度或人们胡乱使用的"封建主义"，是人类发展之某一阶段上特有的经济和社会组织类型，它的基础在于对人及其部分劳动的占有。由此，马克思打破了原来框架，使研究不再仅限于领主制或采邑制，乃至政治权力。②

印度学者拉姆·S.夏尔马（R.S. Sharma）在所著《印度封建主义》一书中认为，印度历史上的 300～1200 年是封建时代，其特征是封建大土地所有制的统治和农民的被奴役。他特别指出印度历史上的拉其普特王公之间分封土地，形成等级关系，下级对上级有军事服役的义务等。后来印度学者哈班斯·慕克亚（H. Mukhia）和夏尔马展开争论，涉及印度是否有封建主义和农奴制的问题，慕克亚认为印度自然条件优越，土地肥沃，农业实行精耕细作，不可能对农民的耕作实行监督，所以没有形成农奴制，印度历史上的农民是自由农民。夏尔马则认为印度的农民一样也存在人身依附关系。双方的分歧在于夏尔马认为封建主义是一个世界性的结构，而慕克亚认为封建主义只是西方所特有的。③

中国史学界从讨论封建主义开始，就不只把它当作一个政治制度，而兼及社会、经济内容。如中华人民共和国成立前陶希圣的《中国封建社会史》、瞿同祖的《中国封建社会》。中华人民共和国成立后，

---

① 〔法〕马克·布洛赫：《封建社会》（上卷），中文版序言，第 x 页。

② 〔法〕马克·布洛赫：《封建社会》（上卷），1989 年法文版序言，第 xvii 页。

③ 〔法〕马克·布洛赫：《封建社会》（上卷），中文版序言，第 xi～xii 页。

中国学者大都把封建作为一个社会经济形态来考察，强调中国封建社会的特征，如土地的国家所有、没有农奴制和庄园制、以租佃小农为主要生产者、统一的中央集权专制主义等。[①] 马克垚认为，"封建主义、封建社会的概念、范畴出自西欧，在开始总结、概括时有简单化的毛病，和西欧本地的真实情况都有许多不合，更不要说放之于全世界了。但经过长期的研究，在前资本主义时代，大土地所有制和小生产的结合，是各国家、民族的共同经济特征，应该是没有问题的。无论是否用封建主义这一名词，但在此共同性下，如何认识各地区、国家、民族的特殊性，并从而对全世界的这一社会有进一步的认识，仍然是一个重大的历史研究课题。而在广大的亚非地区，如何解决大地产和小农经济的发展问题，更是这些地区如何现代化的一个现实问题"。[②]

武汉大学冯天瑜和谢远笋认为，西方的封建论有广狭之分，布洛赫的《封建社会》是广义封建论的代表作，而比利时学者弗朗索瓦·冈绍夫的《何为封建主义》则是狭义封建论的经典之作。在《何为封建主义》一书中，冈绍夫将研究的空间限定在西欧封建主义的发源地，也是其典型地区的卢瓦尔河与莱茵河之间的区域；而将研究的时段限制在 10～13 世纪，这是西欧封建主义组织高度发达的典范时代。而构成这种典型封建主义基本内容的是两大核心要素，即人身方面的封臣制与财产方面的封土制（采邑制）。用冈绍夫的话来说，它"规定了一种自由人（封臣）对另一种自由人（封君）服从和役务——主要是军役——的义务，以及封君对封臣保护和豢养的义务。这种豢养义务通常所产生的结果之一，是封君授给封臣一块土地"。[③]

自布洛赫的《封建社会》问世以来，对封建主义、封建社会的研究确实已经有了很大的进展。一方面是把它从一个西欧所特有的

---

① 〔法〕马克·布洛赫：《封建社会》（上卷），中文版序言，第 xii 页。

② 〔法〕马克·布洛赫：《封建社会》（上卷），中文版序言，第 xiii 页。

③ 冯天瑜、谢远笋：《广义、狭义和泛化的封建论》，《中华读书报》2017 年 3 月 15 日。

概念向全世界的历史不断推广使用，另一方面则是对它的存在，无论是在全世界甚或西欧本地都提出了质疑。[①]

三　学习启迪

总体而言，尽管不乏质疑之声，但《封建社会》开创了"封建社会"这样一个具有持续性和国际性的学术领域，尤在研究视角和方法上，给学界以深刻启迪。

1. 参考资料和研究视角

布洛赫的这部著作运用了大量资料。中文版《封建社会》列出的参考资料比作者在最初版本中列出的更多，大部分讨论的是严格意义的封建主义和封建制度。[②]因此，这部著作在资料方面具有重要参考价值。罗贝尔·福谢埃认为布洛赫博览群书，为读者提供了汲取整个欧洲资料的实例。罗贝尔·福谢埃认为，"这至少仍是依据文献进行工作的史学家所采用的古典方式；但应说明，他所依据的是各种文献：布洛赫最先使传奇、史诗和诗歌摆脱语言学家或文学家的控制，从中吸纳词语，然后将它们投入社会史，谛听其中所发出的回音。尤其是，他感到史诗中充满'噪声'和'寂静'，是对'现实的忠实解释者'，'自发而真实的史料'；为此他奉献出了惊人的篇幅来衡量记忆的范围，估计幻想的分量，正如今天我们经常所做的那样，不过这要归功于他。他确曾衷心呼吁平等地使用各类文献写成的书面历史；但它也应反映出一个完全为口传文化所浸染的社会中那种书面文字所起的作用：契据在目不识丁的农夫面前的威慑力，让'粗鄙无文的'领主感到恐惧的拉丁语的威严，文书在王家档案和官僚制度的发展中的作用。凡谈论文字都要论及语言学。布洛赫在承认自己无知的同时，也大力推动了这方面的研究：考察来

---

① 〔法〕马克·布洛赫：《封建社会》（下卷），中文版序言，第 xiii 页。

② 〔法〕马克·布洛赫：《封建社会》（下卷），分别是 1939～1961 年和 1962～1989 年，第770 页。

自斯堪的纳维亚的外来词汇，探究村庄的名称，比较人们的姓氏，甚或确定语言在'民族性'觉醒过程中的地位。"①

作为社会历史学家，布洛赫精于对社会变化的观察，又擅长从独特的角度进行分析。比如，他从词源学的角度追踪概念内涵的变化，以此反映社会形势的演变；从货币角度论述薪酬形式，以此推论社会关系的变化；对社会关系在法律条文中的变迁也极为关注。这种思路在《封建社会》中时常得到体现，对于研究封建制度的起源、发展和演变具有深刻性，弥补了史料连贯性方面的欠缺。他关注社会关系的真实经济依据，而不是仅局限于名义。也就是说，布洛赫更加关注本质，而不是表面形式；更在意变化，而不是僵化地进行概括。这些特点都是非常值得历史学专业的学生和研究者学习和领悟的。

2. 研究方法启迪

一是整体研究法。《封建社会》具有重大影响并使第二次世界大战前的史学家们哑然无声的，是它所采用的研究方法。在这部著作中，居于首要地位的是日常生活、思想方式。作者首先对 9～10 世纪的入侵所造成的动荡进行了长篇论述，但除了由诺曼人、萨拉逊人和匈牙利人混杂而带来的新局面之外，布洛赫仅提及他们的行动对社会运动的影响。这不是对"原因"或"起源"的研究：他知道这些东西是变动不居、难以把握、相互影响的。书中的个人行为仿佛是由信仰或食物所造成的。接着，作者论及各种依附关系，但不是采邑关系——确切意义或非确切意义上的"封建"采邑，是随后讨论的问题——而是血缘、家族、主从庇护关系；而且，依附关系是从社会顶层渐次向下进行考察的，其间没有断裂，因为它所涉及的乃是具有不同面目的同一现象。随后作者论及社会阶级问题——布洛赫对这一用语不存在任何疑虑——以及指挥权的等级制问题。封建社会就这样由内至外地得以阐明。这一步骤在我们今天

---

① 〔法〕马克·布洛赫：《封建社会》（上卷），1989 年法文版序言，第 xxii 页。

看来是显而易见的，而当时却让实证主义者深感震惊。[1]

二是比较研究法。布洛赫是比较史学的先驱者之一，他以日本的发展为参照，以一页半的篇幅仅做了几点具有启发性的类比，他将这一页半的篇幅用作"比较史学的一个典型案例"。[2]他认为，在日本"大约到11世纪，习惯上称之为封建社会的时期开始了，这一时期的到来似乎（按照我们现在所熟悉的一种模式）是与商业活动的减弱同时发生的。因此，像在欧洲一样，在日本'封建主义'之前存在过两种形式不同的社会组织；而且就像我们的情况一样，日本封建主义也深受前两种社会的影响。与欧洲相比，虽然日本的君主政体与严格意义上的封建结构联系较少（因为附庸制链条在到达天皇之前就终止了），但它作为所有权力的理论来源而存在。在日本，非常古老的习惯促成了政治权力的分割，被认为是国家政权遭受侵蚀的结果"。[3]对于中世日本的封建武士，布洛赫称："在武士等级内部，按照武装扈从与首领的关系所提供的模式，形成个人依附关系；所以，它们似乎比欧洲的'委身制'有着更显著的等级特点。就像在欧洲一样，武士们按等级组织起来，但日本的附庸制是比欧洲附庸制程度高得多的从属行为，其契约性质则少得多。日本的附庸制更为严格，因为它不允许武士效忠多个领主。当这些武士必须由主人豢养时，他们被授予非常类似于西欧采邑的佃领地。附庸主要依靠从其佃户那里征收的地租过活。但是，他们人数众多（显然多于欧洲），不容许他们建立符合自己利益的、对庄园上的人有着广泛权力的真正的庄园。此外，灌溉稻田是主导农业形式，技术条件大大不同于欧洲，所以农民的隶属形式自然也有所不同。"[4]

三是理解。对史料以及历史事实的"理解"被认为是布洛赫更

191

---

[1]〔法〕马克·布洛赫：《封建社会》（上卷），1989年法文版序言，第xxi页。

[2]〔法〕马克·布洛赫：《封建社会》（上卷），英译本1989年版前言，第11页。

[3]〔法〕马克·布洛赫：《封建社会》（下卷），第705页。

[4]〔法〕马克·布洛赫：《封建社会》（下卷），第706页。

有价值的方法。"理解"是他经常提及的关键词，他称："要理解附庸，不仅要从领主那里，而且要从上帝那里；要理解农民收成之微薄，不是以能力上的不足，而是由对利润的'鄙视'。佩鲁济家族展现的给神的往来账目，乃是一种信念，更甚于一种预防措施。至于比较，它不是为了编订目录，而是为了扩大视野。"① 他十分赞赏20 世纪初期以来法国地理学所取得的显著进步，将这些研究成果十分完美地融入了自己的讲稿；一种现象只有通过它对其他相同或相反现象的作用，才能被理解。

此外，该著还运用了心理学、社会学等研究方法。第二编对"环境：生活状况和心态"的论述，不仅展示了作者将"总体的"和"心理学的"研究方法应用于社会问题所做的淋漓尽致的发挥，而且也显示了布洛赫对当时的文献惊人的熟稔，对中世纪人们的心态有直感的把握。② 他从社会学家如涂尔干③ 那里受益匪浅，学到了社会学的研究方法，这反映在他强调社会各群体的定义以及社会群体与总体社会结构的关系上。④ 当然，布洛赫在这些新的研究角度所得出的结论并未得到学界的一致肯定，尤其在心理学方面，他对基督教的理解被认为"非常狭隘地理解为对即将到来的末日审判的恐惧"。⑤

最后，该著在教学上也有借鉴意义。布洛赫研究方法的恢宏和强大生命力在很大程度上来源于他对教学的重视。《封建社会》的其他优点也尤为突出，特别是文字清晰明快而又充满活力，富有激情而又充满理性。先提出问题，然后系统地找出既准确又可靠的答案和方法，这些优点使该书成为教学上的无价之宝。⑥

———————

① 〔法〕马克·布洛赫：《封建社会》（上卷），1989 年法文版序言，第 xx 页。

② 〔法〕马克·布洛赫：《封建社会》（上卷），英译本 1989 年版前言，第 16 页。

③ 涂尔干（Émile Durkheim, 1858–1917），又译迪尔凯姆、林尔凯姆等，是法国社会学家、人类学家，社会学奠基人之一。——编者注

④ 〔法〕马克·布洛赫：《封建社会》（上卷），英译本 1989 年版前言，第 17 页。

⑤ 〔法〕马克·布洛赫：《封建社会》（上卷），英译本 1989 年版前言，第 16 页。

⑥ 〔法〕马克·布洛赫：《封建社会》（上卷），英译本 1989 年版前言，第 17 ~ 18 页。

思考题

欧洲封建社会如何产生、演变，其基本特征如何？

概述各国学者对封建社会的不同理解，比较中国与西欧的封建制度。

主要参考文献

〔法〕马克·布洛赫：《封建社会》（上卷），张绪山译，商务印书馆，2017。

〔法〕马克·布洛赫：《封建社会》（下卷），李增洪、侯树栋、张绪山译，商务印书馆，2017。

冯天瑜、谢远笋：《广义、狭义和泛化的封建论》，《中华读书报》2017年3月15日。

张绪山、马克垚、侯建新：《马克·布洛赫〈封建社会〉中译本出版笔谈》，《史学理论研究》2004年第4期。

拓展阅读

〔比〕弗朗索瓦·冈绍夫：《何为封建主义》，张绪山、卢兆瑜译，商务印书馆，2018。

〔比〕亨利·皮朗：《中世纪欧洲经济社会史》，乐文译，上海人民出版社，2014。

〔法〕雅克·勒高夫：《中世纪文明（400～1500年》，徐家玲译，格致出版社、上海人民出版社，2011。

〔英〕佩里·安德森：《从古代到封建主义的过渡》，郭方、刘健译，上海人民出版社，2022。

第五章
韦伯与《新教伦理与资本主义精神》

　　资本主义的兴起与发展，是人类社会发展的重要阶段，也是近代史时期世界历史演变的关键内容之一。国内外学界对资本主义有诸多探讨，德国学者马克斯·韦伯就是其中之一。他的代表作《新教伦理与资本主义精神》[①]对宗教进行了系统阐述，特别是新教伦理与资本主义精神之间的关系，从一个侧面揭示了资本主义的缘起。

---

① 〔德〕马克斯·韦伯：《新教伦理与资本主义精神》，康乐、简惠美译，广西师范大学出版社，2007。非特别注明，本教材引用均出自该译本，下文只注作者、书名和页码。

第一节　原著简介

一　马克斯·韦伯简介

马克斯·韦伯，全名马克西米利安·卡尔·埃米尔·韦伯（Maximilian Karl Emil Weber，1864–1920），德国著名的政治经济学家、社会学家、哲学家、历史学家。韦伯生于 1864 年 4 月，成名于 19 世纪末 20 世纪初，与卡尔·马克思、埃米尔·涂尔干一起被后人称为现代社会学的三大奠基人。

韦伯出生在普鲁士的埃尔福特市，其父老马克斯·韦伯是一位律师兼公职人员，曾任职于埃尔福特市、柏林市，当过地方议会和帝国议会议员。韦伯有三个弟弟和两个妹妹长大成人，其中阿尔弗雷德·韦伯（Alfred Weber，1868–1958）在经济学和社会学领域声名显赫。受父亲职业影响，韦伯从小就对政治学和社会学产生了兴趣。因幼时罹患脑膜炎，韦伯年少时身体羸弱，但对阅读书籍兴趣浓厚。在进入大学之前，他已经阅读了大量的历史、哲学以及古典著作，撰写了多篇历史和历史哲学论文。

1882 年，韦伯进入海德堡大学学习。他选择了法理学作为主科，同时还修习了历史、经济和哲学。在表兄奥托影响下，韦伯开始关注宗教学专业。在大学前三个学期，除上课和阅读外，他还广泛参与社团活动。第三个学期结束后，即 1883 年下半年，韦伯因服兵役而暂停学业。1884 年，韦伯结束军旅生活后，在柏林和哥廷根重拾学业。1885年夏和1887年，韦伯又两度重返军营，接受军事训练。1886年5月，他参加见习律师资格考试，之后离开了大学校园。其后的五六年，他供职于柏林法院，但并没有放弃对经济史和法律史的研究。1889年，韦伯获博士学位，他的博士学位论文《论中世纪贸易公司史》在答辩会上获得好评。为满足当时德国大学教职招聘要求，他又以"罗马帝国土地分配和隶农"为研究对象撰写了一部学术著作。凭此成果，他于1891年获得柏林大学教职，讲授罗马法、日耳曼法和商法。除了完成大学教职任务，韦伯还接受政府机构和非政府机构的委托，对德国部分地区与群体进行调查和研究。1893年，获法学副教授职称，但其兴趣却转向政治经济学。1894年秋，获聘弗莱堡大学经济学教授。1896年，韦伯辞去弗莱堡大学教职，接受海德堡大学的邀请，成为该校教授。1903年，辞去海德堡大学教职，与维尔纳·桑巴特（Werner Sombart）创办了《社会科学与社会政策文库》期刊。

辞去教职后，韦伯将大部分精力放在学术研究上，推出大量成果。他还担任过一些公职，如在1914年，他接受海德堡后备医院委员会的聘请，组建了9所军医院。1919年5月，他作为德国代表团成员参加了凡尔赛会议，负责起草德国对协约国关于战争罪行备忘录的答复。

1918年4月，韦伯前往维也纳大学，以"唯物史观"为主题，为该大学师生授课一学期。1919年6月，他迁居慕尼黑并在慕尼黑大学执教。1920年6月14日，因肺炎病故于慕尼黑。

韦伯天资聪颖，兴趣广泛，嗜好阅读，极善观察。他学习并掌握了印欧语系的各种语言，自学了希伯来文，关注领域涵盖法学、社会学、经济学、历史学、哲学等学科。在学术研究、传道授业的同时，韦伯也密切关注德国政治和政策走向，不时发出自己的声音，为政府提供咨询报告，甚至参与帝国议会讨论。

韦伯学术研究范围颇广，其中最为突出的是社会学研究，大致有两类。一类是制度论与社会学，相关著作有《社会学的基本概念》《经济与社会》《经济与历史：支配的类型》《经济行动与社会团体》《非正当性的支配》《法律社会学》《学术与政治》；另一类是宗教社会学，即《宗教社会学论文集》（《新教伦理与资本主义精神》《儒教与道教》《印度的宗教》《古犹太教》《宗教社会学》）等。

二　写作缘起

关于资本主义的起源、构成和发展，在韦伯之前西方学术界就有广泛讨论。如马克思在 19 世纪中叶就从物质与意识的关系去探讨资本主义的起源和发展问题。但韦伯并不太认同当时西方学界已经存在的关于资本主义起源和构成的看法，遂决定从新教伦理方面探讨，他认为自己能找到更具有说服力的答案，其探索的成果便是《新教伦理与资本主义精神》。

韦伯写作此著，受德国社会学家与经济学家维尔纳·桑巴特观点的启发很大。桑巴特在《现代资本主义》一书中提出了资本主义产生的条件：资本主义的起源需要一种能够改变人，使之适应现代经济生活的"资本主义精神"。[①] 桑巴特认为，在前资本主义时期，无论是王公贵族还是贩夫走卒在经济生活中遵循的都是"满足需要的原则"和"因袭论的原则"。[②] 前者是指"一切经济活动的出发点是为着人类的需要，这就是说，为着人类对物品的自然需要。他们消耗多少物品，必须生产多少；他们付出若干，必须收入若干。首先确定支出，然后依此去规定收入"；[③] 后者是前资本主义时期的人们在进行经济活动时，以习惯的方式和质量标准要求自己。[④] 总体上来看，前资本主义时期，经济生产活动是一种生存经济，其目的相当原始，并无远大目

① 〔德〕维尔纳·桑巴特：《现代资本主义》（第一卷），李季译，商务印书馆，1958，第 212～215 页。
② 〔德〕维尔纳·桑巴特：《现代资本主义》（第一卷），李季译，第 28 页。
③ 〔德〕维尔纳·桑巴特：《现代资本主义》（第一卷），李季译，第 22 页。
④ 〔德〕维尔纳·桑巴特：《现代资本主义》（第一卷），李季译，第 26 页。

标，"能够休业就休业"。① 而到资本主义时期，在人们的经济活动中，"处于支配地位的经济原则是营利的原则和经济的合理主义"。"营利的原则"的特性是经济的直接目的不再是一个人生存满足的需要，专在增殖货币的额数，而"经济的合理主义"是从原则上调整一切行动，使尽可能地切合目的，表现有三：为经济行为的有计划；为狭义的切合目的；为有计算。②

桑巴特认为，由前资本主义经济中的"自然人"过渡到资本主义时代的生产者会遇到很多难题。除了劳动者对劳动所持有的消极观念外，其他都比较容易被克服，而两种时代的价值观之间的差异并非制度能够解决，只有依靠精神。③ 他称，资本主义是由欧洲精神的深处发生出来的，④ 而有利于催生资本主义的欧洲精神来自散居在欧洲各地的犹太人。⑤

桑巴特所主张的精神因素是资本主义产生和发展的策动力这一观点对韦伯产生了重要影响。韦伯同样认为，前资本主义社会向资本主义社会过渡要克服的巨大鸿沟在于两个时代主导价值观的差异。⑥ 虽然他认可了精神的重要性，但却并不太认同桑巴特关于资本主义精神的来源和构成的看法。⑦ 为了找出更令人信服的答案，韦伯遂深入研究这一话题，其成果便是《新教伦理与资本主义精神》。

三　基督教与"新教"

《新教伦理与资本主义精神》以新教伦理为基点，首先需要了解基督教和新教概况。基督教诞生于公元 1 世纪初的巴勒斯坦。早期

---

① 〔德〕维尔纳·桑巴特：《现代资本主义》（第一卷），李季译，第 25 页。
② 〔德〕维尔纳·桑巴特：《现代资本主义》（第一卷），李季译，第 206 页。
③ 〔德〕维尔纳·桑巴特：《现代资本主义》（第一卷），李季译，第 545～554 页。
④ 〔德〕维尔纳·桑巴特：《现代资本主义》（第一卷），李季译，第 212 页。
⑤ 〔德〕维尔纳·桑巴特：《现代资本主义》（第一卷），李季译，第 600 页。
⑥ 〔德〕马克斯·韦伯：《新教伦理与资本主义精神》，第 34 页。
⑦ 〔德〕马克斯·韦伯：《新教伦理与资本主义精神》，第 32～33 页，第 39 页。

基督教主张平等、博爱、财产公有、互助合作、敌视富人、反对罗马帝国，备受打压。公元313年，君士坦丁大帝颁布《米兰敕令》，基督教在罗马帝国获得合法地位。公元392年，狄奥多西一世将基督教定为罗马帝国国教。公元330年，罗马帝国分裂，基督教会也逐渐形成东西两个中心，并于1054年正式分裂为两个派别：以罗马教皇为首的公教会（Roman Catholic Church，又称天主教会）和以君士坦丁堡为中心的正教会（Orthodox Church，又称东正教会或希腊正教会）。到中世纪，基督教在欧洲社会中有着举足轻重的地位。在思想文化上，教会占统治地位；在政治上，它与欧洲的国王、皇帝、贵族们分庭抗礼；在经济上，教会占有大量土地和财产。

基督教的基本信条可归纳为以下五点：一是上帝创世说，称上帝用六天时间创造了宇宙万物，上帝乃造物主，对人在内的造物享有绝对的主权；二是原罪说，称亚当和夏娃因触犯上帝禁令而获罪，而身为亚当和夏娃后裔的世人继承了包括罪在内的一切；三是天堂地狱说，称人由肉灵构成，肉亡而灵不亡；人亡故后，灵魂的归宿因人而异，或进入天堂，或堕入地狱；四是灵魂拯救论，称为了在身死后灵魂能进入天堂，基督徒当通过各种正当途径拯救自己的灵魂；五是炼狱论，称大部分普通教徒并非至善亦非至恶之人，他们死之后，灵魂会暂时进入一种类似地狱的境域接受磨难以得到净化，最终升入天堂。其中上帝创世说、原罪说、天堂地狱说以及灵魂拯救论为基督教各支派的核心信条。

到中世纪晚期，天主教会腐败，教会人士生活糜烂，已成为西欧各国工商业和社会发展的障碍，宗教改革运动随之兴起。16世纪初，马丁·路德（Martin Luther）提出只有靠信仰才能得救和建立廉价教会的系统理论，宗教改革运动形成高潮。通过宗教改革，形成了与天主教差异非常大的新教。新教主要有路德宗、加尔文宗以及安立甘宗三大支派。

路德宗（又称"信义宗"），由马丁·路德创立，主要流行于德意志北部和中部，而且向欧洲其他地方传播。其主要改革举措和信条有三：①简化仪式，只承认洗礼、圣餐礼，放弃天主教的"七礼"（洗礼、弥撒、告解、坚振、终傅、神品和婚配）的大部分仪式；②因信称义，反对罗马教会对《圣经》中"因信称义"的解释，确立"唯信称义"观；③否定教皇权威和教阶制度，主张"基督徒皆教士"。①

加尔文宗（又称"归正宗"），由法国教士约翰·加尔文（John Calvin）创立，主要信仰地区为瑞士部分地区、尼德兰北部、英格兰、法国部分地区。其主要信条是：①"预定论"（Predestination），认为上帝在创世以前，就已经预先选定一些人得救（"选民"），而另一些人沉沦（"弃民"），这是人的意志无法转移的；选民唯有虔信上帝，恪尽现世职守。②反对天主教的变体论和路德的同体论，但也否定纪念说，明确肯定在圣餐中凭信仰所领受的是一种真实的，但是属灵的身体。③在政教关系上，认为政权是上帝按其神圣意志所任命的，要为人民造福，并捍卫纯正的教义和教会，主张建立由宗教主导、政治和宗教合为一体的国家。②

安立甘宗（Anglicanism，又被称为"英国国教"），自亨利八世宗教改革开始，到伊丽莎白一世初期最终形成。其主要信条是：反对罗马教会对各国教会的控制；反对教会占有土地，出售赎罪券；不承认教会有解释《圣经》的绝对权威；不承认教士沟通神与人的中介作用；认为《圣经》是信仰的最高准则，教徒能够与上帝直接相通；要求用民族语言举行宗教仪式，简化形式，主张教士可以婚娶。③

四 出版、传播与影响

《新教伦理与资本主义精神》是韦伯最知名又最具争议性的作品。该著原是韦伯刊登在德意志社会学期刊《社会科学和社会政

---

① 《基督教词典》编写组编《基督教词典》，北京语言学院出版社，1994，第313页。

② 《基督教词典》编写组编《基督教词典》，第239～240页。

③ 《基督教词典》编写组编《基督教词典》，第18、432页。

策文库》上的一篇长论文。该论文推出后，引起激烈非议。德国历史学家卡尔·费歇尔（Karl Fischer）和菲利克斯·拉奇法赫尔（Felix Rachfahl）以及社会学家维尔纳·桑巴特就是著名的批评者。1907～1910年，前两者同韦伯展开了多次辩论。他们从实证和认识论层面对韦伯提出了批评，认为韦伯在行文和表述中并未将加尔文教和新教做较为明晰地划分。另外，他们指出韦伯所列举的信息材料存在超脱时代的嫌疑，经不起实证。[①]韦伯对此给予了回应，同时也以不动正文只增加注释的方式对该文进行修订。直到1919年韦伯开始整理修订《宗教社会学论文集》时，这篇分析新教伦理与资本主义起源之间关系的论文方才成书。1930年，该著被美国现代社会学奠基人塔尔科特·帕森斯（Talcott Parsons）译为英文，在美国出版。此后，韦伯在英语世界的学术名声更盛。美国著名社会学家兰德尔·科林斯（Randall Collins）认为该著"是韦伯的文字最出类拔萃而内容最平易近人的作品，这就是它之所以能够普及的一个原因。另一个原因则在于他有不同层次的重要性。它既能够强烈感染刚入门的社会学专业学生，也能有力地吸引善于洞察最精微的理论和超理论问题的行家里手"。[②]英国著名学者安东尼·吉登斯（Anthony Giddens）评价道："无疑，《新教伦理与资本主义精神》可以说是声誉最为卓著而且最受争议的现代社会科学著作之一。"[③]该著英译本第一人帕森斯在1958年版英译本的序言中称："作为现代经典的地位已经确定无疑，这对于重要的学术著作来说，当然就是达到了最高境界。"[④]

《新教伦理与资本主义精神》也引起了华语学界的关注。在20

---

① See David J. Chalcraft and Austin Harrington, eds., *The Protestant Ethic Debate: Max Weber's Replies to his Critics, 1907-1910*, translated by Austin Harrington and Mary Shields, Liverpool University Press, 2001.

② 〔德〕马克斯·韦伯：《新教伦理与资本主义精神》，阎克文译，上海人民出版社，2010，导读，第32页。

③ 〔德〕马克斯·韦伯：《新教伦理与资本主义精神》，阎克文译，导读，第17页。

④ 〔德〕马克斯·韦伯：《新教伦理与资本主义精神》，阎克文译，导读，第5页。

世纪 60 年代，台湾出版了张汉裕翻译的中文节译本。2007 年 1 月，台湾远流出版公司出版了康乐、简惠美翻译的中文本。自 20 世纪 80 年代中晚期起，该著在中国大陆传播并引发强烈关注，有多个译本出版。主要有：黄晓京、彭强译，四川人民出版社，1986 年；于晓、陈维纲译，生活·读书·新知三联书店，1987 年；李修建、张云江译，九州出版社，2007 年；龙婧译，群言出版社，2007 年；赵勇译，陕西人民出版社，2009 年；阎克文译，上海人民出版社，2010 年；苏国勋、覃方明、赵立玮、秦明瑞译，社会科学文献出版社，2010 年；马奇炎、陈婧译，北京大学出版社，2012 年；朱倩、倪寿鹏译，张仲注释，上海外语教育出版社，2014 年；李春香译，中国工人出版社，2016 年；郁喆隽译，浙江大学出版社，2017 年；袁志英译，上海译文出版社，2019 年；林南译，译林出版社，2020 年。

第二节　主要内容与基本观点

　　除了译者序言、说明和作者的前言、附录、译名对照表、索引，《新教伦理与资本主义精神》由文献和两卷、共五章组成。在前言部分，作者主要探讨了资本主义特性及其西方世界赋予资本主义的重要意义。文献部分是原著第一章的注一。因篇幅比较长，译者把它单列为一部分。在第一卷，韦伯以近代的经济风格与禁欲基督新教的理性伦理之间的关联为例，说明特定宗教信仰内容对于经济心态的制约性，并分析了路德派的职业观；在第二卷，从禁欲的新教入手，分析了资本主义精神的产生。另，本教材引用的广西师范大学出版社的《新教伦理与资本主义精神》中译本，还收录有《新教教派与资本主义精神》，可进一步说明其基本观点。

一　资本主义的特性

　　19 世纪后半叶到 20 世纪初，是自由资本主义向垄断资本主义过渡的阶段，东西方世界已呈现不同的发展视野。与欧美资本主义国家的日益强大不同，广大亚非拉地区深陷殖民地、半殖民地的深渊。对西方和东方出现的巨大差距，韦伯认为值得关注和研究。他从一些普遍的文化领域入手，通过对科学、法学、史学、政治学、音乐、建筑的举例对比，认为西方文化在上述各个领域都表现出合乎理性的抽象思考，而其他地区在相应领域的认知仅是经验知识的积累。①

韦伯着重探讨了西方近代资本主义的特性。他指出："营利、追求利得、追求金钱以及尽可能多聚集更多的钱财，就其本身而言，与资本主义完全无涉"，"无止境的营利欲并不等同于资本主义，更加不是其'精神'所在，而资本主义恰是抑制此种非理性冲动或至少对其进行理性的调节。总之，资本主义不外乎以持续不断的、理性的资本主义'经营'来追求利得，追求一再增新的利得，也就是追求'收益性'"。②

对资本主义的经济行为，韦伯概括道："首先是指基于利用交易机会而追求利得的作为，亦即基于（形式上）和平的营利机会；其次是在理性地追求资本主义营利之处，相应的行为是以资本计算为取向；就概念而言，最重要的莫过于将营业成果的货币计价与营业本金的货币价格做出比较的这种实际的取向，决定性地制约着经济活动，而不论其计算方式有多么幼稚。"③

韦伯认为，资本主义企业与资本主义企业家是自古即有且极为普遍的现象，但西方世界却赋予了资本主义在他处所未曾有过的重要意义。他称，除了贸易、借贷及银行业外，世界各处的资本主义的冒险家追求的主要机会不是纯粹不合理的投机，便是凭借暴力攫取的利得，特别是战利品的利得，不管是出之以真正战争的方式，还是财政上的长期掠夺（对隶属民的横征暴敛）；而西方国家除了

---

① 〔德〕马克斯·韦伯：《新教伦理与资本主义精神》，前言，第1～4页。

② 〔德〕马克斯·韦伯：《新教伦理与资本主义精神》，前言，第4～5页。

③ 〔德〕马克斯·韦伯：《新教伦理与资本主义精神》，前言，第5～6页。

具有上述特征之外，还在近代有一种完全不同、世界其他地区未曾发展的资本主义：即（形式上）自由劳动的理性—资本主义的组织，它以财货市场的获利机会为取向，而不是以武力—政治或非理性的投机利得机会为取向的理性经营组织；近代资本主义经营的理性组织的出现，和家计与经营的分离以及与此密切关联的理性的簿记有关。①

韦伯指出，西方资本主义的上述特性之所以具有今日的重要性，是由于它与资本主义劳动组织的密切关联，甚至证券化——有价证券的发展与投机的合理化也与此有关。他具体分析道，如果没有理性的资本主义劳动组织，精确的计算、理性的社会主义也不会存在；近代以来，在西方之外，"资产阶级"也不存在，近代西方大规模产业的企业家与自由的薪资劳动者之间的对立也无迹可寻。②由此，他称他要探讨的核心问题是"具有自由劳动的理性组织之市民的经营资本主义的形成，或者，以文化史的角度来说，是西方市民阶层及其特质的形成的问题"。③他认为，近代西方特有的资本主义首先是受到技术能力进步的强烈影响，其合理性在本质上取决于技术上的决定性因素的可计算性。一方面，此种合理性有赖于西方科学的独特性，尤其是奠基于数学及实验的那种既精确又理性的技术发展。另一方面，它又受到资本主义营利机会的巨大刺激。换言之，资本主义的营利机会，作为奖励性的诱因，与科学技术的经济利用产生了密切关联。④

韦伯称，计算并非源自西方，但只有在西方资本主义才发挥出经济效用，科学知识的技术应用受到经济因素的鼓励，经济补偿在西方特别有利于科技的应用，而经济补偿的鼓励作用，是由于西方社会秩序的特殊性使然，其中法律和行政的理性结构是重要因素。

---

① 〔德〕马克斯·韦伯：《新教伦理与资本主义精神》，前言，第7～8页。
② 〔德〕马克斯·韦伯：《新教伦理与资本主义精神》，前言，第9～10页。
③ 〔德〕马克斯·韦伯：《新教伦理与资本主义精神》，前言，第10～11页。
④ 〔德〕马克斯·韦伯：《新教伦理与资本主义精神》，前言，第11页。

因为近代理性的经营资本主义，不但需要可以估量的技术性劳动手段，还需要按照程序规则行事而可资估量的法律与行政；缺乏了这些条件，冒险者的及投机商人的资本主义，或者取决于政治的一切可能形式的资本主义也许还可存在，然而任何具有固定资本与确实计算的、合理的私人经营却是绝对无法生存的。他指出，唯独在西方才有这样一种法律和行政，以及如此法律技术与形式主义的完美，为经济样式做出贡献；而这种法律的由来，资本主义利害关怀本身曾为受过合理法律专门训练的法律家身份阶层铺平了支配司法与行政的坦途。[①]

韦伯称，西方资本主义文化特性的核心是西方文化固有的、特殊形态的"理性主义"。他还称，不同的理性化曾存在于各个文化圈的不同领域，要探讨近代西方资本主义理性的独有本质，必须考虑经济上的条件。他指出，经济理性主义在西方的形成，不仅有赖于理性的技术和理性的法律，而且一般而言也取决于人们采取某种实用、理性的生活方式的能力与倾向。一旦这种能力与倾向为精神上的障碍所困扰，经济理性主义的生活方式将遭受严重的内在阻力。[②]

二 宗教信仰与社会阶层

在第一卷第一章，韦伯探讨了宗教信仰与社会阶层之间的关系。

经过观察，韦伯发现在资本主义国家发展历程中存在一个基本现象：新教徒倾向于选择工商业，而天主教徒则倾向于选择人文和农业。对这一现象，他首先驳斥了当时流行的诸种观点。一是反宗教权威论。这种观点通常认为工商业者不堪忍受天主教的压迫，所以当天主教出现强有力的敌人时，这些被压迫者毫不犹豫地投入新

---

① 〔德〕马克斯·韦伯：《新教伦理与资本主义精神》，前言，第11～12页。
② 〔德〕马克斯·韦伯：《新教伦理与资本主义精神》，前言，第12～13页。

教怀抱。但韦伯发现，在 16 世纪早期的历史中，神圣罗马帝国境内许多极为富裕、受惠于自然与交通且经济上最为发达的地区，皆改信了基督新教。对宗教改革为工商业者提供了反对传统宗教权威的契机，而这些人怀着一颗感恩之心投靠新教这一观点，韦伯在一定程度上予以否定。实际上，从强调宗教权威和严格进行宗教管束层面上来看，新教的力度是远大于天主教的。韦伯指出："出现在经济最发达地区的宗教改革者所加以非难的，并不是教会对于生活的宗教支配太多，而是太少。"①

二是家族产业继承论。这一观点认为，之所以出现新教徒经营或管理工商业人数多于天主教徒，乃是因为这些人从他们的先辈那里继承了家族产业。韦伯以他那个时代的新教和天主教子弟教育规划为例进行了分析。由于高等教育所费不菲，天主教徒在这一层次所占据的比例小于天主教徒在总人口中的比例，所以韦伯将其放在一边。从成本较低的其他层次的教育状况来看，同新教徒相比，天主教徒接受中等和初等职业教育的比例不仅落后，而且两个群体之间的差距比他们在高等教育上的差距要更大一些。从两个群体的受教内容来看，新教徒更偏爱应用类知识，而天主教徒则更青睐人文类知识。在学徒层面，新教徒和天主教徒的选择也出现了差异，新教徒更愿意将学徒期作为进入工厂的准备期，一旦有机会他们更乐意走上工厂的技术岗位或管理岗位，而天主教徒则更愿意留在作坊内，成为一名工匠师傅。由此，韦伯总结道："得自教育的精神特性，以及特别是此处经由故乡与双亲家庭的宗教气氛所制约的教育方向，决定了职业的选择与往后的职业命运。"②

三是职业焦点转移论。这种观点认为，在德意志地区、法兰西王国以及英格兰王国，新教徒擅长工商业，乃是因为他们遭到这些地区政治的排斥，那些体面的行当已被他们的反对者把持，他们无法挤进去，所以不得已将职业焦点放在工商业上面；他们做得出色

---

① 〔德〕马克斯·韦伯：《新教伦理与资本主义精神》，第 11 页。
② 〔德〕马克斯·韦伯：《新教伦理与资本主义精神》，第 13 页。

也是因为唯有如此方能在高压的氛围下生存。韦伯审视那些经过宗教改革地区的天主教徒后指出，这些天主教徒同样遭到政治、社会和文化上的排挤。按照职业焦点转移论的逻辑，他们理应在职业方面做出同样的选择并取得同样的成就，但事实却并非如此。他指出，新教徒与天主教徒不同，其展现出一种走向经济理性主义的特殊倾向，其生活态度之所以不同，主要必须从宗教信仰的恒久的内在特质当中来寻求，而不是单只求之于其一时所处的外在历史—政治情况。①

在韦伯之前，也有人从新教和天主教在生者关注焦点方面的差异切入，尝试对这一问题给出回答。他们认为，新教徒更关注世俗社会，对现世物质财富抱有更大的热情，所以他们热衷逐利行当并取得了相当大的成就；天主教徒关注的是彼岸世界，青睐属灵的事务，所以他们多选择能让自己心安的职业，而非物欲横流的逐利行当。韦伯认为，应当历史性地看待这种解释。在19世纪下半叶的德国，这种境况就算有，但对于所有新教徒和天主教徒而言也未必全然如此。②在资本主义发轫之初的年代，事实却跟这些人的解释大相径庭。那些从事工商业的加尔文教及其分支的信徒们，在逐利的同时，对自己和神反而表现出了超乎常人所想象的克己与虔敬。而那些追求"心安"的天主教徒，却多少显得有些放荡形骸了。韦伯总结道："以如此混沌暧昧的观念，诸如天主教'超尘出世'、基督新教（所谓的）唯物主义的'俗世享乐'以及诸如此类的许多观念，在此根本解决不了什么问题，而且既不符现今情况，至少不切合既往的过去。"③对人们简单地依据新旧教关注焦点不同就轻易迷信"基督新教徒偏爱吃好，天主教徒宁愿睡稳"，韦伯指出其症结所在——人们根据天主

---

① 〔德〕马克斯·韦伯：《新教伦理与资本主义精神》，第14页。
② 韦伯举出一些例子予以反驳：法国加尔文派和德意志北部（宗教改革运动后绝大部分地区改信新教）天主教徒从宗教运动时代到韦伯的时代在宗教信仰方面都表现出了超凡的虔敬。而法国的天主教底层信徒对世俗享乐很是痴迷，上层则更离谱，对宗教持一种敌视的态度，德国新教部分教徒中亦存在同样的情形。
③ 〔德〕马克斯·韦伯：《新教伦理与资本主义精神》，第16页。

教信仰逻辑过于坚信基督徒的虔敬信仰与资本主义营利生活格格不入，因此忽视了完全相反的一种可能，即两者有可能存在内在的亲和性。[1]

韦伯认为，并不是所有新教教派在促进资本主义发展方面发挥了同样作用，而似乎只有加尔文教派更加促进了资本主义精神。[2]他指出："'劳动的精神'、'进步的精神'，或人们倾向于归诸新教所提振起来的精神，并不能被理解成现今通常所说的'俗世享乐'或什么'启蒙主义'之类的意义；路德、加尔文、诺克斯与沃特的早期基督新教，与我们所说的'进步'实在没有什么关系。如果说昔日的新教精神的某些特定表征与近代资本主义文化之间有某种内在亲和性存在的话，我们好说歹说也不能试图由其（所谓的）多多少少唯物主义的、或当然是反禁欲的'俗世享乐'当中去寻求，而毋宁应从其纯粹宗教的特性当中去寻求。"[3]

三 资本主义精神

在第一卷第二章，韦伯集中探讨了"资本主义精神"的内涵。

为阐述资本主义精神的基本内涵，韦伯借用美国政治家、科学家本杰明·富兰克林（Benjamin Franklin）的训诫。富兰克林称，时间就是金钱，信用就是金钱，金钱天生具有孳生繁衍性，善付款是他人钱袋的主人；除了勤奋和节俭，再没有什么比得上任一次交易都守时与公正更有助于年轻人功成名就；足以影响个人信用的任何行为，不管再怎么不足为道，都必须小心留意；对自己债务并未忘怀，让自己看起来像个既小心又诚实的人，将会提升信用；别把手头所拥有的都当成是自己的财产，并依此顺当过活，要对自己的支出与

① 〔德〕马克斯·韦伯：《新教伦理与资本主义精神》，第17页。
② 〔德〕马克斯·韦伯：《新教伦理与资本主义精神》，第20页。
③ 〔德〕马克斯·韦伯：《新教伦理与资本主义精神》，第21页。

收入有精确地计算。① 可见，资本主义精神的基本内涵是勤奋、节俭、守时、诚信等。韦伯指出，富兰克林所有的道德劝诫如今全都转向了功利：诚实是有用的，因为它带来信用，守时、勤奋、节俭无不如此，所以都是美德。② 他进而指出，当营利变成人生目的，而不再是为了满足人的物质生活需求的手段，这成为资本主义的指导纲领；赚取钱财，只要以合法的方式，在近代经济秩序里乃是职业上精诚干练的表现与结果，而这种精诚干练正是富兰克林道德训诫的核心。韦伯认为，这种职业义务是资本主义文化的社会伦理独树一格的特征，是其本质之所在。③

　　韦伯认为，已支配经济生活的资本主义以经济筛选的方式来教育与创造其所需要的经济主体——企业家与劳动者。④ 为深入阐述资本主义精神，韦伯将其与前资本主义时代社会对比。他指出，在前资本主义时代，营利欲不为人所知或尚未发展，借着赚钱以充实自我利益的绝对肆无忌惮之普遍横行支配，劳动者缺乏自觉，以贪财为动力等。⑤ 这些都阻碍了资本主义的发展。他称，前资本主义是理性的经营方式的投资与理性的资本主义劳动组织尚未成为决定经济行为取向的支配力量。⑥

　　韦伯指出，资本主义精神与传统主义进行了激烈博弈。为了从劳动者那获取尽可能最大量的劳务且提升劳动的密集度，近代企业主常用的一个技术手段是论件计酬，但韦伯认为其效果有限。他称，资本主义为求发展，必须要有能使其在劳动市场上以低价雇用的过剩人口存在才行，低工资绝不等同于廉价劳动；资本主义的发展不仅绝对要有高度的责任感，而且还得具备一种心态，那就是至少在工作的时候去除掉不断计较怎样才能最悠闲、最省力，又能赚到同

① 〔德〕马克斯·韦伯：《新教伦理与资本主义精神》，第24～25页。
② 〔德〕马克斯·韦伯：《新教伦理与资本主义精神》，第28页。
③ 〔德〕马克斯·韦伯：《新教伦理与资本主义精神》，第30页。
④ 〔德〕马克斯·韦伯：《新教伦理与资本主义精神》，第31页。
⑤ 〔德〕马克斯·韦伯：《新教伦理与资本主义精神》，第32～33页。
⑥ 〔德〕马克斯·韦伯：《新教伦理与资本主义精神》，第34页。

样薪水的想法，并且把劳动当作绝对目的的本身——"天职"——来从事，而这种心态是长年累月教育过程的结果。[①] 通过对德国雇用的少女的分析，韦伯认为这种教育就是宗教教育。他称，以劳动为目的本身，以及符合资本主义所要求的以劳动为"天职"的观念，在她们身上找到了最有利的土壤，通过宗教教育战胜传统主义因袭章程的机会也最大。[②]

韦伯认为，在资本主义与资本主义精神之间确有适合的关系存在，但两者并不必然如影相随。他用"资本主义精神"指富兰克林训诫的、将工作奉为天职、有系统且理性地追求合法利得的心态。这种心态在近代资本主义企业里找到了最合适的形式，资本主义企业在此心态上找到了最适合的精神推动力。资本主义精神与资本主义企业这两者可能分别各自存在，但资本主义精神那种心态的担纲者，大多是力争上游的产业界的中产阶层。[③]

韦伯指出，传统主义经济状态被捣毁，往往没有发生组织形式上的根本改变，这一变革通常并不是什么新货币的注入，而是新精神——近代资本主义精神灌注了进来，举凡此种精神觉醒并且能发挥作用之处，它便会自行筹措到所需要的货币额作为运行的手段。[④] 他具体分析了在这一变革中起了决定性意义的"新式"企业家，称他们具有一种异常坚毅的性格，始终保持清醒冷静的头脑；除了眼光明锐与行动力具足之外，尤具极为坚决且高度突出的"伦理"资质。他们通常并非经济史上任何时代都惯见的那些蛮勇厚颜的投机者与经济冒险家，也不是那些只不过是个"大金主"的人，而是在严苛的生活训练中成长起来，心细又胆大，尤其清醒且坚定、敏锐且全心投入工作，是带有严格市民观点与"原则"的人，即充满"资本主义精神"。他们要不对教会抱有敌意，要不就是漠不关心，宗教在他们

① 〔德〕马克斯·韦伯：《新教伦理与资本主义精神》，第 34～37 页。

② 〔德〕马克斯·韦伯：《新教伦理与资本主义精神》，第 38 页。

③ 〔德〕马克斯·韦伯：《新教伦理与资本主义精神》，第 40 页。

④ 〔德〕马克斯·韦伯：《新教伦理与资本主义精神》，第 43 页。

看来不啻是把人从地上的劳动抽离的手段，为事业不停地劳动已成为"生活上不可或缺"的一部分；他们不但避免虚荣与不必要的花费，也避讳有意识地利用权势，并且对于自己受到的社会赞赏的外在表征也是敬谢不敏。换言之，他们的生活样式彰显禁欲色彩。[①] 韦伯指出，资本主义的经济秩序需要对赚钱"天职"的献身，它非常切合资本主义结构，与经济生存斗争里的存活条件紧密连接，已没有必要援引任何宗教势力的赞同为支持，而教会规范不啻为资本主义经济生活的一种妨碍。[②]

韦伯认同桑巴特阐述的"经济的理性主义"是近代经济整体的基调这一观点，称"若这话指的是：从科学观点来重组生产过程，用以解除生产过程里人类天生自然的'生物的'限制，从而使劳动生产力得以扩大，那么，这无疑是对的"。[③] 他称，技术与经济领域的理性化过程也决定了近代市民社会"生活理想"的一个重要的部分；为人类的物质性物资供应的一个理性组织而服务劳作，无疑总是萦绕于资本主义精神代表人物心头上的毕生事业的指针；同时，在严密计算的基础上进行理性化，对致力于追求的经济成果进行妥善计划且清醒冷静的运筹帷幄，实乃资本主义私人经济的一个根本特色。[④]

韦伯总结道，将资本主义精神的发展看作理性主义整体发展的部分现象，似是最好理解的，而且此种精神应该是从理性主义对于终极人生问题的原则态度衍生出来的。对于"理性主义"，韦伯指出，理性主义历史显示出它在各个人生领域里绝非平行应和地向前发展。他称"理性主义"是个历史概念，其中包含无数矛盾，但应该研究资本主义文化最特色独具的构成要素——"天职"思想与为职业劳动献身。[⑤]

---

① 〔德〕马克斯·韦伯：《新教伦理与资本主义精神》，第43～45页。

② 〔德〕马克斯·韦伯：《新教伦理与资本主义精神》，第45～46页。

③ 〔德〕马克斯·韦伯：《新教伦理与资本主义精神》，第49页。

④ 〔德〕马克斯·韦伯：《新教伦理与资本主义精神》，第49～50页。

⑤ 〔德〕马克斯·韦伯：《新教伦理与资本主义精神》，第50～51页。

四 路德的职业观

在第一卷第三章，韦伯探讨了路德派天职观与资本主义精神的关系。

经韦伯考证，德语"Beruf"一词（更接近于英文的"Calling"），并没有后来的"职业"之意，只存在于所有基督新教占优势的民族。该词的现代意义源自《圣经》翻译者，而非原文的精神。它的字义连同思想都是新的，是宗教改革的产物。韦伯称，它将世俗职业里的义务履行，评价为个人道德实践所能达到的最高内容，换言之，在"天职"的概念里表达出所有基督新教教派的中心教义，那就是摒弃天主教将道德诫命区分为"命令"与"劝告"的做法，转而认为，经营为神所喜欢的生活的唯一手段并不是借着修道僧的禁欲来超越俗世的道德，而是端赖切实履行个人生活岗位所带来的俗世义务，这于是也就成了个人的"天职"。[①] 他认为是马丁·路德赋予了该词"职业"的新含义。当然，路德的观念也有变化过程。起初，路德完全遵循中古主流传统，认为俗世的劳动尽管是神的意思，但却是属于生物性的事，无关道德。随着"因信称义"思想的形成，路德把俗世的劳动视作邻人爱的外在表现。韦伯强调："无论在什么情况下，履行世俗内的义务是讨神喜欢的唯一之道，此一道路且唯独此道方为神之所愿，也因此，任何正当的职业在神之前绝对具有同等价值。"[②] 赋予俗世职业生活以道德意义，韦伯称此为宗教改革，特别是路德影响深远的一大成就。

韦伯认为，路德的"职业观"与资本主义精神并没有什么内在关系。路德认为自己的天职思想源自《圣经》，而《圣经》整体上有利于传统主义的倾向。他称，路德的整体心态不只保持在传统主

---

① 〔德〕马克斯·韦伯：《新教伦理与资本主义精神》，第54页。
② 〔德〕马克斯·韦伯：《新教伦理与资本主义精神》，第56页。

义上，而且越来越传统主义。^①韦伯指出，路德无法做到将职业劳动与宗教原理相结合，他以教理的纯粹性来作为判别教会的唯一无误的标准，阻碍了他在伦理领域上新观点的发展；他称职业就是人应其视为神的旨意而甘愿接受且顺从之事，这掩盖了天职观的另一种思想，即职业劳动本来就是一种或唯一那种由神所赋予的任务。^②

五 入世禁欲的宗教基础

在第二卷第一章，韦伯探讨了入世禁欲主义中的宗教基础。

在欧洲历史上，有四种主要的禁欲主义新教派别：加尔文教派^③、虔敬派、循道宗和从再洗礼派运动中生长出来的诸教派。这些宗派之间的区别并不是绝对的。加尔文派前文已简介，不再赘述。

虔敬派（Pietism），指的是主张对基督的信仰应当至真至诚的思想及其追随者。该派根源在路德派。由于路德派在传播扩散过程中出现了蜕变，如过多涉及世俗事务，世俗气息较为严重；教条主义和形式主义逐渐加重等，在德国率先产生了要重回并延续路德初衷的理念。这一理念的发起者是路德派牧师菲利普·雅各布·斯彭纳（Philipp Jakob Spener，1635–1705），其思想经奥古斯特·赫尔曼·弗兰克（August Hermann Francke，1663–1727），至尼古拉·路德维格·冯·钦岑道夫（Nikolaus Ludwig von Zinzendorf，1700–1760）时，该派成为 18 世纪欧洲非常有影响力的宗教派别。在坚持路德派基本信条的基础上，虔敬派主张应当坚决祛除其日益严重的制度化和教条化，注重个人信仰和内心虔修。该派常定期举办教徒聚会，引导教徒进行灵修阅读和精神交流。^④

---

① 〔德〕马克斯·韦伯：《新教伦理与资本主义精神》，第 60 页。
② 〔德〕马克斯·韦伯：《新教伦理与资本主义精神》，第 62～63 页。
③ 韦伯此处涉及的加尔文教主要指的是在 17 世纪的荷兰、法兰西、英格兰、瑞士等地区所出现的归正宗（Reformed Church）及其分支。
④ 《基督教词典》编写组编《基督教词典》，第 388 页。

循道宗（the Methodists Church），又称"卫理公会"，由英国神学家约翰·卫斯理（John Wesley，1703–1791）于 1729 年创立，教名源于卫斯理等人在牛津大学组建的"牛津圣社"。因主张对待宗教信仰应当严肃和虔诚，在涉及宗教生活时应当遵循基督的道，故称为"循规蹈矩者"，"循道宗"一名也由此而来。该派主张信徒应当依循基督的道去祈祷、研读《圣经》和处理属灵事务，强调宗教生活的组织性和纪律性。①

再洗礼派（Anabaptism）形成于 16 世纪的欧洲宗教改革运动，在新教诸分支中相当激进。再洗礼派其名来自该派坚持的核心主张，即只有人在成年后接受洗礼，这种仪式方才有效。他们主张基督教是个人信仰的问题，信仰是自愿且有意识的，不能强加给任何人。所以，他们极力主张那些在刚出生时就接受洗礼的人应当在成年时重新接受一次洗礼，故被称为"再洗礼派"或"重洗礼派"。该派还主张政教分离，提出追随基督的信徒团体应当尽量远离尘世和世俗政权，他们还反对基督教徒以武力维持社会秩序或从事正义战争。②

韦伯对这四个教派予以具体分析，以"洞察那些经由宗教信仰与宗教生活的实践而产生出来的心理动力，此种心理动力为生活样式指定了方向，并让个人固守这样的方向"。③

韦伯认为，加尔文教派最具特征性的教义是"上帝预选说"（Gnadenwahl）。该教义被认为是加尔文教派对国家有害而遭当局攻击的主要原因，它还引起了 18、19 世纪教会的分裂，并为大规模宗教觉醒运动发出呐喊助威之声。④韦伯分析了预选观产生的重大后果，那就是个人各自内在空前的孤独感。⑤他称，在加尔文教派里，现世注定是为了且只为了神的自我光耀而存在，被神挑选的基督徒的

---

① 《基督教词典》编写组编《基督教词典》，第 520～521、562 页。

② 《基督教词典》编写组编《基督教词典》，第 627 页。

③ 〔德〕马克斯·韦伯：《新教伦理与资本主义精神》，第 76 页。

④ 〔德〕马克斯·韦伯：《新教伦理与资本主义精神》，第 78 页。

⑤ 〔德〕马克斯·韦伯：《新教伦理与资本主义精神》，第 83 页。

使命，且是唯一使命，就是在现世遵行神的戒律，各尽其本分来增耀神的荣光；加尔文派信徒在世上的社会活动，单只是为了荣耀神，所以，为了此世整体生活而从事的职业劳动，也就带有这种性格。在该教派中，由于"邻人爱"是唯神的荣耀之事，而非服务被造物，所以最首要的是表现在履行那通过自然法所交付的职业任务，依此"邻人爱"取得一种特别为事而不为人的性格——一种为了周遭社会秩序的理性构建而服务的性格。[①]

关于信徒的问题——"我是被挑选的吗？而我又如何能确知这预选？"韦伯认为这对加尔文教派不是个问题，后者的答案顶多是："我们只要知道神已作了裁决就足够，并且应以凭借真的信仰而坚守对基督的信赖为满足。"[②]加尔文还拒斥这样的臆断：认为人可以从他人的行为察知自己是被拣选或被舍弃，但信徒对此仍然疑问重重。为消除信徒的疑问，一是每个人都有义务相信自己是选民，并且将任何怀疑都视为魔鬼的诱惑加以排斥；二是谆谆教诲要以孜孜不倦的职业劳动来作为获得那种自我确认的最佳手段，世俗的职业劳动成为消解宗教不安的适切手段。[③]

韦伯指出，改革派信徒也企求"因信称义"的救赎，但在加尔文看来，为了给救赎确证提供可靠的基础，信仰必须用其客观的作用来证明，即信仰必须是"有效的信仰"，救赎的召命必定是"有效的召命"；基督徒的生活样式，用以增加神的荣耀的生活样式，这是改革派信徒明确识别真正信仰的成果；只有选民才真正具备有效的信仰，也只有选民才能通过再生及因此而来的整个生命的圣化，用真正而不只是虚有其表的善功来增加神的荣耀。[④]他称，加尔文教徒的救赎，应该是救赎的确信，是自己创造的，是要在时时刻刻都面对被选或被弃的、有系统的自我检视下形成的；[⑤]与天主教不同，加

217

---

① 〔德〕马克斯·韦伯：《新教伦理与资本主义精神》，第89页。

② 〔德〕马克斯·韦伯：《新教伦理与资本主义精神》，第91页。

③ 〔德〕马克斯·韦伯：《新教伦理与资本主义精神》，第92～93页。

④ 〔德〕马克斯·韦伯：《新教伦理与资本主义精神》，第96页。

⑤ 〔德〕马克斯·韦伯：《新教伦理与资本主义精神》，第98页。

尔文教的神所要求其信徒的，不是个别的"善行"，而是提升成体系的圣洁生活。①

韦伯分析道，平常人的伦理实践里的那种无计划性与无系统性就此被解除，因而形塑出笼罩整体生活样式的一套首尾一贯的方法；"圣徒"的生活绝对只追求一个超越的目标——救赎，这使此世的生涯被彻底理性化，并且被完全增加神在大地上的荣耀这个观点所支配；而这种理性化给改革派的虔敬带来一种独特的禁欲性格，并且成为改革派与天主教之间相互对立，但又有其内在亲和性的基础。②

韦伯认为，清教的禁欲，致力于使人有能力抑制"一时的感情"，坚守并激活"一贯的动机"，尤其是禁欲所锻炼出来的动机，即培养人形成一种性格；此种禁欲的目标在于，使人过一种警醒、自觉而明彻的生活，而其最迫切的课题是去除无拘无束、本能的生活享乐，最重要的手段则是让信徒的生活样式有秩序。③他指出，与中世纪的禁欲有明显差异，加尔文教派的禁欲中"福音的劝告"被废除，并且借此而使禁欲转变为纯粹现世内的事，④成为世俗职业生活中追求的理想，并为其增添了积极因素——必须要在世俗职业生活里做出信仰证明，这为一心向往宗教的广大阶层带来了禁欲的积极动力。⑤

韦伯称，加尔文教派自己固有的且正是那禁欲的根本性格，从旧约的虔敬之心中筛选出与自己同质的诸要素，并使之同化于自己⑥，该教所要求的伦理生活方式的方法论，使整个生活彻底基督教化，这在义证思想上具有同样的伦理激活能力，从而必定能产生同一方面的影响。⑦他指出，预选说对其最初信奉者的禁欲生活样式

---

① 〔德〕马克斯·韦伯：《新教伦理与资本主义精神》，第100页。

② 〔德〕马克斯·韦伯：《新教伦理与资本主义精神》，第101～102页。

③ 〔德〕马克斯·韦伯：《新教伦理与资本主义精神》，第104页。

④ 〔德〕马克斯·韦伯：《新教伦理与资本主义精神》，第105页。

⑤ 〔德〕马克斯·韦伯：《新教伦理与资本主义精神》，第107页。

⑥ 〔德〕马克斯·韦伯：《新教伦理与资本主义精神》，第110页。

⑦ 〔德〕马克斯·韦伯：《新教伦理与资本主义精神》，第111～112页。

所造成的结果与路德派在道德上的软弱无力形成鲜明对比，路德派缺乏前者所具有的可怕驱动力，即驱动人不断自我检视，因而有计划地规制自己的生活。[1] 韦伯认为，尽管决定信仰之禁欲性格这种驱动力可以从不同宗教动机中产生，加尔文教派的预选论只是其产生的可能性之一，但该教的禁欲不仅有一种独特的首尾一贯性，而且其心理作用格外有力，被其他教派所模仿。[2]

韦伯指出，虔敬派的出发点是恩宠预选，对神学家的教会抱持着深刻的不信任感，尽管形式上仍属于加尔文教派，但该派开始将"虔敬的实践"的信奉者聚集到远离世俗的"集会"，它想要让圣徒的不可见的教会变成显现于地上的教会，并且在还不至于另行成立教派的情况下，让信徒在集会的共同体里，过着弃绝俗世势力、一切细节皆按神的意志而行的生活，并借此得以从日日生活样式的外在表征来确定自己的再生；该派希望借着禁欲的强化，在此世就能品味与神交会的至福喜悦；与普通改革派信徒相比，该派往往更加侧重培养宗教的感情面，这是其决定性特征。[3] 韦伯称，虔敬派不过是意味着将讲求方法地培育并审视生活的那一套，即禁欲的生活样式渗入非加尔文教派宗教意识的领域里去，但欠缺首尾一贯性。[4] 他进而指出，虔敬派禁欲的宗教基础是动摇且不安定的，相较于加尔文教派强固的首尾一贯性，实在远为逊色，这部分是由于路德派的影响，部分是由于其宗教意识的感情性格，其生活理性化的强度也较低。[5] 韦伯称，整体而言，虔敬派是往强调感情性格的方向移动，它所培育的品德较多展现在两个方面：一是"职业忠诚的"官吏、雇员、劳动者与家内生产者；二是家长制作风的雇主，在为神所喜的那种屈尊谦卑姿态下，而加尔文教派似乎与市民—资本主义的企业家的严格、正直与积极更

---

① 〔德〕马克斯·韦伯：《新教伦理与资本主义精神》，第113页。
② 〔德〕马克斯·韦伯：《新教伦理与资本主义精神》，第114页。
③ 〔德〕马克斯·韦伯：《新教伦理与资本主义精神》，第116页。
④ 〔德〕马克斯·韦伯：《新教伦理与资本主义精神》，第119页。
⑤ 〔德〕马克斯·韦伯：《新教伦理与资本主义精神》，第128页。

加有相互的亲和性。[1]

对于卫理公会，韦伯认为，该派在感情与禁欲的宗教意识方面越来越无视或拒斥加尔文教派禁欲的教义基础，其名称显示出其特性：为了获得救赎确证而"讲求方法"地将生活样式系统化，这也是其一开始宗教努力的核心。由于该派一开始就以向大众宣教为其使命，其感情性带有一种强烈的情绪性性格，特别是在美国。[2] 该派认为，蒙神恩宠者纯粹感情的、直接从圣灵印证产生的绝对确信——至少通常到了时候就肯定发生——乃是救赎确证唯一确实的基础。[3] 韦伯称，对卫理公会信徒而言，救赎确证并非在于禁欲的生活样式本身历经不断重新证明所得出的恩宠意识，而在于当下的恩宠与完美感觉。[4] 他指出，该派与虔敬派一样，是伦理基础不稳定的信仰宗派，它所创造的只不过是纯粹善功得救教说的一种补充，在预选论被放弃之后，为禁欲的生活样式奠定宗教基础，而对职业观的发展毫无新的贡献。[5]

基督新教的禁欲派别还有再洗礼派及洗礼派、门诺派（Mennonite），等，韦伯也对其进行了简要分析。他称，这些教派最主要的思想是"信者的教会"，意指宗教共同体，或以宗教改革期间新教派用语所称的"可见的教会"，全然是个个别再生者信徒的共同体，换言之，它不是个"教会"，而是教派。[6] 韦伯认为，再洗礼派所主张的"义认"，[7] 有异于将基督事功"经判别"而赋予人的思想（即支配早先基督新教正统教理的思想），是于内心里将基督的救赎事功占为己有，但这得靠个人的启示（即凭借圣灵在个人身上的作用），唯此凭借。这使对教义的认识与借悔改而获得神的恩宠等意味下的信仰尽失其

① 〔德〕马克斯·韦伯：《新教伦理与资本主义精神》，第 129 页。

② 〔德〕马克斯·韦伯：《新教伦理与资本主义精神》，第 130 页。

③ 〔德〕马克斯·韦伯：《新教伦理与资本主义精神》，第 131 页。

④ 〔德〕马克斯·韦伯：《新教伦理与资本主义精神》，第 132 页。

⑤ 〔德〕马克斯·韦伯：《新教伦理与资本主义精神》，第 134 页。

⑥ 〔德〕马克斯·韦伯：《新教伦理与资本主义精神》，第 135 页。

⑦ 即唯有个人于内在已获得信仰并加以告白的那些成年人才给予施行洗礼。

重要性，从而出现一种原始基督教的圣灵宗教思想的复兴。[1]他指出，再洗礼派遵循严格的"现世"回避，绝对排斥一切"被造物的神化"，以其乃有损专一敬畏神的意念。[2]韦伯认为，再洗礼派诸教对职业的经济关怀的强度高涨起来，主要因素有二：一是拒绝就任公职；二是对任何一种贵族式生活样式的强硬敌对态度，而其生活样式的那种完全清醒冷静与追究良心的方法论，将其推往非政治的职业生活的轨道，其救赎论所赋予良心的监察使其个人于职业生活里的经营态度带有一种独特性格，这对资本主义精神意义非凡。[3]他称，再洗礼派所有教派创立的是"教派"而非"教会"，这有利于其禁欲的强化，但各派程度不一。[4]

  韦伯指出，新教中禁欲的各宗派有一个共通的观点，即将宗教的"恩宠状态"视为一种身份，具此身份的信徒因而与被造物的堕落、现世相分割，但无法借由任何巫术－圣礼手段、忏悔赦罪或个别的虔敬善功而获得保证，唯一的办法是证明一己的行为举止迥异于"自然"人的生活方式；结果是每一个信徒的心里都产生那种想要在生活样式里讲求方法地审视自己的恩宠状态的动机，以及将生活禁欲化的驱动力。他称，着眼于彼世而在现世内进行生活样式的理性化，这是禁欲的基督新教职业观所造成的结果。[5]

六　禁欲与资本主义精神

  在第二卷第二章，韦伯着力探讨了禁欲与资本主义精神之间的关系。他对理查德·巴克斯特（Richard Baxter）、托马斯·阿奎那（Thomas Aquinas）等观点进行了对比，认为基督新教的入世禁欲举其全力抵制财产的自由享乐，勒紧消费，特别是奢侈消费，而在心理效

---

① 〔德〕马克斯·韦伯：《新教伦理与资本主义精神》，第136页。
② 〔德〕马克斯·韦伯：《新教伦理与资本主义精神》，第137页。
③ 〔德〕马克斯·韦伯：《新教伦理与资本主义精神》，第143页。
④ 〔德〕马克斯·韦伯：《新教伦理与资本主义精神》，第145页。
⑤ 〔德〕马克斯·韦伯：《新教伦理与资本主义精神》，第146页。

果上，将财货的取得从传统主义的伦理屏障中解放出来，解开利得追求的枷锁，不止使其合法化，而且直接视为神的旨意。^①他称，在私人经济财富的生产方面，禁欲仇视的是不公正与纯粹冲动性的物欲，拒斥以致富为终极目的而追求财富；但称财富的获得，作为职业的劳动成果，是神的祝福；世俗职业劳动为至高的禁欲，也是再生者及其信仰纯正最为确实且最昭彰显著的证明，是资本主义精神的人生观得以扩展所能想见的最有力杠杆。简言之，通过禁欲的强制节约而导致资本形成。^②韦伯指出，举凡清教人生观的力量所及之处，无论在何种情况下，都有助于市民的、经济上理性的生活样式的倾向；^③那些强而有力的宗教运动，对于经济发展的意义首要在于其禁欲的教育作用。他分析了市民企业家独特的职业风格："市民阶级的企业家，只要守住形式正当的范畴、道德行为没有瑕疵、财富的使用无可非议，那么他就能以充满神的恩宠受到神明现可见的祝福之意识，来从事其营利的追求，而且也应该那么做。不止如此，宗教的禁欲力量又将冷静、有良心、工作能力特强、坚信劳动乃神所喜的人生目的的劳动者交在他的手中。这力量让他安然确信，现世财货的分配不均乃神之具有特殊用意的安排，借着此种差别，正如通过特殊的恩宠，神有他奥秘的、非人所能了解的目的要完成。"^④

对劳动者而言，基督新教赞美他们不求利得而忠于职业，称他们是以使徒为人生的榜样。韦伯称，基督新教在此方面并未有新创见，但它强化了这一观念，创造出使其影响力发挥出来的、最具关键性的一股力量，亦即借着认定此种劳动为天职，为确证恩宠状态最好的、最终往往成为唯一手段的这种想法，所产生出来的那种心理的驱动力。同时，禁欲又视企业家的营利为天职，从而正当化了这种特殊劳动意欲的剥削利用，强有力地促进了资本主义意义下劳动的生产性。^⑤

① 〔德〕马克斯·韦伯：《新教伦理与资本主义精神》，第173页。
② 〔德〕马克斯·韦伯：《新教伦理与资本主义精神》，第174~175页。
③ 〔德〕马克斯·韦伯：《新教伦理与资本主义精神》，第178页。
④ 〔德〕马克斯·韦伯：《新教伦理与资本主义精神》，第181~182页。
⑤ 〔德〕马克斯·韦伯：《新教伦理与资本主义精神》，第183~184页。

韦伯得出结论，立基于职业理念上的理性的生活样式是近代资本主义精神（包括近代的文化）本质上的构成要素，它是由基督教的禁欲精神所孕生出来的。[①]

为进一步说明《新教伦理与资本主义精神》中的观点，韦伯在1906年又发表了《新教教派与资本主义精神》。他称，成为"教派"的一员意味着人格的一纸伦理资格证书，特别是商业伦理上的资格证明，而成为"教会"的一员，是因为人生来就属于教会，而教会的恩宠光照于义与不义者；加入教会（在概念上）是义务性质的，而"教派"是唯独（在概念上）符合宗教 - 伦理资格的人所组成的自愿性团体，当个人经由宗教的验证而自发性地寻求接纳，他是基于自由意志而加入教派。[②]韦伯指出，并非宗教的伦理学说，而是其伦理态度，才是"这宗教的"特殊"风格"。对清教而言，那种态度是一种特定的、讲求方法的理性的生活方式。在既定条件下，此一生活方式为近代资本主义的"精神"铺平了道路。在所有清教教派中可见的激励，在救赎确证的意义上，乃是作用于神前的自我"证明"。在清教教派内部，在社会性的自尊自重意义上，激励则是作用于人前的自我"证明"。二者在相同的作用方向上彼此互补，协力接生近代资本主义"精神"特有的风格（即近代市民阶层的风格）。禁欲的宗教集会与教派的形成，特别因其激进地挣脱家长制的、威权的桎梏以及其擅自解释人必须更听从于神甚于人这一命题的方式，构成了近代"个人主义"最主要的历史基础之一。[③]韦伯最后指出，中世纪的行会也能见到类似基督新教的禁欲，但它是把相同职业者统合起来，目的在于限制竞争，这是不可能孕育出近代市民 - 资本主义的风格的。[④]

---

① 〔德〕马克斯·韦伯：《新教伦理与资本主义精神》，第186页。

② 〔德〕马克斯·韦伯：《新教教派与资本主义精神》，载《韦伯作品集》(Ⅶ)，广西师范大学出版社，2007，第196～197页。

③ 〔德〕马克斯·韦伯：《新教教派与资本主义精神》，第220页。

④ 〔德〕马克斯·韦伯：《新教教派与资本主义精神》，第220～221页。

第三节　评析与启迪

一　韦伯命题与学界回应

韦伯在《新教伦理与资本主义精神》一书中所论述的观点，同他后来所完成的关于其他宗教的经济伦理以及它们各自影响的论述一道构成了一个完整的理念体系——宗教伦理和地区社会演进之间的关系。具体而言，就是东西方在资本主义化或现代化方面出现的巨大差异与各自地区所奉行的宗教伦理有密切关系，西方能够迎来资本主义得利于宗教改革之后所形成的入世禁欲主义，东方社会停留在传统社会主要是因为这些地区的宗教经济伦理并未出现因内部大改革而带来的剧烈变动。上述论题也被称为"韦伯命题"。

韦伯关于宗教伦理和社会演变之间关系的看法，在学界引起了高度关注与争论，形成了三个群体：第一个群体是认同文化精神对资本主义产生具有重大影响的群体；第二个群体是反对文化意识具有重大影响者，他们或从唯物史观出发，或从政治、经济与社会的角度审视，认为资本主义的产生并非像韦伯所说那般依赖意识；第三个群体由部分东方学者和研究东方的西方学者组成，这些学者或在研究第二次世界大战后亚洲部分地区快速发展的基础上，或通过对明清之际中华帝国经济的分析，对韦伯的观点提出了质疑，认为资本主义并非西方文化所特有，亚洲部分地区的文化也能催生出资本主义；资本主义的源起在于文化之外的因素，比如煤铁资源，有利的地理地貌等，资本主义在西方产生以及存在，很大程度上是偶然性而非必然性。

在第一个群体中，学者一致认为资本主义起源过程起关键作用的是文化精神，但在具体内容方面其观点却存在着差异。向韦伯提出挑战且影响较大的是桑巴特。桑巴特的《现代资本主义》早于韦伯的《新教伦理与资本主义精神》两年问世。19世纪晚期，韦伯就已经有这样一种信念——必须摒弃所有形式的粗糙经济决定论。[①]
当桑巴特资本主义精神的具体内容映入眼帘时，韦伯便不太认同。
两人之间的论战一直持续到韦伯离世，各自都推出了另外一些著作
来捍卫自己的立论。[②]简言之，两人的分歧在于资本主义精神的构
成和来源两个方面。韦伯认为，不包含企业家精神的资本主义精神
以及资本主义精神来源于新教伦理，而桑巴特一直都不认同这一观
点，他主张资本主义精神由企业家精神（逐利精神）和市民精神构
成，这一精神则源自散居在欧洲各地的犹太人群体。

在第二个群体中，学者成分相对比较复杂。既有来自社会学
科的，也有来自历史学科的。如美国批判社会学代表丹尼尔·贝尔
（Daniel Bell）就强烈反对韦伯在解释资本主义起源时所秉持的单因
论。贝尔称："韦伯强调加尔文教义和清教伦理——具体指严谨工
作习惯和对财富的合法追求——是促使以理性生产与交换为特征的
西方文明兴起的基本原则。然而资本主义有着双重的起源。假如说
韦伯突出说明了其中的一面：禁欲苦行主义，它的另一面则是维尔
纳·桑巴特长期遭到忽视的著作中阐述的中心命题：贪婪攫取性。"[③]
他进一步指出："无论早期资本主义的准确地理位置能否确定，有一
点很明显，即从一开始，禁欲苦行和贪婪攫取这一对冲动力就被锁
合在一起。前者代表了资产阶级精打细算的谨慎持家精神；后者是
体现在经济和技术领域的那种浮士德式骚动激情……这两种原始冲
动的交织混合形成了现代理性观念。"[④]概言之，来自社会学学界的
反对者倾向认同韦伯在《经济通史》中使用的研究方法以及由此形
成的观点，即从多元视角去分析资本主义产生的原因，进而指出资

---

① 〔英〕安东尼·吉登斯：《资本主义与现代社会理论——对马克思、涂尔干和韦伯著作的
分析》，郭忠华、潘华凌译，上海译文出版社，2013，第157页。

② 韦伯后来对其他宗教及其经济伦理进行了研究，形成了他的《宗教社会学论文集》。桑
巴特则推出了《奢侈与资本主义》《犹太人与现代资本主义》等著作。

③ 〔美〕丹尼尔·贝尔：《资本主义文化矛盾》，赵一凡、蒲隆、任晓晋译，生活·读书·新
知三联书店，1989，第27页。

④ 〔美〕丹尼尔·贝尔：《资本主义文化矛盾》，赵一凡、蒲隆、任晓晋译，第29页。

本主义产生的前提条件包括资本主义所有制的出现、充足的自由劳动力、理性化法律的形成以及自由市场活动。[1] 来自历史学科的反对者有经济史家 R.H. 托尼（R.H. Tony）[2]、文化史家彼得·伯克（Peter Burke）[3] 等。他们对韦伯的质疑和批判集中在以下两个方面：其一，缺乏实证。只是从牧师或神学家的书籍中寻求论据，缺乏与具体历史事件直接相关的史料，且这些牧师或神学家集中在 17 世纪，至于 16 和 18 世纪则比较少。其二，没有对 17 世纪加尔文教派的入世禁欲主义与宗教改革运动之后政治经济之间的关系进行分析。对是政治经济对这些牧师或神学家言论产生了影响还是相反，或者两者互为因果这些问题，韦伯并没有给出详尽分析。[4]

第三个学者群体反对韦伯命题中资本主义起源唯西方论，如著名史学家余英时[5] 等。他们以第二次世界大战后亚洲"四小龙"创下的经济发展奇迹为例，认为韦伯提出的传统儒家文化不能导出资本主义这一论点并不能够成立，亚洲"四小龙"从一个侧面证明了儒家文化之中也存在着能推动资本主义发展的元素，儒家文化能够同资本主义相融合。

二　方法论启迪

从唯物史观来讲，韦伯把资本主义精神的起源归于宗教特别是新教伦理，其本质是唯心主义的，其中也潜藏着一种基于西方文化优越论的欧洲中心主义倾向。这是我们需要辨别的。但该著在分析资本主义起源时赋予文化和精神因素重要地位，提出了人的现代化

---

[1] Bryan S. Turner, *Max Weber: From History to Modernity*, London and New York: Routledge, 1993, p.44.

[2] 〔英〕R.H. 托尼：《宗教与资本主义的兴起》，赵月瑟、夏镇平译，上海译文出版社，2013。

[3] 〔英〕彼得·伯克：《欧洲近代早期的大众文化》，杨豫、王海良等译，上海人民出版社，2005。

[4] 向荣：《文化变革与西方资本主义的兴起——读韦伯〈新教伦理与资本主义精神〉》，《世界历史》2000 年第 3 期。

[5] 余英时：《儒家伦理与商人精神》，广西师范大学出版社，2004。

问题，这是马克思、恩格斯之后那些只注重阶级斗争和制度变革的"历史唯物主义者"所忽视的。该著丰富了我们对于资本主义的认识，在方法论方面有诸多启示。

首先，跨学科研究。第二次世界大战后，新史学成为西方史学的主流，在研究方法方面最大的特色便是跨学科研究。在研究历史事实过程中借助其他学科理论和方法，能够在现有知识体系中更好地认识研究对象。《新教伦理与资本主义精神》虽然产生在传统史学占据主流的 20 世纪初，但在历史学之外的其他人文社会科学中，学科交融已成一种风气。当时历史研究者也并非全是传统史学的拥趸，已有少部分学者采取跨学科研究方法去分析历史。该著就是历史学、宗教学和社会学结合的典范之作，向我们具体展示了如何将宗教学和社会学有机地糅进历史话题的分析之中。

其次，研究思路。《新教伦理与资本主义精神》实际上是一篇超长论文，通篇采用的是"提出问题—回答问题"的研究思路。在结构上，作者采取的是不断收缩分析范围的策略来回答文章的核心问题。在前言部分，作者通过东西方之间的差异，引出"资本主义何以会在西方产生"这样一个问题，接着梳理了相关概念及它们之间的关系，最后将寻找答案的线索引到宗教层面。在这一部分，韦伯还交代了后文要用到的研究方法——宗教社会学与历史学的结合。在第一部分第一章，作者将问题过渡到"西方宗教中哪些支派与资本主义起源关系最为密切，以及为什么"这样一个问题，通过抽丝剥茧式地分析，新教成为进一步的线索。换言之，这一部分文字围绕着"资本主义起源过程中何以会是新教扮演了重要角色"这样一个问题而展开的。在第二章，作者梳理了"资本主义精神"的含义及其在资本主义成为普遍理念过程中的作用，同时进一步回答了"何以会是新教"这个问题，结论部分引出"天职"观念。在第三章，作者分析了将"天职观"明确化的路德教在资本主义起源中的角色，回答了"何以是主张入世禁欲主义的新教而非路德教的伦理能够导出资本主义精神"这样一个问题。在第二部分，韦伯分析了入世禁欲主义的新教的不同派别，分析了入世禁欲主义与资本主义精神之间的关系。该著通过抽丝剥茧式地分析，将看上去与问题逻辑关系薄弱的元素剔除，最后得出自己的结论，这对历史学学习者和研究者颇有启发性。

最后，比较研究法。为深入阐释自己的观点，韦伯采用了比较研究方法。如在前言，他从数学、音乐、建筑等诸方面对东西方（社会）进行了一番比较，指出二者不同的原因在于西方文化中普遍存在着理性而东方则不然。又如，在第一部分第一章，韦伯从教育选择、职业规划、面对类似环境时所做出的选择等诸方面对新教与天主教进行了比较。在此基础上，作者指出新教而非天主教的宗教伦理有利于资本主义精神的产生。此外，他多次将新教与传统主义进行比较，将不同学者的观点进行对比等。

总之，《新教伦理与资本主义精神》给我们展现了作者深厚的史学功底与良好的研究水平。尽管韦伯的观点有其局限性，学界对"韦伯命题"的认识莫衷一是，但该著拓宽了学界关于资本主义起源与构成等问题的研究思路，其研究方法也颇有借鉴意义。

思考题

何为"资本主义精神"？韦伯的理解与历史唯物主义区别何在？

主要参考文献

〔德〕马克斯·韦伯：《新教伦理与资本主义精神》，康乐、简惠美译，广西师范大学出版社，2007。

〔美〕丹尼尔·贝尔：《资本主义文化矛盾》，赵一凡、蒲隆、任晓晋译，生活·读书·新知三联书店，1989。

向荣：《文化变革与西方资本主义的兴起——读韦伯〈新教伦理与资本主义精神〉》，《世界历史》2000 年第 3 期。

Turner, Bryan S., *Max Weber: From History to Modernity,* London and New York: Routledge, 1993.

拓展阅读

〔德〕玛丽安妮·韦伯：《马克斯·韦伯传》，阎克文、王利平、姚中秋译，江苏人民出版社，2002。

〔德〕维尔纳·桑巴特：《现代资本主义》（第一卷），李季译，商务印书馆，1958。

〔英〕安东尼·吉登斯：《资本主义与现代社会理论——对马克思、涂尔干和韦伯著作的分析》，郭忠华、潘华凌译，上海译文出版社，2018。

〔英〕理查德·H.托尼：《宗教与资本主义的兴起》，沈汉等译，商务印书馆，2019。

顾忠华：《韦伯学说的当代诠释》，商务印书馆，2016。

第六章
沃勒斯坦与《现代世界体系》

15世纪以来，世界历史进程发生了一系列巨变，整个世界日益形成一个相互影响、密切联系的整体。如何解读世界整体，是国内外学界广泛关注的命题。美国著名学者伊曼纽尔·沃勒斯坦撰写的《现代世界体系》，就是国外学界解读世界整体形成的代表性著作之一，也是一部具有国际影响力的巨著。

第一节 原著简介

一 伊曼纽尔·沃勒斯坦简介

1. 生平简介

伊曼纽尔·沃勒斯坦（Immanuel Wallerstein，1930-2019），出生于美国纽约一个政治意识浓厚的家庭，幼时即表现出对现实政治的强烈兴趣。第二次世界大战期间，还在上中学的沃勒斯坦就已经注意到当时世界的主要左翼力量——第二国际和第三国际的分裂造成了纽约州自由党和美国工党（American Labor Party）的政治分野，印度人民反抗英国殖民统治的斗争也吸引着沃勒斯坦的目光。

1947 年，沃勒斯坦进入哥伦比亚大学学习，主修社会学。1951 年，获学士学位。后来他回到哥伦比亚大学继续攻读硕士学位，师从美国著名社会学家、文化批判主义的代表人物查尔斯·赖特·米尔斯（Charles Wright Mills），硕士学位论文以"麦卡锡主义"为研究选题。1954 年，获硕士学位并继续攻读博士学位。从中学时起，沃勒斯坦也一直关注非西方国家和地区。1951、1952 年，他参加了两次国际青年大会。沃勒斯坦的博士学位论文主题是比较黄金海岸（加纳）和象牙海岸在非洲民族解放运动中的作用。1955 年，沃勒斯坦获得"福特非洲合作基金"（Ford Foundation African Fellowship) 的资助，到巴黎访学，师从年鉴学派著名非洲问题专家乔治·巴兰迪尔（Georges Balandier）。访学期间，他还实地考察了非洲的一些地区。非洲的经历对沃勒斯坦的学术研究产生了重要影响。

1958～1971年，沃勒斯坦在哥伦比亚大学社会学系任教，历任讲师和副教授。1959年，获哥伦比亚大学哲学博士学位。1964年，与比阿特丽丝·弗里德曼（Beatrice Friedman）结婚，育有一女。在哥伦比亚大学任教期间，沃勒斯坦积极投身政治活动。他同情并支持20世纪60年代美国学生的反战游行和其他活动，是1968年哥伦比亚大学生抗议活动的主要支持者。1971年，沃勒斯坦辞去哥伦比亚大学教职，到加拿大蒙特利尔的麦吉尔大学任教授。

1976年，沃勒斯坦回到美国，受聘于纽约州立大学宾汉姆顿分校（The State University of New York at Binghamton），出任该校"费尔南·布罗代尔经济、历史体系和文明研究中心"（Fernand Braudel Center of the Study of Economies Historical Systems and Civilization）主任，致力于长时段的大规模社会变迁研究。1977年起，任该中心创办的新刊《评论》（Review）主编。在沃勒斯坦等人的努力下，该中心出版、发表了一系列成果，对振兴美国的社会学、历史学和政治经济学发挥了重要作用。沃勒斯坦一直担任宾汉姆顿分校社会学教授至1999年退休。从2000年起至2019年去世，沃勒斯坦任耶鲁大学高级研究员。

2. 学术成果与学术声誉

沃勒斯坦的学术生涯持续了60多年，著述颇丰。从20世纪50年代到70年代，他进行了20多年的非洲研究，到访过非洲大陆3/4的土地，写下了许多以非洲为主题的著作和文章。1972～1973年，任美国非洲研究协会（African Studies Association）主席。

沃勒斯坦是"世界体系"理论的思想领袖和主要代表人物，其代表作就是耗费30多年心血撰写的四卷本《现代世界体系》。① 其他著作还有：《世界不平等》（1975）、《资本主义世界经济》（1979）、《世界体系分析：理论与方法论》（与特伦斯·K.霍普金斯等人合编，1982）、《历史资本主义》（1983）、《世界经济的政治学》（1984）、《变化中的世界体系：论后美国时期的地缘政治与地缘文化》（1991）、《自由主义之后》（1995）、《变革革命：社会运动与世界体系》（1996）、《乌托邦幻想，还是21世纪的历史选择？》（1998）、《所知世界的终结：21世纪的社会科学》（1999）、《知识的不确定性》（2004）、《世界体系分析导论》（2004）、《欧洲的普世价值：权力的话语》（2006）、《不确定的世界：变化时代的世界体系分析》（2012）、《克服全球不平等》（2016）等。

沃勒斯坦是享有国际声誉的知名学者。他曾在西班牙阿利坎特大学、荷兰阿姆斯特丹大学、加拿大不列颠哥伦比亚大学、香港中文大学、坦桑尼亚达累斯萨拉姆大学、美国伊利诺伊大学、法国蒙彼利埃大学、西班牙梅南德斯·佩拉尤国际大学、加拿大蒙特利尔大学、意大利那不勒斯大学、加拿大渥太华大学、美国得克萨斯大学等知名高校访学。担任过10多种期刊的编委。1977～2005年，任《评论》主编。1978～2019，任《世界体系的政治经济学研究》（*Studies in Political Economy of the World-System*）主编。2004～2019年，任费尔南·布罗代尔研究中心范式出版社（Fernand Braudel Center Series，Paradigm Press）主编。1974～1975年，任魁北克国际关系中心研究委员会（Research Commission, Centre Québécois des Relations Internationals）主席。1993～1995年，任古本基安社会科学重建委员会（Gulbenkian Commission on the Restructuring of the Social Sciences）主席。1994～1998年，任国际社会学协会主席。

---

① 〔美〕伊曼纽尔·沃勒斯坦：《现代世界体系》（第一卷），郭方、刘新成、张文刚译，社会科学文献出版社，2013；〔美〕伊曼纽尔·沃勒斯坦：《现代世界体系》（第二卷），郭方、吴必康、钟伟云译，社会科学文献出版社，2013；〔美〕伊曼纽尔·沃勒斯坦：《现代世界体系》（第三卷），郭方、夏继果、顾宁译，社会科学文献出版社，2013；〔美〕伊曼纽尔·沃勒斯坦：《现代世界体系》（第四卷），吴英译，社会科学文献出版社，2013。本教材引用上述译本，下文只注作者、书名、卷和页码。

沃勒斯坦获得许多奖励和荣誉。自 1976 年起，他先后获得世界 10 多所大学授予的荣誉博士学位。1975 年，他因《现代世界体系》（第一卷）获美国社会学协会"索罗金奖"。后又相继获得纽约州立大学宾汉姆顿分校杰出成就奖（1991）、芬兰赫尔辛基大学奖章（1992）、国际研究协会杰出学者奖（1998）、墨西哥卡洛斯·马克思奖（2003）、美国社会学协会杰出学术事业奖（2003）、俄罗斯自然科学院康德拉季耶夫金质奖章（2005）等。

二　写作背景与理论渊源

1. 写作背景

其一，如何认识 16 世纪以来，特别是 20 世纪的世界发展变迁。

16 世纪以来，人类世界发展发生了重大变化。如何认识这种变化，学界进行了一系列探讨。如在 1904～1905 年，德国社会学家马克斯·韦伯发表了其名著《新教伦理与资本主义精神》，探寻了资本主义经济兴起过程中的非经济因素，论述了新教伦理与近代理性资本主义发展之间的相互促进关系。此后，韦伯的理论不断发展，逐渐成为一个重要的社会学流派。第二次世界大战后，该学派被广泛解释为，某些类型的价值观存在是实现现代化或（经济）发展的一个必需的先决条件。[①]

第二次世界大战结束后，一系列国家陆续摆脱殖民统治，走上了独立发展的道路，摆在这些国家面前最紧迫的问题是选择怎样的社会发展道路。20 世纪 50～60 年代，美国、英国等发达资本主义国家的学术界秉承韦伯传统，在对西方现代化进程进行经验总结的基础上提出了经典现代化理论，主要包括塔尔科特·帕森斯（Talcoft Parsons）的社会现代化理论、加布里埃尔·阿尔蒙德（Gabriel Almond）的政治现代化理论和华尔特·惠特曼·罗斯托（Walt Whitman Rostow）的经

---

① 〔美〕伊曼纽尔·沃勒斯坦：《现代世界体系》（第一卷），2011 年英文版第一卷序言，第 2 页。

济发展阶段论等。这些理论有一个共同的特点，即"现代化等于西化"。经典现代化理论把人类社会分为传统社会和现代社会，把社会和经济发展看作一系列由低向高、直线上升的过程。据此，该理论认为发达国家的今天就是不发达国家的明天，新兴独立的第三世界国家要想取得自身的发展，必须沿用发达国家所走过的现代化道路，而这些国家的不发达源于其社会经济制度自身的缺陷。

在 20 世纪 50～60 年代东西方冷战对峙时期，美国政府从其全球战略出发，非常重视对第三世界国家经济发展战略和道路的研究，西方现代化理论适应了美国的战略需求。随着第二次世界大战后新技术革命的发展，西方主要资本主义国家都迎来了生产力加速发展、经济持续高涨的局面，这也使得经典现代化理论盛行一时。但是，到 20 世纪 60 年代末期，世界经济增速放缓，众多发展中国家经济状况不断恶化，与发达国家间的差距持续扩大。与此同时，在 20 世纪 60～70 年代，世界范围内的民族主义运动兴起，反帝、反霸和反殖斗争成为时代主题。经典现代化理论的缺陷日益明显，不断受到质疑，学术界出现了"反西方化理论"。

这一时期，另有一些学者试图从不平等的世界经济体系出发来分析发展中国家面临的困境，提出了"依附论"。依附论认为，由于各个国家在世界经济体系中的地位和作用不同，世界被分为中心国家（发达国家）和外围国家（发展中国家），中心国家在世界经济中处于统治地位，剥削和控制外围国家，外围依附于中心，同时由于不平等的经济关系，中心与外围的差距越来越大。依附论的主要代表人物有阿根廷的劳尔·普雷维什（Raúl Prebisch）、埃及的萨米尔·阿明（Samir Amin）、德国的安德烈·贡德·弗兰克（Andre Gunder Frank）等。在 20 世纪 70 年代，世界能源危机爆发，国际局势急剧动荡，美国的国际地位不断下降，此时很多研究现代化问题的学者逐渐把研究视角从西方社会转向整个世界，开始全方位地从政治、经济、社会、文化等层面探讨社会发展问题。

面对近代以来世界局势的演变，沃勒斯坦试图通过研究16世纪"新兴国家"的发展历程，更好地理解20世纪"新兴国家"的发展轨迹。他不同意韦伯的观点，坚持不能逐国考察其发展进程，而应该放在较大的范围内（即世界体系）来考察，还认为只有通过将各个国家置于他们彼此的关系中来考察，才能理解为何一些国家在生产效率和财富积累方面成为领先者。① 这是沃勒斯坦撰写《现代世界体系》的初衷。

其二，沃勒斯坦对非洲研究的启示。

沃勒斯坦从小就关注国际事务，青年时代积极参加美国的"新左派"运动。他早期的学术活动聚焦于非洲，曾进行了长达20年的非洲研究。在非洲的经历对他影响很大，他目睹了非洲的"非殖民化"进程。为了揭示殖民形势的基本属性，并描述其历史进程，沃勒斯坦认识到必须抓住世界体系固有特征中的某些要素。②

多年的非洲研究逐渐使沃勒斯坦认识到，需要把非洲放在世界体系之内，作为该体系的一个组成部分，这样才有可能真正地认识非洲；而当时的现实政治也使他意识到现存的世界体系远非理想，充满了不平等、剥削和悖论。于是，沃勒斯坦开始考察资本主义世界体系，该体系发端于16世纪，其后不断发展，逐渐纳入世界其他地区，直至覆盖全球。此后，他发表了一系列论述这一体系产生、发展及演变的论著，并逐渐形成了以他为核心的"世界体系理论"学派。沃勒斯坦后称："虽然我现在的学术关注点已从非洲移开，但非洲研究使我认识到了当代世界的热点政治问题，懂得了如何对现代世界体系的历史进行学术分析，是非洲使我放弃了过去所受教育中无用的部分。"③

---

① 〔美〕伊曼纽尔·沃勒斯坦：《现代世界体系》（第一卷），2011年英文版第一卷序言，第2~3页。

② 〔美〕伊曼纽尔·沃勒斯坦：《现代世界体系》（第一卷），第5页。

③ Immanuel Wallerstein, "The Development of an Intellectual Position"，参见伊曼纽尔·沃勒斯坦个人网站，https://www.iwallerstein.com/intellectual-itinerary，最后访问日期：2018年12月5日。

对研究现代世界体系的原因，沃勒斯坦自称："正因为我们期待着一个更加平等和自由的世界，所以必须了解它实现的条件。为此需要先剖析过去世界体系的性质和演变过程，进而指出其今后的发展趋势。这种知识就是力量。在我设计的框架中，它是对代表世界大多数受压迫人民利益的群体来说最有用的一种力量。正是基于这些考虑，我开始努力对影响世界体系的决定性因素进行分析。"[1]

2. 理论渊源

沃勒斯坦充分吸收了近现代学者关于社会发展的思想精华，萃取了第二次世界大战后学界新的研究方法和理论，在批判西方经典现代化理论的基础上，做出了理论创新和突破，构建起现代世界体系的理论框架。沃勒斯坦的理论和分析方法主要有以下四方面来源。

一是欧洲的历史经济学。沃勒斯坦的学士、硕士和博士学位都是在美国哥伦比亚大学获得的，但他多次去欧洲访学，欧洲大陆学者的历史经济学说对他产生了较大影响。在沃勒斯坦著作中，能看到马克斯·韦伯以物质为基础进行阶级分析的方法，以及城市资产阶级对乡村剥削的理论的烙印。他受到德国新历史学派的古斯塔夫·冯·施穆勒（Gustav von Schmoller）和卡尔·布歇尔（Karl Bucher）的生产过程转移理论的影响。奥地利经济学家约瑟夫·熊彼特（Joseph Schumpeter）关于资本主义经济周期运动的理论也给他很大启发。匈牙利经济学家卡尔·波兰尼（Karl Polanyi）提出的经济组织三种模式被沃勒斯坦改造为微型体系、世界帝国和世界经济。沃勒斯坦还运用俄国经济学家尼古拉·康德拉季耶夫（Nikolai Kondratieff）的"长周期"理论来阐释现代世界体系的发展过程。[2]

二是法国年鉴学派。法国历史学家、年鉴学派第二代代表人物费尔南·布罗代尔（Fernand Braudel）的学说对沃勒斯坦影响很大，沃勒斯坦把自己在纽约州立大学宾汉姆顿分校的研究中心冠名为"费尔南·布罗代尔经济、历史体系和文明研究中心"，《现代世界

239

---

[1] 〔美〕伊曼纽尔·沃勒斯坦：《现代世界体系》（第一卷），第10页。

[2] 张骥、齐长安：《沃勒斯坦世界体系论评析》，《世界经济与政治》2001年第11期。

体系》的扉页上印着"献给费尔南·布罗代尔"。他在谢词中也称:"每当我写完一份草稿,布罗代尔就仔细地阅读它,并在我需要恢复信心时给我鼓励。"①以上这些细节,足见布罗代尔对沃勒斯坦的影响力。实际上,布罗代尔的"全面的历史"观、"长时段"理论以及宏观研究体系是世界体系理论的基本支撑。

三是依附论。20世纪50~60年代出现的依附论对沃勒斯坦思想体系的形成产生了很大影响。依附论的代表人物萨米尔·阿明、贡德·弗兰克等人是沃勒斯坦的密友,他们的观点在很多方面非常相似。沃勒斯坦说:"我第一次见到萨米尔·阿明是在20世纪60年代初。我曾读过他的早期著作,这些著作启发了我。我们见面后,很快发现彼此的观点非常接近。我们都相信自己生活在一个资本主义世界,但同时认为我们需要组织起来摧毁这个世界。我们都相信马克思的思想依然至关重要,但它不应被当作教条而需要不断发展。不久后我见到了贡德·弗兰克,他读了我的《现代世界体系》(第一卷)草稿,他对我的作品非常感兴趣,提出为它的出版写推荐信。后来我又遇到了乔万尼·阿瑞吉(Giovanni Arrighi),我们有着太多共同的想法。阿瑞吉、弗兰克、阿明和我被称为'四人组'。我们一起写了两本书。……萨米尔和我保持了非常紧密的联系,我们是并肩作战的战友,我们作战的目的是改变这个世界。"②

四是马克思主义。托马斯·R.杉农(Thomas R. Shannon)认为,"世界体系理论是马克思主义知识复兴的一部分",它"综合了马克思理论的主要因素和基本方法",并"汲取了马克思主义传统中的原有模式,创造了一种起替代作用的现代化理论"。③一些西方学者把世界体系理论归入"新马克思主义"学派,国内学者一般认为马

---

① 〔美〕伊曼纽尔·沃勒斯坦:《现代世界体系》(第一卷),谢词,第3页。

② Immanuel Wallerstein, "Samir Amin: Comrade in the Struggle",参见伊曼纽尔·沃勒斯坦个人网站,https://www.iwallerstein.com/samir-amin-comrade-in-the-struggle,最后访问日期,2018年12月10日。

③ Thomas R. Shannon, *An Introduction to the World-System Perspective*, 2 edition, Boulder: Westview Press, 1996, p.11.

克思的资本积累理论对世界体系理论的形成有重要影响。如马克思的资本理论和世界历史观点贯穿世界体系著作，马克思的辩证法被沃勒斯坦加以运用，马克思理论实际上在方法论方面指导了沃勒斯坦。[1]沃勒斯坦自己在很多场合也称，马克思是 19 世纪最重要的社会科学家，他很乐意把马克思作为其思想来源之一。[2]此外，美国著名的马克思主义经济学家保罗·巴兰（Paul Beran）的思想对现代世界体系理论的形成也产生了重要影响。

三 出版与传播

《现代世界体系：16 世纪的资本主义农业与欧洲世界经济的起源》（第一卷）主要写作于 1971～1972 年，1974 年由学术出版社出版。最初出版商并不看好该书，但该著一经出版，广受好评，甚至沃勒斯坦本人也深感意外。该著得到《纽约时报》"周日图书评论"专栏和《纽约读书评论》的高度评价，并获得 1975 年美国社会学协会最优秀学术出版物奖"索罗金奖"。该著的出版，被一些学者看作现代世界体系理论诞生的标志。1980 年，《现代世界体系：重商主义与欧洲世界经济体的巩固：1600-1750》（第二卷）出版。《现代世界体系：资本主义世界经济大扩张的第二时期：1730-1840 年代》（第三卷）出版于 1989 年。2011 年，美国加州大学出版社再版了《现代世界体系》的前三卷，并出版了《现代世界体系：中庸的自由主义的胜利：1789-1914》（第四卷）。

《现代世界体系》在国际学术界产生了很大影响，先后被译为多国文字，在法国、德国、意大利、西班牙、葡萄牙、挪威、匈牙利、罗马尼亚、塞尔维亚、克罗地亚、日本等国出版，还出版了该著的布雷尔盲文版。

---

[1] 张骥、齐长安：《沃勒斯坦世界体系论评析》，《世界经济与政治》2001 年第 11 期。

[2] 〔美〕格雷戈瑞·威廉姆斯：《世界体系研究之缘起：对话伊曼纽尔·沃勒斯坦》，杨智译，《国外理论动态》2014 年第 4 期。

20 世纪 80 年代初，北京大学学者罗荣渠在访美时注意到了这部享誉西方学术界的著作，当时此书已是西方大学生的必读参考书。他在 1984 年发表的文章中介绍了世界体系理论对世界近现代史研究的影响，并积极组织该书的引进和翻译工作。1998 年，高等教育出版社出版了《现代世界体系》中文版的第一、二卷，2000 年又出版了第三卷。《现代世界体系》第四卷的英文版于 2011 年出版后，社会科学文献出版社于 2013 年出版了该著四卷的中文译本。

第二节 主要内容与基本观点

《现代世界体系》由四卷构成，以世界体系理论系统阐述了 1450～1914 年世界历史发展进程。第一卷主要包括 2011 年英文版第一卷序言、导言与正文七章，讲述了现代世界体系的形成及其一些基本经济和政治制度创立的历史。第二卷主要包括 2011 年英文版第二卷序言、导言与正文六章，阐释了 1600～1750 年以欧洲为中心的世界经济体系不断巩固的进程，作者试图解释当时世界经济不同区域的资本家是如何对总体的缓慢增长现象做出反应的。第三卷主要包括 2011 年英文版第三卷序言、导言与正文四章，讲述了 1730 年到 19 世纪 40 年代资本主义世界经济在经济和地理上重新扩张的历史。第四卷主要包括序言与正文六章，覆盖了 1789～1914 年这个阶段，专门探讨了一种适用于现代世界体系的地缘文化的形成，这种地缘文化大体由作者所称的中庸自由主义为中心塑造，并受其支配。其中第四卷的序言对《现代世界体系》的写作做了详细说明，勾画出各卷的主题与基本内容。

一 世界体系的形成与发展历程

1. "现代世界体系"的概念

在第一卷第七章，沃勒斯坦阐释了"现代世界体系"的概念与内涵。他认为："世界体系是一个社会体系，有着它的边界、结构、组成成员群体、合法的规则和一致性。它的生命是由冲突的力量用其牵制力聚合在一起的，而当每个群体不停地寻求为其利益重组它时，就会将其分裂瓦解。它有着一个有机体的特点，具有一定的生命期，在其中它的特点在某些方面有变化，而其他方面则保持稳定。人们能够以它的机能的内部逻辑发展判定它的结构在不同时代是强还是弱。"①

在沃勒斯坦看来，成为一个社会体系须满足两个条件：一是它包含的生命力大部分是自立自足的；二是它发展的动力大部分源于内部。所以，大部分通常被描述为社会体系的实体，如部落、社团、民族国家等，事实上不是完全的体系。唯一真正的社会体系有两种，一种是微型体系，指那些相对小的、高度自主的生存经济，并不属于某些常规的纳贡体系的一部分；而另一种就是世界体系，该体系相对更大，也就是按照通常说法它们是"世界"；更确切地说，基于广泛的劳动分工以及内部包含的多种文化，世界体系作为一个经济——物质实体是自立自足的。

迄今为止，只存在世界帝国和世界经济两种世界体系。在世界帝国，一种单一的政治体系统治着大部分地区，但却削弱了它有效控制的程度；而在世界经济中，不存在这种单一的政治体系统治着所有的或真正统治所有的空间。在16世纪以前，世界经济是高度不稳定的，它倾向于转变为帝国或瓦解。但在16世纪以后，一种新的世界经济出现了，其特点是已存在了500年，还没有转变成为一个世界帝国。这种世界经济就是沃勒斯坦所称的现代世界体系。这个特点在于被称为资本主义经济组织形式的政治方面，因为世界经济在其领域内存在着不是一个而是一种多重政治体系。②

沃勒斯坦认为，现代世界经济只能是资本主义的世界经济；阶级和阶层的出现、结合和政治作用是世界体系的因素，必须予以重

---

① 〔美〕伊曼纽尔·沃勒斯坦：《现代世界体系》（第一卷），第421页。
② 〔美〕伊曼纽尔·沃勒斯坦：《现代世界体系》（第一卷），第421～422页。

视；在分析一个阶级或一个阶层群体时，不只要看其自我意识的状况，还要看其自我确定的地理范围。[①]

现代世界体系包含经济、政治和文化三个层面的内容。16 世纪以后的一体化的世界经济经常被沃勒斯坦作为现代世界体系的代名词，它是现代世界体系的经济功能体，是该体系政治和文化因素生存和发展的基础；现代世界体系在政治方面表现为等级化的多民族国家体系，它与世界经济体系相伴而生；在文化方面，现代世界体系呈现出多元而趋同的文化属性，一体化的经济形态和多重民族国家体系决定了其在文化内容上的多元化和趋同性。[②]

2. 现代世界体系的萌生

在第一卷第一章，沃勒斯坦阐释了现代世界体系为何，以及如何从中世纪开始萌生。他认为，现代世界体系开始于延长的 16 世纪（1450~1640 年），它一直延续到今天，甚至明天。[③]

沃勒斯坦称，在中世纪晚期的欧洲，既没有世界帝国，也没有世界经济，只有基督教"文明"。当时欧洲的大部分地区实行封建制度，由相对自给自足的小经济单位组成，在这些经济单位中，人数很少的贵族阶级相对直接地占有庄园内部生产出的少量剩余产品。在欧洲内部，存在着两个较小的世界经济，其中中等规模的一个以意大利北部城市国家为中心；另一个小一些，以佛兰德和北德意志的城市国家为中心，但欧洲大部分国家并没有直接卷入这两个网络。约 1150~1300 年，欧洲在封建生产模式内取得一定发展，表现在地理、商业和人口等方面。但在 1300~1450 年，欧洲回复到其发展前的状况。这种倒退很快引发了欧洲经济、政治、文化等领域的"封建主义危机"，该危机是长期发展后的停滞、经济循环周期中的衰退期到来、气候恶化等因素共同作用的结果。[④]

① 〔美〕伊曼纽尔·沃勒斯坦：《现代世界体系》（第一卷），第 424、425 页。

② 安然：《论沃勒斯坦的现代化思想》，《史学月刊》2006 年第 2 期。

③ 〔美〕伊曼纽尔·沃勒斯坦：《现代世界体系》（第四卷），序言，第 3 页。

④ 〔美〕伊曼纽尔·沃勒斯坦：《现代世界体系》（第一卷），第 26 页。

由于经济发展的倒退，欧洲的封建制度和中世纪以来的基督教大一统文化受到广泛的攻击，面临着巨大压力，但这也使得大规模的社会变革成为可能。从1450年开始，欧洲逐渐产生并延续至今的是一种新型的剩余产品占有方式，即资本主义世界经济。沃勒斯坦指出："它的基础不是以贡赋（像在世界帝国发生的那样）或封建地租（像在欧洲封建制度下发生的那样）的形式直接占有农业剩余，而是在更加发达的生产力的基础上（首先是农业，然后是工业），在国家机构的'人为'（即非市场性）帮助下，通过世界市场来占有剩余产品。国家机构从未彻底控制世界市场。"[1]

沃勒斯坦认为，15世纪末16世纪初，一个可称为欧洲世界体系的格局宣告形成。它虽然占有大帝国一样的空间并具有某些帝国的特征，但它不是一个帝国。它也与帝国、城市国家或民族国家不同，它不是政治统一体，而是一个经济统一体。它是一个"世界"体系，并非因为它包括整个世界，而是因为它大于任何法律意义上的政治单位。它是"世界经济"，因为该体系内部各部分之间的基本联系是经济性的。[2]

沃勒斯坦认为，建立资本主义世界经济的基础有三：一是该世界地理范围的扩大，二是在世界经济的不同地区针对不同的生产发展多种控制劳动力的手段，三是在将成为资本主义世界中心国家的地区建立相对强大的国家机构。[3]第二、第三方面在很大程度上依赖于第一方面的成功，因此，欧洲的地理扩张成为解决"封建危机"的关键条件，而位于西欧的葡萄牙成为其中的先行者。对于美洲的持续征服使得大量贵金属流入欧洲，导致欧洲出现了规模巨大的通货膨胀。欧洲的社会经济生活发生了巨大变革。西欧、东欧和西属美洲分别采用了不同的劳动控制方式。与此同时，民族国家崛起，西班牙、葡萄牙、荷兰、英国等国实现了政治上的统一，建立了强

---

① 〔美〕伊曼纽尔·沃勒斯坦：《现代世界体系》（第一卷），第27页。

② 〔美〕伊曼纽尔·沃勒斯坦：《现代世界体系》（第一卷），第13页。

③ 〔美〕伊曼纽尔·沃勒斯坦：《现代世界体系》（第一卷），第27页。

大的国家机器。这样，到 16 世纪 50 年代，世界上只有欧洲具备了建立资本主义世界经济体系的条件。这种体系的基础是两个关键体制："世界"范围的劳动分工和某些地区的官僚制国家机构。[①]

3. 现代世界体系的发展历程

沃勒斯坦把 1450～1914 年现代世界体系的发展历程分为以下四个阶段。

第一阶段是形成阶段（约 1450～1640）。这一时期，在欧洲形成了新型的"中心—外围间的劳动分工"（axial division of labor），这种劳动分工导致了中心区、半边缘区和边缘区的产生，不同地区由于专业化的分工而互相依存，最终，这些地区共同形成了资本主义世界经济，也就是现代世界体系。[②]实际上，在这一时期现代世界体系只是由西欧和美洲的部分地区构成，而世界的其他广大地方，并不是这种历史社会体系的组成部分。[③]

资本主义经济关系的出现不仅促成了民族国家的产生，还影响了其政治结构。世界经济体的中心区都是率先建立了民族国家，而且是拥有强大政权力量的国家，而那些国家机器弱小的国家则属于边缘区。尽管世界经济体系对政治体系具有决定性作用，但民族国家体系对世界经济施加了强有力的影响。如在现代世界体系的早期，16～18 世纪，国家始终是世界经济体系中的主要经济因素。[④]

第二阶段是巩固阶段（1600～1750）。沃勒斯坦认为，虽然大多数学者把 17 世纪的欧洲定义为封建性质，但欧洲的世界经济在延长的 16 世纪就已经确定为资本主义的性质，因此，这一时期是资本主义世界体系的巩固阶段。在这一时期，国家是政治组织的主要单位，开始采取其现代形式，创建有效的官僚机构，主要依赖税

① 〔美〕伊曼纽尔·沃勒斯坦：《现代世界体系》（第一卷），第 45 页。

② Immaneul Wallerstein, *The Capitalist World-Economy*, Cambridge: Cambridge University Press, 1979, p.38.

③ 〔美〕伊曼纽尔·沃勒斯坦：《现代世界体系》（第四卷），"序言 写作《现代世界体系》的几点说明"，第 6 页。

④ 〔美〕伊曼纽尔·沃勒斯坦：《现代世界体系》（第一卷），第 151 页。

收。国家之间也构建了一种新的制度，即国家间体系。体系内国家在名义上都是拥有主权、独立和平等的，但事实上，存在一种国家权力的等级制，它往往同一个国家在世界经济中的地位有着相关关系。这样，就出现了霸权国家。在沃勒斯坦看来，霸权是一种至关重要的机制，它确保了现代世界体系的运转，并使得现代世界体系成为人类历史上的第一个世界经济。最早的霸权国家是荷兰，其霸权在 1618～1648 年的 30 年战争后获得，在 17 世纪 60 年代结束。荷兰的霸权衰落后，英国和法国进行了争夺霸权的长期斗争。[①]

第三阶段是资本主义世界经济在经济和地理上实现扩张的时期（1730～1840），其标志性成就是我们所称的"工业革命"。大多数学者将 1730 年到 19 世纪 40 年代作为"重大的转折时期"，但沃勒斯坦再次强调，现代世界体系形成于延长的 16 世纪（1450～1640 年）而不是这一时期。其间，世界经济中心区的英国和法国依旧在进行霸权争夺，法国大革命是二者争霸斗争的一个组成部分和结果。在资本主义世界经济的周期性变化过程中，为了维持其边缘区产品的低成本，需要不断地把新的地区纳入世界经济，使之进入国际劳动分工体系。这种纳入是一个长期的过程，俄国、印度、奥斯曼帝国和西部非洲逐步被纳入资本主义世界经济，成为该体系国际分工的边缘区。[②]

第四阶段是现代世界体系新发展（1789～1914）。1815 年，英国战胜法国获得资本主义世界经济霸权争夺战的胜利，英国的霸权大致保持到 1848 年。虽然在争霸斗争中英国击败了法国，但 1789 年爆发的法国大革命却对现代世界体系产生了重大的文化影响，形成了一种适用于世界体系的地缘文化。该地缘文化以沃勒斯坦所称的"中庸的自由主义"为中心塑造，并由其支配。这种"中庸的自由主义"

[①]〔美〕伊曼纽尔·沃勒斯坦：《现代世界体系》（第二卷），2011 年英文版第二卷序言，第 1、9、11～12 页。

[②]〔美〕伊曼纽尔·沃勒斯坦：《现代世界体系》（第三卷），2011 年英文版第三卷序言，第 1～6 页。

不断扩展，最终在全世界成为占据支配地位的政治意识形态。①

《现代世界体系》目前只写到了第四卷，沃勒斯坦还筹划写第五卷，讲述从 1873 年到 1968/1989 年的历史。他称有可能的话，继续写第六卷，主题是资本主义世界经济的结构性危机，年代断限从 1945/1968 年到 21 世纪中期左右。由于沃勒斯坦于 2019 年去世，其后续计划未能完成。

虽然资本主义世界体系具有一定自我调节的功能，使其能在 500 年的发展历程中度过危机，不断扩展，但资本主义世界经济的结构性危机和固有的不平等始终存在，导致它进入一种混乱的状态，最终要被一种具有更高生产效率和更合理分配制度的新的世界体系所取代。这个新的体系呈现何种状态，迄今难以预测，但它肯定会到来。②

二 "中心—半边缘—边缘"体系的国际分工体系

1. "中心—半边缘—边缘"体系的理论含义

"中心—半边缘—边缘"是现代世界体系理论的核心概念，其理论直接来自依附论。沃勒斯坦借鉴了依附论中有关中心和外围的观点，并做了重要的补充。他从经济、政治、文化等不同角度论述了中心区、半边缘区和边缘区的理论内涵。

沃勒斯坦认为，在 16 世纪，一种以资本主义生产方式为基础的欧洲世界经济产生了。它并非产生于某个国家的内部，而是一开始就作为一个世界性的体系存在。它以世界范围的广泛劳动分工为基础，这种分工不仅是功能性的（职业性的）而且是地理上的。不同的国家和地区在世界体系内承担着不同的经济任务。于是，在世

---

① 〔美〕伊曼纽尔·沃勒斯坦：《现代世界体系》（第四卷），"序言 写作《现代世界体系》的几点说明"，第 8 页。

② 庞卓恒：《沃勒斯坦和他的"世界体系论"——读〈现代世界体系论〉第一、二卷》，《史学理论研究》1998 年第 4 期。

界体系内部形成了"中心—半边缘—边缘"的组织结构，三个部分的差异主要表现在经济活动的复杂性、国家机器的力量和文化的完整性等一系列层面上。

沃勒斯坦所称的"中心"（他称为"中心国家"），是指世界经济先进地区，在这些国家，"一个强大国家机器的创造随之而生成一种民族文化（通常称之为统合现象），即作为一种保护了世界体系内兴起的不均衡现象的机制，又作为一种维持这种不均衡现象的意识形态掩护和辩护口实"。[①] 在他看来，中心区拥有技术和资本，生产工业制成品向边缘区销售获利，由边缘区向其提供原材料和廉价的劳动力，中心区控制着世界金融和贸易市场的运转。在中心区，人口密度比边缘区大，农业集约化程度高，城市繁荣，工业产生，商人成为一支重要的政治经济力量。中心区的工作范围相当广泛，既有大量人口从事与边缘区类似的工作，如农业生产，也有很多劳动力脱离农业，专门从事其他工作。自由劳动制日益明显，其趋势是多样性和专业化。在政治方面，中心地区的维持需要国家的力量作为后盾，中心区拥有强有力的国家机器，其政治控制、社会整合和干预世界市场的能力都较强。在文化上，中心区拥有独立的文化形态，并呈现出强烈的对外扩张、渗透的态势。

沃勒斯坦称，边缘区的一个特点是本地国家很弱，其弱的程度从根本不存在（也就是殖民地状况）到只有低度的自治（也就是新殖民地状况）。[②] 他认为，边缘区要向中心区供给原材料、初级产品和廉价劳动力，还要作为中心区商品的销售市场。在边缘区，一般以一个或几个外向型的单一产品出口行业为主导，主要经济部门是农业、原材料开采和初级加工工业等劳动密集型产业，实行强制劳动制，如奴隶制和强制性商品粮劳动制等。在政治层面，边缘区的国家机器十分软弱，或未能形成民族国家、建立统一的政权形式。边缘区的文化趋于封闭、保守，由于不断受到中心区文化的渗透而

① 〔美〕伊曼纽尔·沃勒斯坦：《现代世界体系》（第一卷），第423页。
② 〔美〕伊曼纽尔·沃勒斯坦：《现代世界体系》（第一卷），第423页。

逐渐被改造。

半边缘区是沃勒斯坦的发明。他认为，半边缘区介于中心区和边缘区之间，是一个世界经济必需的结构性要素，起着类似中间商群体在一个帝国中的作用，它们是生存技巧的集合点，在政治上通常不得人心，位于中心国家的政治竞争场之外，部分倾向主要位于边缘地区的群体的政治压力。[①]在沃勒斯坦看来，对中心区，半边缘区部分从事边缘区的角色；对于边缘区，则部分地承担中心区的任务。在经济体制的复杂性、经济收益的程度和劳动控制方式等方面，半边缘区居于中心区和边缘区之间，兼具两者的某些性质和特征。半边缘区在劳动制度方面普遍实行一种介于自由雇用制和强制劳动制之间的中间形式——分成租佃制。在政治上，半边缘区的国家机器相对松散，无法维护本国利益。半边缘区的文化处于衰落状态，但尚未彻底沦落。[②]

中心区、边缘区和半边缘区共同构成了一个有机的整体，它虽然没有统一的政治中心，但一个自成一体的经济网络使它们紧密结合在一起。不同区域在世界体系运行中所获得的收益是不相同的。

2. "中心—半边缘—边缘"体系的形成

中世纪早期的欧洲，经济社会发展长期停滞不前。从 11 世纪起，欧洲开始发生一些深刻变化。商业和货币经济兴起，消费与交换范围扩大，手工业分工得到广泛发展，城市也走向复兴。13 世纪后，工商业的规模出现扩大的趋势。[③]沃勒斯坦指出，在 14 世纪，这种发展停顿下来，经济衰退，耕地缩减，人口下降，欧洲遭遇一场"封建主义危机"。危机促使了社会变革的到来，为了摆脱危机，欧洲的一些国家开始寻求地理扩张。葡萄牙和西班牙成为欧洲最早到海外冒险的国家。

沃勒斯坦认为，从 16 世纪起，随着美洲新大陆的发现和被殖

① 〔美〕伊曼纽尔·沃勒斯坦：《现代世界体系》（第一卷），第 423～424 页。

② Immaneul Wallerstein, *The Capitalist World-Economy*, p.38.

③ 高德步、王珏：《世界经济史》（第四版），中国人民大学出版社，2016，第 99～112 页。

民掠夺，来自美洲的大量贵金属流入欧洲，使欧洲经历了被称为"价格革命"的、持续不断且规模空前的通货膨胀。物价上涨对发展欧洲世界经济起了重大作用，它阻止了农产品的价格下跌，并使得利率下降，促使了资本主义体系的出现。^①价格革命加速了社会分化，导致欧洲的社会经济结构发生重大变化。贫富差距的扩大和经济结构的两极化使得欧洲逐渐建立起以资本积累为基础的生产方式，从而有力推动了资本主义的发展。

沃勒斯坦进一步阐明，欧洲的经济和地理扩张导致了不同阶层和不同地区发展的不平衡。在当时的世界经济中，存在着各种类型的劳动者，底层有奴隶、农奴、"租地"农民、工资劳动者、新兴自耕农；中间阶层有监工、自营工匠、少数技术工人；上层是统治者，包括原来的贵族和贵族化的资产阶级（当然还包括基督教僧侣和国家官吏）。在当时欧洲的不同地区，也采用了不同的劳动组织方式：奴隶制、封建制、工资劳动制和个体经营制。^②

这样，不同的职业分工和劳动控制形式产生了新的生产关系，从而发展为欧洲和美洲不同地区之间的劳动分工，并在此基础上形成了中心—半边缘—边缘的经济结构。中心区拥有均衡的经济结构和强大的工业基础，依靠剥削边缘区获得自身的发展；边缘区以原材料和初级产品出口为主，换取中心区的工业制成品；半边缘区兼有中心和边缘区的双重特性，在社会政治生活方面显现出较多的复杂性。

3. "中心—半边缘—边缘"体系的发展及其特征

沃勒斯坦认为，"中心—半边缘—边缘"的经济结构是现代世界体系存在的基础，三种角色分工明确，承担各自的经济任务，缺少其中的任何一个，资本主义世界经济体就无法生存。

在沃勒斯坦看来，在资本主义世界体系的形成时期，其中心区主要在西欧，包括英国、荷兰、法国北部；边缘区在东欧，并已纳

---

① 〔美〕伊曼纽尔·沃勒斯坦：《现代世界体系》（第一卷），第81页。

② 〔美〕伊曼纽尔·沃勒斯坦：《现代世界体系》（第一卷），第88～89页。

入了美洲；半边缘区也在欧洲，在法国南部和意大利北部，后来还包括西班牙，亚洲和俄国尚处在此结构之外。因此，当时只是"欧洲的世界经济"。此后，随着资本主义生产体系的不断对外扩张，越来越多的国家和地区被纳入这一体系，进入"中心—半边缘—边缘"经济结构的范畴。在 17 世纪中期以后，中心区的英国和法国展开了经济和政治霸权的激烈争夺；边缘区处于缓慢增长中；半边缘区的国家和地区出现了分化，西班牙、葡萄牙和从佛兰德经过德国西部和南部到意大利北部的地区持续衰落，而瑞典、普鲁士、英属北美的新英格兰和中部殖民地则发展迅速。在 18 世纪和 19 世纪早期资本主义世界经济的大扩张过程中，中心国家的斗争告一段落，英国在拿破仑战争后称霸于世界体系，西欧和北美稳步向中心区迈进；包括俄国、印度、奥斯曼帝国和西部非洲等广大的新地区被纳入世界经济，先后开始了边缘化；南北美洲也开始了非殖民化的进程。在 19 世纪和 20 世纪初期，"中心—半边缘—边缘"的结构进一步发展和变化。中心区的英国逐渐丧失了资本主义世界经济的霸权，美国和德国开始激烈竞争，试图在英国之后成为霸权国家；非洲大陆被世界列强瓜分完毕，东亚被纳入世界体系，成为新的边缘区；半边缘区则继续分化。在 19 世纪末 20 世纪初，"中心—半边缘—边缘"的经济体系扩展至全球，一体化的世界经济最终形成。

纵观"中心—半边缘—边缘"结构产生和发展的历程，其基本特征如下。

第一，它是一个不断发展变化的体系。"中心—半边缘—边缘"体系不是静止不动的，而是处于持续不断的变化之中。它的覆盖范围由小到大，从欧洲和美洲扩展到世界其他地区，直到整个世界都被纳入其中。体系内不同国家和地区的发展进程及所扮演的角色也是不断变化的，有的边缘区可能上升为半边缘区，半边缘区可能成为中心区，同样，中心区有可能下降为半边缘区，半边缘区也可能变为边缘区。

第二，这是一个不平等的经济结构。这种不平等主要表现在三个方面：不平等的国际分工，不等价的国际交换和等级制的国家结构。在整个世界体系，经济任务的分布范围不是平均分配的，中心区生产高附加值的工业制成品，并控制着国际金融和贸易市场；边缘区生产低附加值的原材料和初级产品。这种分工的不平等导致了交换的不等价，"它扩大和合法化了这个体系中某些群体剥削其他人劳动的能力，也就是能得到剩余物的更大份额"。[①]强国和弱国在世界经济内的地位也是不平等的，中心区的强国把不等价交换强加于边缘区的弱国，而且在资本主义世界体系内，实现所有国家的共同发展是不可能的，中心国家与边缘国家之间的差距总是趋向于扩大，而不是缩小。

第三，国家机器的强弱对该体系具有决定性影响。在中心区，随着民族国家和复杂的内部劳动分工体系的形成，资产阶级和新贵族联合起来，他们要求建立强大的国家机器，为本群体的利益服务；在边缘区，由于缺乏地主和商人的这种联合，因而难以加强国家机器；在半边缘区，国家结构的强弱程度介于中心区和边缘区之间。此外，国家机器有一种倾斜机制，税收使得国家能有更大规模、更有效的官僚机构和军队，这又导致更多的税收，反之亦然。它使得强者越强，弱者越弱。于是，世界经济就发展出一种模式，中心区的国家机构强大，边缘区的则相对弱小。[②]

三　霸权与现代世界体系的运转

1."霸权"概念

"霸权"是沃勒斯坦世界体系理论的重要组成部分。他所说的"霸权"，是指"一个国家在世界经济的国家间体系中所具有的某种

---

① 〔美〕伊曼纽尔·沃勒斯坦：《现代世界体系》（第一卷），第 423 页。
② 〔美〕伊曼纽尔·沃勒斯坦：《现代世界体系》（第一卷），第 429 ～ 430 页。

特征"①。他认为，"霸权国家"不同于世界帝国，并不简单地是强国，甚至并不简单是国家间体系中最强大的那个国家，而是明显比其他强国更强的国家，意指"一个国家能够将它的一揽子规则强加给国家间体系，并由此以它认为的明智方式创建一种世界政治秩序"，它不是一种结构，而是一种时间上的过程。②

2. 霸权的兴衰

依据沃勒斯坦的分析，霸权包含比中心更多的东西，它可以定义为一种形势，在其中某个中心国家产品的生产非常有效率，以致在整体上在其他中心国家也有竞争力，于是，这个作为世界市场主要受益者的中心国家就是霸权国家。为了取得生产的高效率，霸权国家"必须足够强大，以阻止或尽量缩小为生产要素自由流动设立的内部和外部政治壁垒"。与此同时，为了保持优势地位，霸权国家发现，鼓励某些知识和文化冲击，运动和意识形态是有益的。

沃勒斯坦认为，霸权是短暂的，优越性的丧失也是依据同样的顺序（从生产到商业再到金融）发生的，也基本上是连续性的，最终，在某个短时期内，一个特定的中心强权能够同时在生产、商业和金融上对所有其他强权居于优势，这个瞬间的高峰就是霸权。③

沃勒斯坦指出，霸权有四个发展阶段。一是霸权的起步阶段。这时，原有的霸权国家缓慢地走向衰落，出现两个新的强国，它们开始竞争霸权地位。二是"力量平衡"阶段。两个新的强国为争夺霸权展开斗争，以攫取在地缘政治和世界经济中的优势地位，前霸权国家最终衰落下去。三是"世界大战"阶段。激烈的争霸斗争破坏了原有的秩序，导致争霸者之间爆发类似"三十年战争"那样的战争。四是"真正霸权"建立阶段。最终一个竞争者获得胜利，

① 〔美〕伊曼纽尔·沃勒斯坦：《现代世界体系》（第二卷），2011 年英文版第二卷序言，第 11 页。
② 〔美〕伊曼纽尔·沃勒斯坦：《现代世界体系》（第二卷），2011 年英文版第二卷序言，第 11 页。
③ 〔美〕伊曼纽尔·沃勒斯坦：《现代世界体系》（第二卷），第 46～47 页。

并由此建立一种"真正的霸权",直到这个处于霸权地位的国家开始缓慢衰落。①

在沃勒斯坦看来,迄今为止,在现代世界体系的发展史上已存在三个霸权国家。荷兰是 17 世纪中期(1648 年至 17 世纪 60 年代)的霸权国家。荷兰的霸权衰落后,两个竞争霸权的国家是英国和法国,最后英国获胜,成为 19 世纪前期(约 1815~1848 年)的霸权国家。英国的霸权衰落后,两个竞争霸权的强国是美国和德国。美国是 20 世纪中期(1945~1967/1973 年)的霸权国家。在美国衰落后,可能由新兴的东北亚国家组织(日本—韩国—中国)和欧盟争夺霸权。②

3. 霸权与现代世界体系的运转

沃勒斯坦认为,在世界体系的运转过程中,霸权发挥了至关重要的作用,并显现出某些特有的规律性。

首先,霸权是短暂的。在现代世界体系 500 多年的发展历程中,只存在过 3 个霸权国家,其各自拥有霸权的时间最多不过 30 多年。沃勒斯坦指出:"霸权是相对短暂的,因为生产优势不可能无限期地维持,均势机制的介入也将削弱单个最有实力的国家的政治优势。"③ 当一个国家成为真正的霸权,它就开始衰落了,处于顶峰就必然意味着未来要走下坡路。

其次,霸权必然衰落。霸权国家之所以会衰落是因为它们不可能永远维持其对世界地缘政治权力的准垄断地位。霸权必然会损害自身的地位,霸权国家在追求自身经济利益的过程中,最终会破坏它们的经济优势。同时,在追求维持其政治—军事权力时,最终也会破坏它们的政治—军事权力。

再次,霸权都是通过"世界大战"获得的。沃勒斯坦认为,霸

---

① 〔美〕伊曼纽尔·沃勒斯坦:《现代世界体系》(第二卷),2011 年英文版第二卷序言,第 11~12 页。

② 〔美〕伊曼纽尔·沃勒斯坦:《现代世界体系》(第二卷),序言,第 11~12 页。

③ Immanuel Wallerstein, *The Politics of the World Economy: The States, the Movements and the Civilizations*, Cambridge: Cambridge University Press, 1984, p.17.

权国家主要以海洋（或海空）为基础，它们发展强大的海军，崛起为新的海洋（或海空）强国。霸权也是经由所谓的"世界大战"而取得的。"三十年战争"造就了荷兰的霸权，在法国革命和拿破仑战争后，英国成为霸权国家。

最后，霸权国家通过对世界事务的整体设计来构建其霸权体系。霸权国家提供某种意识形态来作为其霸权地位合法性的基础，这种设计在维持有利于它的世界秩序方面发挥了重要作用。此外，霸权国家通过创造某种共同的"敌人"来构建一个同盟体系，以此来控制盟国，霸权国家要确保盟国的经济利益服从于本国的需要。霸权国家还要在文化上为各国提供领导，尤其是在知识结构方面。

沃勒斯坦指出，霸权是现代世界体系运转的一种至关重要的机制，霸权周期是资本主义世界经济周期的决定性标志。他称："在某种意义上，正是霸权国家的兴起和衰落阻止了世界经济转变为世界帝国——后者在现代世界体系形成之前是定期出现的。霸权机制使现代世界体系成为人类历史上的第一个世界经济，它产生、繁荣和扩张，并将整个地球包括在内。没有这种机制，作为一种历史体系的资本主义就不可能存在，并由此改造着整个世界。"[①]

四　资本主义世界经济的扩张

资本主义世界体系形成之后，这一体系逐渐巩固，并在经济和地理上不断扩张，最终将整个世界纳入其中。据此，沃勒斯坦提出了"纳入"（incorporation）理论。与此同时，沃勒斯坦在考察世界经济的发展变化时，发现其具有独特的周期性特点。

1．"纳入"理论

沃勒斯坦认为，"纳入"源于资本主义世界经济的周期性变

[①]　〔美〕伊曼纽尔·沃勒斯坦：《现代世界体系》（第二卷），2011年英文版第二卷序言，第16页。

化过程，"为了维持边缘区生产产品的低成本，有必要不断地将新的地区纳入世界经济之中，也就是说将它们'纳入'劳动分工之中"。[①] 他认为，纳入是个过程，其可能会遭到抵制，而资本主义扩张的程度与"纳入"的范围与难度有关。他称："在任何特定时间，扩张在多大程度上发生是资本主义世界经济在那个时间点上能够将多少新的地区整合进体系的函数。它同样也是在世界经济使用武力将某些地区纳入体系的过程中这些地区的遥远程度，以及由此将它们纳入体系时的困难程度的函数。"[②]

在阐述"纳入"过程时，沃勒斯坦提出了"外部竞争场"这个概念。他说，16 世纪存在着一种欧洲的世界经济，当时全球很多地区都与"欧洲"有贸易往来，但不能因此简单地把这些地区都划入欧洲世界经济的范围。这些地区分为两类：一类是世界经济的边缘地区，它是世界经济在地理上的延伸，其产品主要是初级货物，是整个劳动分工体系不可或缺的组成部分；另一类就是世界经济的外部竞争场，它由其他世界体系的各部分组成，通过贸易与欧洲的世界经济发生联系，但它提供的不是初级产品，而是向欧洲供给贵重物品，所以有时被称为"富人贸易"。在 16 世纪，东欧和西属美洲是资本主义世界经济的边缘区，俄罗斯和印度洋地区则是世界经济的外部竞争场，而"纳入"实际上就是不断地把世界经济的外部竞争场变为其边缘区域的过程。[③]

沃勒斯坦认为，1733～1817 年是资本主义世界经济的扩张期，欧洲世界经济突破了 16 世纪时的地理疆界，开始将广大的新地带并入它所包含的有效的劳动分工中。它首先开始"纳入"的是 16 世纪以来已经是它的外部竞争场的地带——最特殊和最重要的是印度次大陆、奥斯曼帝国、俄罗斯和西部非洲。这些"纳入"发生在

---

① 〔美〕伊曼纽尔·沃勒斯坦：《现代世界体系》（第三卷），2011 年英文版第三卷序言，第 4 页。

② 〔美〕伊曼纽尔·沃勒斯坦：《现代世界体系》（第三卷），2011 年英文版第三卷序言，第 4 页。

③ 〔美〕伊曼纽尔·沃勒斯坦：《现代世界体系》（第一卷），第 359～360 页。

18 世纪下半期和 19 世纪上半期，此后，"纳入"速度加快，到 19 世纪末和 20 世纪初最终囊括了全球，甚至那些从来连资本主义世界经济的外部竞争场都不是的地区也被纳入进来。①

"纳入"是由于资本主义世界经济扩张其疆界的需要，是世界经济内部压力导致的结果，而不是被纳入地区的主动行为。这个进程不是突然发生的，它是一个持续不断的过程。"纳入"包括三个连续的阶段：（1）处于外部竞争场；（2）被合并；（3）被边缘化。这是连续发生的三个阶段，包含在一个过程里面。

沃勒斯坦认为，从生产过程来看，纳入世界经济体的地区与以前比较，发生了三个主要变化：（1）出现了一种新的进出口模式；（2）更大的经济"企业"的创立（或做出经济决定的实体的创立）；（3）对劳动力实行强制的显著增强。② 被纳入地区由以前的贵重稀缺品贸易转向原材料、初级产品的出口和工业制成品进口的大宗贸易，当地的工商业受到压制甚至消灭，其经济活动被迫从属于世界经济。这个过程导致了更大的经济决策单位的建立，以便根据自身利益回应世界市场变化的需求，它们控制着充足的资本和商品流通，进而影响着世界市场。这时，为了使产品在竞争性价格的条件下保证充足的劳动力供给，对劳动力的强制大规模增加。

此外，"纳入"还造成了国家间体系的变化。外部竞争场进入世界经济意味着必然要将其政治结构嵌入国家间体系，在这些地区原来存在的国家，或者把自己转变为国家间体系中的国家，或者被新的政治机构取代，或者被其他已经在国家间体系中的国家吞并。国家间体系是不平等的，中心国家凭借强大的军事实力和先进的生产技术优势确保有利于自己的国际劳动分工体制的运行。这样，通过殖民占领、军事威胁下的不平等条约和不平等贸易等手段，现代世界经济的范围大大扩张了，并为进一步的扩大创造

世界史学名著导读（修订版）

258

---

① 〔美〕伊曼纽尔·沃勒斯坦：《现代世界体系》（第三卷），第 159 页。
② 〔美〕伊曼纽尔·沃勒斯坦：《现代世界体系》（第三卷），第 165 页。

了条件。①

最后，沃勒斯坦相信，没有多种起源的资本主义国家，只有一个资本主义世界体系，要成为其中的一部分，至少要被组合进它的生产网络或商品链之中，并且位于构成这个资本主义世界经济政治上层建筑的国家间体系的参与国之中。②"纳入"正是指这样一种合并入世界体系的过程。

2. 资本主义世界经济的周期性变化

沃勒斯坦认为，在资本主义世界经济的发展过程中，存在着扩张与收缩的周期性变化。他吸取了经济学界有关经济周期波动的各种理论，尤其是1926年苏联经济学家尼古拉·康德拉季耶夫提出的40～60年的经济长周期理论。康德拉季耶夫周期理论认为，在经济发展的长时段中繁荣与萧条呈现交替性的变化。在经济的扩张周期（A阶段），社会经济结构发生重大变化，出现战争、革命、技术创新和世界经济的扩张；而在经济的停滞周期（B阶段），农业等经济部门产生长期危机，世界经济发展停滞，长期萧条出现。③

对康德拉季耶夫的周期理论，沃勒斯坦提出了自己的看法。他认为，追求无限资本积累是资本主义体制存在的理由，而要积累资本，生产商必须从他们的经营中获得利润。要想获得真正可观的利润，只有当生产商以大大高于成本的价格出售商品时才有可能，但这在完全竞争的情况下是绝对不可能的。④沃勒斯坦进一步指出，要获得可观的利润，就需要确立对世界经济权力的某种垄断，或至少是准垄断，这样卖方就能够在不超过需求弹性的范围内制定任何的价格。在任何世界经济显著扩张的时期，存在一些"领先"的产品，生产它们的企业拥有相对垄断的地位，据此赚取巨额利润，

①　陈启能主编《二战后欧美史学的新发展》，山东大学出版社，2005，第330～331页。
②　〔美〕伊曼纽尔·沃勒斯坦：《现代世界体系》（第三卷），第203～204页。
③　王正毅：《世界体系论与中国》，商务印书馆，2000，第52～58页。
④　〔美〕伊曼纽尔·沃勒斯坦：《现代世界体系》（第三卷），2011年英文版第三卷序言，第5页。

并积累大量资本。同这些领先产品有前向和后向联系的产品的生产，是世界经济实现全面扩张的基础所在。这也就是康德拉季耶夫周期的 A 阶段。[1]

沃勒斯坦认为，垄断都是可以自我消除的，这是资本家所面临的问题。他解释道，其原因是尽管存在垄断，但存在一个新的生产者都能够进入的世界市场，有竞争，而随着竞争加剧，价格就会下跌，利润也会下降。当领先产品的利润下降到足够低的水平时，世界经济就会停止扩张，进入停滞期。这就是康德拉季耶夫周期的 B 阶段。一般来说，A、B 两个阶段加起来大致为 50~60 年。在 B 阶段的某个时间段之后，新的垄断又产生，一个新的 A 阶段重新开始。[2]

沃勒斯坦由此推论出，康德拉季耶夫周期的 A 阶段和 B 阶段似乎是资本主义发展过程的必然组成部分，它从资本主义世界经济存在之初（即延长的 16 世纪）就开始，从逻辑上应该是世界经济运作的组成部分，并且作为一种有规律的现象始终存在于现代世界体系之中。[3]他认为，停滞和扩张是对立统一的，二者作为矛盾的双方是互为前提的，停滞是扩张的必要前提，扩张是停滞的前奏。[4]沃勒斯坦更看重康德拉季耶夫周期的 B 阶段，也就是经济停滞期的作用。在他看来，停滞先于扩张，停滞向扩张提供了三个要素：一是为资本的集中提供了机会；二是出现了阶级斗争及由此引发的收入重新分配，这扩大了需求；三是停滞期在边缘区产生了大量低工资工人。[5]

沃勒斯坦还提出了比康德拉季耶夫周期更长的特长周期来研究现代世界体系，特长周期的覆盖时间大概是 200~300 年。他

① 〔美〕伊曼纽尔·沃勒斯坦：《现代世界体系》（第三卷），2011 年英文版第三卷序言，第 6 页。
② 〔美〕伊曼纽尔·沃勒斯坦：《现代世界体系》（第三卷），2011 年英文版第三卷序言，第 6 页。
③ 〔美〕伊曼纽尔·沃勒斯坦：《现代世界体系》（第三卷），2011 年英文版第三卷序言，第 6 页。
④ 江华：《世界体系理论研究——以沃勒斯坦为中心》，上海三联书店，2007，第 104 页。
⑤ 王逸舟：《西方国际政治学：历史与理论》，上海人民出版社，1998，第 559 页。

没有明确阐述康德拉季耶夫周期与特长周期之间的关系，特长周期表现为比康德拉季耶夫周期更深化和更基础的经济波动。[①]第一个特长周期开始于资本主义初生之时（即1450年），结束于1750年前后，这是商业资本主义的发展阶段；第二个特长周期大致是1750～1917年，它是工业资本主义的开始阶段；第三个特长周期开始于1917年，至今尚未完成，是工业资本主义发展的新阶段。

沃勒斯坦主要通过康德拉季耶夫周期来考察资本积累的周期性变化。他根据利润率的高低、高工资商品和低工资商品的供求变化，结合康德拉季耶夫的周期理论，把特长周期分为A1-B1-A2-B2-A3-B3等阶段。表现为三个包括上升、下降循环的周期：A1：1450～1600或1650年；B1：1600或1650～1730或1750年；A2：1730或1750～1815年；B2：1815～1897或1917年；A3：1897或1917～1967年；B3：1967～。[②]

沃勒斯坦指出："资本主义世界经济，就像任何其他体系一样，既有周期性的节奏，又有长期性的倾向。"[③]由于现代世界体系是一个社会历史体系，所以资本主义世界经济的周期性运动不是循环发生的，它是不断上升的。他称："既然这个体系是历史的，该体系的有节奏运动就不会回到一个平衡点，而只会使这个体系在一个持续点上运动，这被称为该体系的长期趋向。"[④]在世界体系的周期运动中，存在两种上升的趋向：一是完全的自由劳动，雇佣劳动；二是资本主义世界经济体的地理位置随着时间的推移而逐步扩张。[⑤]长期趋向和周期变化都是资本主义世界经济范围内资

① 江华：《沃勒斯坦的整体论研究》，《现代哲学》2005年第4期。

② Thomas R. Shannon, *An Introduction to the World-System Perspective*, p.135.

③ 〔美〕伊曼纽尔·沃勒斯坦：《沃勒斯坦精粹》，黄光耀、洪霞译，南京大学出版社，2003，第253页。

④ 〔美〕伊曼纽尔·沃勒斯坦：《沃勒斯坦精粹》，第255页。

⑤ 孙登峰：《权力衍生的不平等世界——沃勒斯坦"世界体系理论"的资本主义研究》，《中南大学学报》（社会科学版）2012年第1期。

本积累不断深化的结果，二者构成矛盾的统一体，长期趋向推动世界体系走向终结，周期变化则维持它的存在，二者的对立统一展现了现代世界体系动态发展的长期性演进和周期性轮替之间的辩证统一关系。[①]

五　中庸的自由主义的胜利

1. 法国大革命与三种意识形态的出现

1789 年，法国大革命爆发。沃勒斯坦认为，法国大革命对现代世界体系的发展产生了决定性影响，其中最重要的是其文化影响。他将这种影响视为一种适用于世界体系的地缘文化的形成，称这种地缘文化是一揽子思想、价值观和规范，它被整个体系广泛接受，并由此制约人们的社会行为。[②] 他指出："法国大革命赋予政治变革是正常状态的观念以合法性，同时也赋予主权在民，而不是主权在君的思想以合法性，这两种信念促成保守主义、自由主义和激进主义三种现代意识形态的形成。"[③]

在沃勒斯坦笔下，自由主义是法国大革命产生的一种结果。名词形式的"自由主义"最早出现在 1810 年。自由主义意识形态是推崇"现代性"的主义，即相信历史的进步性和人的理性。自由主义者认为，进步虽然是不可避免的，但需要人们为此付出努力，制定相应的政治纲领。因此，自由主义的意识形态相信，为了使历史能够按照其自然进程发展，有必要从事有意识的、明智的改良，而且应当充分意识到随着时间的推移，世界会越来越好。[④]

---

① 江华：《沃勒斯坦的整体论研究》，《现代哲学》2005 年第 4 期。
② 〔美〕伊曼纽尔·沃勒斯坦：《现代世界体系》（第四卷），"序言　写作《现代世界体系》的几点说明"，第 8 页。
③ 〔美〕伊曼纽尔·沃勒斯坦：《现代世界体系》（第四卷），"序言　写作《现代世界体系》的几点说明"，第 8 页。
④ 〔美〕伊曼纽尔·沃勒斯坦：《现代世界体系》（第四卷），第 14、16 页。

"保守的"一词最早出现于 1818 年。保守主义是对改变地缘文化的法国大革命的第一种意识形态反应。沃勒斯坦指出，保守主义意识形态与一种对法国大革命的认识相联系，这种认识将其视为那种破坏了社会力量缓慢地"自然"演进的蓄意的政治变革的典型。保守主义者相信，通过将他们所谓"理性"的、由演绎推理而来的变革计划应用于政治过程，革命党人（或改革派）会造成混乱，消解长时期积累的智慧，并由此危害社会。①

社会主义作为一种独特的意识形态是 1848 年欧洲革命后才出现的，沃勒斯坦大致把 1848 年以前的主张者称为激进主义者。② 社会主义者认为进步的取得不仅需要人为推动，而且需要全力推动，否则进步的取得将会是一个非常缓慢的过程，其纲领的核心是要加快历史进程，"革命"而不是"改革"对其更具吸引力。③

沃勒斯坦对以上三种主义的主张做了简要概括。他称："简言之，自由主义是尽可能理性地在适当时间实现人类幸福；保守主义是尽可能将变革的风险减少到最小；社会主义 / 激进主义则通过同那些强烈反对它的力量作斗争来加速社会进步的实现。"④ 他进一步指出，这三种主义实际上都不反对中央集权。⑤

2. 中庸的自由主义的胜利

作为意识形态的自由主义最早属于政治派别中的左翼，或至少是中左翼，将自身定义为保守主义的对立面。1815 年以后，自由主义意识形态成为保守主义攻击的对象，被后者视为是"激进主义的"。但随着作为一种意识形态的自由主义获得越来越多的支持，它作为

---

① 〔美〕伊曼纽尔·沃勒斯坦：《现代世界体系》（第四卷），第 14 页。

② 沃勒斯坦对这三种意识形态有两种说法：自由主义、保守主义、激进主义；自由主义、保守主义、社会主义。沃勒斯坦称激进主义者后来几乎都成了社会主义者。参见〔美〕伊曼纽尔·沃勒斯坦《自由主义之后》，载〔美〕伊曼纽尔·沃勒斯坦（原译者译为华勒斯坦，现译为沃勒斯坦——笔者注）等著《自由主义的终结》，郝名玮、张凡译，社会科学文献出版社，2002，第 76 页。

③ 〔美〕伊曼纽尔·沃勒斯坦：《现代世界体系》（第四卷），第 19～20 页。

④ 〔美〕伊曼纽尔·沃勒斯坦：《现代世界体系》（第四卷），第 20 页。

⑤ 〔美〕伊曼纽尔·沃勒斯坦：《现代世界体系》（第四卷），第 343 页。

左翼的声誉在下降，在某些方面甚至获得右翼的支持，最终宣称自己处于中间立场。自由主义者认为自身位于保守主义者和社会主义者之间，保守主义者是右翼，他们试图尽可能延缓变革的步伐；激进主义者是左翼，他们试图尽可能加速变革的步伐；自由主义者认为自己处于两者之间，他们希望控制变革的速度，使之能够在最优速度上发生，而且在以后的发展中，自由主义力图保持一种中间立场，既不左也不右。简言之，自由主义者是那些希望控制变革的速度，以致它能够在其认为最优的速度上发生的人。所以，沃勒斯坦将其称为"中庸的自由主义"。[1]

沃勒斯坦指出，自由主义者的攻击对象是保守主义和旧制度，保守主义者的攻击目标是法国大革命，1848 年之后出现的社会主义的意识形态作为独立的力量加入了斗争，社会主义者们反对的是他们拒绝接受的自由主义。他称："这些意识形态相互阐释时的这种非难、否定的特性，就是每种意识形态具有多种说法的原因。而每种意识形态在表明自己的观点时，又往往提出一些不同的，甚至相互矛盾的主张。每种意识形态实实在在的同一性体现在其所反对的对象上。这一点很重要。正是这种否定性成功地将这三种意识形态联结在一起，历时 150 余年，至少一直到 1968 年。"[2]

沃勒斯坦认为，1848 年世界革命是三大意识形态流派政治战略的转折点。社会主义者和保守主义者都从革命中汲取了经验教训，社会主义者开始认真组建政党、工会等，着眼于夺取国家机构的长期政治斗争；而保守主义者为了防止起义和革命的爆发，采取了建设更为协调的全民社会的行动。这两派的战略"实际上同自由主义的持续的、有控制的、合理的、正常的变革靠得越来越近了……自由主义者们在不断地进行着探索，用两种主要思想作为实践有控制

---

[1] 〔美〕伊曼纽尔·沃勒斯坦：《现代世界体系》（第四卷），第 16～17 页。

[2] 〔美〕伊曼纽尔·沃勒斯坦：《自由主义之后》，载〔美〕伊曼纽尔·沃勒斯坦等著《自由主义的终结》，第 77 页。

的、合理的、正常的变革的指导思想"。①

在沃勒斯坦看来，1848～1914年，"这三大意识形态的实践者们都从理论上反对国家的立场转变成了千方百计谋求在实践中加强、稳固国家结构"，而"保守主义者们和社会主义者们实际上协力实施了自由主义的战略"，②"19世纪下半叶，保守主义者变成了自由保守主义者，而社会主义者则变成了自由社会主义者"。③因此，沃勒斯坦宣称，到20世纪初中庸的自由主义能够驯服其他两种意识形态，以胜利者的姿态出现。④

3. 自由主义地缘文化的建构

沃勒斯坦认为，中庸的自由主义能够"驯服"其他两种意识形态，以胜利者的姿态出现，在于其构建了新的全球地缘文化。这表现为它在三个关键领域强制推行其意识形态：一是在世界体系的中心区创建"自由主义国家"，当时最强大的两个国家（英国和法国）成为最早和主要的范例。二是它刺激主要类型的反体系运动的形成，并限制它们的影响，如公民权概念的形成和对其影响的限制。三是鼓励历史社会科学的兴起，同时也对它们做出某些限制。⑤

沃勒斯坦具体做了以下三方面的阐述。

其一，自由主义国家的创建。为争夺资本主义世界经济的霸权，英国和法国进行了长期的斗争。直到1815年，英国才取得了决定性的胜利，但1815年以后，英法两国迅速结成影响深远的紧密联

---

① 〔美〕伊曼纽尔·沃勒斯坦：《自由主义之后》，载〔美〕伊曼纽尔·沃勒斯坦等著《自由主义的终结》，第98～99页。

② 〔美〕伊曼纽尔·沃勒斯坦：《自由主义之后》，载〔美〕伊曼纽尔·沃勒斯坦等著《自由主义的终结》，第100页。

③ 〔美〕伊曼纽尔·沃勒斯坦：《自由主义之后》，载〔美〕伊曼纽尔·沃勒斯坦等著《自由主义的终结》，第103～104页。

④ 〔美〕伊曼纽尔·沃勒斯坦：《现代世界体系》（第四卷），"序言　写作《现代世界体系》的几点说明"，第8页。

⑤ 〔美〕伊曼纽尔·沃勒斯坦：《现代世界体系》（第四卷），"序言　写作《现代世界体系》的几点说明"，第8页。

盟，致力于使一种新的政治制度模式被中心区的国家所接受。这就是自由主义国家模式，它是在人民主权时代使资本主义世界经济具有合法性的关键性因素。英法之所以能结成联盟，不仅是因为它们面临相似的内部压力，在实现政治目标上彼此需要，最重要的是它们需要向其他国家提供一种统一的模式，以便更有效地消除其他模式，使所有国家都仿效它们的模式。1830~1832年，由中庸的自由主义派统治的自由主义国家在英国、法国和比利时建成，它们是那个时期三个工业化最发达的国家。三个国家共同构成世界体系的经济和文化中心区，并成为那些希望实现同样繁荣和稳定的国家榜样。① 最终，随着普选权和福利国家制度的确立，到1914年，自由主义的国家模式在欧美得到了普遍接受和认同。

其二，公民权的变化。不平等是现代世界体系的基本特征，但平等又是它所宣称的发展目标，因而现代世界的最大政治问题，也是最大的文化问题，就在于如何将二者相协调，"一方面在理论上支持平等，另一方面在实际生活机会，以及作为其结果的满足方面的持续的和愈来愈严重的两极分化。"② 法国大革命时期的公民概念在大革命后不仅保留下来，并进一步发展，为自由主义国家奠定了话语权。公民概念具有包容性，它坚持一个国家的所有人都拥有平等的权利去参与国家的决策；但公民权又有排斥性，因为太多的公民拥有政治决策权，结果可能确实是危险的。于是，自由主义者在实践中将公民权界定在狭小范围内，与此同时在理论上又坚持扩大公民权，这实际上创制了两个公民范畴。妇女、无财产的工人阶级和少数族裔虽然拥有自然权利和公民权利，却被认为无法行使政治权利。因此，在中庸的自由主义意识形态的指导和支配下，新的概念和范畴产生并被限定，成为世界体系中新的地缘文化，并在19世纪的进程中逐渐支配了人们的思想和社会组织。③

---

① 〔美〕伊曼纽尔·沃勒斯坦：《现代世界体系》（第四卷），第37、72页。

② 〔美〕伊曼纽尔·沃勒斯坦：《现代世界体系》（第四卷），第181页。

③ 〔美〕伊曼纽尔·沃勒斯坦：《现代世界体系》（第四卷），第242页。

其三，历史社会科学的创设。社会科学并非自古有之，它在法国大革命后作为一种社会运动出现，并与自由主义的意识形态和社会分工密切相关。17 和 18 世纪实验科学的发展导致了科学和哲学的对立，科学被认为是可以验证的，而哲学似乎是无法检验的似是而非的知识。这种对立逐渐发展为两大学科的分野：自然科学和人文学科，这种分野后来被英国科学家查尔斯·珀西·斯诺（Charles Percy Snow）称为"两种文化"的对立。社会科学是一种认知活动，它不同于自然科学和人文学科，其研究的内容介于两者之间，它是将有关社会体系的运作，尤其是现代世界体系运作的研究予以系统化、组织化和服务于官僚统治。社会科学被视为改善人类状况的一种路径，成为一种社会运动。社会科学协会先后在英国、美国和德国出现，这些协会一般持中间主义的立场，旨在为自由主义国家的变革提供理论和决策依据。社会科学在 19 世纪进一步分化，在大学中出现了研究"现代"西方的历史学、经济学、社会学和政治学，以及研究未进化到"现代阶段"的非西方世界的人类学和东方学。自由主义者鼓励社会科学的出现，把它作为理解现实世界的方法，以使社会科学的进展符合中庸的自由主义者的利益。大学的转型、知识的分化、新的社会科学学科的诞生，都是这个进程的一部分。[①]

沃勒斯坦指出，在 1848 年以后，自由主义在世界体系中取得了文化霸权，并建构了一种地缘文化的基本核心内容。在延长的 19 世纪的其余时间，自由主义居于支配地位，未遭遇强烈反抗。[②]

六　其他观点

沃勒斯坦在其四卷本《现代世界体系》中还阐释了一些其他观点。

大多数研究早期现代欧洲社会经济发展的西方学者，倾向于

---

① 〔美〕伊曼纽尔·沃勒斯坦：《现代世界体系》（第四卷），第 273～319 页。
② 〔美〕伊曼纽尔·沃勒斯坦：《现代世界体系》（第四卷），第 28 页。

认为在 16 世纪欧洲处于经济扩张时期，即长周期的 A 阶段，而 17 世纪欧洲进入收缩和萧条阶段，即长周期的 B 阶段。在 20 世纪 50～60 年代，一些学者进一步提出，17 世纪欧洲在从封建经济向资本主义经济过渡的最后阶段经历了"危机"，出现了"倒退"或"总趋势的逆转"。[①] 沃勒斯坦反对这种论断，他认为中世纪晚期欧洲的封建制度本质上不同于现代早期所谓的再版封建制度，在 17 世纪，欧洲并未"重新封建化"，实际上，欧洲的世界经济早在延长的 16 世纪就已经确定为资本主义的性质。[②]

从经济、政治、文化三个方面阐述中世纪晚期欧洲与现代早期欧洲的本质性区别后，沃勒斯坦做出推论：欧洲在现代早期存在着中心—外围的劳动分工，而在中世纪晚期则不存在这种分工。[③] 他进一步指出，所谓 17 世纪的危机根本不是一种逆转，而是世界经济发展周期的一个正常的 B 阶段（或下降阶段），它将推进而不是破坏资本主义的发展。[④]

在论及 1689～1763 年英法两国的霸权争夺时，沃勒斯坦指出，英国之所以在与法国的持续对抗中，逐渐取得优势地位，并不是如通常人们所认为的那样——英国拥有更先进的经济结构，而是英国政府——由于诸方面的原因——比法国政府更强的结果。[⑤] 因为"一个国家的强大在于那些统治者可以使其意志胜过国内外其他人的意志"，"英国国家逐渐强大以及英国企业家继续征服经济世界，并不是英国比法国更民主，而是因为在某种意义上更不民主"。[⑥]

沃勒斯坦不同意第一次工业革命发生在英国的传统观点。他提

① 〔美〕伊曼纽尔·沃勒斯坦：《现代世界体系》（第二卷），第 3 页。
② 〔美〕伊曼纽尔·沃勒斯坦：《现代世界体系》（第二卷），2011 年英文版第二卷序言，第 1 页。
③ 〔美〕伊曼纽尔·沃勒斯坦：《现代世界体系》（第二卷），2011 年英文版第二卷序言，第 2 页。
④ 〔美〕伊曼纽尔·沃勒斯坦：《现代世界体系》（第四卷），"序言　写作《现代世界体系》的几点说明"，第 6 页。
⑤ 〔美〕伊曼纽尔·沃勒斯坦：《现代世界体系》（第四卷），"序言　写作《现代世界体系》的几点说明"，第 6 页。
⑥ 〔美〕伊曼纽尔·沃勒斯坦：《现代世界体系》（第二卷），第 327、328 页。

出了两点意见：第一，不同国家不存在也不可能存在单独的"工业革命"，如果确实存在这种现象的话，它也必然是作为整体的资本主义世界经济的现象；第二，尽管这个时期所发生的现象确实表现出在机械化和世界生产产出价值方面的大幅上扬，但相比此前和此后的几次上扬，它并不更为重要。[1] 此外，很多学者相信，最早开始工业革命的英国掳获了数量不成比例的世界剩余价值；法国之所以在与英国的争霸斗争中失败，是因为法国的"资产阶级"革命比英国晚了一个多世纪，而一场"资产阶级革命"被假定是一场"工业革命"的前提条件。沃勒斯坦也对此提出了反驳，他认为把工业革命与资产阶级革命联结起来是错误的。[2]

在考察法国大革命的历史时，沃勒斯坦认为把注意力集中于法国国内政府和经济结构的变化是错误的。他称："法国大革命是英法争夺霸权斗争——当然是英国最终取得胜利——最后阶段的一个组成部分，也是这种斗争的一个结果；作为革命的结果，法国发生的内部变化并不比通常认为的那样具有根本性。"[3] 他进一步指出："法国大革命的核心地位是法—英争夺世界经济霸权的核心地位的结果，法国大革命的发生是由于法国意识到在这一斗争中面临的失败，是这一觉醒的结果。并且，法国大革命之所以能对世界体系有如此的影响，正是由于它发生在争夺霸权已经失败的国家。"[4]

沃勒斯坦还对认为法国大革命是一场资产阶级革命的观点提出了质疑。[5] 他认为，法国大革命不能被视为一场要建立"资本主义制度"的资产阶级革命，因为法国很久以前就是资本主义世界经济

---

① 〔美〕伊曼纽尔·沃勒斯坦：《现代世界体系》（第四卷），"序言 写作《现代世界体系》的几点说明"，第 6～7 页。

② 〔美〕伊曼纽尔·沃勒斯坦：《现代世界体系》（第三卷），第 34 页。

③ 〔美〕伊曼纽尔·沃勒斯坦：《现代世界体系》（第四卷），"序言 写作《现代世界体系》的几点说明"，第 7 页。

④ 〔美〕伊曼纽尔·沃勒斯坦：《现代世界体系》（第三卷），第 92 页。

⑤ 〔美〕伊曼纽尔·沃勒斯坦：《现代世界体系》（第三卷），第 21～34 页。

的重要组成部分。部分而言，法国大革命是在争夺霸权的斗争中击败英国的最后一次尝试；部分而言，法国大革命是在现代世界体系的历史上一次"反对现存体制"（即反对资本主义）的革命，但它遭受了根本性的失败。[①]

沃勒斯坦发现，英法两国争夺霸权斗争的一个结果是资本主义世界经济的第二次地理扩张，在此过程中，俄国、奥斯曼帝国、印度次大陆和西部非洲四个大的地区被纳入中心—外围的劳动分工体系，成为资本主义世界经济的边缘区。沃勒斯坦注意到，"上述四个地区在被纳入世界经济之前存在着非常不同的结构特征，但被纳入世界经济后，所发生的政治和经济结构的转型似乎使这四个地区都拥有大致相似的结构特征"。[②]

在考察南北美洲定居者的非殖民化过程时，沃勒斯坦指出，这一地区的非殖民化历程开始于七年战争结束时的 1763 年，它之所以会发生，与英国取得与法国的争霸战争的第二阶段胜利有着紧密联系。[③] 此外，沃勒斯坦还发现，"美洲的非殖民化是一次'殖民者'的非殖民化，而不是土著民族重新支配他们自己的生活"。[④] 也就是说，南北美洲的"非殖民化"发生在欧洲殖民者的庇护下。这一举动不仅排斥美洲印第安人，而且排斥移居到美洲的非洲人。[⑤] 海地则是一个例外，而正是因为海地的非殖民化不是由殖民者实现的，所以它的经济遭遇了毁灭性的破坏。[⑥]

总的来说，通过四卷的阐述，沃勒斯坦构建了现代世界体系理论。该理论把整个世界视作一个整体，从政治、经济、文化三个方

① 〔美〕伊曼纽尔·沃勒斯坦：《现代世界体系》（第四卷），第 342 页。

② 〔美〕伊曼纽尔·沃勒斯坦：《现代世界体系》（第四卷），"序言 写作《现代世界体系》的几点说明"，第 7 页。

③ 〔美〕伊曼纽尔·沃勒斯坦：《现代世界体系》（第三卷），第 237 页。

④ 〔美〕伊曼纽尔·沃勒斯坦：《现代世界体系》（第四卷），"序言 写作《现代世界体系》的几点说明"，第 7 页。

⑤ 〔美〕伊曼纽尔·沃勒斯坦：《现代世界体系》（第三卷），第 237 页。

⑥ 〔美〕伊曼纽尔·沃勒斯坦：《现代世界体系》（第四卷），"序言 写作《现代世界体系》的几点说明"，第 7 页。

面分析了世界体系的形成、运行和基本趋势，深刻揭示了当代资本主义的危机，全面阐释了资本主义世界体系的矛盾和困境，并预测了其最终宿命。

第三节　评析与学习启迪

一　原著评析

1. 学术价值

沃勒斯坦将美国的历史社会学、欧洲的历史经济学、法国的年鉴学派、依附论和西方的新马克思主义思潮结合起来，针对第二次世界大战后社会科学中关于"现代化"问题引发的巨大争议，从"长时段"研究视角出发，把近代以来的世界作为一个有其发展规律的"现代世界体系"，进行了全面深入的探究。该著涉及许多世界历史上的重大争论和当今世界的各种重大问题，对历史学和社会科学的许多重要观点提出了质疑和挑战，从而引发了学术界激烈而持久的论战。

首先，沃勒斯坦采用一体化的学科方法来构建其整体性的理论体系。他说："本书并不研究群体，而是研究社会体系。一旦以社会体系为研究对象，以前的社会科学学科划分便变得毫无意义。人类学、经济学、政治学、心理学和历史学等学科的划分，都是基于对国家及其与社会秩序的职能部门和地方部门的关系的一种含混概念，若以机构为研究中心，这种划分还有一定意义，若以社会体系为研究中心，它则变得没有意义。我并不主张对社会体系进行多学科的研究，而是主张建立一个特殊的学科。"[①] 他在其他著作中称："我对史学、社会科学与政治的关怀，并不是分开从事的活动，我的关怀是单一的、整体的，其中贯注着一个信念：史学、社会科

---

① 〔美〕伊曼纽尔·沃勒斯坦：《现代世界体系》（第一卷），第10页。

学和政治三者不可分，即使能分也不应分。"^①他提出，需要用一种新的"历史社会科学"来取代原来分割式的研究方法，资本主义首先是一个历史社会体系，要了解它的起源、运行和现状，必须从单一的和总体的社会科学角度出发，去探讨资本主义体系经济、政治和社会之间的互动关系，从而对现实的社会结构做出真实的观察。^②沃勒斯坦所采用的一体化学科的研究方法，是在承认社会科学边界合法性基础上的跨学科研究，其目的在于构建一种整体性知识的历史社会科学。

其次，沃勒斯坦主张以历史的世界体系取代国家或社会作为基本的研究单位。他认为，要想认识社会发展，唯一的分析单位就是世界体系。他反对以主权国家和民族社会为分析单位，因为他认为"这二者都不是社会体系，而人们只能在社会体系内谈社会变化，在这种结构中，唯一的社会体系是世界体系"，他"特别注意在某种抽象意义上来描述世界体系，即从世界体系结构的演变方面来描述它。当我提及某些特别事件时，只是因为它们作为某种机制的典型影响了这个体系，或标志着某种重要的机构或制度变革中的转折点"。^③沃勒斯坦提出，世界体系分析要努力建立一种统一的历史科学，超越19世纪以来社会科学欧洲中心论的传统。^④在他看来，现代世界体系的形成是人类历史上自农业革命之后的又一个重要分水岭，它从形成起就有其发展周期和趋势的自身规律，既有时间上长时段的形成、成长、变化、终结的特点，又有在空间上的范围扩展、等级结构，是研究社会演变和社会行为的适合分析单位。^⑤如果要通过社会体系来认识社会变化，那么唯一的分析单位就是世界

① 陆先恒：《世界体系与资本主义》，巨流图书公司，1989，第17页。
② 〔美〕伊曼纽尔·沃勒斯坦：《历史资本主义》，郭方等译，社会科学文献出版社，1999，第1页。
③ 〔美〕伊曼纽尔·沃勒斯坦：《现代世界体系》（第一卷），第7～8页。
④ 王正毅：《世界体系论与中国》，商务印书馆，2000，序言。
⑤ 〔美〕沃勒斯坦：《世界体系分析法的第二阶段》，梁光严译，《国外社会科学》1991年12期。

体系，而主权国家不过是世界体系中的一种组织结构。

再次，现代世界体系研究体现了方法论方面的重要创新。世界体系理论的知识基础来源广泛，沃勒斯坦博采众家所长，继承和发展了一些学者的理论，并在方法论方面做出了重要创新。如前所述，一体化的学科方法和以世界体系作为研究单位都是重要的方法论突破。沃勒斯坦在现代世界体系的理论建构中发展和独创了一系列概念和术语，如世界体系、中心、边缘、半边缘、外部竞争场、霸权、纳入、长周期、长期趋势等。这些概念和术语多数都是沃勒斯坦的个人创见，有的虽然源自其他学者，但也被他做了新的诠释和发展，如依附论学者提出的"中心—外围"学说被他发展为"中心—半边缘—边缘"理论。这些术语紧密关联，构成了自成一体、合乎逻辑的理论体系，它们不仅引发了学术界的持续热议，同时也极大拓展了社会科学的研究视野。

最后，沃勒斯坦重新解释了资本主义的历史进程，并提出了自己的社会发展观。沃勒斯坦认为进步不是绝对的，它只是一种可能。历史进程也并非直线式发展，存在着确定性和不确定性。现代世界体系是一个有机的社会历史体系，它是有生命周期的，有产生、发展、变化、衰亡的过程。在平衡时期，世界体系的发展是确定的，历史现象能够在体系框架内得到有效解释，但平衡的时间在体系内是最短的，现代世界体系必将在某一个时间点达到平衡的分叉点，原有的体系将走向终结。在这个分叉点上，未来是不确定的，人们无法预知新的体系是好是坏。此外，沃勒斯坦把"发展"和"现代化"视作西方学者为应对第二次世界大战后剧烈变化的世界局势而发明的一种意识形态，资本积累才是现代世界体系运行的原动力。在现代世界体系中心—边缘的结构中，突破全球性的经济增长与两极分化这一困境，实现经济增长与社会平等的统一是不可能实现的。[①]

---

① 江华：《超越社会科学的传统范式——解读沃勒斯坦的世界体系理论》，《文史哲》2008年第 2 期。

此外，沃勒斯坦对中国也多有关注。他认为，中国在古代历史上是一个"世界帝国"，进入近代以后，中国先是作为世界体系的外部竞争场，后来被纳入这个体系，成为该体系的边缘区。对于中国近现代时期的一些重大历史事件，他的相关著述也有论及。沃勒斯坦曾多次访问中国。他指出："世界离不开中国，今天任何重大的世界性活动，如果没有中国的参与，那都是不能再称之为世界性的了。"[①] 在他看来，中国将在未来世界体系的构建中发挥重要影响。

2. 学界评价与争议

《现代世界体系》一经出版，就引起了世界史学界和社会科学界广泛而持久的关注，同时也引发了学界对该理论的巨大争议。虽然得到高度赞誉，但也有许多学者从不同角度提出了批评意见。

沃勒斯坦在《现代世界体系》2011 年英文版第一卷的序言中总结了各方对现代世界体系理论的批判。他按照对其理论否定的程度把这些批判意见分为主要的批判、次要的批判和修正派三类。

主要的批判完全否定了沃勒斯坦的分析方法，反对把世界体系作为基本的研究单位。沃勒斯坦认为主要的批判来自四个群体：第一个群体是所谓的"正统"的马克思主义者。"正统"马克思主义理论有一些重要的共同前提，指责世界体系分析在一些方面违背了这些前提。[②] 第二个群体是传统的、研究普遍性规律的经济学家和社会学家。他们称沃勒斯坦的理论背离了主流经济学和社会学所揭示的规律性认识，对其非常敌视。第三个群体来自沃勒斯坦所称的新欣策主义学派。新欣策主义者经常援引德国政治史学家奥托·欣策（Otto Hintze）的观点作为依据，批评沃勒斯坦错误地把政治和经济两个分

---

① 〔美〕伊曼纽尔·沃勒斯坦：《转型中的世界体系：沃勒斯坦评论集》，路爱国译，社会科学文献出版社，2006，第 15 页。

② 〔美〕伊曼纽尔·沃勒斯坦：《现代世界体系》（第一卷），2011 年英文版第一卷序言，第 4～5 页。

析领域合并为一个单一的领域，并实际上赋予了经济领域以首要性。第四个群体主要来自 20 世纪 70 年代兴起的"文化"阵营。他们反对把经济因素视作社会发展的主要方面，认为文化在社会现实演进中具有中心作用。①

次要的批判以现代世界体系的空间边界、现代世界体系的时间边界、需要考察的制度变量三个问题为中心。一些学者从这三个方面对沃勒斯坦的观点提出了质疑。

修正派的意见主要来自一些现代世界体系理论的支持者，他们从 20 世纪 90 年代开始，试图对沃勒斯坦的学说进行部分修正。

对于这些批评意见，沃勒斯坦曾写过一些文章，对自己的理论有一定的阐释、补充和修改，但他依然坚持自己的主要论断。他宣称："在克服 19 世纪社会科学狭隘的范式上，世界体系分析是一种不可或缺的组成部分。"②

《现代世界体系》一书是 20 世纪 80 年代作为发展理论的最新成果而被引入国内的，在罗荣渠等人的推动下，有关现代世界体系理论的相关著述陆续被翻译出版，学界也开始对沃勒斯坦理论持续关注，有大量的介绍和评论书籍及文章问世。国内许多学者对该著持肯定态度，对沃勒斯坦理论和分析方法的创新和突破多加赞誉，并通过其对资本主义的本质揭露批判现存的资本主义世界体系。国内学界也有一些批评之声，主要集中在该理论对马克思主义理论在某些方面的背离。如有学者认为沃勒斯坦过于重视劳动分工和交换在世界体系中的作用，忽略了不同地区生产力发展这个更重要的因素。③更多的批评意见则是针对沃勒斯坦有关社会进步的不确定性，认为由于他对现代化和资本主义的片面理解和不适当的否定，陷入

---

① 〔美〕伊曼纽尔·沃勒斯坦：《现代世界体系》（第一卷），2011 年英文版第一卷序言，第 5～8 页。

② 〔美〕伊曼纽尔·沃勒斯坦：《现代世界体系》（第一卷），2011 年英文版第一卷序言，第 13 页。

③ 赵自勇：《资本主义与现代世界——沃勒斯坦的世界体系理论透视》，《史学理论研究》1996 年第 4 期。

了悲观主义和历史虚无主义的误区，他关于世界体系未来的构想也不过是没有科学依据的臆测。①

二 学习意义与启迪

1. 学习意义

剖析资本主义世界体系的形成、发展、演变乃至衰亡的整个过程是沃勒斯坦世界体系理论的基线。该理论的特点是以一体化的研究方法来阐释资本主义，试图从整体上考察现代世界体系500多年的发展历程及基本特征。作者把当代的发展问题追溯到资本主义起源时期形成的制度体系，从而为我们解读现实问题提供了重要的理论范式和分析框架。

第一，该理论揭示了资本主义世界体系的本质。沃勒斯坦明确指出，不平等是现代世界体系的重要特征。资本主义世界经济是建立在世界范围的劳动分工基础上，体系内的不同地区分别被指派承担不同的经济角色，它们从这一体系运作中的获利是不平等的。不平等的劳动分工在世界贸易上表现为不等价的国际交换，中心地区用工业制成品交换边缘地区的原材料和初级产品，而这是世界经济资本积累的重要源泉之一。与此同时，资本主义世界经济的国家间体系也是不平等的、等级制的，不等价交换被中心地区的强国强加于边缘地区的弱国。这也造成了这一体系的动荡，正如沃勒斯坦所指出的："现代世界的标志是它获暴利者的梦想和被压迫者对这种专断的反抗。剥削和拒受剥削作为不可避免之事，恰恰构成现代持续的二律背反现象，它们共同处于一个辩证过程之中，到20世纪还远没有达到其顶点。"②

第二，这一理论剖析了资本主义体系存在的结构性危机。沃勒

---

① 陆先恒：《世界体系与资本主义》，第70~75页；安然：《论沃勒斯坦的现代化思想》，《史学月刊》2006年第2期。

② 〔美〕伊曼纽尔·沃勒斯坦：《现代世界体系》（第一卷），第431页。

斯坦认为，现代世界体系存在着资本积累、政治合法性和地缘文化论三个基本矛盾，当这些矛盾积累到一定程度，资本主义体系内部的调节机制无法自行解决时，这个体系也就走向了终结。资本积累是资本主义运作的内在逻辑，它要求利润最大化，这使得生产无限扩大，但需求不足却会造成供求不平衡，导致世界体系无法沿着平滑的曲线前进，而是在扩张和停滞之间循环。在停滞时期，需要不断扩大生产和需求，才能使体系继续运行，但世界的地域和人口是有限的，所以这个过程不能无限进行下去。资本主义体系要生存下去，还存在政治合法性问题，它需要得到社会各阶层的认可，要给这个体系的支持者以报酬，要消除被剥削者的不满，这也是普选权和福利国家确立的原因。但是，这种政策会导致越来越多的群体要求分享利益，而剩余价值是有限的，当维持体系合法性的改良主义收买政策的潜力耗尽时，体系就会面临合法性危机。[1]同时，资本主义强调的个人主义造成了世界体系的地缘文化论困境，资本主义推崇个人的首创精神，但个人主义的无限制发展却会导致一种所有人反对所有人的竞争。这三种矛盾自世界体系开始时便已产生，都已达到无法控制的程度，所以现在的资本主义世界体系存在严重的结构性危机。[2]

第三，沃勒斯坦揭示了资本主义世界体系走向衰亡的历史必然性。沃勒斯坦指出，现代世界体系作为一种历史体系有它的生命周期，有开始、发展和最后结束的各阶段。所有历史体系的内部都存在矛盾，由于矛盾不可避免，每一种历史体系最终都会破坏它自己的生存能力，所以它必然消亡。当矛盾激化到一定程度时，体系就遭遇了"危机"。这时，如果体系继续沿着原来的道路继续发展，它就不可能生存很长时间，于是，体系需要不断进行调整以解决持续出现的周期性困难，直到其最终瓦解。这个危机时期可以称作过

---

[1]　赵自勇：《资本主义与现代世界——沃勒斯坦的世界体系理论透视》，《史学理论研究》1996 年第 4 期。

[2]　〔美〕伊曼努尔·沃勒斯坦：《历史资本主义》，第 91 页。

渡时期，对于已存在 500 多年的资本主义世界体系而言，这个过渡期可能延续一个世纪或更久。[①]

2. 学习启迪

其一，多学科研究方法。沃勒斯坦早期主修社会学，但他并没有囿于狭隘的社会学科分野，而是拥有广泛的学科视角，涉猎社会科学的诸多领域，最终完成了《现代世界体系》这部鸿篇巨制。沃勒斯坦融合了诸多学科的资源，并采用了一体化的学科研究路径，实现了社会科学研究视野的多元化。他运用社会学的动态分析和结构方法，把社会学与历史学、经济学、政治学等结合起来，不仅提出了一些值得探讨的新理论，而且促使各学科的学者们思考如何实现社会科学的综合研究。沃勒斯坦的著作以多学科的理论和大量的史料为依据，体现了作者广阔的研究视角和丰富的知识积累。[②] 作者的多学科研究方法，有助于我们扩展社会科学的研究视野。

其二，勇于质疑的精神。沃勒斯坦坦言，他开始写作《现代世界体系》时，主要是试图反驳马克斯·韦伯名著《新教伦理与资本主义精神》中的部分观点。他正是通过对韦伯社会发展观的批判，构建了其世界体系理论。沃勒斯坦从三个方面对韦伯的观点提出质疑：一是现代化进程不能逐国做出考察，这种考察只能在世界体系中进行；二是价值观的转变与经济转型同时发生，而不是像韦伯等所认为的某种价值观的确立是经济发展的前提；三是传统与现代并非对立关系，它们都是近代的产物，是一前一后出现的。[③] 此外，沃勒斯坦对许多传统观点都提出了不同看法，他对权威和学术信条敢于质疑和批判的精神值得我们学习。

其三，长时段研究。在《现代世界体系》中，沃勒斯坦是运

---

① 〔美〕伊曼纽尔·沃勒斯坦：《变化中的世界体系——论后美国时期的地缘政治与地缘文化》，王逢振译，中央编译出版社，2016，第 115～116 页。

② 顾云深：《沃勒斯坦与世界体系理论》，《复旦学报》（社会科学版）1989 年第 6 期。

③ 〔美〕伊曼纽尔·沃勒斯坦：《现代世界体系》（第一卷），2011 年英文版第一卷导言，第 2～3 页。

用长时段视角来分析 15 世纪末到 20 世纪初资本主义世界的演变以及现代世界体系的形成。他借鉴苏联经济学家康德拉季耶夫提出的 40 ~ 60 年经济长周期理论，并把它延伸为 200 ~ 300 年的特长周期。这一研究方法把现代世界体系置于宏观视野进行研究，摆脱了就事论事的短视行为，对我们学习和研究历史有重要启迪。

总之，《现代世界体系》构建了一种新理论，对 15 世纪末以来的世界历史进程进行了新的解读。尽管学界颇有争议，但其观点与研究方法，对我们学习和研究世界史无疑具有参考价值。

思考题

概述《现代世界体系》的基本观点，并谈谈这些观点对我们学习和研究世界史的启迪。

论述现代世界体系的结构性危机，谈谈你对现代世界体系未来的看法。

主要参考文献

〔美〕伊曼纽尔·沃勒斯坦：《现代世界体系》（第二卷），郭方、吴必康、钟伟云译，社会科学文献出版社，2013。

〔美〕伊曼纽尔·沃勒斯坦：《现代世界体系》（第三卷），郭方、夏继果、顾宁译，社会科学文献出版社，2013。

〔美〕伊曼纽尔·沃勒斯坦：《现代世界体系》（第四卷），吴英译，社会科学文献出版社，2013。

〔美〕伊曼纽尔·沃勒斯坦：《现代世界体系》（第一卷），郭方、刘新成、张文刚译，社会科学文献出版社，2013。

张骥、齐长安：《沃勒斯坦世界体系论评析》，《世界经济与政治》2001 年第 11 期。

赵自勇：《资本主义与现代世界——沃勒斯坦的世界体系理论透视》，《史学理论研究》1996 年第 4 期。

拓展阅读

〔埃及〕萨米尔·阿明：《不平等的发展：论外围资本主义的社会形态》，高铦译，社会科学文献出版社，2017。

〔法〕费尔德·布罗代尔：《15至18世纪的物质文明、经济和资本主义》（三卷本），顾良、施康强译，生活·读书·新知三联书店，2022。

〔美〕伊曼纽尔·沃勒斯坦：《沃勒斯坦精粹》，黄光耀、洪霞译，南京大学出版社，2003。

王正毅：《世界体系论与中国》，商务印书馆，2000。

第七章
罗荣渠与《现代化新论》

　　"现代化"作为一种社会思潮，第二次世界大战之后最先在西方社会学学界兴起，但很快延伸到经济学、政治学、历史学等学科，成为国外学界关注的热点。但从人类历史演变进程来看，现代化进程始于近代，一直延续到当前。20世纪80年代起，现代化研究也成为国内学界的热门研究领域。国内外学界对现代化研究取得了丰硕成果，罗荣渠教授的《现代化新论》①即是国内史学界的代表性成果之一。

① 罗荣渠：《现代化新论——世界与中国的现代化进程》（增订本），商务印书馆，2017。本教材均引用此版本，下文只注作者、书名和页码。

第一节　原著简介

一　罗荣渠简介

罗荣渠（1927～1996），北京大学历史系教授，国内现代化研究的开拓者之一。祖籍四川荣县，出生于成都一书香之家。其父罗文谟与张大千、徐悲鸿、朱自清等书画名家、文人学士相交，在民国初年的知识界、文化界颇负盛名。受家学熏陶浸染，罗荣渠少而好学，喜好诗词书画，涉猎领域广泛。先后就读于成都县立中学（今成都市第七中学）和树德中学。读高中时，罗荣渠热衷于研读冯友兰、熊十力、钱穆、翦伯赞等名家著作，在文史方面打下了良好基础。

1945年秋，罗荣渠以同等学力资格考入位于昆明的西南联合大学，就读于历史社会系。一年后，因学校复员，转入北京大学史学系。在大学期间，他接受了系统的史学专业训练，博览群书，善于独立思考，广结良师益友，毕业论文选题为"明清之际西学东渐时期中西文化的冲突"，指导教师为治中西交通史的向达教授。罗荣渠自言："在北大读书的几年，给我影响最大的是向达先生。他给我的不仅是丰博的学识，更重要的是他踏实、严谨的求学作风，深厚的考据功底与贯通中西的治史方法，让我这一生都受用不尽。"[①]

---

① 杨玉圣：《历史研究与理论创新——罗荣渠先生的学术探索历程》，《世界历史》1997年第3期。

1949～1956年，大学毕业后的罗荣渠在中苏友好协会总会从事编辑工作，其间与同事周颖如女士喜结连理。1956年，经业师杨人楩教授推荐，罗荣渠被调回到北京大学历史系执教，主要从事世界近现代史方面的教学工作，先后讲授过世界现代史、世界近代史、殖民主义史、拉丁美洲史、美国史、第二次世界大战史等课程，发表了《论所谓中国人发现美洲的问题》《门罗主义的起源和实质——美国早期扩张主义思想的发展》《古巴革命的胜利道路》等成果，在史学界崭露头角。

1979年4月，罗荣渠晋升为副教授，开始将美国史作为专攻学术领域。80年代初，在美国密歇根大学历史系做访问学者。1982年从美国访学回国后，在北京大学历史系开设美国史通论选修课，并准备撰写《美国历史与文明》一书。

1985年11月，罗荣渠晋升为教授。1987年7月，被遴选为博士生导师。受中国社会主义现代化建设大潮影响，罗荣渠逐渐转向现代化研究。1986年，他申报的课题"世界主要国家现代化进程的比较研究"入选"七五"国家社科基金重点项目。1989年，他第二次出国，在英国萨塞克斯大学发展研究所访学。

1986～1996年的十年，罗荣渠在现代化研究领域做了大量开创性、奠基性的工作。其一，他组织翻译国外学界有关现代化进程的代表性著作（如沃勒斯坦的《现代世界体系》、帕尔默的《现代世界史》、布莱克的《现代化的动力》等），将现代化理论引入世界近现代史研究。其二，撰写并发表了80多篇有关现代化理论和历史的论文，介绍国外学界关于现代化研究的近况，并在批判性吸收的基础上构建中国特色马克思主义现代化理论。代表性论文有《西方现代化史学思潮的来龙去脉》《建立马克思主义的现代化理论的初步探索》《论一元多线历史发展观》《从西化到现代化——中国近百年来现代化思潮演变的反思》《论现代化的世界进程》《"现代化"的历史定位与对现代世界发展的再认识》《走向现代化的中国道路——有关近百年中国大变革的一些理论问题》，这些论文后来构成其著作《现代化新论——世界与中国的现代化进程》的主体。其三,依托北京大学历史系,建立了国内首个现代化研究机构——"北京大学世界现代化进程研究中心",举办了若干次以现代化研究为主题的国际性和全国性学术会议。其四,招收"现代化"研究方向的博士生和硕士生,培养现代化研究的后备力量。其五,完成"世界主要国家现代化进程的比较研究"课题,组织北京大学世界现代化进程研究中心编辑出版了"世界现代化进程研究丛书"。据统计,"世界现代化进程研究丛书"共出版专著和论文集 20 余种,其中既有罗荣渠本人编撰的论著,也有在他组织下由青年学者完成的专著。[①]1996 年 4 月 4 日,罗荣渠不幸病故。

罗荣渠从教治学 40 余载,曾任北京大学世界现代化进程研究中心主任、第八届全国政协委员、中国史学会理事、北京市历史学会副会长、中国拉丁美洲史研究会理事长、中国太平洋学会常务理事等职。他毕生辛勤耕耘,成果颇丰。除了现代化研究领域的代表作《现代化新论》,在美国史、拉美史两个研究领域也发表了许多成果,如《论美国与西方资产阶级新文化输入中国》《扶桑国猜想与美洲的发现》等。[②]罗荣渠的不少研究成果曾荣获重要奖项,如《论一元多线历史发展观》一文在中宣部与中国社科院主办的"纪念党的十一届三中全会十周年理论研讨会"上获评优秀论文奖,被认为是改革开放以来十年间我国史学界最重要的研究成

---

① 主要包括罗荣渠主编《从"西化"到现代化——五四以来有关中国的文化趋向和发展道路论争文选》,北京大学出版社,1990;罗荣渠《现代化新论——世界与中国的现代化进程》,北京大学出版社,1993;张少华《美国早期现代化的两条道路之争》,北京大学出版社,1996;罗荣渠《现代化新论续篇——东亚与中国的现代化进程》,北京大学出版社,1997;《罗荣渠与现代化研究——罗荣渠教授纪念文集》,北京大学出版社,1997;严立贤《中国与日本的早期工业化与国内市场》,北京大学出版社,1998;丁建弘主编《发达国家的现代化道路——一种历史社会学的研究》,北京大学出版社,1999;刘祖熙《改革和革命——俄国的现代化研究(1861～1917)》,北京大学出版社,2001;许平《法国农村社会转型研究——19 世纪至 20 世纪初》,北京大学出版社,2001;韩方明《华人与马来西亚现代化进程》,商务印书馆,2002。
② 罗荣渠:《论美国与西方资产阶级新文化输入中国》,《近代史研究》1986 年第 2 期;罗荣渠:《扶桑国猜想与美洲的发现》,《历史研究》1983 年第 2 期。

果之一。罗荣渠在国内史学界有重要影响。中国社会科学院美国研究所前所长李慎之称他是"我国屈指可数的专门研究美国和美洲的史学家"。[1]中国政法大学杨玉圣教授也称赞道:"在我国,兼治美国史、拉美史、中国－美国关系史、中国－拉美关系史、美国－拉美关系史等美洲史诸领域,罗(荣渠)先生很可能是迄今为止的第一人。"[2]

二 写作背景

1. 现代化思潮的兴起与演变

现代化思潮兴起于 20 世纪 50 年代初,经历了经典现代化理论(20 世纪五六十年代)、现代化理论的修正(20 世纪七八十年代)、新现代化理论(20 世纪 70 年代末 80 年代初以来)三个时期。

（1）经典现代化理论（20 世纪五六十年代）

作为一个完整的学术术语,"现代化"肇始于第二次世界大战后的西方社会科学研究。发展经济学家是 20 世纪 50 年代现代化研究的先行者。1951 年,在美国社会科学研究会经济增长委员会主办的《文化变迁》杂志编辑部举办的学术讨论会上,首先使用了"现代化"一词来描述从农业社会向工业社会的转变。1954 年,英国曼彻斯特大学经济学家、后荣获 1979 年诺贝尔经济学奖的威廉·亚瑟·刘易斯（William Arthur Lewis）在论文《劳动力无限供给下的经济发展》（Economic Development with Unlimited Supplies of Labour）中首次提出了"二元经济模式"（Duel Sector Model）。刘易斯认为,发展中国家的现代化过程,就是打破二元经济模式的过程,即扩大现代资本主义部门、缩小传统农业部门的过程。1959 年,美国总统艾森豪威尔的经济与外交政策顾问、麻省理工学院经济史教授 W. W. 罗斯

① 罗荣渠:《美洲史论》,商务印书馆,2009,第 358 页。
② 杨玉圣:《历史研究与理论创新——罗荣渠先生的学术探索历程》,《世界历史》1997 年第 3 期。

托（W. W. Rostow）在其著《经济增长的阶段：非共产党宣言》（*The Stage of Economic Growth: Anon-Communist Nanifesto*）中提出了现代化的五阶段图式（后来扩展到六个阶段）。

20世纪50年代末至60年代，政治学家、社会学家、心理学家、历史学家等紧跟经济学家之后，纷纷涉足现代化研究，一批开创性的现代化研究成果相继问世。例如，丹尼尔·勒纳（Daniel Lerner）的《传统社会的消逝：中东现代化》（1958）、加布里埃尔·阿尔蒙德（Gabriel Almond）与詹姆斯·科尔曼（James Coleman）的《发展中地区的政治》（1960）、戴维·阿普特（David Apter）的《现代化的政治》（1960）、罗伯特·沃德（Robert Ward）和丹克沃特·拉斯托（Dankwart Rustow）的《日本和土耳其的政治现代化》（1964）、马里恩·列维（Marion Levy）的《现代化和社会结构》（1966）、S. N. 艾森斯塔德（S. N. Eisenstadt）的《现代化：抗拒与变迁》（1966）、塞缪尔·亨廷顿（Samuel Huntington）的《文化与现代化》和《变化社会中的政治秩序》（1968）、西里尔·布莱克的（Cyril Black）《现代化的动力》（1966）、诺伯特·维纳（Norbert Wiener）的《现代化：增长的动力学》、亚历克斯·英克尔斯（Alex Inkeles）的《从传统人到现代人：六个发展中国家中的个人变化》，以及韦伯特·摩尔（Wibert Moore）和尼尔·斯梅尔塞（Neil Smelser）合编的《传统社会的现代化》丛书（12册）。这些成果或是涉及现代化进程的经济现代化、政治现代化等不同方面，或是涉及世界现代化进程中的不同地区和国家，将现代化研究发展为西方社会科学研究中一个多学科交叉的新兴领域，由此形成的"经典现代化理论"成为当时西方社会发展研究中的主流理论。

现代化研究在20世纪五六十年代西方社会科学界的兴起，是冷战时期特定国际形势与社会环境的必然产物。首先，在第三次科技革命的驱动下，西方资本主义世界出现了20世纪上半叶前所未有的持续性经济增长，美国更是一跃而起，成为西方资本主义世界的领头羊。西方资本主义国家在第二次世界大战后的飞速发展，使西方社会对自己的发展模式高度自信，认为只有西方发展模式才是世界发展的正确方向。现代化理论正是这种自我感觉良好的乐观主义和自信在社会科学学术中的反映。其次，战后的非殖民化浪潮造就了一大批刚刚独立、百废待兴的发展中国家，他们面临着国家建设和选择发展道路的难题。如 1957 年加纳在独立后，就曾邀请威廉·亚瑟·刘易斯担任首位经济顾问，为其制定了第一个"五年计划"。最后，在资本主义与社会主义两大阵营对峙的冷战形势下，美国与苏联竞争激烈，第三世界成为两强争夺的对象。为了防止新兴发展中国家倒向社会主义阵营，美国提出了"第四点计划"，试图以经济援助来拉拢和影响这些国家，将其纳入资本主义的轨道。以发展中国家为研究重点的现代化理论，正是美国对第三世界发展中国家开展文化冷战、"争夺人心"的意识形态与知识工具。因此，早期的现代化研究实际上是冷战爆发后西方社会科学界所做出的回应，它应冷战政治之需要而生，是为以美国为首的西方国家的冷战外交和现实利益服务的。

在冷战背景下，20 世纪五六十年代的早期现代化研究具有三个基本特点。一是以美国为中心。正如美国历史学家雷迅马（Michael Latham）所指出的，现代化理论"首先出现在社会科学领域里，而这些研究从一开始就是美国的产物"。[①] 二是与冷战政治相结合，呈现出明显的冷战学术特点。W. W. 罗斯托坦言，美国及其盟友必须积极介入，积极投身"现代化的整个创造进程"，"现代化的概念不仅仅是一个学术模式，它也是一种理解全球变迁的手段，还是一种用以帮助美国确定推进、引导和指导全球变迁的办法"。[②] 雷迅马的评价可谓一针见血："现代化理论绝不仅仅是一种纯学术性学说"，"它预言世界的未来发展方向是自由主义、资本主义和非革命

---

① 〔美〕雷迅马：《作为意识形态的现代化：社会科学与美国对第三世界政策》，牛可译，中央编译出版社，2003，第 49 页。

② W. W. Rostow, "Countering Guerrilla Attack," in Fran Mark Osanka, ed., *Modern Guerrilla Warfare: Fighting Communist Guerrilla Movement, 1941-1961*, New York: Free Press of Glencoe, 1962.

化的"，被美国政府及其决策者"看成是一种与革命的马克思主义相抗衡的思想"。^①三是以西方国家（尤其是美国）的社会发展进程和模式为基础，以期"运用西方发达国家的发展经验来'规范'非西方社会不发达国家的发展问题"，其中的"西方中心主义"或"美国中心主义"不言而喻。^②如罗斯托在探讨了经济现代化问题后就得出结论：美国乃现代化的国际样板，其他国家的现代化将有赖于美国的影响、支持和帮助。^③

（2）现代化理论的修正（20世纪七八十年代）

早期的经典现代化理论不仅带有强烈的冷战政治文化色彩以及或明或暗的"西方（美国）中心主义"，而且难以解释许多发展中国家接受西方模式却未能实现"现代化理论"所"承诺"的发展。因此，从20世纪60年代末开始，尤其是在70年代，经典现代化理论受到依附论、世界体系论等新兴理论、思潮的众多批评与挑战，现代化研究热潮也一度趋冷。

依附论的代表人物是埃及经济学家萨米尔·阿明（Samir Amin）、巴西经济学家特奥托尼奥·多斯桑托斯（Theotonio dos Santos）和费尔南多·卡多佐（Fernando Cardoso）等。他们发现，许多按照经典现代化理论模式发展的拉美和非洲国家，并没有取得预期的成功。事实证明，发展中国家若相信现代化理论的"承诺"，受其"诱导"而接受"西方化"的发展模式，不但不能实现社会的全面发展，反而会造成发展中国家对西方发达国家的经济依赖、政治混乱和社会动荡。发展中国家无法实现现代化的根本原因在于西方发达国家的剥削、掠夺，唯有与之"脱钩"、摆脱其剥削和控制才能获得发展。相比之下，如果说经典现代化理论是一种强调内因、西方式的乐观主义发展观，依附论则是一种强调外因、非西方式的悲观主义发展观。

① 〔美〕雷迅马：《作为意识形态的现代化：社会科学与美国对第三世界政策》，第 iv、2 页。
② 李海仙、丁建弘：《时代的标志与时代的精神——评"现代化理论"与"现代化新论"》，《世界历史》1998 年第 6 期。
③ 袁鹏：《现代化理论：从历史的误区到现实的发展——兼评〈现代化新论〉》，《东北师大学报》（哲学社会科学版）1996 年第 5 期。

世界体系论的代表人物是美国历史学家伊曼纽尔·沃勒斯坦。从 1974 年开始，沃勒斯坦陆续出版了多卷本《现代世界体系》，将发展中国家纳入世界整体发展中进行考察。其主要观点是：现代世界是一个体系，任何国家都不可能像依附论者所说的那样"脱钩"，而只能在这一体系中发展。世界体系论试图在超越的基础上对经典现代化理论与依附论加以融合：一方面，它反对经典现代化理论中的西方中心主义；另一方面，它认为世界体系中西方发达国家与非西方发展中国家之间的不对等关系并非依附论者所说的绝对不变，而是存在上下流动的可能性，故世界体系论对发展中国家的发展问题持一种相对乐观的看法。

（3）新现代化理论（20 世纪 70 年代末 80 年代初以来）

20 世纪 70 年代涌现的各种后现代主义思潮、后现代化理论也给经典现代化理论带来新的挑战。后现代主义思潮致力于揭露、反思现代化运动以及现代性的种种局限，认为现代化固然带来了巨大的物质财富，但也带来了理性专制、人性异化、精神空虚、生态灾难等人类越来越难以忍受的"现代病"。后现代化理论则聚焦于 20 世纪 50 年代以来的新科技革命对现代社会的影响，而非像现代化理论那样关注历史上工业 – 科技革命对传统社会的影响及其所引发的从传统性向现代性的转变。美国社会学家丹尼尔·贝尔（Daniel Bell）的《后工业社会的来临》（1972）是后现代化理论的代表作。

到 20 世纪 70 年代末和 80 年代初，为了回应这些新理论、新思潮的批评和挑战，也为了解释 70 年代以来世界政治经济发展中的新趋向，现代化研究者开始对早期经典现代化理论进行修正，以突破后者的局限与缺陷，"新现代化理论"由此兴起。"新现代化理论"并不是一种系统而完整的理论，而是 20 世纪 70 年代末 80 年代初以来现代化学者对经典现代化的修正理论集合。现代化理论的许多修正者本身就是早期现代化研究中的先行者，如历史学家布莱克、社会学家艾森斯塔德、政治学家亨廷顿等。

新现代化理论对经典现代化理论加以扬弃。一方面，新现代化理论继承了经典现代化理论的"传统与现代"的两分框架，将现代化视为"从传统向现代"的转变。另一方面，新现代化理论放弃了经典现代化理化中传统与现代性对立、单线进化等观点。如布莱克认为，早期的现代化理论过多地强调了西方影响的作用，忽略了对正在现代化的社会内部文化传统的研究。他建议，新的现代化研究"应当重视评价前现代社会中产生的有利于或阻碍现代化的各种因素"，"应当着重考察某个社会在政治、经济、社会、文化和科学的进步所提供的可能性面前利用这些因素的能力"。① 他还主张加强对文化传统的研究，保留其中利于现代化的因素。

总之，新现代化理论摈弃了早期现代化研究中一些缺乏说服力的理论预设和相对粗糙、武断的分析阐释，侧重以历史为基本视角，选择某一国家或地区的现代化进程为个案，对其开展综合性的具体分析和比较研究。这种不再追求"放之四海而皆准"、转而强调个案特殊性的取向，使得新现代化理论展现出比经典现代化理论更持久、更广泛的影响。

2. 罗荣渠转向现代化研究

罗荣渠转向现代化研究领域，与其第一次去美国访学有关。1980年底，他前往美国密歇根大学历史系进修。在美国进修期间，他获得机会访问美国其他的著名高校和学术机构，与美国的沃勒斯坦、布莱克等学术同行进行了对话和交流。在赴美之前，罗荣渠原本计划"对美国资本主义的发展进行宏观的考察"，"着重研究如何重新评价现代资本主义问题"。② 抵美后，应密歇根大学中国研究中心之邀，他做了一场题为"中国现代化与学习西方"的英文报告。③大概从这个时候开始，罗荣渠开始注意在西方学术界已讨论了20

---

① 〔美〕西里尔·E.布莱克编《比较现代化》，杨豫、陈祖洲译，上海译文出版社，1996，导论，第4页。

② 罗荣渠：《北大岁月》，商务印书馆，2006，第662页。

③ 罗荣渠：《北大岁月》，第663页。

多年的现代化理论，并阅读了包括布莱克的《俄国与日本的现代化》在内的现代化研究著作。1981 年 6 月，在写给妻子周颖如的信中，罗荣渠提到自己对现代化研究产生了兴趣："我现在正在读一些有关现代化问题的书，很有兴趣。目前在国外这已成为一门新的学问。这门学问的特点是对世界历史进行比较研究，与我的兴趣最为切合……现在读的现代化方面的书，是指近代世界各国的现代化问题，作为一种比较历史学的研究，不专指中国现状。"① 同年 7 月，罗荣渠获赠布莱克的《现代化的动力》等书，坦言读后"颇有启发"，"回国之后，准备开辟这方面的新路"。② 当年 10 月，罗荣渠应邀前往普林斯顿大学东亚研究中心，做了题为"中国现代化的历史回顾"的报告。布莱克不仅亲临会场听完报告，会后还跟罗荣渠进一步交流，向后者介绍了自己现代化研究的近况和计划。

布莱克的现代化研究至少在三个方面引起了罗荣渠的共鸣。首先，在研究对象上，布莱克聚焦作为世界历史发展阶段的"现代化"进程这一宏观课题，而非抽象的现代化理论或具体的现代化政策。其次，在研究方法上，布莱克主要采取跨学科、比较的方法。1981 年，罗荣渠在信中称："新出现的现代化理论，对世界近代以来的历史进行比较研究。这种研究方法，综合了社会科学各部门的知识领域，称之为'interdisciplinary approach'（跨学科探讨）或'multidisciplinary approach'（多学科探讨），正是我所欣赏的宏观历史研究方法。"③ 最后，在研究意义上，布莱克对俄国、日本等后发达国家现代化道路和发展经验的分析，引起了极具家国情怀的罗荣渠对中国现代化进程的思考。他说："我国搞了一百多年的现代化运动，但却没有自己的现代化理论，这是今日中国现实给我出的一个题目。"④

1982 年初，罗荣渠离美回国，起初仍打算重点研究美国史，全

---

① 罗荣渠：《北大岁月》，第 667 页。
② 罗荣渠：《北大岁月》，第 669 页。
③ 罗荣渠：《北大岁月》，第 668～669 页。
④ 杨玉圣：《历史研究与理论创新——罗荣渠先生的学术探索历程》，《世界历史》1997 年第 3 期。

力写作《美国历史与文明》一书。但同时，他也在思考如何将其在美国所了解的现代化研究引入国内学术界。1984年，他在《有关开创世界史研究新局面的几个问题》一文中写道："当前的问题不是讨论现代化这个研究课题是否必要的问题，这个与当代世界各国人民的利益密切相关的问题早已是现实的存在。当前的问题是如何组织力量开展我们自己的研究，建立马克思主义的现代化理论。"[①]

1986年，罗荣渠决定"改弦更张"，将主要精力转向现代化研究这一新的学术领域。罗荣渠在晚年转向现代化研究的根本原因，在于当代中国现代化建设的大潮对中国人文社会科学研究所提出的新要求，促成这一转向的内在动力则是源于一位充满"家国情怀"的历史学家，致力于回应时代要求的强烈冲动以及对中国现实的热切关怀。

三　出版与版本

《现代化新论——世界与中国的现代化进程》由作者本人整理完成，于1993年由北京大学出版社出版，是"世界现代化进程研究丛书"的主体成果，也是罗荣渠研究世界现代化问题的结晶。后罗荣渠的学生将该著出版后的成果加以整理，定名为《现代化新论续篇——东亚与中国的现代化进程》，由北京大学出版社于1997年出版。罗荣渠去世后，其亲友、助手和学生又组成"《罗荣渠文集》编委会"，由北京大学历史系林被甸、董正华教授具体负责，将二书合二为一，编成《现代化新论——世界与中国的现代化进程》（增订本），于2004年由商务印书馆首次正式出版。《现代化新论》（增订本）保留了1993年北京大学出版社出版的《现代化新论——世界与中国的现代化进程》原著，作为上篇；又选取《现代化新论续篇——东亚与中国的现代化进程》最具有代表性的文章组成"现代化新论补编"，作为下篇。此后，《现代化新论》（增订本）由商

---

① 罗荣渠：《有关开创世界史研究新局面的几个问题》，《历史研究》1984年第3期。

务印书馆多次再版，并在 2009 年收入代表 20 世纪我国优秀学术与文化成果的"中国文库"（史学类），由人民出版社出版。本教材所选用的是 2017 年商务印书馆再版的《现代化新论——世界与中国的现代化进程》（增订本），以下简称《现代化新论》。

第二节　主要内容与基本观点

除了代前言（罗荣渠自述）、序言，《现代化新论》主要由上、下两篇组成，分为 5 编，共 15 章。第一编主要从历史学角度探讨了现代化的内涵；第二编勾画了近两个世纪以来现代化全球发展趋势的总轮廓和总线索；第三编从世界大变革总进程考察了中国近代社会巨变；第四编论述了世界现代化进程总趋势，探讨了东亚现代化的历史经验；第五编系统论述了中国百年来的现代化历程。

一　"现代化"含义

"现代化"（modernization）一词由"现代"（modern）和"化"（–ization）构成。"现代"的概念源于 18 世纪的欧洲历史学家，用以描述古代、中世纪之后的晚近欧洲社会。"化"（–ization）则表示到达（现代社会）的过程。

"现代化"既是一种政策话语，也是一种学术话语。作为政策话语，"现代化"一词对中国人来说并不陌生。中华人民共和国成立后，曾于 1954 年明确提出要把中国建设成为"一个强大的社会主义现代化的工业国家"，后又提出并多次重申了"四个现代化"的发展目标。[1]1978 年党的十一届三中全会后，中国进入了全面推

---

① "四个现代化"最早在 1954 年第一届全国人民代表大会上提出，指"现代化的工业、现代化的农业、现代化的交通运输业和现代化的国防"。1963 年，周恩来在上海科学技术工作会议上，将四个现代化解释为"农业现代化、工业现代化、国防现代化、科学技术现代化"。参见罗荣渠《现代化新论》，第 9 页。

世界史学名著导读（修订版）

进现代化进程的新时代。20 世纪 80 年代至 90 年代初，在"发展才是硬道理"的改革开放大潮中，现代化成为国家政策和公共讨论常被提及的热点术语。

作为学术术语，"现代化"一词最初是由 20 世纪 50 年代的西方发展经济学家如美国学者罗斯托等引入社会科学研究领域。在冷战时期东西方两大阵营和意识形态严重对立的形势下，现代化理论被国内学术界视为西方资产阶级学术，是宣扬西方资本主义意识形态的工具。"文革"期间，国内学者对"现代化"一词讳莫如深，对当时西方学术界的现代化理论和相关研究成果知之甚少。

罗荣渠在美国访学期间接触到西方学者的现代化研究论著后，认为国内应该予以引进和研究。他首先对"现代化"还是"近代化"进行了辨析，认为应该用"现代化"。[①] 接着，他探讨并梳理了国内外关于"现代化"一词含义的种种看法，将其定义分为四类：（1）现代化指近代资本主义兴起后的特定国际关系格局下，经济上落后国家通过大搞技术革命，在经济和技术上赶上世界先进水平的历史过程；（2）现代化实质上就是工业化，是经济落后国家实现工业化的进程；（3）现代化是自科学革命以来人类急剧变动过程的统称；（4）现代化主要是一种心理态度、价值观和生活方式的改变过程，换言之，现代化可以看作代表我们这个历史时代的一种"文明的形式"。[②] 这四种看法并非截然对立，而是相辅相成的，共同构成了现代化进程的不同层面：工业增长和经济发展是物质层面；政治发展是制度层面；思想与行为模式是社会的深度层面。[③]

罗荣渠认为，应从宏观历史学的视角来理解现代化的含义，遂提出了广义与狭义两种现代化释义。他指出："从历史的角度来透视，广义而言，现代化作为一个世界性的历史过程，是指人类社会从工业革命以来所经历的急剧变革，这一变革以工业化为推

---

① 罗荣渠：《现代化新论》，第 7 页。

② 罗荣渠：《现代化新论》，第 9～15 页。

③ 罗荣渠：《现代化新论》，第 17 页。

动力，导致传统的农业社会向现代工业社会的全球性大转变过程，它使工业主义渗透到经济、政治、文化、思想各个领域，引起深刻的相应变化；狭义而言，现代化又不是一个自然的社会演变过程，它是落后国家采取高效率的途径（其中包括可利用的传统因素），通过有计划地经济技术改造和学习世界先进，带动广泛的社会改革，以迅速赶上先进工业国和适应现代世界环境的历史发展过程。"①

根据这种定义，罗荣渠对"现代化"的理解具有三个基本特点。首先，现代化是一个历史发展的过程，它肇始于 18 世纪下半叶的工业革命，通向现代工业社会。其次，现代化是全方位的，发端于经济变革，却引发了整个社会的转型。罗荣渠的学生董正华认为，现代化至少包括工业化、城市化、市场化、世俗化、民主化、知识化等六个维度。②最后，现代化作为一种世界性的、全方位、历史变革过程，并非均质的、一致的，而是有先有后，且先进者与后发者的现代化进程呈现出不一样的特点，如前者的现代化是"一个自然的社会演变过程"。③

二 一元多线历史发展观

早期的现代化理论带有鲜明的冷战政治文化色彩，充斥着明显的"西方（美国）中心主义"。20 世纪 80 年代以前，国内学术界将"现代化"视为西方资产阶级学者所提出的反动理论，往往避而远之。

罗荣渠认为，马克思虽然未使用过"现代化"一词，但其社会发展理论的主体部分正是关于现代社会的发展问题，而后来的马克思主义者把注意力集中在未来的革命问题上，阶级斗争与改变生产

① 罗荣渠：《现代化新论》，第 17 页。
② 董正华编著《世界现代化进程十五讲》，北京大学出版社，2009，第 37～39 页。
③ 罗荣渠：《现代化新论》，第 17 页。

关系的理论被过分夸大，而有关现代生产力，特别是资本主义的现代发展问题就被排斥在视野之外，在整整一代人中，发展理论处于停滞与冷落状态。^① 鉴于此，罗荣渠决心沿着马克思本来的构想探索，反对在主观上忽视现代化研究的保守倾向。他的理由有三：一是西方学术界现有的现代化理论并不成熟，但已有研究确实开拓了社会科学研究的新领域；二是"现代化"是世界历史上的一个发展阶段或客观进程，马克思、恩格斯、列宁的马克思主义经典著作并不讳于讨论工业资本主义兴起以来的社会发展与变迁问题，可见"现代化"与"马克思主义"并不矛盾；三是西方学者"承认他们关于工业革命与现代化的概念中的一些基本思想借自马克思的思想，但剔除了它的政治革命内涵"。罗荣渠认为，马克思主义者可以反过来以批判性的态度借鉴、吸收西方学者的现代化研究成果，中国学界绝不应以一种避而远之的态度忽视现代化研究；相反，研究这一课题"正是今天马克思主义学术界的一个重要任务"。^②

在回答了马克思主义学术界能够也应该研究现代化问题之后，罗荣渠进一步阐明马克思主义者应采取怎样的史观来研究世界现代化进程。通过研读马克思的著作，罗荣渠否定了西方社会科学与苏联理论界流行的单线社会发展理论，指出单线发展论的症结"在于对生产力和生产关系相互关系机械的单线解释，即认为每种社会经济形态只有一种生产方式，每种生产力在历史过程中只同一种生产关系相结合，而生产关系适应于生产力水平又是一次性完成的"。^③

鉴于此，罗荣渠结合马克思的经典原著，同时批判性地吸收了西方现代化理论和研究成果，剔除了其中主观而武断的"西方（美国）中心论"思维，创造性地提出了"一元多线历史发展观"。

"一元"是指生产力发展是社会发展的根本因素。罗荣渠指出："现实的生产力系统构成一切经济活动的物质基础，是社会变革的

① 罗荣渠：《现代化新论》，序言，第5页。

② 罗荣渠：《现代化新论》，第26页。

③ 罗荣渠：《现代化新论》，第65～66页。

根本动因，并为变革提供了发展的宏观可容量。生产关系系统则是生产过程中形成的社会组织形式，它的总和构成社会的经济基础。人类历史发展归根到底是围绕以生产力发展为核心的经济发展的中轴①转动，我们称之为社会进步与经济发展的中轴原理。这是坚持马克思主义的历史一元论。"②他认为，人类历史上依序出现过原始生产力、农业生产力和工业生产力三种不同性质的生产力，人类社会历史演进由此划分为前农业时代（即采集－渔猎时代）、农业文明时代和工业文明时代三大阶段。③

"多线"指同一生产力水平可适应于多种生产关系。罗荣渠指出："相应的生产力水平有相应的生产关系，形成相应的社会经济结构，但是由于每一种新形态的生产力都具有巨大的能动性、发展弹性和适应性，同一性质与水平的生产力可能与几种不同的生产关系相适应。同一种生产力、同一种生产方式在不同的历史条件下可以适应几种不同的社会结构。"④

罗荣渠特别驳斥了苏联和我国理论界过去广为接受的、以生产关系形态变迁作为人类社会发展序列的"五阶段论"。⑤他认为，"五阶段论"本质上是一种单线式历史发展观。在查阅马克思论述世界历史发展的原著后，罗荣渠发现马克思没有关于人类历史单线发展的构思，"五阶段论"这种单线式的历史发展公式也明显与马克思的辩证发展观格格不入。⑥他强调，按照马克思本来的构思，应"以生产力标准代替生产关系标准作为衡量社会发展的客观主导标志"，⑦"在同一生产力水平和条件下，社会形态可以是多模式的，发

① "中轴"的提法来自布莱克。布莱克认为，科学技术是现代化发展的中轴。罗荣渠借用了这一概念，却强调以生产力为中轴，以驳斥"左"倾史观以"生产关系"为中轴的教条主义。
② 罗荣渠：《现代化新论》，第75页。
③ 罗荣渠：《现代化新论》，第77页。
④ 罗荣渠：《现代化新论》，第66页。
⑤ 斯大林在1938年提出，认为历史上有原始公社制、奴隶占有制、封建制、资本主义与社会主义五种基本类型的生产关系。
⑥ 罗荣渠：《现代化新论》，第63页。
⑦ 罗荣渠：《现代化新论》，第5页。

展的道路也是多模式的"。①

根据"一元多线历史发展观",非西方的欠发达国家和地区走上现代化之路,并非被动地接受"西方模式"的单向传播或曰输入,即"照搬西欧和北美产生的制度和价值观念",而是在学习、吸收西方业已取得的现代化成就和理念过程中,基于自身的文化传统和国情,在内外多因素的共同作用下对现代性元素进行"重写",由此形成了现代化的多种样式(multi-modernities)。罗荣渠认为,西方现代化理论所宣扬的"以西方为中心的"单向传播论和"以西方模式为标准"的单线发展观在世界近现代史上是找不到例证的。

"一元多线历史发展观"是罗荣渠在历史唯物主义的指导下,批判性地吸收西方学术界的现代化研究成果,而形成的一种新的马克思主义历史发展观。这种发展观正是罗荣渠所构建的中国特色马克思主义现代化理论的思想基础,也是对世界现代化历史进程加以具体研究的理论前提。

三 现代化的世界进程与大趋势

罗荣渠认为,现代化是一个大转变的过程,即"人类社会从农业文明时代向工业文明转变的时代,它是大生产力形态和社会经济形态的大转变","必须与历史上迄今发生过的种种变革区别开来"。②

1. 社会变迁

为阐释现代化的世界进程与大趋势,罗荣渠首先从社会变迁谈起。他认为,从历史学的角度来看,社会变迁大致可分为微变与巨变两大类。微变即"微型的社会变迁","指发生在同一社会经济形态或同一生产方式之内的社会、经济、政治、文化的积累性的渐变和突变"。微变又可细分为"渐进性微变"和"突发性微变",前者的表现"潜移默化,难以察觉",后者的表现"轰轰烈烈,惊心动

---

① 罗荣渠:《现代化新论》,第78页。
② 罗荣渠:《现代化新论》,第140页。

魄"。①巨变即"巨型的社会变迁","指突破社会经济形态和生产方式的社会、经济、政治、文化的大变化",也是"具有革命性、突破性的质的变化",即马克思常说的"社会革命"(social revolution)。作为"一种长期性变异",社会的巨变又可细分为"创新性巨变"和"传导性巨变"。前者是"突破原有社会经济形态的革新性社会变迁",后者是"突破原有社会经济形态的外因诱导性巨变"。②

在区别了"渐进性微变""突发性微变""创新性巨变""传导性巨变"四种基本的社会变迁模式后,罗荣渠进而以此为视角回顾了人类历史的发展进程。他认为,在工业革命之前的农业大生产力形态下,"创新性巨变"和"传导性巨变"虽然有之,但很少见;然而,工业革命之后,在"人类开始向工业社会过渡"的过程中,社会变迁模式发生了重大的乃至革命性的变化,"即大量的变革都属于 III 型(即创新性巨变)和 IV 型(即传导性巨变)模式。这是现代工业社会发展的一个新特点"。③简而言之,现代化作为世界历史进程是人类社会的一次巨变。

2. 现代化进程的两种类型

根据对社会巨变所做的"创新性巨变"与"传导性巨变"之分,罗荣渠将世界各个国家和地区的现代化进程也分为两大类型——"内源现代化"与"外源现代化",这一划分的依据正是现代化原动力的不同来源。"内源现代化"(modernization from within)是一种"由社会自身力量产生的内部创新,经历漫长过程的社会变革的道路","其外来的影响居于次要地位";"外源现代化"(modernization from without)是一种"在国际环境影响下,社会受外部冲击而引起内部的思想和政治变革并进而推动经济变革的道路","其内部创新居于次要地位"。④

① 罗荣渠:《现代化新论》,第 124 页。
② 罗荣渠:《现代化新论》,第 124 ~ 125 页。
③ 罗荣渠:《现代化新论》,第 126 ~ 127 页。
④ 罗荣渠:《现代化新论》,第 131 页。

"内源现代化"与"外源现代化"的区别，不仅仅在于现代化发展的不同起源，更在于因不同起源而导致的各国实现现代化的方式、社会变革顺序和发展模式的差异。罗荣渠认为，"内源现代化"与"外源现代化"之间的不同大致有四个方面。一是内源现代化是一个自发的、自下而上的变革过程，而外源现代化是在自身内部因素软弱或不足的条件下，外来因素的冲击和压力成为主要推动力。二是内源现代化是在西方基督教文明的历史背景和传统下孕育起来的，它的原动力即现代生产力是从内部孕育成长起来，具有较强的自我发挥能力。而外源的现代化，特别是发生在欠发达国家晚近的现代化，现代化生产力要素和现代化的文化要素都是从外部移植或引进的；工业化投资在很大程度上借用外国资本，甚至受外国支配；市场发育不成熟，在经济生活中未形成自动运转机制，政治权力即中央国家作为一种超经济的组织力量，在现代化过程中一度或长期发挥巨大的控制与管理作用。三是内源现代化是以工业革命和工业化带动整个社会的其他方面的变革；外源现代化一般是社会和思想层面的变革和政治革命发生在前，而工业化发生于后。四是内源现代化大都经历了漫长的时间，相对平稳地、渐进地推进，暴力的使用和爆发性突变都是暂时的、一时的；而外源现代化则很不平稳，充满爆发性剧烈震荡，暴力成为常见的手段。[1]

不过，罗荣渠也强调，尽管内源现代化与外源现代化之间的差异，主要取决于启动社会变迁的那些决定性因素是内在的还是外在的，但两种发展进程并不是完全对立的、纯粹的，它们都是国际的、开放性的变迁。[2]

3. 内源型现代化的形成条件

西欧是世界上最早开始现代化进程的地区，属于典型的内源现代化。西欧何以最早形成内源型现代化的条件，这是探索世界现代化历史进程首先遇到的问题。罗荣渠对此进行了深入探讨。

---

① 罗荣渠：《现代化新论》，第 132～133 页。
② 罗荣渠：《现代化新论》，第 133 页。

罗荣渠认为，西欧内源型现代化条件的形成，是其在工业革命之前二三百年里独特历史发展进程的结果。他称："大致说来，从15世纪后期到18世纪中期的西欧，在经济上是各国商业资本和大西洋贸易兴起并向海外殖民扩张的过程；在政治上是王权兴起及随之而来的重商主义和中央集权化的过程；在思想上是宗教改革、以实验和数学为基础的科学革命与启蒙运动的过程；在国际上是列国争雄互相淘汰和优胜劣败的过程。从这些过程中孕育出启动西欧内源型现代化的基本动力和各种变革的基本条件——如早期城市化、早期商业化、早期工业化、世俗化等。"[1]

罗荣渠进一步指出，在蕴含推动现代社会变革的潜在要素的西欧各国中，只有英国首先具备了启动现代社会变革的物质技术条件和社会前提。之所以如此，是因为英国在17、18世纪中逐步形成了若干领先于西欧其他国家的优势，具体包括：（1）内战后国家政治稳定，行政统一，社会协调，从而较早形成全国市场；（2）农业革命先行，传统农业社会的经济增长率高，土地、劳力的商品化程度较高，并在农村中最早出现农村手工业区；（3）矿产资源得天独厚，早期工业革命所需的煤、铁资源丰富；（4）传统政治结构多元化，土地贵族权势早衰落，王权经历资产阶级革命而受到限制；（5）社会分化程度较高，市民阶级兴起，社会内部未出现大分裂，地主和商人阶级关系相当融洽；（6）宗教世俗化较早，清教主义的神祐（佑）理性与谋利精神；（7）科学革命先行，英国在近代科学、技术方面突出的领先地位；（8）国家脱离罗马教廷而独立自主，在经济上不依赖外国，并拥有海峡的独特战略性地位。总之，英国所拥有的天时、地利与人和之优势，在当时的欧洲无可匹敌，故聚合形成最早通向现代化的独特新机遇。[2]

4. 三次现代化大浪潮

罗荣渠认为，在第一次工业革命开启世界历史的现代化进程之

---

[1]　罗荣渠：《现代化新论》，第137页。
[2]　罗荣渠：《现代化新论》，第139页。

后，现代化进程形成三次大浪潮。

第一次现代化大浪潮始于 18 世纪后期，终于 19 世纪中叶（大约 1780～1860 年），由第一次工业革命推动，以英国为开端，然后向西欧和北美局部地区扩散工业化进程。由经济大革命——工业革命和政治大革命——美国独立革命、法国大革命、拉丁美洲殖民地革命和 1848 年欧洲革命等共同推动（即霍布斯鲍姆所谓的"双元革命"）。罗荣渠认为，本次现代化浪潮具有以下特征：以使用非生物能源（蒸汽）、粗质量的机器和并不太高的技术水平为特征，其物质技术基础是煤和铁；工业化过程从纺织部门开始，通过私人企业自发地进行，逐步扩散到国民经济各部门。[①] 其影响有二：一是英国率先实现初步工业化，建立了全球性的殖民大帝国；二是第一次拉大了各个文明区的发展差距，形成自农业革命以来的第二次大分化，一端是新兴工业国和现代工业文明，另一端是传统农业国和古典农业文明。

第二次现代化大浪潮始于 19 世纪下半叶，终于 20 世纪初，以工业化为核心，由欧洲向周围地区扩散，并向拉丁美洲和亚洲地区传播。埃及、土耳其、中国、日本等在西方列强的扩张面前不得不开始走上现代化道路的探索与尝试，往往以"西化"或"欧化"为现代化，但只有日本取得了成功。[②] 罗荣渠认为，本次现代化浪潮的特征是：由内燃机和电动机带动的"电工技术革命"推动；物资技术基础是电和钢铁；铁路建设是这一时期新兴工业化的中心；生产单位规模扩大，技术和投资量增长，使银行和国家在推进现代化方面发挥了前所未有的重大作用。[③] 本次现代化浪潮影响巨大。一是西欧、北美作为资本主义工业化核心地区完成了初步的工业现代化；二是新兴现代化工农业大国美国至 20 世纪初在经济实力上一跃而超过英国，多中心的资本主义世界体系取代了英国的单一中心

---

① 罗荣渠：《现代化新论》，第 141 页。

② 罗荣渠：《现代化新论》，第 144 页。

③ 罗荣渠：《现代化新论》，第 145 页。

地位；三是就全球而言，工业生产与人口增长率飙升，这是人类社会进入一个发展新时代的明显标志。[1]

第三次现代化大浪潮出现在 20 世纪下半叶，由第三次工业革命驱动，一方面导致发达工业国家的产业升级，另一方面推动了工业化和现代化的浪潮向全球扩散，大批欠发达国家力争步入现代经济增长进程。在这一阶段，现代化运动扩及亚非拉广大地区，产生了巨大影响，成为真正全球性变革的大浪潮，世界通往现代化的道路呈现出更大的多样性和复杂性。[2]罗荣渠认为，第三次现代化浪潮与第二次工业革命同步进行，具有以下特征：新的物质技术基础是石油能源、人工合成材料、微电子技术；高科技、新能源、新原材料与人工智能相结合，使科学直接转化为生产力；巨型跨国公司和全球产销网出现，引起现代发展的结构性的重大变化；全球规模经济增长大大加速。[3]其影响有二：一是西方发达国家和地区（西欧、北美、日本等）相继进入现代化的高级阶段，形成以资本密集、技术密集、资源浪费、劳力节省、大众消费、福利主义为特征的发达资本主义工业文明，苏联也在向发达工业社会过渡；二是二战后殖民主义体系的瓦解和民族解放运动的高涨，把占世界人口大多数，处于世界发展边缘的那些国家（即第三世界国家）第一次卷入革命性变革的大浪潮，并明确提出把"现代化"作为发展的口号。[4]

5. 现代化进程的总趋势

通过对三次现代化浪潮的分析，罗荣渠总结出世界现代化进程所呈现的六个总趋势或者说发展特点：（1）全球工业化——现代化进程不是直线式的，而是波浪式地跳跃推进的；（2）现代化的根本动力是经济力，即现代工业生产力；（3）现代化的进程呈梯级升进秩序；（4）伴随工业化—现代化向世界各地区的扩展，原来的

---

[1] 罗荣渠：《现代化新论》，第 145～146 页。
[2] 罗荣渠：《现代化新论》，第 148 页。
[3] 罗荣渠：《现代化新论》，第 148 页。
[4] 罗荣渠：《现代化新论》，第 149 页。

地区性相对孤立的发展被纳入新的国际分工的世界经济体（world economy），由此而引起世界整体结构的转换；（5）现代经济增长作为竞争性的发展过程，导致工业化国家与非工业化国家之间的发展差距日益增大；（6）现代化过程在经历启动阶段之后，随着经济持续增长，在政治、社会、文化、教育、福利、居民健康与素质等各方面都会发生适应性变化。[①]

6. 现代化发展模式的三种类型

除了根据主要动因（即驱动力）将各国现代化进程分为内源现代化和外源现代化两大类型外，罗荣渠还根据经济形态将各国现代化的发展模式分为三种类型：资本主义（现代化）类型、社会主义（现代化）类型、混合（现代化）类型。

（1）资本主义（现代化）类型是自发形成的，经过长时间的演变，逐步趋于成熟形态。它在制度结构上的基本特征是资本主义私有制＋自由市场＋分权型或集权型现代国家机构。在这一类型下，最早形成的是古典资本主义发展模式。古典模式虽然"对现代生产力的发展显示出巨大适应力"，但也逐渐"形成了资本主义发展模式的基本结构型矛盾"，造成了 20 世纪上半叶的资本主义发展性危机，即两次世界大战和大萧条。[②]因此，从 20 世纪 30 年代开始，西方工业国试图对这一旧的古典模式进行修正，引起其内部新的结构性变化，资本主义发展模式也随之日趋多样化。

（2）社会主义（现代化）类型是自上而下的定向发展，不是传统社会向现代化过渡的自发形式，而是原生的资本主义发展模式的对抗发展形式。苏联式社会主义现代化类型的基本发展格局是：社会主义公有制＋计划指令与有限市场结合＋集权型现代国家机构。[③]在这一类型下，最早出现的是苏俄／苏联在俄国十月革命后 40 年的发展实践中形成的"苏联模式"，有学者称之为"国家社会主义模式"。

---

① 罗荣渠：《现代化新论》，第 153～160 页。

② 罗荣渠：《现代化新论》，第 162～164 页。

③ 罗荣渠：《现代化新论》，第 165 页。

20 世纪 50 年代以来，其他社会主义国家如南斯拉夫、中国、古巴等在进行现代化实践过程中也曾仿效苏联模式，但随后转入模式的创新探索，如南斯拉夫自治模式、中国特色社会主义现代化新模式等。

（3）混合（现代化）类型是第二次世界大战后第三世界发展中国家通过自己的实践正在探索的新模型，其经济发展的基本格局大致是：混合经济＋自由市场＋集权或分权型现代国家机构。[1]这一类型兼采资本主义现代化与社会主义现代化两种模型的不同特色，混合而成，是两大对立模型相结合而形成的各种中间发展形式，代表性的模式有墨西哥模式、埃及模式、印度模式、东亚模式等。[2]

罗荣渠认为，以上三种现代化类型中，资本主义（现代化）类型是初始的原生模式，其他两种类型都是后进与晚近的模式，第一种起源于西欧，第二、第三种发展模型属于非西方式的，带有理想型的定向发展特征，是带有创新因素的传导性社会变迁。[3]他进一步指出，现代化进程是一个充满矛盾的发展过程，绝非人类进程的最高阶段，而是一个终将被超越的大飞跃阶段。[4]

四　第三世界的现代化

1. 第三世界的定义

"第三世界"是第二次世界大战后出现并广泛使用的一个概念。罗荣渠称："它指的是 16 世纪以来西方资本主义兴起过程中从属于西方工业世界的广大农业世界，也就是非西方世界那些在经济上依附于西方工业'中心'的农业'边缘地区'。在第二次世界大战以前，这一广大地区被通称为殖民地和半殖民地世界，在第二次世界大战

---

[1]　罗荣渠：《现代化新论》，第 168 页。

[2]　罗荣渠：《现代化新论》，第 169 页。

[3]　罗荣渠：《现代化新论》，第 170 页。

[4]　罗荣渠：《现代化新论》，第 171 页。

后才被称为'欠发达世界'（the less developed world）。"① 他指出，第三世界国家的共同特点在于在经济上都对发达的工业世界处于不平等的从属地位，在政治上都与殖民主义不同程度地联系在一起。② 他进一步指出，这一概念具有明显的不确定性，同属于这一范畴内的各国之间存在巨大差异性："在第三世界这个总概念下，众多的国家和地区并不构成一个统一的社会形态，也不处在相同的社会和经济发展阶段，而是处在前工业社会的不同发展阶段。"因此，在使用第三世界这个大范畴时必须小心翼翼，不能只看到第三世界的历史共同性而忽视其内部的极大差异性。③

2. 第三世界现代化启动的历史条件

西欧国家的现代化进程始于 18 世纪后期，主要是在 19 世纪。欧洲保持了一个世纪的相对稳定与和平发展环境，这为西欧实现早期工业化—现代化提供了有利的内外条件。相比之下，第三世界中只有拉美、土耳其、日本、中国等在 19 世纪下半叶开始现代化的初步启动（并仅有日本取得成功），大多数国家的现代化启动是在 20 世纪特别是下半叶。因此，这些晚近起步的第三世界国家的现代化所处的历史条件是截然不同的，大致包括以下四个方面。

其一，国际形势与格局。在 20 世纪，两次世界大战、大萧条以及冷战和两大阵营的对立，形成了极为紧张、动荡和纷乱的国际局势，与 19 世纪正好形成鲜明的对比。这使得第三世界的欠发达国家较之早期现代化国家受到许多外在限制。④

其二，国际联系的传媒手段。在 20 世纪，航空运输、通信、电视、卫星通信与转播，使地球已大大地"缩小"，从而加速了各种信息的流通，当然也包括现代化这样一种传导性的社会变迁。这

---

① 罗荣渠：《现代化新论》，第 173 页。
② 罗荣渠：《现代化新论》，第 174 页
③ 罗荣渠：《现代化新论》，第 176 页。
④ 罗荣渠：《现代化新论》，第 182 页。

一方面有利于先进技术、文化向第三世界国家的传播，另一方面也增强了国际因素对第三世界国家现代化进程的干扰。[①]

其三，人口。西欧在工业化以前，其人口密度小、增幅慢。工业化以后，西欧人口增幅较大，但也与工业化进程大致上是同步的，并在高度工业化后逐渐放慢。而第三世界国家在工业化之前普遍出现人口爆炸性增长，给某些国家和地区带来了不良后果，如人口与土地比例的失调、农业慢性危机的出现、粮食进口负担的加重等，造成贫困的恶性循环。[②]

其四，其他。早期的西欧国家现代化伴随着海外殖民扩张，使其拥有了资源掠夺、资本积累和移民等先占优势。而晚近的第三世界国家在启动现代化之前，已经被西方殖民主义边缘化或半边缘化，造成了其内部的民族危机和社会危机，也为其自我转型带来了巨大的外部阻力。但第三世界国家也可利用外资、外债和外国先进技术，发挥发展优势。[③]

总之，罗荣渠认为，第三世界的现代化属于后进的、延误的外源性现代化，其启动的历史社会条件是十分独特的。这些独特性决定了第三世界进入现代化进程带有许多新的特点，这是早期西方国家现代化所没有的。[④]他指出，西方发展经济理论和现代化理论实质上都是以西方内源性现代化作为范式，企图让第三世界发展中国家的外源性现代化也依样画葫芦。[⑤]

3. 第三世界现代化浪潮推进的大趋势

第三世界的现代化变革是世界现代化进程的一部分，其主要推动力来自外部，即西方的工业世界中心地区。两者的互动包含两个方面：一方面，"从中心地区孕育和发展起来的现代经济推动力向边缘的扩散"，"作为一种破坏力量去改变边缘地区原有的社会经济

---

① 罗荣渠：《现代化新论》，第 182 页。
② 罗荣渠：《现代化新论》，第 183 页。
③ 罗荣渠：《现代化新论》，第 184 页。
④ 罗荣渠：《现代化新论》，第 184 页。
⑤ 罗荣渠：《现代化新论》，第 185 页。

结构与机制"；另一方面，在被纳入以西方工业世界为中心的世界体系的过程中，居于边缘的第三世界"也在自身的社会革命中被引向现代世界，以适应工业化的全球扩散趋势与格局建构"，从而卷入全球性现代化变革的大潮。①

第三世界不同地区、国家被卷入世界现代化大潮的进程是有先有后的，其结果也大不一样。对此，罗荣渠按照时间顺序，分四个方面予以阐释。

首先被卷入世界现代化大潮的进程的是美洲地区。其中，北美在 19 世纪初作为西欧新兴资本主义在海外的新实验场，跳跃式地越过历史梯级，成为新的工业化中心。拉丁美洲中，少数国家于 19 世纪七八十年代在欧洲的新技术发明和工业化新浪潮（也就是第二次现代化大浪潮）的影响下开始进入现代化的启动阶段，部分国家则是从 20 世纪 30 年代开始才摆脱传统的增长模式，走上探索独立自主的现代化的道路。②

其次是东亚地区（泛指东亚、东南亚、南亚广大地区）。在西方不同程度的渗透影响下，印度、中国和日本在 19 世纪相继走上现代变革之路，只有日本成功实现了向现代国家的转变，从第三世界一跃而进入西方工业国行列。③第二次世界大战结束后，东亚各国的现代化取得了举世瞩目的成就，如日本的战后重建与第二次现代化、中国的社会主义现代化建设、以"四小龙"为代表的新兴资本主义工业化经济体异军突起。④

再次是西亚北非地区。这一地区很早就感受到西方的现代化挑战，但直到第二次世界大战后才被卷入第三次现代化大浪潮。其中，土耳其对社会、政治与文化进行了激进的变革，达到了小康水平和相对稳定的政治发展；其他国家则在阿拉伯民族主义的旗帜下探索各自的独

---

① 罗荣渠：《现代化新论》，第 188～189 页。
② 罗荣渠：《现代化新论》，第 189～190 页。
③ 罗荣渠：《现代化新论》，第 191～192 页。
④ 罗荣渠：《现代化新论》，第 192 页。

立发展道路，实现了从传统到现代的异常缓慢的变革。[①]

最后是撒哈拉沙漠以南的非洲地区。这一地区在19世纪后期被纳入现代殖民体系，在第二次世界大战后的非殖民化浪潮中形成了一大批新兴的独立国家。由于土地、人口、环境和社会贫困等多方面的原因，撒哈拉以南的非洲地区直到20世纪末也未能真正踏上现代化的变革之路。[②]

通过考察第三世界的现代化进程，罗荣渠指出，西方自由派发展论者和拉丁美洲激进依附论者对第三世界发展的判断都是片面的、不正确的。前者乐观地鼓吹以西方化来实现现代化，但"这种西方式的发展神话已被残酷的事实戳破"；后者悲观地看待第三世界与西方发达工业中心地区之间的联系，主张削弱与中心地区的联系甚至与之"脱钩"，这"也严重落后于实际"。[③]

4. 国家在第三世界现代化进程中的作用

罗荣渠认为，外源性现代化，特别是延误了的晚近现代化，在其启动阶段，国家即中央政权在推动经济增长与社会变革中发挥了重大作用。[④] 其主要原因在于，第三世界中的多数欠发达国家和地区资本主义经济因素薄弱，作为"看不见的手"的市场发育不全，未能培育出一套比较完善的市场经济制度与调节机制。这就使得国家在改变旧的生产关系和促进新生产力的发展中，自然地成为推动各种变革的现成的强大组织力量，在现代化启动阶段成为自上而下的改革运动的领导力量，用超经济手段推动现代经济增长，用高度集中的政治权力促进现代社会分化并平衡多元竞争。[⑤]

罗荣渠概括性总结了国家在第三世界现代化变革中的三大作用。其一，居于世界体系边缘的第三世界落后国家在启动现代化进程之初，一般都需要通过现代民族独立运动或民族解放运动，在政

---

① 罗荣渠：《现代化新论》，第194页。

② 罗荣渠：《现代化新论》，第195页。

③ 罗荣渠：《现代化新论》，第196～197页。

④ 罗荣渠：《现代化新论》，第197页。

⑤ 罗荣渠：《现代化新论》，第199页。

治上改变国家的屈辱地位，而国家的作用首先表现在它作为民族国家主权的体现者，在唤醒民族自觉、促进和维护国家统一与政治稳定方面所起的关键作用，这正是现代经济增长所必需的前提条件。[①]

其二，国家可以靠政治权力直接介入来较快地排除现代化变革在制度层面上的障碍，或适当加以制度层面的调整。如保护私有产权，实行土地改革，用立法程序或行政命令手段去调配与分配资源和劳力，制定经济发展战略，制定有利于经济发展和技术进步的立法，发展教育、科技和文化事业，建立国有化的经济部门，建立交通运输、港口设备等基本设施等，建立免税或消除贸易壁垒的国内市场，健全统一的货币体系等。[②]

其三，在曾遭受西方侵略、实施赶超型发展战略的第三世界国家，可通过威权政治来加速经济增长和推行强制性的工业化战略，并保持高速发展和现代化转型中的较高政治稳定。这种稳定对于克服与缓和急剧变革过程中引起的社会失序与发展性危机，增强社会的内聚力，以及加强对分散的经济权势的宏观控制，调整公私的利益冲突，保证社会公平与福利，促进社会整合等，都具有重要作用。[③]

罗荣渠认为，由于各国历史传统、现代化启动条件与国际环境不同，国家在其中所起的作用与方式也各不相同，大致可分为推行适应型发展战略的国家与全力推行赶超型发展战略的国家两大类型。[④] 尽管国家在第三世界现代化进程中的作用巨大，罗荣渠也看到其潜在的消极作用。他指出："这绝不是说国家即政治权力在经济落后的国家推行现代化的大变革进程中可以无限度地集中化与扩大化。"滥用政治权力并粗暴地介入现代化，不仅可能破坏经济变革的良性发展，而且可能造成官僚政治的膨胀和严重的腐败问题。[⑤]

---

① 罗荣渠：《现代化新论》，第 200 页。
② 罗荣渠：《现代化新论》，第 200 页。
③ 罗荣渠：《现代化新论》，第 201 页。
④ 罗荣渠：《现代化新论》，第 201 页。
⑤ 罗荣渠：《现代化新论》，第 202 页。

5. 第三世界发展战略选择

罗荣渠认为，发展战略的选择是第三世界国家在现代化启动阶段所面临的关键问题。第二次世界大战后，西方发展经济学的主流派理论承袭自由市场经济的思路，大力鼓吹所谓"联系性的出口导向战略"，即在世界分工中充分利用本国富有的天然要素生产和出口某些商品（一般是农产品、畜产品和工业原料等初级产品），参与世界贸易并从中获利，增加人均收入，在发达国家经济增长的带动下走上发展的道路。[①]

然而，自 20 世纪 40 年代以来，一些拉美国家从初级产品出口战略转变为"进口替代工业化战略"。这一战略的中心思想是：利用本国资源为本国制成品开拓国内市场；用保护政策保护本国新生民族工业的成长，用国产品替代舶来品，首先是替代进口消费品；减少原先需要从国外进口的一般工业消费品，从而减少贸易赤字。这一战略的实质是一种内向型的"非联系性自主发展理论"。[②]

20 世纪五六十年代新独立的一些非洲、中东国家多选择了"进口替代工业化战略"，取得了四个方面的明显成绩：建立起自己的民族工业，改变了过去的畸形经济结构；进出口结构发生明显改变，一般是非食品类消费品进口减少与中间产品进口明显上升，从而增强了经济自主程度；国内市场得到很大发展，居民的基本需求有明显的提高；提高了经济增长的速度，经济的平均增长率远远高于西方国家。[③]

20 世纪 60 年代中期后，新加坡、韩国、中国香港、中国台湾等东亚国家和地区从最初的非联系性、内向型的"进口替代"发展战略率先转向联系性的、外向型的、开放式的发展战略，即大力发展劳动密集型的轻工业制成品以出口创汇，鼓励引进外资和新技术，通

---

① 罗荣渠：《现代化新论》，第 205 页。

② 罗荣渠：《现代化新论》，第 206 页。

③ 罗荣渠：《现代化新论》，第 207 页。

过市场竞争，效果显著，成为"第二次世界大战后第三世界工业化新浪潮中取得最令人瞩目的成就的国家（地区）"。罗荣渠将这些国家及地区所选择的发展战略称为"出口替代发展战略"或"出口导向发展模式"。后来，巴西、泰国和马来西亚也选择了这一发展战略，同样取得了成功。[1]

罗荣渠认为，从第二次世界大战后东亚国家及地区工业化成功的新经验来看，发展中国家在启动现代化进程时的战略选择不应该是僵硬不变的，必须根据国内外形势的变化而具有高度灵活性和选择性；外向型发展战略与内向型发展战略并非绝对相互排斥，而是可以相互结合使用。[2]

6. 迟发展效应

鉴于第三世界现代化进程起步晚，有独特的条件与环境，罗荣渠创造性地提出了"迟发展效应"理论。他认为，作为世界现代化进程中的"迟到者"（later comers），第三世界在20世纪下半叶迈入现代化进程时，其他地区即第一世界、第二世界已经达到了较高的现代化水平，"这种发展环境对晚近进入现代化的（发展中）国家产生了一种特有的'迟发展效应'。这种效应可分为负面效应与正面效应两个方面"。[3]

所谓"负面效应"，指发展中国家现代化面临的不利条件、劣势。罗荣渠认为主要有以下五个方面。一是双重发展效应。是指晚近进入现代化的国家的现代化目标完全是被外在决定的，不仅要追赶发达工业国早已达到的历史目标，还要适应发达工业世界的当前发展趋势，并分担主要由于发达国家工业化带来的能源危机、生态危机和环境污染等恶果。二是同步发展效应。是指第二次世界大战后新独立的发展中国家齐头并进地推进工业化，导致世界范围内的自然资源、能源、市场、剩余人口、环境污染等问题突发性地激化，

---

[1]　罗荣渠：《现代化新论》，第208页。

[2]　罗荣渠：《现代化新论》，第211～212页。

[3]　罗荣渠：《现代化新论》，第215页。

无处可以转嫁危机。三是高速效应。是指由于国内国际发展条件的变化，发展中国家以高于早期现代化的速度强制推行工业化和技术革新，是把西方国家一二百年的渐进发展压缩到几十年之间仓促进行，使得早期现代化中出现的种种失调、社会危机以更剧烈的方式表现出来，产生社会不安甚至现代化进程的倒退现象。四是超前效应。是指发展中国家盲目抄袭发达国家的经济发展模式和急于求成，在制定发展计划时常常出现以过高的预期值来代替切实可行值的趋向，结果导致各种冒进式的发展。五是人口效应。是指发展中国家日益增长的人口压力、劳动力供给的绝对过剩给现代化带来特殊的阻力。[1]

所谓"正面效应"，指发展中国家推进现代化过程中的有利条件，或曰"后发优势""落后得益"。罗荣渠认为主要有四个方面：其一，发展中国家在独立以前大多有作为西方列强殖民地、半殖民地的经历，西方殖民主义在破坏自然经济等传统制度的同时，也传播了一些现代化因素，打破了传统社会自身无力克服的封闭性与停滞性；其二，发展中国家可以吸取现代化"先进国"的经验教训，有可能跳过或缩短初级工业化，直接或较快迈入较高的工业化阶段；其三，发展中国家可以利用先进国的新技术和大量引进外国资本，可利用先进国结构升级和调整的机会，特别是利用劳动力低廉、低利率、低油价等有利条件提高自身的国际竞争力；其四，发展中国家可以团结合作，集体抵制发达国家损人利己的政策。[2]

罗荣渠认为，对迟起步的现代化来说，不利条件与有利条件同时存在，早期依附论并不完全符合第二次世界大战后的历史实际。他指出，一部分发展中国家通过国家政治权力在经济落后的条件下推进现代化，扬长避短，趋利避害，是能够追赶甚至赶超发达工业国家的；另一部分发展中国家与发达国家之间的差距则日益扩大，可能沦为"第四世界"。[3]

① 罗荣渠：《现代化新论》，第 215～218 页。

② 罗荣渠：《现代化新论》，第 219 页。

③ 罗荣渠：《现代化新论》，第 220～221 页。

五　传统文化与现代化

现代化理论建立在"传统与现代"的两分法基础之上，设定现代社会之前存在一个前现代社会，即传统社会。现代化的本质乃是人类社会从传统社会向现代社会的转变。关于传统与现代化的关系，20世纪五六十年代西方学者的经典现代化理论建立了一种单线的社会变化模型，将现代化与西方化（美国化）等同起来，认为"非西方文明缺乏产生现代变革的内在动力"，"其旧的传统在现代化过程中是消极和否定的因素"。[①] 罗荣渠不赞同上述现代化进程中否定传统文化的主张，他结合东亚地区，特别是日本的现代化进程予以说明。他指出："传统虽不能自动地充当现代化的动力，但传统因素的利用，却能够对现代化起到某种导向作用。"[②] 他反对把传统与现代化视为绝对排斥的两极的简单思维，认为"传统与现代化有承续性，不是完全背斥的"，"现代化并不完全排斥传统因素，优秀的民族传统不仅可以保留，而且对其加以正确利用，在现代化过程中也发挥着积极作用"。[③]

对儒家文化在东亚国家现代化进程中的作用，罗荣渠介绍了赫尔曼·康恩（Herman Kahn）、彼得·伯格、艾森斯塔特等西方学者关于儒家伦理等传统文化因素如何促成第二次世界大战后东亚经济奇迹的观点，指出儒家思想、伦理等传统文化因素并非西方经典现代化理论所说的是现代化的障碍。他认为，在转型时期，东亚的传统文化与外来文明并存，形成二元文化，体现出现代化的民族特征，但传统文化并不是完全被动的，它在新的历史条件下可能发挥出独特的适应力、内聚力与活力，形成一种东亚式的现代化动

---

① 罗荣渠：《现代化新论》，第231页。
② 罗荣渠：《现代化新论》，第233页。
③ 罗荣渠：《北大岁月》，第772页。

力。①对传统儒家文化在东亚社会转型中的影响，罗荣渠认为其主要反映在三个突出方面：一是儒家的"行仁政"思想可转化为国家导向的发展主义战略，形成自上而下的民族团结的进取精神、由国家调节的公私合作和更高的内聚力；二是儒家的家族本位思想与家族伦理秩序在经济现代化过程中可转化为推动家族资本主义发展的契机；三是儒家重视教育与机会均等的教育思想可转化为对人力资源的大力开发。②

对"现代性"与现代西方文明的关系，西方自由派学者认为以理性和进步为核心的现代性是从西方文明内部孕育出来的一种特殊因素，为非西方文明尤其是东方文明所缺乏，后者倾向于被视为神秘的、静态的、停滞的、落后的。罗荣渠反对这种本质上属于"西方中心主义"的观点，他认为，西方的现代化进程固然是一种带来既有发展的成功模式，但并非完美无缺，而是存在若干不良的"发展性危机"，非西方国家绝不能沿着西方国家现代化的老路亦步亦趋，而应结合自身的民族文化特性，以西方为鉴，尽量绕开或缓解现代化所带来的痛楚和危机。第二次世界大战后大获成功的东亚现代化进程呈现出明显的集体主义、团队精神和纪律价值取向，与先前西方国家现代化进程中的个人主义特点形成鲜明反差，这在实践上证明了"现代化的道路和模式是多种多样的"，西方文明并非现代性的代名词。③

至于文化在现代化进程中的作用，罗荣渠认为重点应该放在文化因素对经济增长与社会发展关系这个时代课题上。他指出，在现代经济社会中，经济因素是自变因素，是社会发展的原动力，而文化因素则是它的变因素，提供一种价值观直接影响人们的意识，其社会功能主要是为经济生活和政治生活提供某种约定俗成的行为规范，文化并不直接地更不单独地对经济发挥作用，其作用始终限定

---

① 罗荣渠：《现代化新论》，第 480 页。
② 罗荣渠：《现代化新论》，第 478 ~ 479 页。
③ 罗荣渠：《现代化新论》，第 240 页。

在一定经济和政治条件与国际环境中。^①他进一步指出，文化因素的探讨必须与制度因素，首先是政治因素结合起来考察，认为只有大力巩固现代化的领导，加速政治结构的改革，才可能发扬文化因素的潜在正面功能。^②

罗荣渠认为，应当辩证地看待"传统文化与现代化"之间的"矛盾"关系。一方面，传统文化与现代化是相互冲突的："一个国家的现代化在经济上造成两重结构，在文化也是一样。这样就造成传统与现代化的不断冲突。在传统结构牢固和传统文化扎根深厚的国家，这种冲突就愈大和愈持久。"另一方面，两者之间又是彼此连续的："传统与现代性是现代化过程中声声不断的'连续体'，背弃了传统的现代化是殖民地或半殖民地化，而背向现代化的传统则是自取灭亡的传统。"因此，"成功的现代化不但在于善于克服传统因素对革新的阻力，而尤其在善于利用传统因素作为革新的助力"。^③他得出结论：现代化绝不等于反传统，现代化也绝不等于西化。^④

六 现代化的"负效应"

西方现代化理论的一个预设是现代化是通向终极的现代社会的"进步"过程，罗荣渠对此存疑。他指出，现代化进程确实带来了高速经济增长和高科技发展，在完成并超越这一进程后，人类世界将会被推向一个生产力高度发展和人的全面发展的更高社会，^⑤但也要看到，现代化进程产生了日益明显的破坏性的"负效应"（或曰"发展性危机"，马克思称之为"现代的灾难"），其中最大的问题是全球性的生态危机将日趋严重。他称："整个现代化的进程始终是一个充满矛盾的不平衡的发展过程，现代性带来的危机将随着现代化

---

① 罗荣渠：《现代化新论》，第 242 页。
② 罗荣渠：《现代化新论》，第 243 页。
③ 罗荣渠：《现代化新论》，第 399～400 页。
④ 罗荣渠：《史学求索》，商务印书馆，2009，第 415 页。
⑤ 罗荣渠：《现代化新论》，第 171～172 页。

进程而增长。"①

罗荣渠还对当前第三次现代化浪潮所可能产生的"负效应"做出了预判，认为以下这些潜在的冲突与矛盾将日益激化和表面化。其一，工业化的全球扩散，市场经济的全球发展，资本的国际化，使经济的全球一体化成为不可抗拒的大趋势。其二，经济一体化的趋势内部又包含着两个不同方向的运动的冲突：一方面是发达工业国家将努力保护既存的国际秩序与发展优势，另一方面是众多发展中国家将致力于改变既存的国际秩序使之更加公平与合理，追求高速增长，迎头赶上以进入工业社会，两个方向不同的运动重叠在一起，将引出种种新的国际争端。其三，21世纪的最大问题是全球性的生态危机日趋严重。其四，与全球性生态危机同步增长的是全球性的精神危机。②

七　马克思主义与现代化

罗荣渠特别探讨了马克思主义与现代化的关系。他认为，现代化理论虽然发端于第二次世界大战后的西方社会科学，是一种资产阶级发展理论，甚至带有反马克思主义色彩，但这并不意味着马克思主义与现代化是相互排斥的关系。

其一，马克思、恩格斯、列宁、罗莎·卢森堡（Rosa Luxemburg）的著作中对人类社会从前现代社会向现代社会转变这一质的飞跃早有认识，只是未使用"现代化"术语而已。尤其是马克思本人，早在100多年前就已经形成了关于"现代""现代生产方式"等科学概念。如在《共产党宣言》中，马克思和恩格斯突出地使用了"现代资产阶级社会""现代资本家阶级""现代雇佣工人阶级""现代工人阶级""现代的工人""现代工业"等提法。罗荣渠指出，马克思所说的"现代"是指中世纪之后的"资本主义时代"，"现代生产方式"

①　罗荣渠：《现代化新论》，第430页。
②　罗荣渠：《现代化新论》，第442～444页。

是指"资本主义生产方式"。[①]他将马克思关于现代、现代生产方式的观点，概括为"马克思的现代社会发展理论"。[②]

其二，西方现代化理论实际上正是从马克思关于现代社会发展的观点借鉴而来，这已为西方学者所承认。如在西方学者所编撰的《国际社会科学百科全书》中，"现代化"条目一开始就引用了马克思在《资本论》中的话作为阐释这一概念含义的第一论据，即"工业较发达的国家向工业较不发达的国家所显示的，只是后者未来的景象"。[③]不过，罗荣渠也指出，尽管"西方学者承认他们关于工业革命与现代化的概念中的一些基本思想借自马克思的思想，但剔除了它的政治革命内涵"。[④]

其三，一些马克思主义者以马克思关于五种生产方式发展的基本观点（即前文所说的"五阶段论"）为理由，反对现代化理论和研究，这绝非马克思的本意，而是对马克思社会发展理论的一种误读。罗荣渠写道："马克思的社会发展理论的中心部分正是关于现代社会的发展问题。后来的马克思主义者把注意力集中在未来的革命问题上，阶级斗争和改变生产关系的理论被过分夸大，而有关现代生产力、特别是资本主义的现代发展问题就被排斥在视野之外，在整整一代人中，发展理论处在停滞与冷落状态。"[⑤]

简言之，罗荣渠认为马克思主义是能够包容现代化理论的，马克思主义者也理应能够接受现代化研究。他进一步指出，马克思主义者应在唯物史观指导下，提出一种"在概念上、理论上、方法上都不同于20世纪60年代盛行的西方现代化理论"的"新现代化理论"，它应是马克思主义发展理论的最新部分。[⑥]

①　罗荣渠：《现代化新论》，第23页。

②　罗荣渠：《现代化新论》，第91页。

③　罗荣渠：《现代化新论》，第18页。

④　罗荣渠：《现代化新论》，第26页。

⑤　罗荣渠：《现代化新论》，第5页。

⑥　罗荣渠：《现代化新论》，第115页。

八 　其他观点

1. 关于东亚现代化

第二次世界大战后，东亚地区的现代化运动引人注目，在日本、韩国、中国大陆沿海地区、中国台湾和中国香港地区、泰国、新加坡一线形成了一条东亚新工业带，形成了所谓的"东亚经济奇迹"。

罗荣渠对东亚现代化问题进行了再认识、再思考。其一，他强调东亚国家在现代化进程中所呈现的共同特性，这种共同特性是东亚各国现代化所共有的，但又是区别于西方国家现代化进程的。最突出的表现在于，西方国家的现代化是先行的现代化，是自发的社会过程；而东亚和第三世界其他地区后进的现代化则是带有自主性的国家行为，是政府主导、自上而下、赶超型和高速经济增长型的现代化。罗荣渠认为，东亚现代化的成功或者说东亚的崛起表明世界不同地区日益卷入现代化的共同进程，但发展的道路和模式将日益多样化。[①]

其二，罗荣渠注意到东亚国家在现代化进程中所表现出的内部差异。他将东亚国家的现代化分为日本型、韩国型和中国型三大模式。日本型的特点是没有经历内部衰败并只受到很轻微的半边缘化，通过渐进的改革，直接实现现代化；韩国型的特点是内部衰败化与半边缘化交织，最后完全沦为殖民地，经历殖民地型的畸形增长，通过革命化的独立运动，然后转入现代发展轨道，走上有自己特色的工业化道路；而中国型的特点是经历内部严重衰败化，但边缘化程度较浅，通过革命化的重组过程，走向现代化的道路。[②]

其三，罗荣渠以辩证唯物主义来分析东亚现代化进程中的多种矛盾。如关于内外因素在东亚现代化进程中的作用，他既反对各种单讲西方影响作用的"外因论"（如"帝国主义侵略论"），也反对以西方社会为参照系而建立的"内因论"，并以日本明治维新以来

---

① 　罗荣渠：《现代化新论》，第 245 页。
② 　罗荣渠：《现代化新论》，第 455 ～ 456 页。

早期现代化的成效为例，强调内外因素并重的综合分析方法。

2. 中国现代化探索

罗荣渠将中国的现代化视为"中国传统文明与西方工业文明之间的矛盾运动过程"，并坚持辩证地看待两者之间的互动。一方面，他承认"中国走上通向现代社会之路的大变革是由外力推动的"；另一方面，他强调"中国通向现代世界的发展过程既不能看成是'外因'引起的单向运动，也不能看成是'外因'与'内因'对立两级之间的直线运动，应看成是错综复杂的、多线性多方向的矛盾运动"。[①]

罗荣渠把中国近代以来从农业社会向现代工业社会过渡的变革进程归纳为四个过程，即衰败化、半边缘化（即半殖民地化）、革命化和现代化，这四种进程互相交织，此消彼长，从而塑造了近代以来中国社会变革的趋势变化。[②] 罗荣渠认为，自19世纪60年代洋务运动以来启动的中国现代化进程经历了三次大的发展模式转换，出现了三次现代化的局部断裂：第一次是19世纪下半叶到20世纪初，即从自强运动经过维新运动到立宪运动，是中国现代化运动的初始阶段，是在旧王朝体制下探索资本主义发展取向的自上而下的改革时期；第二次是从1911年辛亥革命到20世纪40年代，这是中国内忧外患同时加深、半边缘化与革命化同步发展的时期，国家的实效统治断裂，现代化处于自发的游离状态，被挤压在一条窄缝中断续地进行；第三次是1946～1949年，国共内战是中国两条道路的大决战，1949年革命的胜利带来发展模式的一次全面大转换。[③]

对1949年到20世纪90年代新中国的现代化历程，罗荣渠将其分为三个阶段：第一阶段（1949～1956），仿效苏联模式，与西方资本主义脱钩，建立中央指令性的计划经济，通过内部积累，推

[①] 罗荣渠：《现代化新论》，第253～254页。

[②] 罗荣渠：《现代化新论》，第254～255、491～495页。

[③] 罗荣渠：《现代化新论》，第497～500页。

行优先发展重工业的高速工业化战略，并进行一系列激进的社会改革；第二阶段（1957～1978），突破苏联教条主义的束缚，解放思想，独立探索中国式超前工业化的战略；第三阶段（1979年到20世纪90年代），从封闭式现代化路线向开放式现代化路线转变，开始探索具有中国特色的社会主义现代化道路。[①]

在全面梳理近代以来中国现代化的总进程后，罗荣渠指出，不应当把阶级斗争作为近百年中国社会变革的基本线索，而应当把由传统农业向现代工业社会这一历史巨变作为这一变革的复杂脉络。他称："以现代化为中心研究中国近现代史，不同于以革命为中心研究中国近现代史，必须重新建立一个包括革命在内而不是排斥革命的新的综合分析框架，必须以现代生产力、经济发展、政治民主、社会进步、国际性整合等综合标志对近一个半世纪的中国大变革予以新的客观历史定位。"[②]

第三节　学术价值与学习启迪

《现代化新论》是中国学者运用马克思主义观点从宏观历史角度探讨世界现代化总体进程与趋势的开创之作，在改革开放以来我国人文社会科学发展史上具有重要的学术地位。

一　学术价值

其一，该书梳理了"现代化"的多重内涵，并明确了将"现代化"作为世界历史中的一个发展阶段、客观进程加以研究。罗荣渠认为，国内学者对现代化研究不能因噎废食，必须将其中的意识形态因素与科学研究元素区分开来。[③] 因此，他对"现代化"的定义

---

① 罗荣渠：《现代化新论》，第501页。
② 罗荣渠：《现代化新论》，第488页。
③ 罗荣渠：《现代化新论》，第48页。

是"历史取向"的，与西方社会科学研究中的"理论取向"截然不同。①
这一定义的实质是将"现代化"作为客观的世界历史进程和作为西方社会科学中的理论概念区分开来，为更多学者研究世界现代化进程问题扫清了思想障碍。

其二，该书构建了"一元多线历史发展观"，奠定了马克思主义现代化理论的思想基础，也为中国学者研究世界现代化进程提供了理论指引。"一元多线历史发展观"至少具有两大理论突破。一是它从马克思论述人类社会发展的原著出发，强调以经济发展作为世界历史发展的中轴、以生产力而非生产关系作为衡量社会发展水平的主要标准、社会发展的多条道路和多种模式等，从而突破了改革开放以前长期束缚国内史学界的"五阶段论"模式。二是它以马克思历史唯物主义为思想武器，对西方学者的现代化研究成果加以扬弃，重点阐述了世界现代化进程的"多线性"和造成现代化多模式、多路径的多因素的综合作用，从而突破了西方现代化理论在其早期所存在的"单一线性发展观"和"西方中心主义"等局限性，与 20 世纪七八十年代以来国际学术界对现代化理论的修正与发展（如"多元现代性"）可谓不谋而合。②

其三，该书从宏观历史视角阐述了世界现代化进程的总体趋势、三次浪潮，区分了各国现代化进程中的不同类型、不同发展模式与道路，开创了国内世界史研究中的"现代化范式"。这一范式以"现代化"进程为中心，致力于突破（非取代）以阶级斗争和暴力革命为中心的"革命史范式"的局限性，以更具包容性的、发展的、改革的观点来看待近代以来包括中国在内的世界历史变革。正如罗荣渠所指出的："（20 世纪）90 年代以来，中国自己的现代化理论在历史唯物主义的基础上开始形成。理论的主要基点是：把以阶级斗争作为社

---

① "历史取向"与"理论取向"之分，详见牛可《士志于道——罗先生学术生命中的社会关怀与治学道路》，载林被甸、周颖如编《求索者足迹——罗荣渠的学术人生》，商务印书馆，2010，第 152～153 页。

② Q. Edward Wang, "Modernization Theory in/of China," *Chinese Studies in History*, Vol.43, No.1, 2009, p.4.

会变革的根本动力转变为以生产力的发展作为社会变革的根本动力；现代化作为世界历史进程的中心内容是从前现代的传统农业社会向现代工业社会的大转变（或大过渡）。从这个新视角来看，鸦片战争以来中国发生的极为错综复杂的变革都是围绕着从传统向现代过渡这个中心主题进行的，这是不以人们意志为转移的历史大趋势。有了这个中心主题，纲举目张，就不难探索近百年中国巨变的脉络和把握中国近现代史的复杂线索。"[1] 这一论述同样适用于世界史研究。

其四，该书从中观、微观的视角，特别注重探讨第三世界发展中国家尤其是东亚国家（包括中国）的现代化问题，不仅弥补了国内史学界对亚非拉地区发展中国家现代化历程研究的薄弱环节，而且就这些较为贫困、落后的国家如何迈向现代化、追赶发达国家提出了许多创见。如对发展中国家现代化的"迟发展效应"和可能前景的辩证分析、对东亚传统文化与现代化关系的再思考等，反驳了国外学者对相关问题的一些有失偏颇或不符合发展中国家实际的观点。罗荣渠对第三世界，特别是东亚国家以及中国自身现代化进程的专门研究，表明现代化没有不可逾越的单一模式，不应简单地把西欧或北美模式套用于西方以外的国家与地区。

总之，《现代化新论》很好地将马克思主义、现代化理论和历史研究三者融为一体。北京大学学者何顺果评价道："它以唯物史观为指南，从世界历史进程立论，阐述了完全不同于'西化派'及其他流派的现代化理论，体现了中国人关于现代化问题的新思路和新观点，是这一领域（现代化研究）中国学派形成的标志。"[2]

二 国内学界关于"现代化"的研究

从 20 世纪 80 年代起，在罗荣渠、章开沅等老一辈学人的引领

① 罗荣渠：《现代化新论》，第 490 页。
② 何顺果：《评罗荣渠教授新著〈现代化新论〉》，《北京大学学报》（哲学社会科学版）1994 年第 3 期。

下，越来越多的人文、社会科学学者转向对世界各国和地区不同维度的现代化进行广泛而深入的研究，在国内学术界掀起了现代化研究热潮。

1. 研究成果与研究机构

历史学尤其是世界史学科是中国的现代化研究发端之地，故现代化研究热潮在历史学界尤其是世界史学界表现得尤其突出，以现代化（也有学者使用"近代化"这一同义词）为主题或视角的史学论著可谓层出不穷。除北京大学世界现代化进程研究中心继续推出"世界现代化进程研究丛书"外，章开沅主持的华中师范大学"中外近代化比较研究"课题组成员完成了《离异与回归——传统文化与近代化关系试析》《比较中的审视：中国早期现代化研究》等多部专著。南京大学世界史团队成员著有《世界现代化进程》《寰球透视：现代化的迷途》《现代化与英国社会转型》等。其他世界史学者则编撰了以现代化为主题的地区史和国别史著作，如陈德成主编的《中东政治现代化——理论与历史经验的探索》、张建华的《俄国现代化道路研究》、李工真的《德意志道路——现代化进程研究》等。还有少数历史学者由史入论，对现代化理论展开深入阐发，这方面的代表作当属罗荣渠的弟子尹保云所著《什么是现代化——概念与范式的探讨》。[①] 近十余年来，国内史学界关于世界现代化进程研究的总结性成果，是钱乘旦主编的"世界现代化历程丛书"（十卷本）。该丛书由钱乘旦撰写总论，凝聚了国内世界史学界70多名专家学者，将世界分为西欧、北美、拉美、俄罗斯东欧、东亚、南亚、中东、非洲、大洋洲九大地区，对不同地区主要国家的现代化

---

① 章开沅：《离异与回归——传统文化与近代化关系试析》，湖南出版社，1988；章开沅、罗福惠主编《比较中的审视：中国早期现代化研究》，浙江人民出版社，1993；钱乘旦、杨豫、陈晓律：《世界现代化进程》，南京大学出版社，1997；钱乘旦、刘金源：《寰球透视：现代化的迷途》，浙江人民出版社，1999；陈德成主编《中东政治现代化——理论与历史经验的探索》，社会科学文献出版社，2000；张建华：《俄国现代化道路研究》，北京师范大学出版社，2002；李工真：《德意志道路——现代化进程研究》，武汉大学出版社，2005；尹保云：《什么是现代化——概念与范式的探讨》，人民出版社，2001。

模式进行了阐述和总结。

作为新的多学科交叉领域，现代化研究也吸引了经济学、政治学、社会学、教育学、法学、管理学等其他学科、专业领域研究者的关注，并产生了一大批在各自领域具有重要影响力的研究成果，如何传启的《第二次现代化：人类文明进程的启示》和褚宏启的《教育现代化的路径》等。时至今日，现代化研究已经渗入许多学科，成为中国人文社会科学界乃至各界关注的一个亮点。正如钱乘旦所言："现在，几乎每一个人文学科、社会科学学科，都会自觉或不自觉地使用现代化研究的话语逻辑，受到它的学术影响"，"现代化研究的话语逻辑渗透在各个学科中，甚至渗透在许许多多普通人的日常思维中"。①

国内成立了不少现代化研究机构，有专门期刊发表相关成果。如北京大学世界现代化进程研究中心在董正华、牛可等学者的推动下继续前行，从 2002 年起出版学术年刊《现代化研究》，近年来还开设了"北京大学世界现代化进程研究中心"微信公众号。南开大学历史学院以"985 工程世界现代化进程创新基地"为依托，于1999 年成立了"世界近现代史研究中心"。复旦大学则于 2000 年成立了历史学、政治学、经济学三大学科交叉的"中外现代化进程研究中心"。特别值得一提的是，中国科学院于 2002 年成立了"中国现代化研究中心"，现办有"现代化研究"网站，面向国内外发行《中国现代化报告》《世界现代化报告》《地区现代化报告》等多种出版物，并举办了多次全国性和国际性的现代化研究学术会议。此外，还有同济大学国家现代化研究院、中山大学马克思主义哲学与中国现代化研究所等。

2. 各方观点

（1）现代化的定义。罗荣渠把国内外学者的定义归纳为四类，②

① 钱乘旦主编《世界现代化历程·总论卷》，江苏人民出版社，2010，第 1 页。
② 罗荣渠：《现代化新论》，第 9～15 页。

并从历史角度提出了广义和狭义两种看法。[1] 钱乘旦认为，"现代化是一次巨大的社会变动，是人类文明的一次转换，它在工业生产力取代农业生产力的基础上，实现了农业文明向工业文明的转化。换言之，现代化是一种新的文明形式（工业文明）逐渐确立的过程。它包含着整体的社会变动。工业化只是现代化的一个方面而已"。[2] 杨豫认为，现代化可以视作经济领域的工业化、政治领域的民主化、社会领域的城市化和价值观念领域的理性化的互动过程。[3] 顾乃忠认为，现代化应该是全面的现代化，它包括经济现代化、政治现代化和人的现代化。[4]

（2）关于现代化进程的具体层面。经济现代化（即工业化）是现代化的核心内涵。陈晓律对发达国家和发展中国家的工业化模式进行了比较研究，认为虽然不同的历史条件和国情决定了各国的不同工业化模式，但对后发国家而言，政府对工业化的主导是不可避免的，应尽力避免由此导致的消极后果。政治现代化是现代化进程的另一大方面。钱乘旦考察了西方国家的政治现代化道路，认为各国政治现代化的共同重点是走向政治民主，但其方式因条件而异。[5] 陈德成认为，"政治现代化是指世界自 1500 年以来现代生产力导致的政治结构的根本转变，是工业化渗透到政治领域并引起其深刻变革的过程，同时，它也代表着一种理想。也就是说，它包含着变迁（过程）和目标两方面的含义"。[6] 对政治现代化的内容，陈德成认为主要包括八个方面：民主政治体制的确立、实行法治、现代民族国家的构建、政治结构的分化、大众参与普遍化、政治体系能力的增加、世俗化、理性化。这八个方面是有机的整体，相辅相成，密切相关，不可分

---

[1]　罗荣渠：《现代化新论》，第 17 页。

[2]　钱乘旦、杨豫、陈晓律：《世界现代化进程》，南京大学出版社，1997，第 2～3 页。

[3]　〔美〕西里尔·E. 布莱克编《比较现代化》，杨豫、陈祖洲译，译者前言，第 7 页。

[4]　顾乃忠：《历史决定论与中国现代化》，江苏人民出版社，1997，第 51～52 页。

[5]　钱乘旦主编《世界现代化历程·总论卷》，第 36 页。

[6]　陈德成主编《中东政治现代化——理论与历史经验的探索》，第 13 页。

割。①关于政治现代化的类型，有一分法、二分法和三分法三种。一分法只承认无产阶级专政是真正的政治现代化；二分法认为现代化有资本主义现代化和社会主义现代化两类；三分法是罗荣渠的观点，认为有资本主义型、社会主义型和混合型三类。②

（3）关于现代化进程中的不同道路、模式。钱乘旦认为西方国家政治现代化进程有三种道路：一是以英国为代表的渐进改革之路，即通过不断的改革、妥协来实现政治现代化；二是以法国为代表的人民革命之路，暴力色彩浓厚，反复而跳跃；三是德国式道路，其特点是新生社会力量在现代化过程中丢失主动权，旧的社会统治集团主导国家现代化，最终将国家引向错误的发展方向。③浙江大学丁建弘则从历史社会学角度探讨了英国、法国、德国、美国、意大利、日本等发达国家与俄国的现代化道路。他归纳了西方现代化理论的五个共同基点：一是研究的重点并非西方发达国家，而是第二次世界大战后非殖民化运动中获得独立的新兴国家如何实现经济发展的问题；二是大都立足 17～18 世纪以来西欧北美工业化经验的概括和提炼；三是"进化内因论"是西方现代化理论的重要特征，它不仅强调社会的进化法则，而且强调社会进步与阻碍社会进步的原因在于社会内部；四是普遍强调采用"传统"与"现代"的两极对立思想来解释社会的变化；五是现代化经济发展的可持续增长论与现代化政治发展目标的"可容性"假说。他认为，现代化理论有其历史合理性。④

（4）现代化理论的探讨与构建。钱乘旦强调现代化进程的关键是在于先通过专制王权构建统一的民族国家，再反过来打破阻碍国家进一步发展的专制王权；他坚持以现代化作为世界近现代史的主线或主题，将世界近现代史划分为"现代化准备或酝酿阶段"

① 陈德成主编《中东政治现代化——理论与历史经验的探索》，第 22～28 页。
② 陈德成主编《中东政治现代化——理论与历史经验的探索》，第 29～32 页。
③ 钱乘旦主编《世界现代化历程·总论卷》，第 35 页。
④ 丁建弘主编《发达国家的现代化道路——一种历史社会学的研究》，北京大学出版社，1999，导言，第 1～4 页。

（14～15世纪）、"现代化启动阶段"（16～18世纪）、"现代化在西方国家的成熟与发展阶段"（18世纪晚期以后）、"现代化的全球扩张阶段"（19世纪）、"现代社会出现新的转型迹象"（20世纪中叶以后）五个阶段。他在国内率先提出了"反现代化"理论。"反现代化"并不是反对现代化，而是用现代化的手段来维护传统价值取向，扭转现代化的方向，达到抵制现代化、回归传统社会的目的。表面上看，它采用了现代化的手段，但它的目标与现代化相反，是一种逆向的现代化，可能给一个国家带来比现代化失误更为严重的负面效果。[1] 何传启提出了"第二次现代化"的概念。他将世界现代化进程分为两大阶段：工业时代（1763～1971）的第一次现代化，是人类世界从农业社会向工业社会的转变；知识时代（1971～2100）的第二次现代化，是人类世界从工业社会向知识社会的转变。第二次现代化既是对第一次现代化的部分消除和"反向"，也是对第一次现代化的部分继承和发展。[2]

三　学习启迪

罗荣渠在批判性吸收西方现代化理论的基础上，构建了一种解释世界历史发展尤其是世界近现代史的宏观理论框架和解释模式，即"现代化范式"。该范式由三部分组成：以"一元多线历史发展观"为基础的中国特色马克思主义现代化理论、世界现代化的总进程与各国现代化的分进程研究、历史学与其他社会科学交叉融合的跨学科方法。理解和运用"现代化范式"对世界史学习与研究具有重要的指导意义。

其一，在史学理论上，它提供了一种观察、理解工业革命以来世界历史发展与变化的有益视角，即"现代化史观"。"现代化史观"与吴于廑所倡导的"整体史观"、彭树智所倡导的"文明交

---

① 钱乘旦主编《世界现代化历程·总论卷》，第39～40页。
② 钱乘旦主编《世界现代化进程·总论卷》，第40页。

往史观"构建了中国世界历史研究的三大范式的基础。其中，"现代化史观"聚焦于现代社会的形成，着重考察其孕育、出现和扩散的过程及其成因与结果，这对我们深刻把握世界近现代历史的主线大有裨益。

其二，在研究主题与对象上，它拓宽了中国世界史学科的视野，将过去人们避而远之的世界现代化进程问题纳入世界史学者的关注范畴，从而形成了关于现代世界的变革与发展进程的整体与分体研究的史学——"现代化史学"，将中国世界史学科推入更广阔的研究空间。

其三，在学术方法上，它将现代化研究引入世界史学科，促进了史学研究方法与其他社会科学研究方法的融合。在西方学术界，现代化本身就是一个具有高度跨学科属性的研究领域，经济学家、政治学家、社会学家、心理学家、历史学家等都参与其中。在中国学术界，现代化研究由罗荣渠、章开沅等历史学家开启，罗荣渠在提出"现代化新论"时，更是大胆地、批判性地吸收了西方现代化理论、依附论、世界体系论、后现代主义理念、新儒家学说等各学科领域的新思想、新观点，给世界史学科予以极大的推动力。

其四，它坚持马克思主义，辩证吸收西方学术成果。在《现代化新论》中，罗荣渠坚持以马克思主义为指导，坚持生产力标准，批判地吸收西方现代化理论，辩证地看待世界现代化进程，给我们树立了辩证唯物主义与历史研究相结合的范例。他指出，以马克思主义为指导绝非"把马克思主义经典作家关于世界史的个别论点绝对化"，而是"应该完整准确地理解马克思主义经典著作"，这样"才能使世界历史的科学研究沿着马克思主义历史唯物主义的正确方向前进"。[①] 同时，他又清醒地指出，应认清经典现代化理论的西方中心主义本质，应辩证认识世界现代化进程的双重效应，应发挥传统文化在现代化进程中的作用。罗荣渠勇于打破藩篱，以

① 罗荣渠:《史学求索》，第3~4页。

马克思主义为指导，辩证地吸收西方学界的成果，坚持中国立场，形成了中国现代化理论特色。这启示我们，中国学术应有中国立场、中国声音。

总之，《现代化新论》不仅探讨了现代化理论，而且对现代化的世界进程、东亚地区的现代化进程做了细致研究，充分体现了中国学者关于"现代化"的研究视野与心得。它所开创的"现代化范式"，对国内世界史研究具有重要的启迪。

思考题

罗荣渠的现代化新论之"新"主要体现在哪些方面？对我们学习和研究世界近现代史有何启迪？

主要参考文献

〔美〕雷迅马：《作为意识形态的现代化：社会科学与美国对第三世界政策》，牛可译，中央编译出版社，2003。

陈德成主编《中东政治现代化——理论与历史经验的探索》，社会科学文献出版社，2000。

罗荣渠：《现代化新论——世界与中国的现代化进程》（增订本），商务印书馆，2017。

钱乘旦主编《世界现代化历程·总论卷》，江苏人民出版社，2010。

拓展阅读

〔美〕西里尔·E.布莱克编《比较现代化》，杨豫、陈祖洲译，上海译文出版社，1996。

〔意〕艾伯特·马蒂内利：《全球现代化——重思现代性事业》，李国武译，商务印书馆，2010。

丁建弘主编《发达国家的现代化道路——一种历史社会学的研究》，北京大学出版社，1999。

董正华编著《世界现代化进程十五讲》，北京大学出版社，2009。

罗荣渠主编《从"西化"到现代化——五四以来有关中国的文化趋向和发展道路论争文选》，北京大学出版社，1990。

第八章
斯塔夫里阿诺斯
与《全球分裂：第三世界的历史进程》

第二次世界大战后，近代沦为殖民地、半殖民地的广大亚非拉地区掀起民族民主运动浪潮，各民族纷纷赢得独立，"第三世界"随之兴起。第三世界国家众多，已成为当代国际社会不可或缺的重要角色。虽然"第三世界"这个词开始流行于第二次世界大战后，但其却发端于近代，与资本主义的兴起和扩张息息相关。第三世界国家分布广泛，各国历史、国情不同，发展各异，其发展已引起国内外学界的高度关注。美国学者斯塔夫里阿诺斯的《全球分裂：第三世界的历史进程》[①]即是从整体上研究第三世界历史的名作。

---

① 〔美〕斯塔夫里阿诺斯：《全球分裂：第三世界的历史进程》，王红生等译，北京大学出版社，2017。本教材均引用此译本，下文只注作者、书名和页码。

第一节　原著简介

一　斯塔夫里阿诺斯简介

李芬·斯塔夫罗斯·斯塔夫里阿诺斯（Lefen Stavros Stavrianos，1913-2004），美国著名历史学家，"全球史观"的奠基人。

斯塔夫里阿诺斯于 1913 年出生在加拿大不列颠哥伦比亚省的温哥华市，获不列颠哥伦比亚大学历史学学士学位，在马萨诸塞州伍斯特市的克拉克大学取得硕士和博士学位。毕业后，他在安大略省的金斯顿女王大学和马萨诸塞州北安普顿的史密斯学院任教。1946 年，他成为西北大学的教授，在该校任教直至 1973 年退休。1973～1992 年，他担任加州大学圣地亚哥分校历史系兼职教师。

斯塔夫里阿诺斯被视为全球史观的创立者之一、希腊和巴尔干现代史领域的权威学者。作为著名的通才和世界历史的阐释者，他写作了 20 余本专著，主要有《1453 年以来的巴尔干》（1958）、《1500 年以前的世界》（1970）、《1500 年以来的世界》（1966）、《人类历史的谱系》（1989）等。代表作为"全球史观"三部曲：《全球通史：从史前到 21 世纪》（以下简称《全球能史》）、《全球史纲：人类历史的谱系》、《全球分裂：第三世界的历史进程》（以下简称《第三世界》）。

凭借《全球通史》一书，斯塔夫里阿诺斯赢得了世界性的赞誉。因杰出的学术成就，他荣获古根海姆奖、福特天赋奖和洛克菲勒基金奖。他颠覆了欧美高校盛行的西方中心论教学传统，首创美国的世界史课程，奠定了全球史写作范式。斯塔夫里阿诺斯也长期从事政治权力和社会阶级方面的研究，有强烈的道德感，渴求公平，反对不公正，尤其反对权力的滥用。

二　写作背景与出版

《第三世界》的写作与问世，是第二次世界大战后世界格局变化的产物。

第一，第三世界已成为第二次世界大战后国际社会的一支重要力量。

第二次世界大战后，国际格局发生一系列重要变化，第三世界的兴起即是其一。昔日属于西方国家殖民地、半殖民地的广大亚非拉地区的民族和国家接连爆发反帝、反殖、反封建的民族民主运动，实现了民族独立，并成为国际社会成员的大多数，不断发出自己的声音，在国际事务中发挥越来越重要的作用。万隆会议、不结盟运动、七十七国集团的成立，标志着第三世界的崛起。

随着第三世界的崛起，对第三世界国家的研究成为国内外学界关注的重点领域之一。为维护第三世界国家自身的独立与发展利益，第三世界国家的历史学家们从各自的民族立场出发，着手编写本国的历史。尽管各国历史与文化不同，共同的历史命运与面临共同的发展问题，使第三世界国家具有"多样性的统一"。除了具体的个案研究，从整体上研究"第三世界"同样具有紧迫性和现实意义。正如斯塔夫里阿诺斯所指出的："新的民族历史确实需要，而且是期待已久的。然而只有这些历史还是不够的，因为历史也同其他领域一样，整体大于部分之和。换句话说，第三世界的各国历史凑集在一起表明不了这个整体的结构和动态。第三世界所有民族的共同经验和利益——不管他们在历史、文化和政治信仰上有着多么大的差异——只有在整体的结构和动态中才能得以显示和澄清。"①

第二，第三世界已与美国及其他西方世界息息相关。

在现代科技空前强烈的冲击下，发达国家和欠发达国家的人民都发现他们今天"坐在同一条船上"，他们正在为一些相似的问题发愁，正面临着一同覆舟溺水的严峻现实。一方面，第三世界既是西方产品的销售市场，又是原料来源地；另一方面，在第三次工业革命的冲击下，第三世界的许多问题都正在第一世界里突然发生，如失业、农民破产、贫困、政治犯、文化帝国主义等。两大世界的传统差别不再泾渭分明、互相排斥。第三世界所独有的条件和制度正在向第一世界内部广泛蔓延。分界模糊的重要原因在于地球上各个地区都正在逐渐成为国际市场经济中更加紧密关联的组成部分。简言之，第三世界与美国、西方国家息息相关。斯塔夫里阿诺斯指出："由于在那些工业化宗主国内部也产生了第三世界的种种景况，第三世界的历史也就不再只是那些与我们仅有偶然联系的远邦异国的历史了。现在，它已成为我们自己历史的一个组成部分。因此，我们也就需要有'一种共同的认识'。"②

此外，美国与其他西方国家常常从同情角度去看待第三世界，而斯塔夫里阿诺斯认为这不符合历史事实，应该从全球视野、整体上看待第三世界。《第三世界》就是其探究成果。

《第三世界》英文版首版由纽约的威廉·莫罗出版社（William Morrow）于 1981 年出版。1993 年，商务印书馆首次出版发行了此著的中文译本。2017 年，北京大学出版社出版发行了北京大学王红生教授等翻译的中文译本。

第二节　主要内容与基本观点

《第三世界》由上、下两册组成，除了致谢、作者前言与参考

---

① 〔美〕斯塔夫里阿诺斯：《全球分裂：第三世界的历史进程》，第 15 页。
② 〔美〕斯塔夫里阿诺斯：《全球分裂：第三世界的历史进程》，第 18 页。

文献，正文分为四编，共24章，从整体上系统阐述了从15世纪初到20世纪80年代初第三世界的历史演变。

第一编（第1～7章）分析了15世纪至18世纪70年代第三世界在东欧、拉美的开端以及当时尚处于外缘地区的非洲、中东和亚洲；第二编（第8～12章）分析了18世纪70年代至19世纪70年代第三世界的扩展以及全球性体系的初步形成；第三编（第13～18章）分析了1870～1914年第三世界全球性体系的形成；第四编（第19～24章）分析了20世纪第三世界的革命浪潮，并得出了一些自己的认识。

一 "第三世界"的由来及定义

斯塔夫里阿诺斯认为，"第三世界"一词是第二次世界大战以后才开始使用的，其含义有所变化。1945年第二次世界大战结束到20世纪50年代，指的是不属于以美国为首的资本主义世界和苏联为首的社会主义世界、持中立立场的南斯拉夫、埃及、印度、加纳、印尼等国家。20世纪50年代"冷战"解冻后，第三世界由政治内涵转变为经济内涵，用于称呼世界上那些欠发达地区，以有别于发达的资本主义第一世界（如美国、日本、西欧和前大英帝国的诸自治领）和发达的社会主义第二世界（如苏联和东欧）。这一意义上的转变使第三世界成为一个含义更为广泛的范畴，包括了一百多个国家，人口约占世界人口总数的3/4，囊括以下各个地区：整个拉丁美洲，除南非以外的整个非洲，除日本、以色列以外的整个亚洲。[1]

斯塔夫里阿诺斯认为第三世界具有两个显著特点：一是收入水平低，二是没有经济发展的经济增长——其经济增长取决于外国资本和国外市场，而非由于本地的需求。[2]

斯塔夫里阿诺斯指出，"第三世界既不是一组国家，也不是一

---

[1] 〔美〕斯塔夫里阿诺斯：《全球分裂：第三世界的历史进程》，第25页。
[2] 〔美〕斯塔夫里阿诺斯：《全球分裂：第三世界的历史进程》，第30页。

组统计标准，而是一组关系——占据支配地位的宗主国中心与处于依附地位的外缘地区之间的一种不平等关系"，"它并不是一个凝固不变的实体，随着西方经济实力的增强，它的统治范围在扩大，效率在提高，或者说是它的帝国主义程度在加深，或者从外缘地区看，第三世界的范围和依附程度也随之加深"。[①]

二 第三世界演变的四个阶段

在斯塔夫里阿诺斯看来，第三世界是在近代早期由于西北欧发生的巨大社会变异——资本主义社会的崛起而出现的。随着资本主义分阶段向海外扩张与收缩，第三世界也随之扩张与收缩。[②]据此，他把第三世界的演变分为四个阶段。[③]

第一个阶段，1400～1770年，是商业资本主义和重商主义时期。这一时期的资本大都投入商业企业，商人们组织了股份公司并得到皇家特许状，准予他们在一定的海外领地上享有贸易垄断权和殖民特权。殖民活动大都限于南北美洲，东欧、非洲和中东跨入正在形成中的世界市场经济的脚步在不同程度上受到了羁绊。

第二个阶段，1770～1870年，是工业资本主义时期。这一时期的海外利润为肇始于英国、后来扩及欧洲大陆的工业革命做出了贡献。在这个世纪，竞争中的工业企业输出制成品，而后从第三世界输入原料。工业资本主义时期就是所谓自由贸易帝国主义取代垄断性重商主义的时期。其作用不仅仅体现于美洲，也体现于全世界。故1770～1870年这段时期也就成为对直接攫取殖民地失去吸引力的一个世纪，是殖民主义在第三世界渐趋衰落的一个世纪。

第三个阶段，1870～1914年，是垄断资本主义时期。在1870年前后，工业资本主义和自由贸易帝国主义相结合被垄断资本主

---

① 〔美〕斯塔夫里阿诺斯：《全球分裂：第三世界的历史进程》，第30、31页。

② 〔美〕斯塔夫里阿诺斯：《全球分裂：第三世界的历史进程》，第22页。

③ 〔美〕斯塔夫里阿诺斯：《全球分裂：第三世界的历史进程》，第32～33页。

义和重整旗鼓的殖民帝国主义取代。强大的垄断组织取代了从前独立的互相竞争的工业企业，与此同时也出现了一些新的工业化国家，它们对英国在工业、金融和世界贸易上的领先地位提出了卓有成效的挑战。随后发生的一系列冲突，伴随当年风行一时的社会达尔文主义，使得自由贸易帝国主义被19世纪末叶复兴的殖民帝国主义所代替。最终结果便是，出现了有史以来规模最大的土地掠夺。复兴的和扩大了的殖民主义使第三世界真正成为一个全球性体系，唯独日本除外，第三世界发展成为全球性规模。

第四个阶段，1914年至20世纪80年代初，是防御性垄断资本主义时期。由于殖民地人民的进步和觉醒，以及垄断资本主义内部矛盾和冲突的激化，垄断资本主义在20世纪不得不采取守势。国内的紧张形势与外部压力相结合，迫使垄断资本主义放弃了它对世界性帝国的政治统治，殖民帝国主义渐渐让位于新殖民主义，容忍了原殖民地在政治上的独立，但仍保持着对原殖民地领土或直接或间接的经济控制。对第三世界来说，20世纪是一个非殖民化与新殖民主义两者含混难分的世纪。

斯塔夫里阿诺斯认为，第三世界体现的就是宗主国中心与处于依附地位的外缘地区之间的一种不平等关系。对不同阶段的中心地区与外缘地区，他做了如下概括：第一阶段，商业资本主义是中心地区，外缘地区是殖民主义，多限于南北美洲；第二阶段，中心地区是工业资本主义，渐趋衰落的殖民主义是外缘地区；第三阶段，垄断资本主义是中心地区，外缘地区是世界范围的资本主义；第四阶段，防御性资本主义是中心地区，而外缘地区是革命、非殖民化和新殖民主义。[1]

三　第三世界的出现

在斯塔夫里阿诺斯看来，1400～1770年是第三世界出现的时

① 〔美〕斯塔夫里阿诺斯：《全球分裂：第三世界的历史进程》，第32页。

期。在这一阶段，西北欧处于主导地位，东欧最先沦为第三世界，接下来是拉丁美洲，而俄国仍居第三世界之外，非洲与中东是外缘地区，而亚洲仍属于外缘以外的地区。

1. 第三世界是欧洲资本主义兴起的产物，最早出现在东欧，其次为拉丁美洲

对第三世界的出现，斯塔夫里阿诺斯是这样看的："当西北欧发展起一种资本主义经济，使大众性必需品贸易能够取代传统上有限的奢侈品贸易时，第三世界就出现了。这种大宗贸易在1400～1800年逐步发展起来并形成一个洲际市场经济，它包括提供粮食和海军补给品的东欧，提供金银和如糖、烟草等种植园作物的南北美洲，作为种植园奴隶劳动力来源的非洲，而西北欧是该经济体系的中心发源地，是资本、海运和工业制造品的提供者。"[①]

斯塔夫里阿诺斯认为，第三世界最早出现在东欧。[②] 由于14、15世纪西北欧经济及技术的空前大发展，产生了新型的大众性必需品贸易，取代了传统的奢侈品外缘贸易，邻近的东欧地区的经济和社会组织被迫从属于并被改造得适应于这一大众性贸易体系，从而依附于该贸易体系。斯塔夫里阿诺斯具体分析道："14、15世纪英国、荷兰在纺织业和金属工业中用接活制代替行会制，把这两大工业从无数令人窒息的清规戒律中解放出来，从而大幅度降低了成本，提高了生产率，也提高了对市场需求的适应能力。在地方及全国市场饱和后，英荷两国工场主就把目光转向国外，为过剩产品寻找销售市场，恰好东欧最符合他们的需要。"[③] 他进一步指出，东欧在16、17世纪一度有过在经济上可以迅速发展和独立发展的独特机会，但它们并没有抓住机会，在与西欧的经济关系上衰落到附庸地位，并被固定下来，完全依赖进口西方的工业制成品，贸易

---

① 〔美〕斯塔夫里阿诺斯：《全球分裂：第三世界的历史进程》，第140页。

② 〔美〕斯塔夫里阿诺斯：《全球分裂：第三世界的历史进程》，第51页。

③ 〔美〕斯塔夫里阿诺斯：《全球分裂：第三世界的历史进程》，第53页。

也处于长期逆差地位，其经济和社会结构都被扭曲来适应这一体系的需要。[1]

斯塔夫里阿诺斯称，拉丁美洲是继东欧之后沦为依附性第三世界的第二个地区。[2]随着地理大发现，美洲大陆被纳入世界视域，墨西哥及其以南的广大地区被西班牙、葡萄牙征服，沦为两国的殖民地。与北美殖民地的发展不同，自然条件优越的拉丁美洲却最终沦为第三世界。斯塔夫里阿诺斯对其原因进行了深入分析。他认为，当时的西班牙、葡萄牙两国已经落后于西北欧，成为资本主义的西北欧经济上的附庸，他们无力利用其探险家通过地理大发现开辟的世界市场。[3]他归纳了拉丁美洲地区的共同特点：都从具有多样化经济的白人农垦社区开始起步，继而转变为经营甘蔗种植园的单一经济，其基础是非洲奴隶的劳动，并且完全依赖母国接受其单一的输出品和予以多样化的输入品，而盎格鲁美洲的经济从一开始就是独立而具有广泛基础的，这决定了二者不同的发展结果。通过对两种经济的比较，斯塔夫里阿诺斯阐明了拉丁美洲经济欠发达、处于依附地位的原因。他指出："种植园经济的性质正是依附性的、无力自行产生联动和达到全面的经济发展。只种植一种作物，而它又受到宗主国市场价格的支配，与本地经济及人民的需求无关"，"除了帝国的限制，种植园经济本身缺乏弹性，又无适应能力，不能充分利用当地的各种资源"，"单一经营对自然资源和人力资源都不能加以充分有效的利用"。[4]他称拉丁美洲沦为依附地区的根本原因在于其内部经济的单一性和依附性："拉丁美洲之所以落后，还不能仅归因于伊比利亚半岛的转输，而是应该从其内部殖民地经济的特性中去寻找答案，那就是：它究竟是一种多样化的能够独立发展的经济还是一种单一的种植园经济，依附于宗主国中心，从而只有单

① 〔美〕斯塔夫里阿诺斯：《全球分裂：第三世界的历史进程》，第55页。

② 〔美〕斯塔夫里阿诺斯：《全球分裂：第三世界的历史进程》，第61页。

③ 〔美〕斯塔夫里阿诺斯：《全球分裂：第三世界的历史进程》，第71页。

④ 〔美〕斯塔夫里阿诺斯：《全球分裂：第三世界的历史进程》，第80页。

一的经济增长而不可能出现全面的经济发展。"①换言之，只有本地经济的全面发展，发展独立而又自力更生的经济，第三世界才能摆脱依附的地位。

2. 俄国、非洲、中东、亚洲在19世纪以前仍居第三世界之外

斯塔夫里阿诺斯认为，在第一阶段（1400～1770年），俄国仍居第三世界之外。他分析指出，在本阶段，资本主义的西方对俄国经济的影响微乎其微，俄国与西方的贸易极其有限，比它同东方的贸易要少得多，而俄国也不允许西方商人左右其国内贸易；彼得大帝及其之后所推行的工业化，大大加强了俄国的经济独立地位。因此，此时的俄国没有成为西方的附庸。②

斯塔夫里阿诺斯认为，在15世纪中叶到1870年，非洲没被纳入第三世界。他指出，随着葡萄牙人于15世纪中叶的到来，穿越撒哈拉的古代贸易路线、通过埃及和红海直至印度和香料群岛的贸易路线中断，一个由西北欧为其本身目的开创、支配和操纵、贸易伙伴间独立自主关系不复存在的全球性贸易的西方商业资本主义时代开始了，非洲人被迫卷入这一贸易体系。③随着葡萄牙等西方殖民者的到来，奴隶贸易在非洲泛滥。奴隶贸易对非洲产生了深远影响。斯塔夫里阿诺斯分析道，奴隶贸易使非洲的政治制度和实践受到了有害的冻结凝滞影响，阻碍了非洲内部地区间的传统贸易，使非洲与宗主国中心发生的纵向联系取代了非洲地方之间的横向联系，使贩奴地区迟迟未能开始种植专供销售的农作物。④斯塔夫里阿诺斯指出，尽管奴隶贸易使西欧、非洲和美洲形成了三角贸易网，但此时的非洲大陆作为一个整体依然不是第三世界的一部分，仍是其外缘地区："非洲大陆作为一个整体却又未像东欧和美洲那样成为国际市场经济的一个组成部分。非洲大陆的绝大部分仍然未

① 〔美〕斯塔夫里阿诺斯：《全球分裂：第三世界的历史进程》，第74～75页。
② 〔美〕斯塔夫里阿诺斯：《全球分裂：第三世界的历史进程》，第57～58页。
③ 〔美〕斯塔夫里阿诺斯：《全球分裂：第三世界的历史进程》，第87～88页。
④ 〔美〕斯塔夫里阿诺斯：《全球分裂：第三世界的历史进程》，第98～99页。

受影响，因为在正常情况下，奴隶贩子只在伸向内陆几百公里的范围内而不是在整个大陆活动”，“绝大多数非洲人民，无论是生产者还是消费者，都与奴隶贸易毫不相干，除非他们不幸被掳为奴”。①

在 19 世纪以前的数百年间，中东大部分地区属奥斯曼帝国辖区。在西方资本主义的冲击下，从 16 世纪末叶开始，奥斯曼帝国由盛转衰。技术占优的欧洲军队横行于帝国的边陲省份，地理大发现引起的贸易路线与贸易中心的转移、黎凡特公司对帝国经济的控制权，也加速了奥斯曼帝国的衰落。奥斯曼帝国在与欧洲世界秩序的政治和经济联系中已经变成一个从属的边缘地带。斯塔夫里阿诺斯指出：“这一时期的奥斯曼帝国尚未被完全纳入世界性市场经济，地中海沿岸省份实质上已经受到黎凡特公司的影响，而较远的波斯湾 – 红海各地区则多半未受影响。”②

斯塔夫里阿诺斯认为，亚洲在 19 世纪以前仍处于全球性市场经济之外。他分析道，地理位置、经济自给自足、莫卧儿帝国与大清帝国军事力量强大这三个因素使亚洲保持了自己的独立性和固有特点，是个边缘以外的区域。③

四　第三世界的扩展

在斯塔夫里阿诺斯看来，1770～1870 年是第三世界向全球性体系扩展的时期。在这一阶段，工业资本主义兴起，殖民主义在第三世界渐趋衰落，拉丁美洲兴起新殖民主义，中东和印度进入第三世界。

1. 工业革命使第三世界向全球性体系扩展，促使殖民主义在第三世界渐趋衰落

斯塔夫里阿诺斯认为，19 世纪前，尽管欧洲已经控制了亚洲

---

① 〔美〕斯塔夫里阿诺斯：《全球分裂：第三世界的历史进程》，第 100～101 页。

② 〔美〕斯塔夫里阿诺斯：《全球分裂：第三世界的历史进程》，第 117 页。

③ 〔美〕斯塔夫里阿诺斯：《全球分裂：第三世界的历史进程》，第 119 页。

海域，但却还未能征服亚洲大陆，所以亚洲尚未成为这一经济秩序的一部分。其他诸大陆也仅仅是表面上由欧洲人控制。非洲仍是一个"黑暗大陆"，既不为人知，也没有被征服。而南北美洲的腹地，尽管已不再是一个陌生的地方，但其大部分地区都仍处于无居民和未开发的状态。非洲与亚洲被纳入第三世界，是第三世界走向全球性体系的重要内容，其关键原因就是工业革命。他指出："19世纪前，欧洲的洲际资本主义秩序由于不能囊括亚洲大陆而缺乏全球性，又因无法渗入海外大陆的腹地而缺乏深度。工业革命的历史性作用就是为欧洲建立全球统治提供克服这些缺陷所必需的经济动力和军事力量。从商业资本主义产生出来的工业资本主义，远比商业资本主义强大并富于扩张性，'黑暗大陆'（指非洲——笔者按）和亚洲的大门就是这时被欧洲的探险家和商人打开的。"[①]

斯塔夫里阿诺斯认为，工业革命促使殖民主义在第三世界渐趋衰落。他分析指出，工业革命引起技术革新和经济生产力相应提高的连锁反应，生产力发展加上医学进步导致人口急剧增加从而引发移民浪潮，工业革命为开发各大陆并利用它们的自然资源和人力资源提供了经济刺激，这些导致英国鼓吹自由贸易，反对重商主义，殖民地被认为是蒙昧无知的旧时代遗物，殖民主义开始走向衰落。但这并不意味着西方国家不再取得殖民地，它们为了商业利益，常采用兼并领土以外的其他措施，如鼓励殖民地革命、通过签署友好和自由贸易条约等。[②]

2. 新殖民主义兴起

在斯塔夫里阿诺斯看来，工业革命与工业资本主义统治是19世纪初殖民主义渐趋衰落的背景，而随着殖民主义的衰落，在拉丁美洲兴起了新殖民主义。

"新殖民主义"是斯塔夫里阿诺斯用来表示一些国家在名义上

---

① 〔美〕斯塔夫里阿诺斯：《全球分裂：第三世界的历史进程》，第140页。

② 〔美〕斯塔夫里阿诺斯：《全球分裂：第三世界的历史进程》，第143～146页。

获得政治独立之后，经济上继续处于依附地位的状况。新殖民主义于19世纪初叶始于拉丁美洲，到20世纪80年代初依然是第三世界大多数国家的现状和苦境。[①] 他指出，"拉丁美洲革命带来的是政治上的独立，却不是社会革命"，"独立战争基本上未使拉丁美洲社会发生什么变化，它依然是一个等级分明的社会，仍是一个依附性的社会，伴随政治独立而来的并不是经济独立，而是新殖民主义"。[②] 他称，拉丁美洲独立后的经济发展依然属于依附并受剥削于欧洲宗主国的殖民地模式，19世纪后半叶欧洲对拉丁美洲经济的扩张随着技术与经济力量的壮大还在加强。[③] 斯塔夫里阿诺斯指出，拉丁美洲在19世纪成为满足世界商品市场需求的重要产地，但表现出欠发达的典型症状：到处是大地产、海外市场生产单一商品的制度、与宗主国的纵向经济联系比当地民族经济内部的横向联系更占优势。[④] 他归纳了新殖民主义在文化上的表现：本地上层人士对宗主国的价值观念、社会风尚和物质产品无不亦步亦趋；社会歧视体力劳动；严格的社会等级划分；将大多数儿童拒之门外的教育体制；有限的选举权等。[⑤]

3. 中东、印度进入第三世界

在19世纪以前，随着外侨特权制度、新大陆的黄金流入及其引起的通货膨胀、黎凡特公司的活动、欧洲列强施加的压力，中东一些地区已日益从属于西方资本主义。到19世纪，这一进程不断扩大和加深。斯塔夫里阿诺斯指出，除了西方军事主义扩张，整个中东地区都感受到了工业革命所带来的经济冲击，廉价的机制产品、资本、工厂、银行等涌进并控制了中东，奥斯曼帝国（包括在政治上尚未被兼并为殖民地的部分）在经济上都沦为西方的殖民地，西方加强了对中东的控制和剥削，这标志着中东地区已从第三世界

① 〔美〕斯塔夫里阿诺斯：《全球分裂：第三世界的历史进程》，第149页。
② 〔美〕斯塔夫里阿诺斯：《全球分裂：第三世界的历史进程》，第154页。
③ 〔美〕斯塔夫里阿诺斯：《全球分裂：第三世界的历史进程》，第156～157页。
④ 〔美〕斯塔夫里阿诺斯：《全球分裂：第三世界的历史进程》，第160页。
⑤ 〔美〕斯塔夫里阿诺斯：《全球分裂：第三世界的历史进程》，第161～162页。

的外缘地区完全转变为第三世界的一部分。①

斯塔夫里阿诺斯具体分析了奥斯曼帝国、埃及和波斯进入第三世界的情况。他指出，1838 年《英土商务条约》的签订是 19 世纪奥斯曼历史上的决定性事件，"该条约有效挫败了土耳其的任何工业化计划"，"完成了几个世纪以前西方早已开始支配土耳其经济的过程"。② 在工业革命冲击下，奥斯曼经济被殖民地化，其贸易、基础设施和财政均被西方控制，是仅有经济增长而无经济发展。在埃及，穆罕默德·阿里试图走上独立的多样化经济之路，但英国以武力和经济力量粉碎了这一计划。阿里改革失败后，埃及只得发展农业，成为单一农作物出口导向型社会，主要依赖原料出口来偿付进口的制造品，外国资本控制了埃及的农业和商业，埃及被迅速纳入全球性市场经济，成为欧洲的经济附庸，被纳入第三世界。③ 在波斯，英国、俄国两股外国势力相互竞争，两国均与波斯签署条约，获得治外法权，对外贸易发展迅速。到 19 世纪下半叶，俄国成为波斯主要外贸对象。斯塔夫里阿诺斯指出，波斯经济发展的特点是：在经济上依附于一个大国，而这个大国本身在经济上又依附于更发达的西方国家，主要获利者是外国商人、金融家和本地统治阶级，所有统治阶级都是以牺牲农民大众来获取自身利益。④ 他还分析了波斯发展的一个症状，那就是随着对外贸易的发展，波斯出现了一个依附性的资产阶级——富裕的波斯商人充当俄国和英国商行的代理人。⑤

在 19 世纪以前，欧洲人被排斥在印度次大陆之外，但到 19 世纪，印度迅速被纳入第三世界。斯塔夫里阿诺斯指出，英国通过军事征服将莫卧儿帝国变为殖民地，印度的政治和经济独立性急剧消失；西方的廉价机制产品大量涌入印度，破坏了印度本地传统的手

---

① 〔美〕斯塔夫里阿诺斯：《全球分裂：第三世界的历史进程》，第 174 页。
② 〔美〕斯塔夫里阿诺斯：《全球分裂：第三世界的历史进程》，第 178 页。
③ 〔美〕斯塔夫里阿诺斯：《全球分裂：第三世界的历史进程》，第 186 页。
④ 〔美〕斯塔夫里阿诺斯：《全球分裂：第三世界的历史进程》，第 191 页。
⑤ 〔美〕斯塔夫里阿诺斯：《全球分裂：第三世界的历史进程》，第 193 页。

工业；欧洲人大量进口茶叶，欧洲人的工业吸收了大量的黄麻、棉花、靛青、兽皮和油籽；印度的大批劳动力被运到东南亚、斐济、东非和加勒比地区的种植园做工，印度就这样被征服并被纳入第三世界和国际市场经济体系。[①] 英国的统治将印度纳入全球性经济之中，对印度经济社会产生重大影响。斯塔夫里阿诺斯指出："英国人创立的整个基础结构，旨在创造一个依附于自己的殖民地经济，而不是一个独立发展的经济"，"印度的基本问题不是英国不干预或干预不力，而是歧视性干预"。[②]

五　第三世界全球性体系最终形成

1870～1914年是第三世界形成全球性体系的时期。这一阶段，资本主义进入垄断资本主义和全球殖民主义时代，非洲、中国、俄国进入第三世界，第三世界也发生了早期反抗运动。

1. 第二次工业革命与第三世界全球性体系的形成

斯塔夫里阿诺斯认为，第二次工业革命始于1870年前后，其特点是具有崭新的大规模生产技术，以及把科学系统应用于工业方面，以前独立的公司被巨型卡特尔（cartel，联合企业）代替。与此同时，新近的工业化国家成功地向英国的优势地位发起挑战，竞争导致史无前例的殖民扩张。19世纪末，自由贸易帝国主义转变为全球性的殖民主义。新的垄断资本主义在全世界范围内的活动开展得更加广泛和深入。劲头十足的垄断资本主义，导致非洲被瓜分、中国与俄国被纳入国际市场经济（只有日本例外），第三世界已经变成了一个全球性的体系。[③]

斯塔夫里阿诺斯认为，第二次工业革命促使竞争的资本主义向垄断资本主义转化，而垄断资本主义的发展导致19世纪末叶殖民

① 〔美〕斯塔夫里阿诺斯：《全球分裂：第三世界的历史进程》，第195页。
② 〔美〕斯塔夫里阿诺斯：《全球分裂：第三世界的历史进程》，第212页。
③ 〔美〕斯塔夫里阿诺斯：《全球分裂：第三世界的历史进程》，第217、216页。

帝国主义的大规模扩张，①这反过来也意味着第三世界已变成一个全球性的体系。他分析道，第三世界一律变为欧洲宗主国的附庸，这对第三世界国家产生了深远影响，第三世界人们的生活水平并未得到相应提高，其传统制度不可避免地遭到破坏和扭曲；随着西方政治理论的传入，第三世界人民对其统治者的理念产生怀疑，但西方殖民者却扶持传统政权以维护其自身利益；西方文化的传入，也冲击着传统的宗教和习俗，但非西方民族不得不屈服于外国人不断增强的经济和军事优势；欧洲人强行推行其法律、行政管理和治安体系，瓦解了过去的公社体制；生产率空前提高，但第三世界工人的工资却没有得到相应的提高；工业制成品抢走了许多本地手工业行业的生意，私有制代替了以往的土地村社所有制和耕作制。斯塔夫里阿诺斯总结了第三世界经济发展普遍存在的两个特点：一是第三世界社会已经货币化，二是地方经济从属于欧洲宗主国需要的程度大大超过以前重商主义的各个世纪。②他得出结论：世界划分为发达的西方与欠发达的第三世界，而第三世界并不意味着没有发展，而是畸形发展，即被指定生产一两种西方市场所需商品的那种发展，而不是满足本地需要的全面发展，也就是没有经济发展的经济增长。③

2. 非洲、中国、俄国被纳入第三世界

1870 年前后到 1914 年第一次世界大战爆发，除利比里亚和埃塞俄比亚，欧洲列强彻底瓜分了整个非洲大陆。对欧洲人能够轻而易举地瓜分欧洲，斯塔夫里阿诺斯认为有四方面的原因：一是非洲人内部意见分歧，不能团结一致共同御敌；二是非洲人没有能力改变原来的战术去对付新型的对手；三是有野心的欧洲军官肆意侵略、残暴成性，渴望证明自己勇敢善战从而能够加官晋爵；四是双

---

① 〔美〕斯塔夫里阿诺斯：《全球分裂：第三世界的历史进程》，第 218、223 页。

② 〔美〕斯塔夫里阿诺斯：《全球分裂：第三世界的历史进程》，第 231 页。

③ 〔美〕斯塔夫里阿诺斯：《全球分裂：第三世界的历史进程》，第 232 页。

方在军事技术方面差距极大。①

在征服非洲后，欧洲人采取多种策略控制非洲殖民地，如划定不同殖民地之间的边界线、采取多种形式的间接统治、传教士以宗教、医药和教育来改变非洲人。斯塔夫里阿诺斯指出："殖民强国的控制技术一般来说是奏效的，但也制造了从非洲民族主义运动中表现出来的紧张关系。"②

随着奴隶贸易的结束和整个非洲大陆被瓜分殆尽，非洲被完全纳入全球性工业资本主义经济秩序，呈现单一的政治经济体系。斯塔夫里阿诺斯分析了非洲经济的共同特点：一是作为经纪人的非洲商人（和阿拉伯商人）已被裁减或排除；二是商品输出的发展或扩大；三是直接通过强迫劳役或间接通过索取棚屋税或人头税以调动本地的劳动力。他指出，尽管有上述共同的经济特点，非洲大陆被纳入国际市场经济的最初模式还是取决于当地的条件和产品。③

斯塔夫里阿诺斯认为，殖民统治提高了非洲土地的生产力，但其利润却被欧洲公司、移民和经纪人拿走并转移到了国外。新的经济联系是纵向地与欧洲诸宗主国中心的联系，而不是横向地与邻近地区或国家的联系。④他指出，非洲经济被纳入世界市场经济，给非洲人带来了单一经营的灾难，单一经营意味着过分专业化和原来自给自足的地区需要依赖进口粮食，既容易受到世界市场物价剧烈波动的影响，又容易受到植物病虫害的摧残，病虫害可以摧毁掉整茬农作物，进而则可毁掉整个经济。⑤

中国被纳入第三世界，与奥斯曼帝国很相像。由于若干个列强对中国发生兴趣，中国逃脱了如印度那样完全被外国占领和直接统治的命运。自鸦片战争起，西方列强不断入侵中国，中国被迫签订了一系列不平等条约，蒙受割地、赔款、开放通商口岸、

---

① 〔美〕斯塔夫里阿诺斯：《全球分裂：第三世界的历史进程》，第 241 ~ 243 页。

② 〔美〕斯塔夫里阿诺斯：《全球分裂：第三世界的历史进程》，第 248 页。

③ 〔美〕斯塔夫里阿诺斯：《全球分裂：第三世界的历史进程》，第 248 ~ 249 页。

④ 〔美〕斯塔夫里阿诺斯：《全球分裂：第三世界的历史进程》，第 252 页。

⑤ 〔美〕斯塔夫里阿诺斯：《全球分裂：第三世界的历史进程》，第 253 页。

授予治外法权等民族屈辱。西方对中国经济的种种入侵产生了广泛影响：中国与西方的贸易额迅速增加；通商口岸对中国的民族经济并未起到像对印度和东南亚经济那样带有根本性的普遍改组作用；传教士的大力活动使中国传统文化受到西方文化的影响。⑥斯塔夫里阿诺斯指出："19世纪中国的依附性和欠发达经济的特点是有增长而无发展，即原料出口额和工业制成品进口额增多，但整个民族经济却没有得到发展。"⑦经济分裂、买办活动、农民贫困等，加速了大清帝国的瓦解。

俄国被纳入第三世界，始于克里米亚战争之后。在19世纪以前，俄国未被卷入世界市场经济体系。工业革命的爆发，使俄国被远远地抛在后面，克里米亚战争充分暴露了俄国的落后，促使其走上变革之路。1861年，俄国实行农奴制改革，极大促进了资本主义工业的发展。同时，俄国政府为刺激工业发展采取了修筑铁路、鼓励引进外国资本和技术等措施，也推进了俄国工业化的发展。这些举措，不仅加快了俄国经济的增长，并驱使它进入国际资本主义世界体系。斯塔夫里阿诺斯指出："俄国农业日益依赖西方市场，工业日益依赖西方资本和技术，这意味着第三世界已经扩展到把波罗的海与太平洋之间欧亚大陆的广大地区也包括在内。"⑧

斯塔夫里阿诺斯认为："尽管俄国在克里米亚战争之后的60年间已经迅速工业化，但却发生了一场大动乱，摧毁了沙皇王朝与沙皇制度，其基本原因是在工业化进程中俄国已经成为第三世界的一部分，经历了没有经济发展的经济增长阶段。"⑨

在俄国、中国等被纳入第三世界行列之时，日本却是个例外。19世纪中叶，面对西方的入侵，日本于1868年起实行明治维新，于1889年颁布宪法。之后，日本有条不紊地废除了不平等条约。

---

⑥〔美〕斯塔夫里阿诺斯：《全球分裂：第三世界的历史进程》，第270～271页。

⑦〔美〕斯塔夫里阿诺斯：《全球分裂：第三世界的历史进程》，第272页。

⑧〔美〕斯塔夫里阿诺斯：《全球分裂：第三世界的历史进程》，第281页。

⑨〔美〕斯塔夫里阿诺斯：《全球分裂：第三世界的历史进程》，第283～284页。

1894 年，日本说服英美于五年后终止其治外法权和领事裁判权，同年取得中日甲午战争的胜利。到 1899 年，日本获得了可在自己国土上对所有外国人行使的法律裁判权。从此，日本不再被视为一个次等国家。斯塔夫里阿诺斯认为，只有日本逃脱了被征服的命运，获得独立发展，其原因是日本的工业化是在外国投资极少的情况下完成的。[1] 日本经济现代化资金主要来自农业，没有发生如英国圈地运动时大批农民流入城市的情况，其长期与世隔绝的状态使其不可能发展出第三世界进口奢侈品和廉价消费品的通用模式，也易于政府控制对外贸易。日本政府也阻止外国资本在国内的投资，雇主在国家机器的支持下把工人工资压得很低。总之，在明治维新后的半个世纪，日本进入了世界市场经济，摆脱了沦为第三世界的命运。

3. 第三世界早期的反抗运动

19 世纪是西方在世界范围内称霸的时代，第三世界的范围则在全球扩展。在被统治、被剥削的同时，第三世界出现了对西方统治的反抗运动。这一过程肇始于 18 世纪的美洲黑奴运动，那里的海外掠夺开始得最早且最为残暴，最为成功的例子是黑人杜桑·卢维杜尔领导的海地独立革命。随着西方帝国主义对欧亚大陆的控制进一步扩展，反抗运动也相应逐渐展开，出现在南亚和东亚、中东和非洲。

斯塔夫里阿诺斯认为，第三世界早期的反抗运动并非真正的革命运动。这些运动领导人并没有寻求重新改组阶级关系或破坏全球性市场经济，他们并不代表对占统治地位的世界资本主义秩序的一种革命性的挑战。[2]

1914 年以前第三世界的各种反抗运动是对 19、20 世纪之交帝国主义列强世界范围的扩张主义所做的回应，除日本外，均以失败告终。斯塔夫里阿诺斯认为，这是由于第三世界的民族没有反抗帝

世界史学名著导读（修订版）

① 〔美〕斯塔夫里阿诺斯：《全球分裂：第三世界的历史进程》，第 299 页。
② 〔美〕斯塔夫里阿诺斯：《全球分裂：第三世界的历史进程》，第 308 页。

国主义进攻的能力。外因是第三世界各民族之间在早期没有任何相互支持的国际组织，帝国主义列强则在全球范围内一再互相支援；内因是第三世界抵抗运动的理论与实践不够充分。[①]

六　20世纪第三世界争取独立的斗争

在斯塔夫里阿诺斯看来，19世纪第三世界的显著特征是其范围在全球扩展，20世纪第三世界的显著特征却是其逐步解体，第三世界成为全球革命运动的中心，形成了两波全球性革命浪潮：第一次革命浪潮是1914～1939年，是在俄国革命推动下进行的，而1914年之前是这一阶段的孕育期；第二次肇始于1939年，1949年中国革命的胜利预示着第二次革命浪潮的到来。欧洲殖民帝国逐步解体，一些殖民地国家通过社会主义革命取得了完全独立，另一些殖民地国家获得政治自由，却依然受到外国经济控制，这是一种新的殖民主义。

1. 第三次工业革命对第三世界的影响与第一世界的反革命战略

第三次工业革命是在军用刺激下发轫，以前所未有的速度和深度影响着宗主国与殖民地。斯塔夫里阿诺斯指出："其影响并不仅限于那些最先生产出硅片、最先发展农业产业科技的工业化国家，几乎与其同时，世界上其他地区也受到了影响，甚至是更具破坏性的影响。数以亿计的农民背井离乡，城镇化实现了，但工业化却没有实现。环境恶化，贫富差距进一步拉大，富国和穷国收入差距逐步拉大，第三世界内部穷人和富人的收入差距也在进一步拉大。由此导致的结果是，第三世界在20世纪成为全球革命活动的中心。而本身在技术上充满活力、积极进取的垄断资本主义如今受阻而变为了防御性质……正极力争取通过新殖民主义方式，或各种各样直接或间接的活动去抵制革命运动，以间接方式维持统治。"[②]

① 〔美〕斯塔夫里阿诺斯：《全球分裂：第三世界的历史进程》，第354页。
② 〔美〕斯塔夫里阿诺斯：《全球分裂：第三世界的历史进程》，第372～373页。

斯塔夫里阿诺斯认为，革命并未发生在期望的中心地区，而是发生在边缘地区，其原因有二：一是西方工业化国家的个人在赢得选举权、获得在工会中集会的权利后权力增加。西方国家建立起全面的福利体系，其工人选择在维持现有社会秩序的前提下通过改革来提高劳动力地位。二是宗主国地区的工资水平和生活水平不断提高，而第三世界的情况却在不断恶化。[1]

斯塔夫里阿诺斯指出："第二次世界大战后第三次工业革命的到来与跨国公司的出现，使发达国家与欠发达国家由来已久的差距进一步拉大。"[2]跨国公司不能解决不发达国家面临的问题，非但没使第三世界摆脱对第一世界的经济附属地位，反而使其得到进一步强化，其原因有二：一是跨国公司在第三世界建立运营自己的工厂，对第三世界经济体的控制达到先前间接投资阶段未曾有过的程度；二是跨国公司加强了剥削程度，强化了第三世界的从属程度。[3]

斯塔夫里阿诺斯认为，"第一世界和第三世界之间的差距进一步拉大，并没有导致全球范围的革命自动爆发，但却第一次创造出了全球革命爆发的可能性条件"，"而点燃革命的烈火，需要两次世界大战提供的火星，两次世界大战削弱了殖民帝国的统治，激发了受压迫殖民地人民的民主主义诉求和对社会主义的瞻望"。[4]他指出，即使两次世界大战带来的秩序中断和混乱局面本身也不能引起社会革命，20世纪的革命运动进程很大程度上取决于宗教复兴主义、改革主义和革命主义三种意识形态能否成功获得农民支持。[5]斯塔夫里阿诺斯称："殖民地革命有个显著特点，就是其发展速度，正是由此，革命运动变得复杂起来，也更为有效。"[6]

西方列强从一开始就通过直接或间接的方式抵制第三世界的革

世界史学名著导读（修订版）

---

① 〔美〕斯塔夫里阿诺斯：《全球分裂：第三世界的历史进程》，第374页。
② 〔美〕斯塔夫里阿诺斯：《全球分裂：第三世界的历史进程》，第375页。
③ 〔美〕斯塔夫里阿诺斯：《全球分裂：第三世界的历史进程》，第381页。
④ 〔美〕斯塔夫里阿诺斯：《全球分裂：第三世界的历史进程》，第383页。
⑤ 〔美〕斯塔夫里阿诺斯：《全球分裂：第三世界的历史进程》，第383～384页。
⑥ 〔美〕斯塔夫里阿诺斯：《全球分裂：第三世界的历史进程》，第386页。

命运动。到 20 世纪，垄断资本主义采取新殖民主义来对付边缘国家的民族主义和社会主义革命运动。斯塔夫里阿诺斯指出，新殖民主义是一种间接统治体系，殖民大国允许殖民地在政治上独立，但却对其实施积极控制，进行经济剥削。[①]与殖民主义依赖宗主国的管理人员、支持和利用当地最为保守的人士不同，新殖民主义把目光投向当地的资产阶级；保证新独立的政权在性质和目标上都必须是完全的民族主义性质，若有殖民地诞生社会主义革命政权的危险，则坚决拒绝其独立。[②]

斯塔夫里阿诺斯指出，面对第三世界的革命运动，第一世界采取了政治、经济、文化三种反革命战略。在政治上，就是有选择性地给予领导民族主义革命而非社会主义革命的领导人独立地位。其具体策略有：公开武装干涉、秘密的"破坏活动"、支持势力较弱的帝国主义国家，将其打造成小伙伴来维持战略地区的现状、公开支持反动政权、有选择性地为一些政治人物提供避难、有选择性地在某些国家执行人权行动等。在经济上，提供大量贷款，使第三世界国家越来越依赖出口传统产品，依赖外国资本和市场。在文化上，文化帝国主义泛滥，第三世界国家的文化饱受冲击，使第三世界人民形成一种自卑心态；而大众消费主义的蔓延，抑制了社会变革。[③]

2. 第一波全球性革命浪潮的发轫

20 世纪第一波全球性革命浪潮发轫于 1917 年俄国革命。斯塔夫里阿诺斯认为，第一次世界大战使俄国的社会主义革命成为可能，这场革命预示着一个新时代的到来；尽管俄国在政治和军事上算得上是一个大国，但其在经济上却只能划到附属的第三世界，这在很大程度说明为何革命会爆发在俄国；从历史角度讲，1917 年革命标志着一场全球性内战的开始，而且这场内战在第二次世界大战

① 〔美〕斯塔夫里阿诺斯：《全球分裂：第三世界的历史进程》，第 388 页。

② 〔美〕斯塔夫里阿诺斯：《全球分裂：第三世界的历史进程》，第 388～389 页。

③ 〔美〕斯塔夫里阿诺斯：《全球分裂：第三世界的历史进程》，第 391～411 页。

后波及的速度明显加快。[①]

对 1917 年俄国社会主义革命爆发的原因，斯塔夫里阿诺斯认为是基于一系列特殊因素的组合："战前工人和农民的不满情绪，俄国薄弱的工业基础以及由此导致的中产阶级力量弱小，历经灾难性的军事失败，军队崩溃与叛变时有发生，最终大众要求立即实现和平——而只有布尔什维克承诺满足这一新需求。"[②]他分析了这场革命胜利的原因，主要有：进行干涉的各个列强意见不一、摇摆不定，白俄领导人在政策目标上纷争不已，而布尔什维克则严以律己、团结一致，国防人民委员托洛茨基的领导非常出色，最重要的因素是赢得了广大农民的支持。[③]

俄国革命与苏联的社会主义建设对第三世界影响巨大。斯塔夫里阿诺斯指出："对第三世界来说，苏维埃制度是首次与国际市场经济的脱离，是替代西方资本主义制度的第一个具有可行性的发展模式。"[④]他认为苏联模式有三大特点：一是把社会革命作为全面革新政治制度和社会制度的先决条件，以满足动员人力和物力资源的需求；二是切断与西方殖民大国先前的经济联系，这样当地资源就可用来满足当地需要，而不用再去满足帝国主义需要；三是要求在全国范围内不断推行公共教育、技术培训、公共卫生工作来开发人力资源。[⑤]

3. 第一波全球性革命浪潮

1914～1939 年，第三世界发生了一系列革命。除了俄国，此次革命浪潮席卷中东、中国、印度、非洲、拉丁美洲等地。斯塔夫里阿诺斯称，这一时期第三世界的革命运动，除中国外，在本质上都是民主主义性质的，其领导人都有着资产阶级背景，他们渴求独立却反对阶级斗争，拒绝对社会进行根本变革；这一时期的革命也深

---

① 〔美〕斯塔夫里阿诺斯：《全球分裂：第三世界的历史进程》，第 415、416 页。

② 〔美〕斯塔夫里阿诺斯：《全球分裂：第三世界的历史进程》，第 425 页。

③ 〔美〕斯塔夫里阿诺斯：《全球分裂：第三世界的历史进程》，第 427 页。

④ 〔美〕斯塔夫里阿诺斯：《全球分裂：第三世界的历史进程》，第 437 页。

⑤ 〔美〕斯塔夫里阿诺斯：《全球分裂：第三世界的历史进程》，第 437 页。

受大国政策的影响。①

对第三世界第一波全球性革命浪潮的爆发，斯塔夫里阿诺斯认为其背景是：第一次世界大战严重削弱了殖民帝国的威望；殖民地和半殖民地大量人力参与了此次战争，回国后对宗主国不再毕恭毕敬；革命思想也在殖民地得到传播；国内的资产阶级领导反殖民主义斗争等。②

斯塔夫里阿诺斯具体分析了各地的革命运动。他指出，印度国大党之所以能成功操控并限制群众运动，一方面在印度没有其他可以取代它的政党，另一方面是英国采取了狡猾的策略：把镇压和安抚巧妙地结合在一起，又利用印度教徒去反对穆斯林。最重要的是，印度资产阶级的作用，他们精明地与甘地、尼赫鲁等国大党领导人合作，形成一个都关心印度的政治独立事业，同时却本能地反对社会革命的事实联盟。③斯塔夫里阿诺斯认为，甘地是引导国大党走向非社会主义革命道路过程中的关键人物，"他成功促成了反对英国统治的民族革命，却也钳制了反对本土体制的社会革命"④。

随着奥斯曼帝国的崩溃，中东地区成为英国和法国的委任统治地，土耳其、波斯、巴勒斯坦、埃及等爆发了民族主义运动。斯塔夫里阿诺斯指出，第一次世界大战后阿拉伯世界的民族独立斗争透露着明显相同的轨迹：首先是起义爆发进而衍化成武装反抗，其次是英国和法国逐步恢复秩序，重新树立起他们的权威，最后是英国和法国给予这些国家不同程度的自治。⑤他分析了一系列阿拉伯民族主义运动导致的最终结果："在整个阿拉伯世界的受委任统治国和当地的统治精英之间形成了一种事实上的联盟，那些进行统治的列强可以指望当地的精英尊重他们的帝国主义利益，后者则完全依

---

① 〔美〕斯塔夫里阿诺斯：《全球分裂：第三世界的历史进程》，第 441～442 页。

② 〔美〕斯塔夫里阿诺斯：《全球分裂：第三世界的历史进程》，第 443～444 页。

③ 〔美〕斯塔夫里阿诺斯：《全球分裂：第三世界的历史进程》，第 455 页。

④ 〔美〕斯塔夫里阿诺斯：《全球分裂：第三世界的历史进程》，第 457 页。

⑤ 〔美〕斯塔夫里阿诺斯：《全球分裂：第三世界的历史进程》，第 459 页。

赖于帝国主义的扶持。"① 在经济上，中东一直处于附庸地位。斯塔夫里阿诺斯分析指出："处于僵化状态的政治形势，使得中东任何地方进行社会改组的可能性都没有了，经济上的附属地位自然也就更加难以避免。农民依然受剥削，致使其购买力无法形成，而购买力则是独立经济发展的前提，最终的结果便是依附性经济不断发展。"②

在巴勒斯坦，斯塔夫里阿诺斯认为阿拉伯民众在争取民族独立和自治的过程中没有任何进展；巴勒斯坦的特殊性在于，在当地的阿拉伯人和英国委任统治当局之间闯入一个第三者，即犹太复国主义者。犹太复国主义者有较好的组织、动员及战斗能力，因此他们在第二次世界大战前后很快便占了优势。尽管他们在总人口中明显只占少数，但却成功阻止了阿拉伯人建立代议制政府和停止犹太移民的要求。因此，阿拉伯人的反抗斗争日益加强，他们既反对犹太人也反对英国人，这一三角斗争在 1948 年以色列建国之前一直震撼着巴勒斯坦地区。③

在第一次世界大战与两次世界大战之间，非洲继续遭受西方列强的统治和剥削，帝国主义的统治结构得到加强和扩展。20 世纪 20 年代，双方关系得到缓和，但随着大萧条在 30 年代的持续蔓延和贸易条件的持续恶化，最终的紧张局势衍化成了非洲农民、商人和领工资者对现行的国际市场经济和统治他们的外国行政官员的不满，非洲出现了反抗斗争，其领导人大都毕业于欧洲或欧式学校，学习的专业大都是法律、医学、工程技术、会计学或公共管理。斯塔夫里阿诺斯分析了这些新兴的非洲精英阶层的局限性："一心关注他们与欧洲人的关系，而几乎没有考虑过与那些未受过教育、占非洲人口大多数的同胞的关系；他们虽然意识到动员群众支持的必要性，但他们却是动员群众去反对欧洲统治中的不公正现象，而不是反对欧洲统治本身。"④

① 〔美〕斯塔夫里阿诺斯：《全球分裂：第三世界的历史进程》，第 460 页。
② 〔美〕斯塔夫里阿诺斯：《全球分裂：第三世界的历史进程》，第 461 页。
③ 〔美〕斯塔夫里阿诺斯：《全球分裂：第三世界的历史进程》，第 465 页。
④ 〔美〕斯塔夫里阿诺斯：《全球分裂：第三世界的历史进程》，第 488～489 页。

南非是个特例。由移民者建立起来的当地政权，肆意地残酷剥削当地的人力资源和丰富的物力资源，从而建立起强大的工业化经济体系，取得了完全的政治独立，但占人口大多数的黑人则居于从属地位。斯塔夫里阿诺斯指出，南非经济有着种种联系，最终形成经济的综合发展，而当地充足、廉价、易管的劳动力资源，以及良好的自然条件，使南非实现了独立、可以自我增生的经济全面发展，但其背后却是种族隔离制度。[①]

在拉丁美洲，19 世纪的新殖民主义地位延续到了 20 世纪。斯塔夫里阿诺斯认为，第一次世界大战对拉丁美洲的经济产生影响，美国对拉丁美洲的产品出口无论在绝对意义还是实质意义上都大幅提升，而大萧条使拉丁美洲国家蒙受的打击程度要远远深于工业化国家，这对其政治和社会产生了深远影响，到 20 世纪三四十年代拉丁美洲出现了政治动荡和政府的非正常更迭。[②]

4. 第二波全球性革命浪潮

自 1939 年起，特别是第二次世界大战后，第三世界掀起了第二波全球性革命浪潮，出现全球性革命现象。在短短 20 年内，第三世界的民族主义起义和社会主义革命运动已经打碎了在几年前还看似坚不可摧的欧洲帝国统治。

斯塔夫里阿诺斯认为，第二波全球性革命浪潮的兴起，是基于以下四点因素：其一，两次世界大战之间第三世界的民族主义运动逐步成熟；其二，第二次世界大战期间，几百万殖民地人民曾在同盟国军队和日本军队及劳工营中服役，这进一步促进了殖民地人民的觉醒；其三，主要殖民列强则在第二次世界大战期间遭到空前严重的削弱；其四，第二次世界大战造成的空前的物质破坏和政治破坏也推动了殖民地的革命。但所有这些革命因素也受到了强大的反革命势力的压制，这些反革命势力既包括原来的欧洲殖民帝国，也包括试图主导战后世界秩序的美国以及乐于划分

---

① 〔美〕斯塔夫里阿诺斯：《全球分裂：第三世界的历史进程》，第 491～493 页。
② 〔美〕斯塔夫里阿诺斯：《全球分裂：第三世界的历史进程》，第 495～498 页。

势力范围的苏联。①

　　斯塔夫里阿诺斯把第二次世界大战后第三世界的革命划分为民族主义革命、社会主义革命和殖民地革命三种类型。民族主义革命的领导者主要是民主主义者，他们希望结束外国的统治，却不希望改变社会制度或阶级关系。这些殖民地取得了政治独立，但却没有摆脱帝国主义，都成了新殖民主义的附庸。社会主义革命的领袖往往具有民族主义者和社会革命者的双重身份，他们领导的独立运动既属于民族革命，也属于社会革命，他们希望同时打造新的政治秩序和社会秩序。这种革命受到传统殖民帝国及美国的抵制。殖民地革命主要是针对当地的欧洲殖民者，殖民者在大多数情况下最终都会被迫让步。这三种革命类型催生出民族主义国家、社会主义革命国家和白人殖民者统治的国家三种类型的第三世界国家。②

　　斯塔夫里阿诺斯指出，由于经济上面临的压力，加上不断发生的群体骚乱，迫使大多数民族主义政权都从新殖民主义转向了国家资本主义，这种转变往往是通过官僚机构的文官和军官成员发动政变来实现的，这些政变发动者由于缺乏独立的经济社会基础，只能依靠军队或国家机器，结果通常是出现军事独裁或一党专政。但最终，超额的债务负担、贸易赤字、发展失败，再加上进入西方市场出口其工农业产品受到限制，他们不得不再度重新依附于世界资本主义秩序，③如印度、埃及、伊朗、热带非洲、巴西等国家和地区。

　　斯塔夫里阿诺斯把第二次世界大战后出现的社会主义政权分为两类：第一类是东欧的社会主义国家，第二类是在第三世界建立的社会主义国家。后者是在本土农民革命的基础上建立起来的，没有依赖苏联红军。第三世界的社会主义政权，有相同的有利条件和不利条件。斯塔夫里阿诺斯指出，其有利条件是从一开始就着眼于既要进行社会改组又要实现经济独立，其领导者和群众早已在革命斗

---

① 〔美〕斯塔夫里阿诺斯：《全球分裂：第三世界的历史进程》，第538～539页。

② 〔美〕斯塔夫里阿诺斯：《全球分裂：第三世界的历史进程》，第542～543页。

③ 〔美〕斯塔夫里阿诺斯：《全球分裂：第三世界的历史进程》，第543～544页。

争中被动员起来并得到锻炼；不利条件是西方一直对其抱有敌意，最大困难是贫困等，内外压力交织，使这些国家在独立后动荡不安，① 如越南、莫桑比克和古巴等。

白人移民政权是第二次世界大战后第三世界出现的第三种类型的政权，南非和以色列是其典型代表。斯塔夫里阿诺斯指出，尽管南非和以色列绝不是相同的移民者社会，但也有一些共同特征，这是他们生存、繁荣的保障：一是两国都有大量的足以居于支配地位的同民族人口，这为其提供了坚实的统治基础；都以《圣经》信条作为自己要求的合法性基础；都建立了与其经济实力相匹配的军事机构和力量；都获得了西方大国的经济支持和外交支持。②

在第 24 章，斯塔夫里阿诺斯总结了他对第三世界演变与现状的看法。他认为，第三次工业革命对农民的冲击是第三世界及其他地区革命浪潮汹涌澎湃的根本原因。他说："今天，农民的劳动正在被第三次工业革命所引起的具有能动性的资本主义工艺所替代。如果当前的趋势再延续几十年，那全世界农民都将步食物采集者的后尘而变为历史的陈迹。这是波及第三世界并间接波及世界上其他地区不断发展的革命浪潮汹涌澎湃的根本原因。"③ "动乱"是斯塔夫里阿诺斯归纳的 20 世纪后期世界发展的特色，这个时期也是全球性对抗的时期。④ 他指出，欠发达国家面临的困境是企求发达国家的"暂时的让步"还是自身的"长期的结构性变革"。⑤ 他研究得出的结论是："我们面临的问题并不单单是第三世界的欠发达，而且还是第一世界的过度发达或者畸形发达，而且这两者相互联系、相互影响。"⑥ 换言之，认识和探讨过度发达与欠发达之间的相互联系大有必要。

---

① 〔美〕斯塔夫里阿诺斯：《全球分裂：第三世界的历史进程》，第 608 ~ 610 页。

② 〔美〕斯塔夫里阿诺斯：《全球分裂：第三世界的历史进程》，第 648 页。

③ 〔美〕斯塔夫里阿诺斯：《全球分裂：第三世界的历史进程》，第 691 页。

④ 〔美〕斯塔夫里阿诺斯：《全球分裂：第三世界的历史进程》，第 692 ~ 696 页。

⑤ 〔美〕斯塔夫里阿诺斯：《全球分裂：第三世界的历史进程》，第 696 页。

⑥ 〔美〕斯塔夫里阿诺斯：《全球分裂：第三世界的历史进程》，第 707 页。

第三节　评析与学习启迪

一　原著评析

1. 从整体上系统研究了第三世界的历史演变

"第三世界"这个词虽然出现在第二次世界大战之后，但作为一种历史事实，却是随着资本主义的产生、发展而出现的。斯塔夫里阿诺斯把第三世界历史开端定于15世纪，把第三世界历史分为出现、扩展、形成全球性体系、解体四个阶段，系统研究第三世界演变的历程，并揭示每个阶段的特点。作者没有拘泥于第三世界某个或多个具体国家，而是把第三世界作为一个整体来研究，揭示第三世界的共同特征。作者的研究，有助于人们从宏观、整体上把握第三世界的发展脉络与基本特征，对学习和研究第三世界历史具有重要意义。正是基于此，该著获得学界很高评价。美国历史学家尤金·吉诺维斯（Eugene Genovese）称："多亏有了斯塔夫里阿诺斯的这本大作，我们现在可以以一种有意义的方式来讲授第三世界通史……任何想要理解当前世界危机的人，都可以从细阅本书中获益良多。"[1]

2. 揭示了第三世界形成与处于欠发达状况的实质

第三世界国家虽然实现了政治上的独立，但不可否认的事实是，第三世界国家经济上并没有获得独立，依然处于欠发达状态，国内时局也时常动荡不已。第二次世界大战后的国际冲突与热点地区，也多是发生在第三世界国家。其原因是多方面的，但从根本上讲，是由于第三世界对第一世界的依附地位。在《第三世界》中，斯塔夫里阿诺斯把"第三世界"定义为"占据支配地位的宗主国中心与处于依附地位的外缘地区之间的一种不平等关系"，[2]这揭示了"第三世界"的本质，它与资本主义的兴起和发展相辅相成。随着西欧资本主义的兴起，第

① 〔美〕斯塔夫里阿诺斯：《全球分裂：第三世界的历史进程》，封底。
② 〔美〕斯塔夫里阿诺斯：《全球分裂：第三世界的历史进程》，第30页。

三世界成为西方列强的殖民地，为宗主国提供物力和人力资源、商品市场，成为其附庸。从19世纪起，随着殖民地的独立，殖民主义衰退，但新殖民主义兴起，其核心是尽管允许第三世界国家独立，但仍对其实行经济控制，第三世界国家与宗主国的联系超过本国内部的联系，依然没有摆脱经济上的从属地位，其发展是没有经济发展的经济增长。正如斯塔夫里阿诺斯所指出的："当今世界极重要的一个特征就是第三世界有经济增长而无经济发展，与第一世界之间的贫富差距日益拉大，其自身内部的贫富差距也在日益加大，究其因，在于第三世界是西方自身历史的一个组成部分。问题不单单是第三世界欠发达，还有第一世界过度发达或畸形发达，两者相互联系、相互影响，所以全球问题必须作为一个整体来考虑和处理。"①

3. 突破了欧美中心论

欧美中心论不仅反映在国际事务上，国内外学界也普遍大受其影响。尽管其出发点是为了美国及其西方国家，但斯塔夫里阿诺斯把第三世界作为研究主题、从历史角度探讨第三世界形成与欠发达的深层次原因，突破了欧美中心论，在西方学界来说尤为可贵。作者的研究表明，需要从整体上研究第三世界，需要从与西方国家相互联系的角度看待第三世界。作者的探讨也得到了学界肯定。美国世界历史协会创立主席凯文·赖利（Kevin Reilly）称，斯塔夫里阿诺斯的《第三世界》是研究第三世界的第一部通史，彻底改变了现代世界历史的教学。②国内著名学者罗荣渠也称"这是一部具有开创性、系统讲述第三世界发展过程的不可多得的通史巨著"③。

当然，作者的一些观点还有待商榷。如作者把20世纪视为第三世界解体的时期，明显是以资本主义发展为出发点的。与20世纪以前一国接着一国沦为西方列强附庸的第三世界国家相比，20世

---

① 〔美〕斯塔夫里阿诺斯：《全球分裂：第三世界的历史进程》，封底。

② Kevin Reilly, "Remembering Leften Stavrianos, 1913–2004," *World History Connected*, Vol.1, Issue 2, 2019.

③ 〔美〕斯塔夫里阿诺斯：《全球分裂：第三世界的历史进程》，封底。

纪是其觉醒的时期，是一国接着一国革命、实现独立的时期，是第三世界发展的新阶段。此著的最后一章"共同的认识"也受到有些学者的质疑。如美国科罗拉多大学的汤姆·梅耶（Tom Mayer）指出，斯塔夫里阿诺斯提倡权力非集中化、民众参与、社会平等和优先发展食品战略，但在缺乏社会革命的情况下如何能实现这些目标存疑。[1]

二 学界关于"第三世界"的研究

"第三世界"这个术语，一般认为它是法国人口学家、经济学家阿尔弗来德·索维（Alfred Sauvy）在1952年首次使用。对其定义，除了斯塔夫里阿诺斯的看法，还有些其他观点。如美国前国务卿小亚历山大·黑格（Aletander Haig Jr.）称"第三世界"是个"危险的神话"。他在被提名的听证会上指出："第三世界，如果说有这样一类国家的话，它也是一个易让人误解的名词"，"其中包含着共同的条件和共同的目标，而且就词义的外延来讲，这个词还暗含着美国的外交政策。总之，第三世界是一个神话——而且还是一个危险的神话"。[2]国内学者罗荣渠认为，"第三世界"指的是16世纪以来西方资本主义兴起过程中从属于西方工业世界的广大农业世界，也就是非西方世界那些在经济上依附于西方工业"中心"的农业"边缘地区"。[3]他称这一概念具有明显的不确定性，同属于这一范畴内的各国之间存在巨大差异性，在使用时不能只看到第三世界的历史共同性而忽视其内部的极大差异性。[4]

随着第三世界的崛起，第三世界也成为国内外学界研究的热点之一。有大量出版物专门研究"欠发达国家""发展中国家"的各种

---

[1] Tom Mayer, "Book Reviews: Global Rift: The Third World Comes of Age," *Review of Radical Political Economics*, Vol.15, Issue 4, 1983, pp.162–163.

[2] 转引自〔美〕斯塔夫里阿诺斯《全球分裂：第三世界的历史进程》，第31页。

[3] 罗荣渠：《现代化新论》，第173页。

[4] 罗荣渠：《现代化新论》，第176页。

问题，实际上就是第三世界研究。其中对第三世界欠发达原因的探讨是重要领域。如美国经济学家加尔布雷思（Calbrith）把第三世界分为三种模式，并考察了第三世界欠发达的内部原因。第一种模式主要针对撒哈拉以南的非洲国家。这些地区文化基础不足、政权软弱、土地贫瘠、运输困难、基础设施匮乏、疫病流行、内战频发、市场狭小。第二种模式主要针对南亚。这些地区人口增长过快、资本短缺、等级结构仍延续、所有权不平衡（特别是农业方面）、官僚组织近乎瘫痪、腐败普遍、经济相对封闭。第三种模式主要针对拉丁美洲。这些地区社会结构不平等、市场狭小、利润多流入跨国公司、政府和地方经济精英手中、腐败无法控制、通货膨胀严重。这些问题导致第三世界仍旧维持贫穷。[1]也有一些学者考察第三世界欠发达的外部因素。如法国地缘政治学专家 G. 加连德（G.Ghaliand）指出，欠发达不是由于第三世界国家的全局结构所造成的内在现象，而是世界资本主义制度的产物，并且是它的一个组成部分；发展不是一个依靠投入资本就能解决的经济问题，而是一个政治问题。[2]拉丁美洲经济学家劳尔·普利维什（Raul Prebisch）认为，拉丁美洲经济不发达的根源是中心（西方工业大国）和外围（欠发达国家）之间在经济上的不平等，以及中心国家对外围国家的剥削。外围国家要实现经济发展，首先要打破不利于自身发展的"中心—外围"结构，通过进口替代工业化战略和地区经济一体化，形成一个广阔的市场，以集体的力量来与中心国家抗衡。[3]

第三世界面临的困境也是学者关注的问题。如联邦德国一位学者在 20 世纪 80 年代初就指出，第三世界不是铁板一块或浑然一体的单

---

① 〔挪威〕盖尔·伦德斯塔德：《战后国际关系史》（第 6 版），张云雷译，吴征宇校，中国人民大学出版社，2014，第 220～223 页。

② G. Chaliand, *Revolution in The Third World*, New York: Viking Press, 1977, p.12. 转引自〔美〕斯塔夫里阿诺斯《全球分裂：第三世界的历史进程》，第 26 页。

③ 〔阿根廷〕劳尔·普利维什：《外围资本主义：危机与改造》，苏振兴、袁兴昌译，商务印书馆，1990。转引自赵天娥《劳尔·普利维什与第三世界的经济发展理论》，《理论前沿》2004 年第 11 期。

纯事物，各国领土、收入、政体和社会秩序形形色色，面临的问题各种各样。[①]也有青年学者关注冷战后第三世界中的族群冲突、社会革命、国家内战与人道干预。[②]

此外，有大量关于第三世界具体国家的个案研究。

三　学习启迪

《第三世界》的观点与研究方法对我们学习和研究第三世界有重要启迪，除了上述方面，还有以下几点尤为重要。

1. 重视科技革命对历史的推动作用

《第三世界》在研究过程中，非常重视科技革命在第三世界历史演进进程中的推动作用。作者认为，工业革命推动了资本主义的发展，使第三世界向全球性体系扩展，促使殖民主义在第三世界渐趋衰落；第二次工业革命促使竞争的资本主义向垄断资本主义转化，而垄断资本主义的发展导致19世纪末叶殖民帝国主义的大规模扩张，这反过来也意味着第三世界已变成了一个全球性的体系；第三次工业革命导致第三世界在20世纪成为全球革命活动的中心，而垄断资本主义变为防御性质，正极力争取通过新殖民主义方式来维持统治。作者的这些观点符合唯物史观，也从另一个角度表明，第三世界的依附与落后状况，是没有抓住科技革命的机遇，反而对西方资本主义科学与技术的依赖不断加深。

2. 注重多样性与统一性的有机统一

第三世界国家千差万别，其历史与发展无疑具有独特性，对其进行个案研究非常必要，这也是许多学者所开展的工作，但个案不能揭示第三世界的普遍性与规律性。作者在著中也对许多第三世界国家进

---

① 〔联邦德国〕汉斯·W. 贝格：《第三世界：不同的国家不同的问题》，阚岳南译，《世界经济与政治论坛》1983年第9期。

② 张敦伟：《第三世界中的族群冲突：社会革命、国家内战与人道干预》，《战略决策研究》2015年第2期。

行了个案研究（如中国、印度、土耳其等），说明了其独特性。但作者的重心不是个案研究，而是整体研究，是要揭示第三世界作为一个整体的共性特征。如作者对第三世界的定义、经济发展典型特征的分析等，对我们学习和研究第三世界，乃至学习和研究历史提供了很好的参考。第三世界国家各具特征，但也面临着实现和巩固民族独立、发展经济的共同任务与共同难题，需要展开宏观、整体研究，即要注意个案研究与整体研究的统一，探寻第三世界历史演变的基本规律。

此外，学习《第三世界》有助于我们坚定"四个自信"。在《第三世界》中，作者在探讨第三世界国家普遍面临的困境的同时，也探讨了第三世界许多国家为改变依附、欠发达状态所做的种种尝试。客观而言，第三世界国家的探索效果不佳，依附、欠发达的状况并未得到实质性改变，其深层原因在于这些国家依然没有找到适合于己的发展道路。与其相对照，中国特色社会主义道路是当代被实践证明符合中国国情的正确道路。

总之，《第三世界》不仅清晰地阐释了第三世界的历史演变，还有助于我们理解当今第三世界欠发达、动荡不已的现状，在学习与研究方法上也值得我们借鉴。第三世界仍是一个值得深入研究的课题。

思考题

如何认识第三世界的形成及处于欠发达状况的原因。

以第三世界一国为例，说明该国探索发展道路所做的尝试与经验教训。

主要参考文献

〔美〕斯塔夫里阿诺斯：《全球分裂：第三世界的历史进程》，王红生等译，北京大学出版社，2017。

Chaliand, Gerard, *Revolution in The Third World,* New York: Penguin Books, 1989.

Mayer, Tom, "Book Reviews: Global Rift: The Third World Comes of Age," *Review of Radical Political Economics*, Vol.15, Issue 4, 1983.

拓展阅读

〔埃及〕萨米尔·阿明：《世界规模的积累——欠发达理论批判》，杨明柱、杨光、李宝源译，社会科学文献出版社，2017。

〔美〕安·塞德曼、罗伯特·塞德曼：《发展进程中的国家与法律：第三世界问题的解决和制度变革》，冯玉军、俞飞译，法律出版社，2006。

〔美〕杰弗瑞·G.威廉姆森：《贸易与贫穷：第三世界何时落后》，符大海、张莹译，中国人民大学出版社，2016。

图书在版编目（CIP）数据

世界史学名著导读 / 陈天社主编 . -- 修订版 . --
北京：社会科学文献出版社，2022.12（2024.12 重印）
ISBN 978-7-5228-0949-6

Ⅰ . ①世…　Ⅱ . ①陈…　Ⅲ . ①史籍 - 研究 - 世界
Ⅳ . ①K104

中国版本图书馆 CIP 数据核字（2022）第 196081 号

世界史学名著导读（修订版）

主　　编 / 陈天社

出 版 人 / 冀祥德
责任编辑 / 郭白歌
责任印制 / 王京美

出　　版 / 社会科学文献出版社·区域国别学分社（010）59367078
　　　　　地址：北京市北三环中路甲 29 号院华龙大厦　邮编：100029
　　　　　网址：www.ssap.com.cn
发　　行 / 社会科学文献出版社（010）59367028
印　　装 / 唐山玺诚印务有限公司

规　　格 / 开本：787mm×1092mm　1/16
　　　　　印张：23.75　字数：321 千字
版　　次 / 2022 年 12 月第 1 版　2024 年 12 月第 3 次印刷
书　　号 / ISBN 978-7-5228-0949-6
定　　价 / 98.00 元

读者服务电话：4008918866